21世纪立体化高职高专规划教材·财经系列

统计基础与应用

贺胜军　黎　鹰　主　编
徐卫红　副主编
邱　文　李　盼　参　编
李爱卿　主　审

電子工業出版社
Publishing House of Electronics Industry
北京·BEIJING

内容简介

本书秉承项目导向、任务驱动、基于工作过程的课程改革理念，力求符合教育部提出的“注重基础、突出适用、增加弹性、精选内容”的要求，注重统计基础知识的介绍和基本技能的培养。全书分为认识统计、统计资料的收集、统计资料的整理与显示、统计指标分析、时间数列分析、统计指数分析、抽样推断、相关与回归分析、统计预测9个项目，并设计了丰富多彩的栏目，如情景引入、项目小结、项目实战、复习思考等，帮助学生体验所学知识，检验和巩固所学内容，并能学以致用。

本书适合高职高专院校、成人高校及本科院校职业技术学院财经类专业教学使用，还适合五年制高等职业学校学生使用，并可作为社会从业人员的业务培训用书。

图书在版编目（CIP）数据

统计基础与应用/贺胜军，黎鹰主编. --北京:电子工业出版社，2015.2
21世纪立体化高职高专规划教材. 财经系列
ISBN 978-7-121-24781-1

Ⅰ.①统… Ⅱ.①贺… ②黎… Ⅲ.①统计学-高等职业教育-教材 Ⅳ.①C8

中国版本图书馆CIP数据核字(2014)第270357号

策划编辑：贾瑞敏 张思博
责任编辑：贾瑞敏　　　特约编辑：胡伟卷 孙明珍
印　　刷：北京七彩京通数码快印有限公司
装　　订：北京七彩京通数码快印有限公司
出版发行：电子工业出版社
　　　　　北京市海淀区万寿路173信箱　　邮编100036
开　　本：787×1 092　1/16　印张：17.25　字数：475千字
版　　次：2015年2月第1版
印　　次：2019年7月第5次印刷
定　　价：39.00元

凡所购买电子工业出版社图书有缺损问题，请向购买书店调换。若书店售缺，请与本社发行部联系，联系及邮购电话：（010）88254888，88258888。
质量投诉请发邮件至zlts@phei.com.cn，盗版侵权举报请发邮件至dbqq@phei.com.cn。
本书咨询联系方式：电话010-62017651；邮箱fservice@vip.163.com；QQ群427695338；微信DZFW18310186571。

前 言

本书以《教育部关于加强高职高专教育人才培养工作的意见》及教育部制定的《高职高专教育基础统计课程教学基本要求》两个文件为指导，根据高职高专专业基础课程教学的基本要求，总结编写团队多年统计教学的实践经验，经多次研讨与修改而成。

在本书的编写过程中，编者努力从培养学生的专业能力、社会能力和方法能力入手，力求满足能力型人才培养的要求，坚持将统计岗位所需要的统计理论知识和实务相融合，满足教师从主导者向引导者角度转变的要求。本书具有以下特色。

1. 打破传统的章节模式。全书分为9个项目，每个项目又分设任务，突出统计职业活动的典型任务设计，体现理论与实践的一体化。

2. 易学易教。本书编者从事高职高专教育教学工作多年，深知高职高专院校学生的文化基础及接受、理解知识的能力，因此在教材编写过程中，避开了繁杂的统计理论，同时兼顾教材体系的完整性，力求学生易学、教师易教。

3. 秉承项目导向、任务驱动、基于工作过程的课程改革理念，注重统计基础知识的介绍和基本技能的培养。

4. 本书有情景引入、知识目标、技能目标、项目小结、项目实战、复习思考等模块，可以丰富教学形式，增强教学效果，拓宽学生视野，提升职业素养。

5. 编者具有较强的教学能力和丰富的实践经验。

本书由广东交通职业技术学院贺胜军、湖南交通职业技术学院黎鹰担任主编，海南广播电视大学徐卫红担任副主编，广东交通职业技术学院李爱卿担任主审，参与编写的还有广东交通职业技术学院邱文、江苏财经职业技术学院李盼。具体分工是：项目1、2、5、8由贺胜军编写，项目3、4由黎鹰编写，项目6由邱文编写，项目7由李盼编写，项目9由徐卫红编写。全书由贺胜军策划、组织、修改和定稿。

由于编者水平有限，加之时间仓促，书中难免存在不足之处，在此恳请广大读者批评指正。

编　者

请注意：本书有配套的教学资源，为保证教学秩序，选用此书的学校，请仔细阅读书后所附教学资源索取表；通过网站和书店零购的读者，请提供购书发票、购买地点等购书信息索取。

目　录

项目 *1* 认识统计

知识目标

- 掌握统计的含义和特点。
- 掌握统计学的研究对象和方法。
- 掌握统计的研究方法和职能。
- 重点掌握统计学中的几个基本概念。

技能目标

在日常生活中能灵活地运用统计学中的基本概念。

情景引入

2013 年 8 月份，全国居民消费价格总水平同比上涨 2.6%。其中，城市上涨 2.5%，农村上涨 2.9%；食品价格上涨 4.7%，非食品价格上涨 1.5%；消费品价格上涨 2.5%，服务价格上涨 2.7%。1—8 月平均，全国居民消费价格总水平比 2012 年同期上涨 2.5%。

8 月份，全国居民消费价格总水平环比上涨 0.5%。其中，城市上涨 0.4%，农村上涨 0.6%；食品价格上涨 1.2%，非食品价格上涨 0.1%；消费品价格上涨 0.6%，服务价格上涨 0.2%。

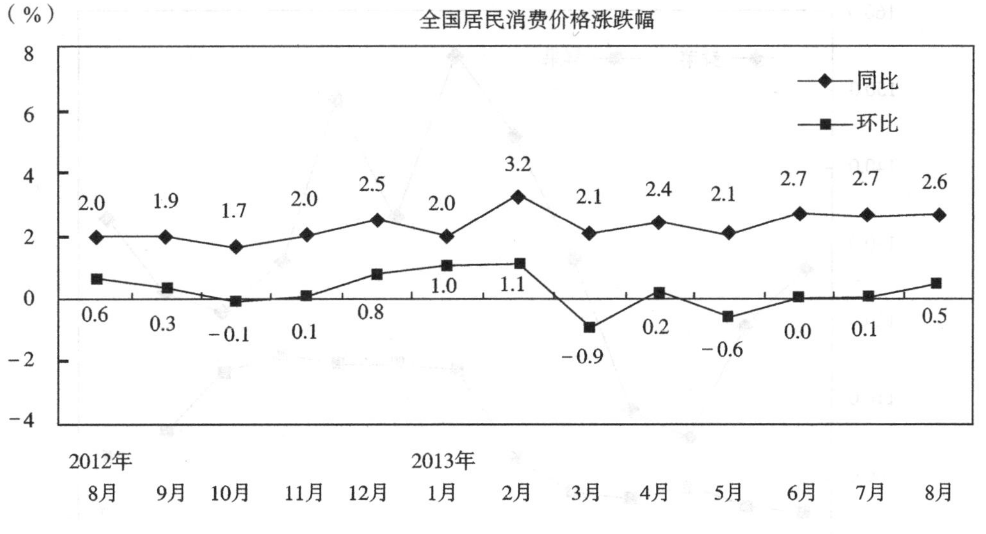

1. 各类商品及服务价格同比变动情况

2013 年 8 月份,食品价格同比上涨 4.7%,影响居民消费价格总水平同比上涨约 1.54 个百分点。其中,肉禽及其制品价格上涨 7.2%,影响居民消费价格总水平上涨约 0.52 个百分点(猪肉价格上涨 6.0%,影响居民消费价格总水平上涨约 0.18 个百分点);鲜菜价格上涨 5.2%,影响居民消费价格总水平上涨约 0.16 个百分点;粮食价格上涨 4.7%,影响居民消费价格总水平上涨约 0.14 个百分点;鲜果价格上涨 7.5%,影响居民消费价格总水平上涨约 0.14 个百分点;水产品价格上涨 4.3%,影响居民消费价格总水平上涨约 0.11 个百分点。

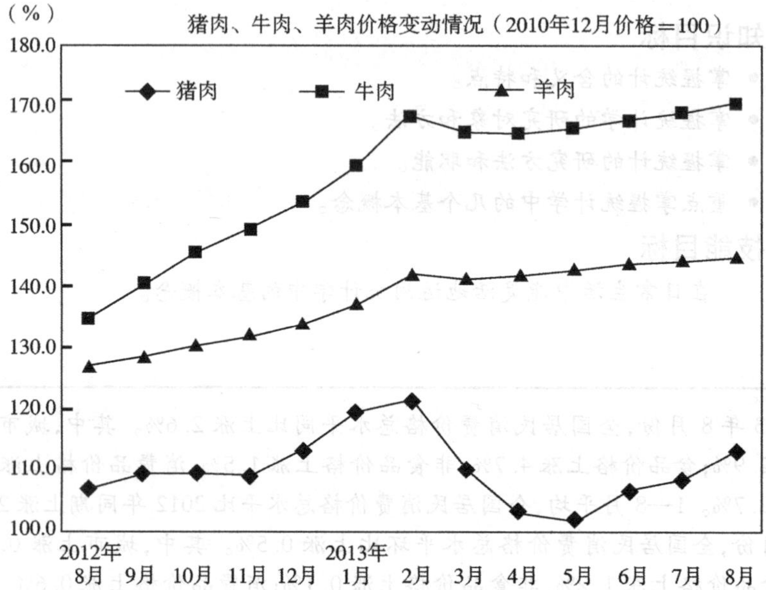

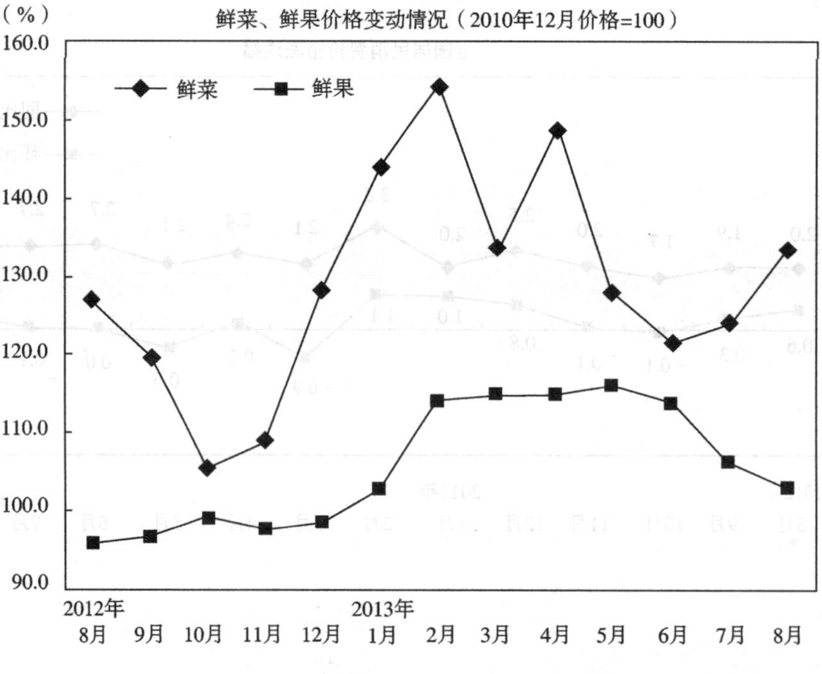

烟酒及用品价格同比持平(涨跌幅度为0,下同)。其中,烟草价格上涨0.4%,酒类价格下降0.5%。

衣着价格同比上涨2.2%。其中,服装价格上涨2.4%,鞋类价格上涨1.6%。

家庭设备用品及维修服务价格同比上涨1.4%。其中,家庭服务及加工维修服务价格上涨8.1%,耐用消费品价格上涨0.4%。

医疗保健和个人用品价格同比上涨1.2%。其中,中药材及中成药价格上涨3.5%,医疗保健服务价格上涨1.6%,医疗器具及用品价格上涨0.6%,西药价格上涨0.2%。

交通和通信价格同比持平。其中,车辆使用及维修价格上涨3.2%,车用燃料及零配件价格上涨2.9%,通信工具价格下降7.2%,交通工具价格下降1.2%。

娱乐教育文化用品及服务价格同比上涨1.2%。其中,教育服务价格上涨2.7%,文娱费价格上涨2.4%,旅游价格上涨0.4%,文娱用耐用消费品及服务价格下降3.3%。

居住价格同比上涨2.6%。其中,住房租金价格上涨4.4%,建房及装修材料价格上涨1.3%,水、电、燃料价格上涨0.7%。

据测算,在8月份2.6%的居民消费价格总水平同比涨幅中,2012年价格上涨的翘尾因素约为1.1个百分点,新涨价因素约为1.5个百分点。

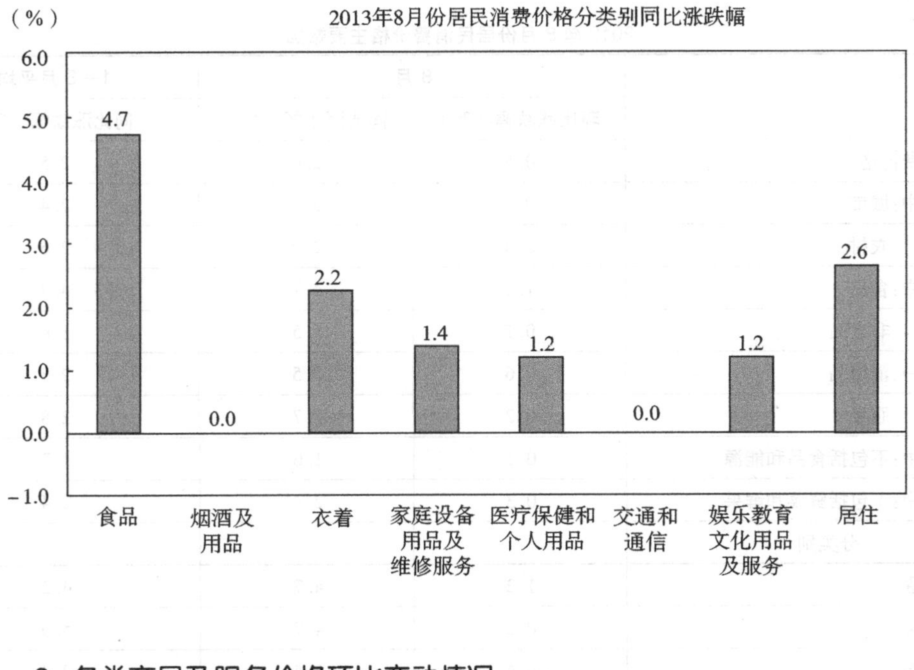

2. 各类商品及服务价格环比变动情况

2013年8月份,食品价格环比上涨1.2%。其中,鲜菜价格上涨7.6%,影响居民消费价格总水平上涨约0.22个百分点;肉禽及其制品价格上涨2.3%,影响居民消费价格总水平上涨约0.17个百分点(猪肉价格上涨4.5%,影响居民消费价格总水平上涨约0.14个百分点);蛋价格上涨7.1%,影响居民消费价格总水平上涨约0.06个百分点;鲜果价格下降3.0%,影响居民消费价格总水平下降约0.06个百分点。

当月,非食品价格环比上涨0.1%。其中,交通和通信、居住、家庭设备用品及维修服务、医疗保健和个人用品价格分别上涨0.2%、0.2%、0.1%和0.1%,衣着价格下降0.2%,娱乐教育文化用品及服务、烟酒及用品价格均持平。

2013年8月份居民消费价格分类别环比涨跌幅

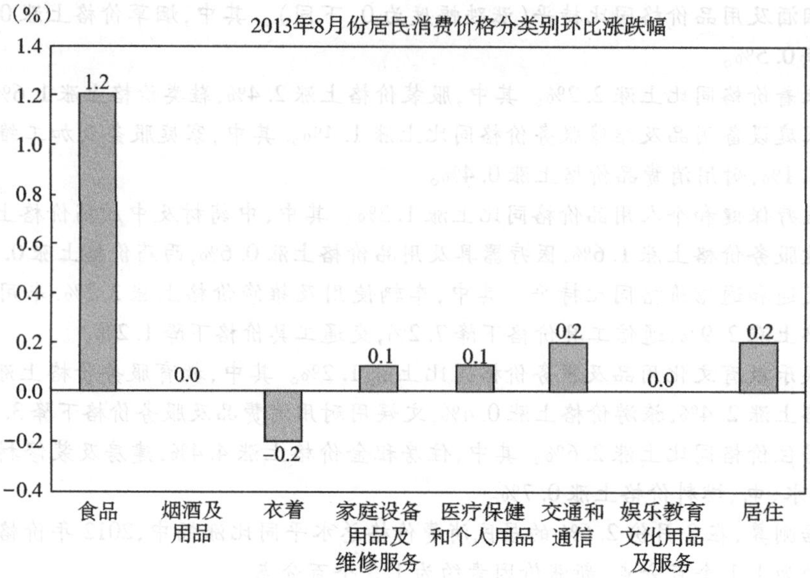

2013 年 8 月份居民消费价格主要数据

	8 月		1—8 月平均
	环比涨跌幅/(%)	同比涨跌幅/(%)	同比涨跌幅/(%)
居民消费价格	0.5	2.6	2.5
其中:城市	0.4	2.5	2.4
农村	0.6	2.9	2.6
其中:食品	1.2	4.7	4.2
非食品	0.1	1.5	1.6
其中:消费品	0.6	2.5	2.3
服务	0.2	2.7	2.8
其中:不包括食品和能源	0.1	1.6	1.7
其中:不包括鲜菜和鲜果	0.3	2.4	2.4
分类别			
一、食品	1.2	4.7	4.2
粮食	0.2	4.7	5.0
油脂	-0.4	1.4	2.3
肉禽及其制品	2.3	7.2	3.8
其中:猪肉	4.5	6.0	-1.8
牛肉	0.8	25.5	29.7
羊肉	0.4	13.7	14.2
蛋	7.1	0.3	8.5
水产品	-0.5	4.3	3.3

（续表）

	8月		1—8月平均
	环比涨跌幅/（%）	同比涨跌幅/（%）	同比涨跌幅/（%）
鲜菜	7.6	5.2	3.7
鲜果	-3.0	7.5	4.9
液体乳及乳制品	0.5	5.0	4.5
二、烟酒及用品	0.0	0.0	0.7
烟草	0.0	0.4	0.5
酒	-0.1	-0.5	0.9
三、衣着	-0.2	2.2	2.3
服装	-0.2	2.4	2.5
鞋	-0.2	1.6	1.6
衣着加工服务费	0.1	6.4	7.4
四、家庭设备用品及维修服务	0.1	1.4	1.5
耐用消费品	0.0	0.4	0.2
家庭服务及加工维修服务	0.5	8.1	9.1
五、医疗保健和个人用品	0.1	1.2	1.5
中药材及中成药	0.3	3.5	2.9
西药	0.1	0.2	0.1
医疗保健服务	0.0	1.6	1.6
六、交通和通信	0.2	0.0	-0.4
交通工具	0.0	-1.2	-1.2
车用燃料及零配件	1.7	2.9	-0.7
车辆使用及维修费	0.3	3.2	4.5
通信工具	-0.5	-7.2	-9.0
通信服务	0.0	-0.1	-0.1
七、娱乐教育文化用品及服务	0.0	1.2	1.4
教育服务	0.1	2.7	2.8
旅游	-0.1	0.4	1.5
八、居住	0.2	2.6	2.9
建房及装修材料	0.0	1.3	1.1
住房租金	0.3	4.4	3.8
水、电、燃料	0.1	0.7	2.1

资料来源：中华人民共和国统计局，2013-09-09.

思考：以上情景通过统计特有的方法，收集相关信息，对社会经济现象的数量特征及现象间的数量关系进行研究描述、分析和推断，为决策提供信息。随着经济发展和社会进步，统计学日益受到人们的重视。

任务1.1 统计学概述

1.1.1 统计的含义

"统计"一词是由英语 statistics 翻译过来的,最早出自拉丁语 status(状态),是指各种现象的状态和状况。在我国,统计一词出现于清乾隆十二年(公元1747年),仅仅有数字总计的意思。

现代统计一词有3种含义,即统计工作、统计资料和统计学。

统计工作就是实践活动,是指运用科学的方法,对社会经济现象的数量方面的信息资料进行收集、整理和分析的工作过程的总称。

统计资料也叫统计信息,是在统计工作过程中取得的各项反映社会经济现象和过程的数字资料及与之有联系的其他资料的总称。统计资料是统计工作各阶段的成果,既包括统计调查收集的原始资料,也包括经过加工整理、分析研究而形成的综合统计资料,如"情景引入"中的统计局所收集的各类商品及服务价格等方面的数字资料,证券交易所每天公布的股票信息资料。

统计学也称统计理论,是关于认识客观现象总体数量特征和数量关系的科学,是研究统计工作规律和方法的科学,也是统计工作成果和经验的理论概括。统计学按照研究领域和研究重点的不同可以分为很多分支。其中,应用逻辑推理方法研究抽象随机现象的数量规律性的科学称为理论统计学;而应用统计方法研究各领域客观现象的数量规律性的科学称为应用统计学,如本书、农业统计学、工业统计学、证券与金融统计学等。又如社会经济统计学,它是关于国民经济和社会现象数量方面的调查、整理、分析的原理、原则和方式方法的科学,按其性质属于应用统计学。

统计工作、统计资料、统计学有着不同的内容和含义,但它们之间又相互联系,密不可分。统计资料是统计工作的成果,统计学是统计工作实践经验的理论概括;反过来,统计学又是指导统计工作的原理、原则和方法,并使统计资料更加准确、更加及时和更加全面;统计工作是形成统计学的基础,是先于统计科学发展起来的。三者是相互关联的辩证统一体。

1.1.2 统计学的产生和发展

统计是随着社会生产发展和适应国家管理的需要而产生和发展起来的。我国最早在公元前2000年左右的夏朝时期就进行了调查统计,周朝为管理统计表工作设立了"司书"职位。1690年《政治算术》一书的出版标志着统计学的产生。在当今社会,统计越来越重要。

17世纪以后,随着统计实践的发展,统计科学理论使统计实践从感性走向理性,促进了统计实践的科学化进程。根据统计学的产生和发展过程,可以将统计学划分为古典统计学、近代统计学和现代统计学3个时期。

1. 古典统计学时期

古典统计学时期是指17世纪中后期至18世纪中后期的统计学萌芽时期,古典统计学分为国势学派和政治算术学派两大学派。

（1）国势学派

国势学派又称记述学派，产生于17世纪中叶的德国。所谓国势学，就是以文字来记述国家的显著事项的学说。其创始人是海尔曼·康令（1606—1681）教授，他提出通过对国家重要事项的研究来说明各国的状态。国势学派主要用对比方法研究各国实力的强弱，用比较级、最高级的词汇对各国的社会经济情况进行分析比较。它主要用文字而不是数字描述现象的客观存在。

（2）政治算术学派

政治算术学派是用计量方法研究社会经济问题的学派，产生于17世纪中叶的英国，代表人物是威廉·配第（1623—1687）和约翰·格朗特。威廉·配第的代表作是《政治算术》，主张用数字、重量和尺度来说话，运用大量的数字资料对英国、法国、荷兰3国的经济实力进行比较分析，并用图表形式来概括数字资料，从而为统计学的创立奠定了方法论基础。与国势学派相反，政治算术学派无统计学之名，却有统计学之实。

2. 近代统计学时期

这个时期是从18世纪末到19世纪末。在这个时期统计学又形成了许多学派，其中主要是数理统计学派和社会统计学派。

（1）数理统计学派

数理统计学派产生于19世纪中叶，其先驱者是比利时统计学家阿道夫·凯特勒（1796—1874），其代表作是《社会物理学》。他主张用研究自然科学的方法研究社会现象，首次将概率论引入统计学的研究领域，初步完成了统计学与概率论的结合，使统计学进入了一个新的发展阶段。

（2）社会统计学派

社会统计学派产生于19世纪后半叶，创始人是德国经济学家、统计学家克尼斯（1821—1889），主要代表人物有恩格尔（1821—1896）、梅尔（1841—1925）等人。社会统计学派认为，统计学在研究对象上是研究总体而不是个别现象，所用的主要方法是大量观察法，主张用特殊方法研究社会经济现象的数量及其发展规律，研究社会经济现象发展变化的因果关系。

3. 现代统计学时期

这个时期是指自20世纪到现在的统计学发展时期。这一时期统计学由于同自然科学、工程技术紧密结合，被广泛应用而获得迅速发展。主要代表人物有哥赛特（1876—1936）、费希尔（1890—1962）等。

20世纪60年代以后，统计学的发展有3个明显的特点。①由记述统计向推断统计发展，推断统计的特点是根据带随机性的观测样本数据以及问题的条件和假定（模型），而对未知事物做出以概率形式表述的推断。②由社会、经济统计向多分支学科发展。在20世纪以前，统计学的领域主要是人口统计、社会统计和经济统计。到今天，统计的范畴已覆盖了社会生活的一切领域，几乎无所不包，成为通用的方法论科学，被广泛用于研究社会和自然界的各个方面，并发展成为有着许多分支的科学。③和计算机科学结合后，统计学所能发挥的作用日益增强。

随着社会、经济和科学技术的不断发展，统计在现代化管理、企业管理和社会生产中的地位日益重要，人们的日常生活和一切社会生活都离不开统计工作。

1.1.3 统计学的研究对象及特点

1. 统计学的研究对象

统计学的研究对象是指统计研究所要认识的客体。统计学的研究对象是社会经济现象总体的数量特征和数量关系,通过这些数量反映现象的规律性表现,从而认识和利用社会经济发展变化的规律,如商场通过对产品销售额变化规律的研究,合理安排进货、销售策略等。在经济建设中,如果不能准确、及时、全面、系统地掌握这些数量及其变化的信息,就不可能有正确的政策与计划,不可能有效地调节和控制经济,也不可能加强经济管理和经济研究,必然导致决策上的失误和行动上的失败。

2. 统计学的特点

社会经济统计的研究对象决定其认识社会时具有如下主要特点。

(1) 数量性

统计的语言就是数据。统计学的首要特征是数量性。社会经济现象的数量方面包括数量的多少,现象之间的数量关系和引起现象质、量互变的数量界限,通过它们来说明社会经济现象的规模、水平、速度、结构和各种比例关系,从而揭示事物的本质,反映事物发展的规律,推断事物发展的前景。例如,2010 年全世界 60 岁及以上老年人口总数为 7.6 亿,占总人口的 11%;65 岁及以上老年人口总数为 5.2 亿,占总人口的 7.6%。中国老年人口数占世界的 1/5。发达国家 60 岁及以上老年人口总数为 2.7 亿,占总人口的 21.7%;65 岁及以上老年人口总数为 2 亿,占总人口的 16%。2010 年 11 月 1 日,中国大陆人口中 60 岁及以上人口达到 1.78 亿,占总人口的 13.26%,其中 65 岁及以上人口为 1.19 亿,占 8.87%。虽然中国人口老龄化程度只相当于发达国家平均水平的一半,但 60 岁以上和 65 岁及以上老年人口数已经超过整个欧洲的老年人口数(欧洲 60 岁以上和 65 岁及以上老年人口数分别为 1.61 亿和 1.19 亿)。中国的老年人口数和人口老龄化程度都高于此前的预测结果,表明中国人口正在加速老龄化。中国面临的挑战要比发达国家大很多,人口老龄化问题正在挑战我们现有的对人口老龄化的态度、认识、对策及制度安排。

(2) 总体性

统计研究社会经济现象的数量方面,从总体的角度来认识现象的数量特征,即通过大量观察,获得足够的统计资料,说明总体现象的变化情况,而不是以个别事物为研究目的。因为事物的本质特点和发展规律只有从整体上观察,才能做出正确的判断。个别现象由于受种种偶然因素的影响,其数量特征并不能代表一般。但是统计对社会总体数量进行研究时,是从认识个别事物开始的,最终过渡到对总体数量的认识。例如,要研究某地区婴幼儿的身体发育情况,显然不能以个别婴幼儿的身体发育情况作为某地区婴幼儿身体发育的整体情况,必须以多处婴幼儿的发育情况为依据进行调查,直到调查的数量足够反映婴幼儿的身体发育情况为止。认识总体的数量特征是目的,而调查研究个体是起点。

(3) 具体性

统计数字不是抽象的数字,它是社会经济现象在具体时间、地点、条件下所表现的数量。例如,国家统计局 2013 年 2 月公布,2012 年我国全年研究生教育招生 59.0 万人,在学研究生 172.0 万人,毕业生 48.6 万人。普通高等教育本专科招生 688.8 万人,在校生 2 391.3 万人,毕业生 624.7 万人。各类中等职业教育招生 761.0 万人,在校生 2 120.3 万人,毕业生 673.6 万人。全国普通高中招生844.6万人，在校生2 467.2万人，毕业生791.5万人。全国初中招生1 570.8万人，在校生4 763.1万人，毕业生1 660.8万人。普通小学招生1 714.7万人，在校生9 695.9万人，毕业生1 641.6万人。特殊教育招生6.6万人，在校生37.9万人，毕业生4.9万人。幼儿园在园幼儿3 685.8万人。这些都是具体的量。正因为具体性，所以统计的数字必须准确，公布的资料要注明出处。

（4）社会性

统计学的社会性特点来自社会经济现象，社会经济统计的数量是社会、经济、政治、文化、科学技术等现象的活动过程与结果。社会现象随着社会的变化而变化，人们的认识方法也应当具备社会性。统计是在定性分析基础上的定量分析，而定性分析结论取决于调查研究者认识问题的立场、观点和水平，在不同的社会发展阶段也会有不同的分析研究方法。而且，统计作为一种认识活动，作为大量观察的方法，需要社会各方面的广泛响应、配合、支持与参与，其本身就带有强烈的、浓重的社会色彩。

任务1.2　统计工作过程与研究方法

1.2.1　统计的职能

统计的职能是指统计本身所固有的内定功能。统计具有三大职能，即统计信息、统计咨询、统计监督。

1. 统计信息职能

统计信息职能是指统计人员根据统计方法制度，根据科学的统计指标体系和统计调查方法，灵敏、系统地采集、处理、传输、存储和提供大量的以数量描述为特征的社会经济信息。统计要达到认识社会的目的，不仅需要科学的方法，而且需要强有力的组织领导，即必须要有健全的统计领导机构。我国的统计领导机构是由国家统计系统来担任的，它自上而下地建立全国的统计信息网络。政府统计机构和有关部门应当按照《统计法》和国家有关规定及时向政府、其他有关部门提供统计信息，并应当按照规定定期公布统计信息。

2. 统计咨询职能

统计咨询职能是指统计人员利用已经掌握的大量的、丰富的统计信息资源，运用科学的分析方法和先进的技术手段，深入开展综合分析和专题研究，为科学决策和管理提供各种可供参考和选择的咨询建议和对策方案。统计咨询分为有偿咨询和无偿咨询两种。目前，我国调查咨询公司等咨询服务机构提供的就是有偿服务；而各级统计部门参与党政领导决策，定期向人民代表大会汇报经济形势，参与制定国民经济和社会发展规划，则为无偿咨询。

3. 统计监督职能

统计监督职能是指根据统计调查和分析，及时、准确地反映经济、社会等客观现象的运行状态，并对其实行全面、系统的定量检查、监督和预警，以促使国民经济按照客观规律的要求，持续、稳定、协调地发展。

统计的3种职能是相互联系、相互作用、相辅相成的。统计信息职能是保证统计咨询和统计监督职能有效发挥的基础，是统计工作的基本职能；统计咨询职能是统计信息职能的延续和深化；而统计监督职能则是在统计信息、统计咨询职能基础上的进一步扩展，并促进统计信息和统计咨询职能优化。统计工作只有发挥了统计信息、统计咨询和统计监督三者的整体功能，才能形成合力，提供优质的服务。

1.2.2 统计工作过程

统计工作是进行统计业务活动的过程，是根据统计学的理论，运用各种统计方法，对社会经济现象进行研究的一种认识活动过程。它与人们的认识活动一样，是一个由感性认识到理性认识不断发展、不断深化的过程。一个完整的统计工作过程可以分为4个阶段：统计设计、统计调查、统计整理、统计分析。

1. 统计设计

统计设计是统计工作的准备阶段，主要解决两个问题：采集什么样的数据和如何采集这些数据。要根据统计任务和统计对象的特点，对统计工作的各个方面和各个环节进行通盘考虑和安排。统计设计的主要内容有：统计指标和统计指标体系的设计、统计资料收集方法的设计、统计分类和分组的设计、统计整理方法的设计、统计表的设计、统计力量的组织与安排及经费预算等。统计设计的结果表现为各种设计方案，如统计分类标准、目录、指标体系、整理方案、资料保管和公布制度等。

2. 统计调查

统计调查是根据统计方案的要求收集原始资料的过程。统计调查是统计认识活动由初始定性认识过渡到定量认识的阶段。这个阶段所收集的资料是否客观、系统，是否符合调查的目的，直接影响到统计整理的结果，关系到统计分析结论是否正确，最后决定统计工作的质量。它是统计工作的基础，是认识客观事物的起点，是统计整理和统计分析的基础环节。

3. 统计整理

统计整理是根据统计研究的目的，将统计调查收集到的原始资料进行科学的分组和汇总，使之条理化、系统化，将反映各个单位个别特征的资料转化为反映总体数量综合特征的工作过程。

统计整理是统计工作的第3个阶段，是统计调查阶段的深入和继续，又是统计分析阶段的基础和前提，起着承上启下的作用。统计整理的结果表现为各种整理表和统计图等。

4. 统计分析

统计分析是对经过加工整理的统计资料，采用各种统计分析方法，计算各种统计分析指标，认识和提示现象的本质和规律性，得出科学结论，进而进行预测或作为决策依据的工作过程。

统计分析是统计工作的最后阶段，属于认识的理性阶段，也是统计发挥信息、咨询、监督职能的关键阶段。

统计工作的4个环节之间是相互联系、相互制约，并依次进行的。在实际工作中，只有做好每一阶段的工作，才能保证整个统计工作高质、高效地完成。

1.2.3 统计研究的基本方法

在统计工作的各个阶段，统计运用各种专门的方法对社会经济现象进行分析研究，形成了一系列具体的研究方法。

1. 大量观察法

大量观察法是指在统计过程中必须对社会经济现象的全部或足够多的单位进行调查和分析，从而反映总体的数量特征的方法。这是统计研究对象的多样性和复杂性所决定的。只有选取足够多的单位，减小个别单位的偶然量的影响度，才能正确地反映出总体现象的本质和规律。例如，某高职院校一个学生月生活费支出有多有少，但随着观察人数的增多，调查的结果就有了代表性。从哲学上说，这是偶然与必然、个别与一般的对立统一规律在数量上的反映。当然，统计对现象总体进行大量观察，并不排斥对个别单位的典型调查，大量观察与个别研究相结合，可以加深对社会经济现象的认识。

2. 统计分组法

统计分组法是指根据事物内在的性质、统计研究的目的和要求，将调查得到的资料，按照一定的标志划分为若干个组成部分的一种统计方法。通过分组可以将相同的部分归于一起，把组与组明显区别开来。它是对总体进一步研究、区分内部差异的方法。例如，学生按成绩分组，教师按性别分组，公司按经营收入分组等。统计分组的目的，就是提示现象内部各部分之间存在的差异性，认识它们之间的矛盾，表明事物的本质与规律。统计分组法在统计研究中应用广泛。

3. 综合指标法

综合指标法是指用综合反映社会经济现象总体数量特征和数量关系的指标来进行统计分析的方法，是统计分析的基本方法之一。它对大量的原始数据经过汇总整理，计算出各种综合指标，可以反映出现象在具体时间、地点、条件下的总体规模、相对水平等。

综合指标法和统计分组法之间存在着密切的联系。统计分组如果没有相应的统计指标来反映现象的规模水平，就不能提示现象总体的数量特征；而综合指标如果没有科学的统计分组，就无法划分事物的数量界限，从而掩盖现象的矛盾，成为笼统的指标。因此，在研究社会经济现象的数量关系时，必须进行科学的分组，合理地设置统计指标。综合指标法总是和统计分组法结合起来应用的。

4. 统计推断法

统计推断法是指以概率论为基础对所获得的大量观察数据进行处理、分析，并推断现象规律性的统计方法。这是从个别到一般、由具体事实到抽象概括的推理方法。在社会经济统计中越来越多地采用这种方法，如灯泡的使用寿命检验等。

5. 统计模型法

统计模型法是根据一定的经济理论和假定条件，用数学方法去模拟现实经济现象相互关系的一种研究方法。这种方法通常有两种表达方式：一是依据统计指标之间存在的明确的数量关系，建立数学方程式或方程组，一般称为统计数模型；二是依据统计指标之间的逻辑关系，构建框架式的物理模型，一般称为统计逻辑模型。

统计模型法把总体的内部结构、各种因素的相互关系，以一定的数学关系有机地表现出来，大大提高了统计分析的认识能力，也扩展了统计分析的应用范围。

任务1.3 统计学中的几个基本概念

1.3.1 统计总体和总体单位

1. 统计总体

统计总体简称总体，是指客观存在，并在某一相同性质基础上结合起来的许多个别事物的整体。例如，要研究全国工业企业，全国所有工业企业就是总体。统计总体的范围随着统计研究目的的不同而变化。例如，要研究某市商品住房，该市所有商品住房就是总体；而要研究某班学生，该班所有学生就是总体。

统计总体具有3个方面的特征。

(1) 同质性

同质性是指总体中每一个单位在某一方面有共同性质，这是组成总体的必要条件。例如，上例中尽管每间商品房大小不同、价格不同，但有一点是相同的，那就是它们是用来出售的用来居住的房子。总体单位的同质性不要求构成总体的每一个单位在各个方面都具有共同性，而只是当统计研究目的确定后，每一个单位在某一点上或某些方面具有共同性。

(2) 大量性

大量性是指总体要由足够多的单位组成，仅仅个别单位或少数单位不足以构成总体。这是由统计活动的认识目的所决定的。只有对足够多单位组成的总体进行大量观察，观察的结果才不会受偶然因素的影响，呈现出总体的一般特征和规律。

(3) 差异性

差异性是指同一总体中的各个单位虽然必须至少在某一方面具有共同性质，但其他很多方面必须存在差异性，这是进行统计研究的基础。同质性是构成总体的基础，差异性使统计研究成为必要。如果总体内的各个个别事物之间不存在差异，统计研究就变成了毫无意义的活动。

总体的类型有以下几种。

(1) 有限总体与无限总体

这是按统计总体的单位数是否可以计量进行分类的。一个总体所包含的单位数是可以计量的，称为有限总体。例如，产品数、人口数等，数量是可以计量的，都是有限总体。若一个总体中所包含的单位数是无法计量的、无限的，称为无限总体。例如，海洋中鱼的数量等。一般来说，对于有限总体可以进行全面调查也可以进行非全面调查，而对于无限总体则只能进行非全面调查。

(2) 物质总体与行为总体

这是按其表现形态划分的。物质总体指的是一个具有具体实物形态的总体，如一所高职院校、一家商场等。行为总体指的是一个不具有具体实物形态的总体，它们只是某种行为的集合，如某市的旅游行为等。

2. 总体单位

构成总体的每个单位叫总体单位，它是组成统计总体的基本单位，是各项统计资料的直接承担者。根据不同的研究目的和要求，总体单位可以是一个人、一件商品、一种行为等。例如，要了解全国各高职院校情况，则每所高职院校是总体单位。

3. 统计总体和总体单位之间的关系

统计总体和总体单位是互为存在条件地连接在一起的。没有总体单位，统计总体也就不存在。在一次特定范围、特定目的的统计研究下，统计总体和总体单位是不容混淆的，二者的含义是确定的。但是随着统计研究任务、目的和范围的变化，统计总体和总体单位可以相互转换。对于每个具体事物而言，它不是永远充当总体或总体单位的。例如，上例中要了解全国高职院校的情况，每所高职院校是总体单位；而当研究其中某所高职院校时，该高职院校成为统计总体。

1.3.2 标志和标志表现

1. 标志

标志是说明总体单位属性或特征的名称。每个事物都有它自身的特征从而可以区别于另一事物。每个总体单位从不同角度观察，都有许多属性和特征。例如，每一个学生作为总体单位，那么，说明总体单位的特征，即每个同学的特征，如民族、籍贯、身高、体重等就是标志。又如，每家上市公司作为总体单位，每家公司的盈利水平、经营方式、市场占有率等就是标志。总体单位是标志的直接承担者，标志是依附于总体单位的。

2. 标志表现

标志表现是标志所反映的总体单位质或量的特征的具体体现。如上例中，某同学身高为175 cm，某家上市公司市场占有率为28% 等。任何一项统计工作，首先要掌握的是现象总体的各个总体单位在特定的时间、地点、条件下实际发生的情况。因此，标志的具体表现是统计最为关心的问题。标志是统计所要调查的项目，标志表现是调查所得的结果。

3. 标志的分类

(1) 按其表现形式不同，标志分为品质标志和数量标志

品质标志是表明总体单位的质的特征的名称，其标志表现不能用数值来表示，只能用文字来表现，如民族这一品质标志表现为汉、壮等56 个民族。数量标志是表明总体单位的量的特征的名称，用数值来表现和计量，如某个员工的月工资为5 000 元、某人的年龄为23 岁等。

(2) 按各总体单位表现是否一致，标志分为不变标志和可变标志

不变标志是指总体中各总体单位在某个标志的具体表现上都相同，它是构成总体的基础。例如，当以全国大学生为总体时，每个人的社会成分都是“学生”，“社会成份”在这一总体中就是一个不变标志。可变标志是指总体中各总体单位在某个标志的具体表现上不全都相同。例如，当以全国大学生为总体时，每个大学生的性别、年龄、身高等不全相同，这些就是可变标志。

1.3.3 变异和变量

1. 变异

变异是指可变标志具体表现在各总体单位间所存在的差异,包括品质差异和数量差异。例如,研究我国的商业企业情况,则全国的商业企业就构成了一个总体,其中每个商业企业则为总体单位,不同商业企业的规模、经营品种、利润等方面均存在区别,这种区别即是可变标志的具体表现上的区别,称为变异。客观事物普遍存在变异性,这是统计的前提条件。统计是研究变异的,有变异才有统计,如果没有变异,统计就失去了意义。

2. 变量

可变的数量标志就是变量。变量的具体表现称为变量值,也叫标志值。例如,某汽车 4S 店各型车的价格分别为 16 万元、25 万元、30 万元、48 万元。这里的价格是变量,16 万元、25 万元、30 万元、48 万元是变量值。而可变的品质标志只存在变异,它不能用数值表现,所以不是变量。

变量按变量值是否连续可分为连续型变量和离散型变量。连续型变量是指其变量值连续不断且可取小数的量,如身高、年龄、体重等,数值间是不能以整数位断开的,相邻两数值之间无限可分,其数值要用测量或计算的方法取得。离散型变量是指各变量值之间可以用整数位断开,变量值只能取整数,如学生人数、机器台数、足球场个数等,都按整数算,不可能有小数。

变量按性质可以分为确定性变量和随机变量。确定性变量是指在一个系统中,某一变量的值能够被另一个变量或若干个变量的值按一定的规律唯一地确定。例如,在利率一定的情况下,银行存款的本息总额就确定了。随机变量是指在相同条件下由偶然因素引起的,在一定范围内可能取各种不同的值,事先无法确定的变量。例如,每年产品的销量等是未知的,是无法事先确定的,所以都属于随机变量。随机变量具有随机性或偶然性,但它的数值变动有一定的规律性。通过大量观察法,应用统计技术方法,可以提示和描述其数量特征和变化的规律性。统计研究的事前情况多是随机变量,统计研究的事后情况则是确定性变量。

1.3.4 统计指标

1. 统计指标的概念

统计指标又称指标,是指反映总体数量特征的名称和具体数值,它表明现象总体在具体的时间、地点和条件下的综合数量表现,即说明总体的特征。例如,2012 年某地区常住人口数为 800 万人,2013 年 9 月某企业销售收入为 8 000 万元等。一个完整的指标包括六要素:①时间;②空间;③指标名称;④计量单位;⑤计算方法;⑥指标数值。以上指标就包括以上六要素:①时间(2012 年、2013 年 9 月);②空间(某地区、某企业);③指标名称(人口数、销售收入);④计量单位(万人、万元);⑤计算方法(汇总);⑥指标数值(800、8 000)。为了简便起见,统计指标只注明指标名称和指标数值两个要素。

2. 统计指标的特点

（1）数量性

统计指标都是用数量表示的，凡是不能直接表现为数量的，都不能称为统计指标。数量性是社会经济现象的范畴转化为指标的前提，只有那种在性质上属于同类而又可以表现为数量的才能成为统计指标反映和研究的对象。

（2）综合性

统计指标是总体单位同质数量综合的结果。例如，以某城市初一学生为统计总体，统计初一学生总人数、平均身高、数学平均成绩等指标。当通过汇总综合得出这些指标后，从这些指标所反映的情况看不到学生的身高、数学成绩的差异，显示的是该城市初一学生的整体情况。可见，统计指标的形成必然经过从个别到整体的过程，通过个别单位数量差异的抽象化来体现总体各单位的综合数量特征。

3. 统计指标的分类

（1）数量指标与质量指标

统计指标按其说明总体现象的内容不同，可以分为数量指标和质量指标。

数量指标是反映社会经济现象总规模、总水平和工作总量的统计指标，一般用绝对数表示，并有计量单位。例如，销售总额、学生总人数、利润总额等。数量指标的数值大小随着总体范围的扩大或缩小而相应地增加或减少。由于它们表明的是现象的总量规模，因此又称为总量指标。它有两种表现形式，即总体总量和标志总量。

质量指标是反映总体内部数量关系和总体单位一般水平的统计指标，一般以相对数或平均数的形式表现。例如，平均工资、劳动生产率等。质量指标数值的大小与总体范围的大小没有直接关系。

（2）总量指标、相对指标和平均指标

统计指标按其作用和表现形式的不同，可以分为总量指标、相对指标和平均指标。

总量指标与数量指标为同等概念，只是称谓不同而已。用绝对数反映总体现象规模，其说明总体现象的广度，表明总体现象发展的结果。

相对指标是两个有联系的总量指标相比较的结果。例如，将实际销售量与计划销售量进行比较得到计划完成率等。

平均指标是按某个数量标志说明总体单位一般水平的统计指标。例如，平均身高、平均产量等。

总量指标、相对指标、平均指标的含义、内容、计算方法等将在以后的有关章节介绍。

4. 指标与标志的联系和区别

指标与标志是既有联系又有区别的两个概念。

指标和标志存在明显的区别。①指标和标志说明的对象不同。指标是说明总体特征的。它是说明总体的综合数量特征，具有综合的特点；标志是说明总体单位的，不具有综合的特点。②指标都是用数量表示的，其中，总量指标用绝对数表示，质量指标用相对数或平均数表示；而标志可以用数量表示，也可以不用数量表示，前者为数量标志，后者为品质标志。

指标和标志的联系：①统计指标是建立在标志值的基础之上的，是各个总体单位的数量标志值的汇总，没有总体单位的标志值，也就不可能有总体的指标值；②指标和标志的确定也不是一成不变的，当总体和总体单位随研究目的发生变化时，指标和标志也会发生相应变化。

任务 *1.4* 用 Excel 进行统计分析

Microsoft Excel 是美国微软公司开发的 Windows 环境下的电子表格系统，是目前应用最为广泛的办公室表格处理软件。自诞生以来，Excel 经历了 Excel 5.0、Excel 95、Excel 97、Excel 2000、Excel 2003 和 Excel 2010 等不同版本，最新版本是 Excel 2013。随着版本的不断提高，Excel 软件强大的数据处理功能和操作的简易性逐渐达到一个新的境界，整个系统的智能化程度也不断提高，它甚至可以在某些方面判断用户的下一步操作，使用户操作大为简化。Excel 具有强有力的数据库管理功能、丰富的宏命令和函数、强有力的决策支持工具、图表绘制功能、宏语言功能、样式功能、对象连接和嵌入功能、连接和合并功能，并且操作简捷。这些特性使 Excel 成为现代办公软件重要的组成部分。

利用 Excel 进行统计分析主要是利用 Excel 中的统计函数、数据分析工具和图表。先对 Excel 的这几种统计功能做一个概述，在后面将会结合各任务例题分别介绍怎样使用这些功能进行各种统计分析。

1.4.1 统计函数

Excel 内置的函数中有很多可用于统计，其中常用的统计函数有：AVEDEV（绝对偏差的平均值）、AVERAGE（算术平均值）、CONFIDENCE（总体平均值的置信区间）、CORREL（相关系数）、COVAR（协方差）、GEOMEAN（几何平均值）、HARMEAN（调和平均值）、KURT（峰度）、MEDIAN（中位数）、MODE（众数）、NORMDIST（正态分布的概率值）、NORMSINV（标准正态分布累积函数的逆函数）、NORMSDIST（标准正态分布的概率值）、STDEV（样本的标准差）、STDEVP（总体的标准差）、VAR（样本方差）、VARP（总体方差）。

在工作表中插入这些函数即可得到相应统计指标或估计量的数值，其操作方法在后面各任务中做介绍。

1.4.2 分析工具

Excel 提供了一组可直接使用的数据分析工具，称为"分析工具库"，为统计分析提供了极大的方便。使用这些工具的方法是：选择菜单栏中的"工具"→"数据分析"命令，在弹出的"数据分析"对话框中选择所需的分析工具（见图 1－1），单击"确定"按钮；在弹出的对话框中填写必要的数据或参数的信息后单击"确定"按钮，即可得到所需的输出结果（表格或图表形式）。

图 1－1 "数据分析"对话框中的"分析工具"列表框

如果“工具”菜单栏中没有出现“数据分析”命令，则应先选择“工具”→“加载宏”命令，在“加载宏”对话框中选中“分析工具库”复选框后单击“确定”按钮即可。

1.4.3 图表

Excel 具有强大而灵活的图表功能，使枯燥乏味的数据形象化。利用 Excel 的图表向导可以轻松地创建图表。其方法是：选择菜单栏中的“插入”→“工具”→“图表”命令，或直接在常用工具栏中单击“图表向导”按钮，在弹出的“图表向导”对话框中选择所需的图表类型（见图 1－2）。Excel 提供了柱形图等 14 种标准类型，用户还可以自己定义图表类型。选定图表类型后单击“下一步”按钮，弹出“图表源数据”对话框，在“数据区域”选项卡中输入数据所在区域。每一行（或一列）数据作为一个系列，如果有多个系列，则可在“系列”选项卡中添加（或删除）、指定相应数据区域，并指定分类轴。然后根据提示填写标题、分类轴和数值轴的名称等，即生成所需的统计图表。

图 1－2　选择图表类型

对自动生成的图表可以进行缩放、移动、复制和删除等操作，也可以单击图表的任一部分（如标题、图例、坐标轴、绘图区等）对其进行修改或美化。

项目小结

本项目介绍了统计的含义、统计学的研究对象及特点、统计工作过程及统计研究的基本方法、统计的职能、统计学中的几个基本概念。

1. 统计的含义包括 3 个方面：统计工作、统计资料、统计学。三者相互影响，关系密切。统计工作和统计资料是统计活动与统计成果的关系，统计工作与统计学是实践与理论的关系。

2. 社会经济统计学的研究对象是社会经济现象总体的数量特征和数量关系，通过这些数量反映社会经济现象的规律性表现。统计的特点主要表现在数量性、总体性、具体性、社会性。

3. 统计工作的过程是：统计设计、统计调查、统计整理、统计分析。统计常用的研究方法有大量观察法、统计分组法、综合指标法、统计推断法、统计模型法。

4. 统计职能主要有信息职能、咨询职能、监督职能。

5. 统计学中的几个基本概念：统计总体和总体单位、标志和标志表现、统计指标、变量。这几个概念是本项目的重点和难点，是学好以后知识的基础和条件，应联系实际，加深理解，灵活掌握。

项目实战

一、实战题

1. 调查本班同学的生活消费情况，包括学习、餐饮、衣着、日用品、社会交往、文体活动等方面的消费。

要求：①初步了解同学们生活消费的基本情况。②指出此次调查的总体、总体单位、标志、指标、变量。

2. 连续记录 2 个月，通过每一天的记录，计算出你一个月所需要的生活消费情况。

要求：设计一张消费支出表，计算你在学校吃、穿、用或一些必要开支的大致比例。

二、填空题

1. 社会经济统计学的研究对象是__________。
2. 标志是说明__________特征的，指标是说明__________特征的。
3. 教师的性别属于__________标志，学生的年龄属于__________标志。
4. 学生人数、学校数属于__________变量，而产值属于__________变量。
5. 一个完整的统计指标由__________、__________、__________、__________、__________和__________6 个部分构成。
6. 标志按其在单位上是否变化可分为__________标志与__________标志。
7. 统计工作过程包括__________、__________、__________和__________4 个阶段。

三、单项选择题

1. 现有 20 个工厂全部职工的工资资料。若要观察这 20 个工厂职工的工资水平，则统计总体是(　　)。

A. 20 个工厂　　B. 20 个工厂的全部职工
C. 20 个工厂每个职工的工资　　D. 20 个工厂全部职工的工资

2. 属于品质标志的是(　　)。

A. 年龄　　B. 身高　　C. 性别　　D. 体重

3. 某小组 5 名学生的考试得分分别是：55，56，78，89，90，这 5 个数字是(　　)。

A. 成绩　　B. 指标　　C. 变量值　　D. 标志

4. 一个总体(　　)。

A. 只能有 1 个标志　　B. 只能有 1 个指标
C. 可以有多个标志　　D. 可以有多个指标

5. "统计"的含义是(　　)。

A. 统计调查、统计整理、统计分析　　B. 统计工作、统计资料、统计学
C. 统计工作、统计方法、统计学　　D. 统计工作、统计汇总、统计分析

6. 变量是指(　　)。

A. 可变的数量标志　　B. 指标名称　　C. 指标数值　　D. 数量指标

四、多项选择题

1. 统计总体必须同时具备的特征是(　　)。

A. 同质性　　B. 大量性　　C. 差异性　　D. 社会性

2. 因为总体和总体单位随研究目的不同而转换,所以(　　)。

A. 总体有可能成为总体单位

B. 总体单位有可能成为总体

C. 总体和总体单位可以相互对调

D. 只能是总体变为总体单位,总体单位不能变为总体

3. 属于质量指标的是(　　)。

A. 新产品数量　　B. 学生人数　　C. 考试及格率　　D. 平均成绩

4. 总体单位是(　　)。

A. 企业单位　　B. 构成总体的个别单位

C. 标志的承担者　　D. 不可能转换为总体的

5. 属于连续型变量的有(　　)。

A. 产值　　B. 职工人数　　C. 年龄　　D. 工厂数

6. 属于数量标志的有(　　)。

A. 职业　　B. 姓名　　C. 考试成绩　　D. 运动会奖金数

五、判断题

1. 总体单位与统计总体是部分与总体的关系。(　)
2. 任何标志都能转化为指标。(　)
3. 品质标志与质量指标都不能用数量表示。(　)
4. 数量指标是由数量标志值汇总来的,质量指标是由品质标志值汇总来的。(　)
5. 在同一个研究目的下,一个总体只能有一个指标。(　)
6. 为了研究某班期中考试情况,统计出全班平均分为 82 分,并得知某同学成绩为 83 分。这两个成绩都是指标。(　)
7. 有时存在脱离了质的内容的统计指标。(　)
8. 统计指标都是用数值表示的。(　)

复习思考

1. “统计”包括哪些含义?
2. 举例说明统计总体、总体单位、指标、标志、变量等概念。
3. 举例说明什么是无限总体和有限总体。
4. 举例说明连续型变量和离散型变量。
5. 统计学发展分为哪几个阶段?每个阶段分别有哪些特点?
6. 统计研究的对象和特点是什么?

项目 2 统计资料的收集

知识目标

- 掌握统计资料收集的种类和基本要求。
- 掌握调查方案的制订方法。
- 掌握5种调查资料收集方式。
- 掌握收集调查资料的技巧。

技能目标

根据实际研究目的和要求，灵活采用资料收集方式，并将收集资料的技巧运用于实践。

情景引入

人民网北京频道2013年10月10日　为反映公众意愿，使放假安排更加科学合理，全国假日办联合人民网旅游面向社会广泛征集关于法定节假日放假安排的公众意见。

按照2007年《全国年节及纪念日放假办法》〔国务院第513号令〕，我国全体公民放假的节日共11天，分别是元旦1天、春节3天、清明节1天、劳动节1天、端午节1天、中秋节1天、国庆节3天。

现行放假调休方法：通过调借双休日，分别形成2个7天“长假”（春节、国庆）和5个3天“小长假”（元旦、清明、五一、端午、中秋）。为反映公众意愿，使放假安排更加科学合理，全国假日办联合人民网旅游面向社会广泛征集关于法定节假日放假的安排公众意见。具体的调查内容如下。

关于法定节假日放假安排的调查问卷

1. 您对现行的法定节假日放假安排是否满意？

   A. 满意　　B. 不满意　　C. 无所谓

2. 您认为调借周末形成的7天长假应不应该保留？

   A. 应该　　B. 不应该　　C. 无所谓

3. 您认为有无必要将1天的节日调借周末形成3天小长假？

   A. 有必要　　B. 无必要　　C. 无所谓

4. 您对法定节假日安排有什么建议？

   A. 我有话要说　　B. 无建议

5. 您的年龄？

   A. 20岁以下　　B. 20～40岁

   C. 40～60岁　　D. 60岁以上

6. 您的职业？

A. 政府机关　　B. 企事业单位

C. 学生　　D. 工商个体户

E. 离退休　　F. 农民

G. 无业　　H. 其他

资料来源：人民网，http://www.people.com.cn.

思考：以上情景就是统计中常用的收集资料的方法，通过本项目的学习，我们将掌握根据研究任务收集资料的方法，为进行整理分析提供资料来源。

任务2.1　统计资料收集的意义、基本要求和种类

2.1.1　统计资料收集的意义

1. 统计资料收集概述

统计资料的收集就是根据统计研究的目的和要求，运用科学的方法，有组织、有计划地收集统计资料的过程。统计资料的收集又叫统计调查。统计调查所收集的资料有两种：一种是直接向调查单位收集的未经加工、整理的资料，一般称为原始资料，或称为初级资料；另一种是根据研究目的，收集经初步加工、整理过的，能够在一定程度上说明总体现象的资料，一般称为次级资料，或称为二手资料。我们这里的重点是对原始资料的收集，例如关于某高职院校一年级学生的学习、身体、心理情况等的数值是原始资料，它有待进一步加工整理，这样才能反映该校学生的情况。如果有必要还须搜集该校上一年一年级学生的情况，而这些资料是能够反映总体特征的，而且是经过加工整理的资料，因此是次级资料。根据研究的需要，次级资料既可以直接使用，也可以进行调整再加工后使用。

2. 统计资料收集的意义

一切的统计整理和统计分析都是建立在原始资料收集的基础上的，所以，资料的收集是整个统计工作中最基础的环节，也是最重要的环节，它直接关系到整个统计工作的质量。“没有调查，就没有发言权”，在统计工作中显得尤为重要。统计调查也就是资料的收集是影响整个统计工作质量的关键，只有搞好统计调查，才能保证统计工作达到对客观事物规律性的认识，在此基础才能进行统计分析与预测。

2.1.2　统计资料收集的基本要求

统计资料收集的基本要求是准确性、及时性、全面性，它是衡量统计工作质量的重要标志。

1. 准确性

统计数据的准确性是统计数据质量的生命之本。准确，就是如实反映客观实际；反之，不准确的资料，可能误导做出不正确的分析、计划、决策，会使工作走很多弯路，甚至造成巨大损失。

要做到资料准确可靠：一是要求国家机关、社会团体、各企事业单位严格按照《中华人民共和国统计法》和有关法规、规章提供统计资料，不虚报、瞒报资料，不伪造、篡改统计数字；二是要求尽可能地消除或控制来自各方面的统计调查误差，这是资料收集中的技术问题。

2. 及时性

及时性要求及时完成各项资料的上报任务。统计信息的时效性是统计的"身份"。客观社会经济现象是不断发展变化的，如果统计资料收集不及时，就难以发挥它的作用，统计资料就如同失去了生命。同时，统计数据的及时性是一个全局性问题，每一项统计工作的完成，都是许多单位共同努力的结果，任何单位不按照规定完成，都会影响统计工作的开展。

3. 全面性

全面性包括两方面的内容：一是根据研究目的，对所有调查单位的资料毫无遗漏地收集起来，但又不能重复；二是项目要齐全。如果提供的资料不全面，以此资料为依据就不可能得出有关现象本质的正确结论，不能够正确地反映社会经济现象的全貌。

2.1.3 统计资料收集的种类

1. 按收集资料对象包括的范围不同，分为全面调查和非全面调查

全面调查就是对构成调查对象的所有单位一一进行调查。例如，要了解广东省工业增加值，就要对该省所有工业企业进行调查，这属于全面调查。全面调查可以取得全部调查单位的全面的、完整的资料，但往往须耗费大量人力、物力、财力和时间。因此，只有对某些必须掌握的、重要的基本资料才采用全面调查。

非全面调查，就是对构成调查对象的部分单位进行调查。例如，要了解市场上流通的奶粉质量，可以抽取一部分奶粉进行质量检验，这属于非全面调查。非全面调查由于调查的单位少，可用较少的人力、物力、财力和时间取得较为细致深入的资料，收到事半功倍之效。但无法取得反映所有调查单位的全面资料，调查结果有时不太准确。

2. 按收集资料的组织形式不同，分为统计报表制度和专门调查

统计报表制度是按照国家统一规定的调查表式和要求，自上而下地统一布置，自下而上地逐级提供统计资料的一种调查方式。因为它要求按规定的报表格式、内容、规定的报送程序和报送时间报送数据资料，所以是一种严格的报告制度。统计报表是我国收集全面统计资料的主要方式。

专门调查是指为了某些特定目的研究某些专门问题而组织的调查。例如，为了了解上海自由贸易试验区对区域经济、企业发展及老百姓的生活所带来的影响而进行的调查就属于专门调查。这种调查多属一次性调查，如普查、重点调查、典型调查和抽样调查。

3. 按收集资料的时间是否连续，分为经常性调查和一次性调查

经常性调查也就是连续性调查，是指随着调查对象的变化，连续不断地进行调查登记，以了解事物在一定时期内发生、发展的全过程。例如，企业的商品销售量、原材料的消耗等资料的取得，都必须在一段时间内连续不断地进行登记。经常性调查的数据说明了对象的发展过程，体现

了对象在一段时期的总量。

一次性调查也就是不连续性调查，是指间隔一段时间对调查对象进行调查，从而获得现象总体在某一时点上的状态。例如，我国每隔10年进行一次的人口普查。一次性调查可能只进行一次而不考虑下一次是否进行，也可能是间隔很长时间(1年以上)仍会进行。一般来说，一次性调查针对性很强。

任务2.2 设计统计调查方案

统计调查是一项科学、周密、系统、复杂的工作，在开展统计调查前，必须制订一个科学合理切实可行的统计调查方案，这是保证调查工作顺利开展并且达到预期目的的指导性文件。设计一项完整的统计调查方案一般包括以下几方面的内容。

2.2.1 确定调查目的

制订一个统计调查方案，首先要明确调查的目的，即要明确进行调查所要研究和解决的问题，这是统计调查中最根本的问题，决定着调查工作的调查对象、调查单位、调查方法和组织。确定调查目的时，应做到具体明确，突出中心，避免面面俱到，这样收集到的资料就合乎要求，避免人力、财力、物力和时间的浪费，需要了解的资料在调查结果中得到反映，工作得以顺利完成。

2.2.2 确定调查对象、调查单位和报告单位

调查目的确定后，就可确定调查对象和调查单位。调查对象是调查中需要调查的现象的总体，是由性质相同的许多个别单位所组成的，是统计总体在统计调查阶段的具体化。调查单位是构成调查对象的个体单位，即标志的直接承担者，也就是调查对象。确定调查对象，就是要确定被研究现象总体的范围，调查对象确定后，调查单位也就随之确定了，调查单位是总体单位在统计调查阶段的具体化。例如，调查目的是了解我国上市公司情况，那么我国所有上市公司就是调查对象，每家上市公司就是调查单位。

明确调查单位还要把它和报告单位相区别。报告单位也称填报单位，即负责提交调查资料的单位。调查单位和报告单位有时一致，有时不一致。例如，调查目的是了解我国高职院校的办学情况，调查对象是所有高职院校，每一所高职院校既是调查单位又是报告单位。又如，某中学各班教学桌椅普查中，调查对象是所有班的全部桌椅，调查单位是所有班的每台设备，而报告单位则是每个班。

2.2.3 拟定调查项目和设计调查表

1. 拟定调查项目

调查项目是指对调查单位所要调查的内容，是调查单位所承担的基本标志，也就是确定准备调查的内容，向被调查者调查什么，需要被调查者回答什么问题。例如，2000年我国第五次人口普查规定的调查项目为21项，其中需要被调查者填报的有13项，包括姓名、与户主关系、性别、

年龄、民族、户口状况和性质、文化程度等。

拟定调查项目要注意以下几个问题。

① 调查项目应是满足调查目的需要并能实际取得的资料。

② 调查项目的含义要明确,不能含糊不清。

③ 调查项目要避免重复和相互矛盾。

2. 设计调查表

将调查项目按照一定的顺序和方式排列在一定的表格上就构成了调查表。调查表是调查项目的表现形式,其作用在于能够清晰地表述调查内容,便于登记调查资料。

2.2.4 确定调查时间和调查期限

调查时间是指调查资料所属的时间。如果所要调查的是时期现象,就要明确规定资料所反映的是调查对象从何时起到何时止的资料。如果所要调查的是时点现象,就要明确规定统一的标准调查时点。

调查期限是调查工作进行的时限,也就是完成整个调查工作所需要的时间。为了提高信息资料的时效性,调查期限应尽可能缩短。

例如,对某省2013年工业增加值进行调查,调查时间是时期,即2013年这一年。从2014年1月1日起开始调查,截至2014年1月31日将资料收集、整理完毕,则调查期限为1个月。

2.2.5 制订调查工作的组织实施计划

统计调查工作得以顺利进行需有严密、细致的组织工作。其主要内容有:调查工作的领导机构和办事机构、调查人员的组织、调查经费的预算和开支方法、工作进度等。

任务2.3 调查资料的收集方式

2.3.1 统计报表制度

1. 统计报表的含义

统计报表是我国定期取得统计资料的基本调查方式,是根据国家有关法律的规定,按照统一规定的表格形式、统一的指标和内容、统一的报送时间和报送程序,自下而上逐级定期提供基本统计资料的一种调查方式。

统计报表制订、实施和管理的一整套规章制度统称为统计报表制度。按照《中华人民共和国统计法》的有关规定,执行统计报表制度是各地方、各部门、各单位必须向国家履行的一种义务。统计报表制度的基本内容有报表目录、表式及填表说明3部分。报表目录是指应报送的报表名称、报送日期、编报单位、编报范围等有关事项的说明。表式即报表的具体格式、要求填报的各项指标等。填表说明是指填表时有关事项的说明,包括统计范围、统计目录和指标的解释、计算方法等的具体规定。

统一性和及时性是统计报表的基本特点，具体表现为：①统计报表的内容和报送的时间是由国家强制规定的，以保证调查资料的统一性；②统计报表的指标含义、计算方法、口径是全国统一的。

2. 统计报表的种类

(1) 按照调查范围分类，可以分为全面统计报表和非全面统计报表

全面统计报表要求调查对象中的每个单位都要填报；非全面统计报表只要求调查对象的一部分单位填报。目前我国大多数为全面统计报表，也有少数非全面统计报表。

(2) 按报送周期长短的不同，可分为日报、旬报、月报、季报、半年报和年报

日报和旬报，其时效性强，仅填报生产中最重要的指标，又称为进度报表；周期长的，则指标项目及内容可多一些、详细一些，如年报，具有年度总结的性质，是当年生产经营管理活动的全面反映，因此，指标项目最多，内容全面详尽。

(3) 按报送方式的不同，可分为电讯报表和邮寄报表

电讯报表又分为电报、电话、电视传真、网络数据传输等方式。采用何种方式报送，取决于时效性的要求和报表内容的详简程度。例如，日报和旬报，一般采用电讯方式报送；月报、季报、半年报和年报，主要以邮寄方式报送。

(4) 按填报单位的不同，可分为基层报表和综合报表

基层报表是由基层单位填报的统计报表，填报单位为基层填报单位。综合报表是由主管部门或统计部门根据基层报表逐级汇总填报的统计报表，填报单位为综合填报单位。

(5) 按性质和内容不同，可分为国民经济基本统计报表和专业报表

国民经济基本统计报表由国家统计部门统一制发，用来搜集工业、农业、交通运输、基本建设、商业、劳动工资、物资、财政金融、文教卫生、科学研究等方面最基本的统计资料，用以反映国民经济和社会发展的基本状况，是进行宏观决策和规划的重要依据。专业统计报表是各有关部门为适应本部门管理的需要而制定的，在本部门内实施，用以收集本部门的业务技术资料，作为基本统计报表的必要补充。

3. 统计报表的资料来源

统计报表的资料来源于基层单位的原始记录。原始记录是基层单位通过一定的表格形式对基层生产、经营活动所做的最初记载，是反映社会经济活动的第一手材料。例如，企业产品产量记录、原材料出库入库记录等。

从原始记录到统计报表，中间还要经过统计台账和企业内部报表。统计台账是指根据统计报表核算要求和企业生产经营管理需要，用一定的表格形式将分散的原始记录，按时间顺序分门别类地集中登录在一个表册上。例如，企业每天会有许多的某原材料出库单，这些原材料出库单就是企业的原始记录；每天把这些出库单汇总得到该企业的当日某种原材料耗用量，按日期登记在一本账册中，即统计台账；将统计台账中每日耗用量累计，得到当月该种原材料耗用量，据此填入统计报表中的原材料耗用量项下。原始记录、统计台账和统计报表之间密切联系，逐层递进。

2.3.2 普查

1. 普查的概念和意义

普查是根据统计任务的特定目的而专门组织的一次性的全面调查。它可以取得比较全面的资料,用以收集重要国情、国力和资源状况的全面资料,为政府制订规划、方针政策提供依据。普查是一种重要的调查方式,世界各国在反映本国综合实力的国情国力调查中,常采用普查的方式,如2010年11月1日我国进行了第六次全国人口普查。

2. 普查的特点

(1) 一次性或周期性

由于普查的规模大、涉及面广、指标多、调查单位多,耗费大量人力、物力和时间,且一般用来调查属于一定时点上的现象总量,不必做连续登记,只须间隔一段较长时间进行一次性的调查,如我国的人口普查从1953年至2010年共进行了6次。普查作为获取有关国情、国力资料的重要统计方法,在我国已经纳入了规范化、法制化的轨道,我国政府也制定了"以周期性普查为基础"的整体统计调查方法体系。已有的重大普查工作的安排如下:人口普查,逢末尾数为0的年份实施,每10年1次;农业普查,逢末尾数为6的年份实施,每10年1次;经济普查,每10年进行2次,分别在末尾数逢3和逢8的年份实施。

(2) 统一的标准时点

标准时点是指全体调查者在对被调查现象进行登记时所依据的统一的时点。有了统一规定的标准时间,就可以避免收集资料时由于主观或客观的原因而产生的重复和遗漏现象,以保证资料的准确性。例如,我国第六次人口普查的标准时间是2010年11月1日0时。

(3) 统一的调查项目

调查项目一经确定,不能随意改变或增减,以免影响汇总和综合。此外,同类普查的内容,在满足不同阶段和时期的需要而增加新项目或减少老项目的同时,应尽可能保持一致,以便于对被调查对象进行不同时期的比较分析。

3. 普查的组织方式

普查的组织方式基本上有两种情况:一种是专门设置的普查机构,配备一定的普查人员,对调查单位进行调查,如我国历次的人口普查;另一种是利用调查单位的原始记录和日常核算资料,统发一定的调查表,由调查单位按要求自行填报,如我国历次的物资普查。但即使是第二种形式,也需要组织普查的领导机构并配备一定的专门人员,对整个普查工作进行组织与协调。

2.3.3 重点调查

1. 重点调查的概念和意义

重点调查是指在调查对象中选择一部分重点单位所进行的非全面调查。重点单位其数目在全部单位数中占很小的比重,但其调查的标志值在总体的标志总量中却占绝大比重,因而能够从数量上反映出总体的基本情况。例如,要了解全国钢铁产量的基本情况,只要对全国少数几个重点钢铁企业如宝钢、首钢、鞍钢、武钢等进行调查，就能及时掌握我国钢铁产量的基本情况。因为这些钢铁企业在全国钢铁企业中虽然是少数，但它们的产量占有很大的比重，足以反映我国钢铁生产的基本情况。重点调查比全面调查节省人力、物力和时间，所以，当调查任务只要求掌握基本情况，而总体中又确实存在重点单位时，采用重点调查比较合适。但由于重点调查的指标数值不能完整地反映现象总量，因而不具备推断总体总量的条件。

2. 重点单位的选择

正确选择重点单位，是组织重点调查的关键。重点单位不是固定不变的，是随着调查任务、调查对象、调查时间的不同会有所变化的。选择重点单位的一般原则是：选出的重点单位要尽可能少，而它们的标志值在总体中所占的比重要尽可能大。同时，选中的单位，管理制度应比较健全，统计力量应比较充分，统计基础应巩固扎实，这样才能准确、及时地提供详细的资料。

2.3.4 典型调查

1. 典型调查的概念和意义

典型调查是根据调查目的和要求，在对调查对象进行全面分析的基础上，有意识地选取若干个具有代表性的单位进行深入、细致的调查研究，借以认识事物发展变化的规律的一种非全面调查。

典型调查既是一种收集统计资料的调查方法，也是一种分析问题和解决问题的工作方法。它的意义体现在以下几方面。

(1) 典型调查可以用来研究新事物

社会经济是在不断发展变化的，新情况、新问题层出不穷，可以通过对新生事物的典型调查，探究出事物发展的方向和规律性，然后对事物作深入的调查分析，找出解决问题的具体办法。

(2) 典型调查可对所研究的问题作具体深入的分析

典型调查的调查单位少，可以进行深入、细致的调查，可以反映事物发展变化的真实情况和现象的各方面联系，并且有举一反三的效果，便于及时总结经验和教训。

(3) 可与全面调查结合起来，弥补全面调查的不足

典型调查可以测算和推断有关总体的数据，在一定条件下验证全面调查结果的可靠性。

2. 典型调查的特点

典型调查与其他调查方式相比，具有以下几个特点。①它只对少数典型单位调查，其调查范围小，调查单位少，就能对典型做深入细致的调查，进行具体的剖析。因此，可用来研究一些比较复杂的专门问题，而且需要的调查人员少，花费的财力、物力也较少，时间比较短，具有经济性和时效性。②典型单位是根据调查目的与任务，在对调查对象进行初步定性分析的基础上，有意识地选择出来的，所以调查单位的选择更多地取决于调查者的主观判断与决策，调查人员的经验与专业水平会影响到调查单位的选择。③典型调查的误差取决于被选取的典型单位的代表性的高低。当总体各单位标志值差异很小时，典型单位的代表性就高，调查误差就小；反之，调查误差就大。

3. 典型调查的组织方式

选择典型单位是做好典型调查的基础,典型单位应具有充分的代表性。这里的"代表性"应根据研究目的的不同来确定。具体有以下3种组织方式。

(1) 解剖麻雀式

如果典型调查的目的是了解总体的一般情况,可以选择中等水平的单位作为典型调查的调查单位,通过"解剖麻雀",认识总体的一般水平、内部结构和发展变化的规律,解释事物本质。

(2) 突出选典式

如果典型调查的目的是推广成功经验、总结失败教训或观察新生事物,就可以选择总体中的先进单位、后进单位或新生事物作为典型调查的调查单位,进行深入细致的调查研究。

(3) 划类选典式

如果调查的目的是了解总体的概况,而总体的结构又比较复杂,可以在了解总体大致情况下,把总体按照一定的标志划分成若干类型,按各个类型单位在总体中所占的比重,从每一类型中选出少数典型单位进行调查,从而提高典型单位的代表性,最后将各类型的典型单位资料综合起来加以分析研究。

2.3.5 抽样调查

1. 抽样调查的概念和主要应用范围

抽样调查是指按照随机原则从总体中抽取一部分单位作为样本进行调查,根据调查的结果推断总体特征的一种非全面调查。抽样调查与其他调查相比,组织容易,可以较大程度地排除个人主观意图的影响,并且在一定程度上预计和控制调查误差。

抽样调查的主要应用范围如下。

(1) 对总体不可能或不必要进行全面调查,而又必须掌握总体指标数值的情况

抽样调查能够解决全面调查无法解决的问题,如由于放炮属于破坏性实验,要了解炮弹射程的远近,只有通过抽样调查来完成。又如,要了解海洋中鱼类的情况,由于这是一个无限总体,不可能进行全面调查,也只有通过抽样调查来完成。另外,还有些总体由于范围大,时间空间跨度大,在经济上不合算,在资料上未必能保证,没有必要进行全面调查,如林区木材储存量调查等。

(2) 对全面调查的结果进行修正和补充

例如,在人口普查中,由于调查量较大,调查项目较多,常会发生误差,可通过抽样调查的数据对其进行修正,以有效地提高普查数据的质量。

2. 抽样调查的特点

抽样调查与其他非全面调查相比较,具有几个明显的特点。①随机抽取调查单位,不受调查者主观意图的影响,每个被调查者抽中的机会完全相等。②抽样调查是用一部分单位的指标数值去推断总体相应的指标值,其他的非全面调查一般不用来推算总体。③抽样调查存在着可控制性误差,随着调查单位数的增多,误差会随之减少,但并非成比例。调查人员可以通过一定的方法去控制误差。④抽样调查只能抽取单位进行调查,减少了很多中间环节,调查速度快,能够满足时效性要求高的调查项目。

不同的统计调查方式,各有其特点和作用,都存在一定的优点和局限性。在实际工作中,通

常并不单独使用一种调查方式、方法，而应根据不同情况灵活运用，将几种调查方式结合使用。

任务 2.4 收集资料的基本方法

2.4.1 直接观察法

直接观察法是指收集数据人员直接到现场对被调查对象进行观察和计量，以取得第一手资料的一种调查方法。例如，要了解顾客在各柜台停留的时间，可以在超市安装摄像头进行观察；还有，要了解某品牌汽车的配置情况，调查者可以去汽车销售店现场进行观察。无论是利用仪器现场观察，还是调查者现场观察，都是直接观察法。这种方法能保证资料真实、及时，在人员组织、调查时间等方面有较大的灵活性，但由于现场观察需要较多的人力、物力和时间，调查要受到时间和空间等的限制。

2.4.2 访问法

访问法是根据调查研究的目的，确定调查项目，以有计划地通过口头、网络、电话等方式向被调查者了解情况，请被访问者口头回答或填写等形式来回答问题，以收集统计资料的调查方法。

在实际调查中，访问法主要有以下 3 种形式。

1. 面谈访问

面谈访问是数据收集者与被调查人员面对面交谈收集统计资料的一种方法，是最直接的获取资料的调查方法。按与被调查者接触方式的不同，面谈访问包括个别访问和座谈访问。个别访问是每次只访问一个被调查者，这是最常见的形式。座谈访问是指每次调查多个被调查者，通常采用开调查会、座谈会的形式。访问法的优点是能深入了解各种现象，真实性较高。但面谈访问法对访问者的人际交往能力要求较高，不适宜调查某些敏感问题或稳私问题，人们的文化程度、社会经验、社会地位、价值观念等方面的差异都会影响调查结论，且人力、物力、财力花费较大。

2. 电话访问

电话访问是以电话为媒介收集信息的一种调查法。这种调查法成本较低，不受地域的限制，能迅速地获得资料，但访问的时间不能太长，比较适用于对热点问题、突发性问题的数据收集。

3. 网络访问

网络访问是通过网络方式所进行的调查。这种方式速度快、费用低、数据处理方便，是目前收集资料最常用的方法。

2.4.3 问卷法

问卷法是根据调查研究目的，事先设计出各种问题，以问卷形式提问，由被调查者依问卷提出的问题及给定的选择答案进行回答的一种调查方法。调查人员可以当面或通过网络等途径将问卷发给被调查者。采用问卷法始于20世纪30年代的美国,当今已成为世界各国收集资料的主要方式。问卷法有以下几个方面的特点:①通俗易懂,实施方便。由于问卷法将所要调查的问题及可供选择的答案都已列出,被调查者有足够的时间从中进行选择,容易接受。②适用范围广。问卷法既可用于对社会政治经济现象进行调查,也可用于调查某个专项问题。从实施的空间来看,问卷进法适用于各种范围与环境。③节省调查时间,调查效率高。由于在调查问卷中已将调查目的、内容、问题及可供选择的答案列出,无须详细说明,直接由被调查者选择回答即可,从而能节省调查时间,加快调查速度。问卷法所设计的问卷是关键,必须精心设计问卷,问题要简明扼要,要保证问卷的回收率和调查质量。

2.4.4 报告法

报告法是由报告单位按照要求及时向有关部门提供统计资料的一种调查方法。统计报表就属于这种方法。报告法一般是对机关团体和企事业单位,而不是对个人或个体单位调查,下级必须按规定准确、及时地向上级提供统计资料,具有法律行政的强制性。如果报告系统规范,原始资料和核算工作准确,采用此法可以取得比较精确、全面的资料。

任务2.5 调查问卷的设计

调查问卷是用来收集资料的一种工具,它是根据调查目的和要求设计,由一系列的问题、备选答案、说明等组成的一种调查形式。完美的问卷必须具备两个功能,即能将问题传达给被问的人和使被问者乐于回答。

调查问卷设计的好坏直接影响到数据的质量和分析结论。设计的问卷应能有效地用来收集数据、获取信息,尽可能减少误差,并能减少收集和处理数据所花费的费用和时间。问卷设计时应当按照一定的结构,遵循一定的原则,运用一定的技巧。

2.5.1 问卷设计的原则

成功的问卷设计必须满足两个条件:一是被调查者能准确无误地理解问卷所列的问题,愿意并乐于回答;二是调查者能获得所需的完整、准确的信息,并方便数据的处理。

问卷设计应遵循如下原则。

1. 主题必须明确

问卷题目的拟订应围绕调查的主题,从实际出发拟题,问题目的要明确、重点要突出,避免出现可有可无的问题。

2. 结构合理,逻辑性强

调查问卷中问题的排列要有一定的逻辑顺序,符合被调查者的思维顺序,一般先易后难,先简后繁,将被调查者感兴趣的问题放在前面,一些比较乏味的问题放在后面,以利于调查的顺利进行。

3. 问题表述清楚，易于理解

问卷中要尽量避免使用专业术语及不规范的简称，应使被调查者能够清楚无误地加以回答。

4. 控制问卷的长度

回答问卷的时间应控制在 20 分钟以内，尽量短。问卷中既不多问一个问题，也不遗漏一个问题。

5. 尽量避免敏感性问题

敏感性问题是指被调查者不愿意让别人知道答案的问题。例如，个人收入问题等。问卷中要尽量避免提问敏感性问题或容易引起人们反感的问题。若采用匿名答卷的方式，被调查者则会倾向于如实回答较为敏感的问题。

6. 便于资料的整理、统计和分析

设计好的问卷在调查完成后，应能够方便地对所采集的信息资料进行整理，对调查结果进行统计和分析。如果不注意这一点，很可能出现调查结束，信息资料获得很多，但是统计处理却无从下手的难堪局面。

2.5.2 问卷的结构

调查问卷一般由题目、卷首语（开场白）、正文、结束语 4 个部分组成。

1. 题目

问卷的题目是对问卷调查内容的概括，通过问卷的题目可以反映出调查的主题。题目要准确、醒目、突出，使被调查者对所要回答什么方面的问题有一个大致的了解。

2. 卷首语（开场白）

卷首语（开场白）是一封致被调查者的短信，目的是让被调查者了解调查者的身份、调查的内容和意义、对被调查者的希望和要求等。卷首语篇幅不宜过长，文字要简洁、开门见山，也可在卷首语中进行一定的宣传。虽然卷首语的篇幅短，但能否获得被调查者的合作与支持，在很大程度上取决于卷首语的质量。因此，卷首语语气应该是亲切、有礼貌的。大量的实践表明，如果潜在的调查对象在听取介绍调查来意的一开始就愿意参与合作，那么绝大部分都会合作，而且会认真填写。

3. 正文

正文是问卷的主体，主要包括问题和备选答案，是体现问卷质量的关键所在。这些问题从形式上看有两种：一是开放式；二是封闭式。开放式问题只提出问题没有答案，答案由被调查者自己填写。例如，调者受访者对商品包装的建议等，这类问题一般提问比较简单，回答比较真实，但问题的答案结果不规范，回答方式各异，难以统计整理，不易做定量分析研究；封闭式问题有问题且有备选答案。例如，调查受访者喜欢哪一款商品，将商品的几款列出来供受访者挑选等，这种问题由于答案标准化，不仅回答方便，而且易于问卷的整理和统计分析，但这类问题容易造成强

迫式回答,给草率应付的调查对象提供了乱答的条件。按内容,问题可分为两类:一类是客观题,如调查受访者是否去过某地旅游,回答是有或无;另一类是主观题,这类题是调查受访者对某个问题的看法、认识等,如对某商品质量的满意度等。

4. 结束语

结束语的任务就是告诉受访者阅卷结束,访问完毕了。例如,“再次感谢您的参与,麻烦您检查是否还有尚未填写的题目,确认填写完整后请交给我们的工作人员”等。

调查问卷可以按照上述结构形式设计,但并非一定要拘泥于此,可以适当地变化。因为调查问卷最重要的功能是帮助收集所需的信息,任何问卷的结构形式都是为了帮助问卷设计者更加有利地设计问卷而提出的,所设计的问卷应操作性强,能达到预期的数据要求。

2.5.3 调查问卷的问题设计

问题设计是调查问卷设计的主要内容,是决定调查质量的关键。若问题设计不当,则可能会使被调查者产生误解,甚至引起反感。因此,在设计问卷时,必须根据设计问卷的步骤和原则,针对问题的类型反复推敲,才能设计出高水平的调查问卷。

1. 开放式问题的设计

开放式问题不提供具体的答案,由被调查者根据自己的意愿自由作答,特别适用于探索性调查。开放式问题主要有以下几种设计方法。

(1) 再确认法

再确认法是通过给被调查者提供与调查对象相关的某种线索来刺激其回忆确认。回忆程度可分为“知道、听说过、不知道”等,刺激材料可以是文字、图画或照片。例如,请问您知道下面哪几个空调品牌?

品牌	知道	听说过	不知道
三洋			
华凌			
海尔			
格力			

用再确认法拟定问题时须注意:要根据调查目的选择刺激材料;要注意使刺激材料形成无序排列,以避免产生引导性误差;刺激材料的数目一般不要超过10个。

(2) 回忆法

回忆法是用于调查被调查者对品牌名、广告等印象强烈程度的一种问题设计方法。例如,“请说出您所知道的汽车品牌”、“您知道广州有多少家调味品生产厂家”等。回忆法可与再确认法配合使用,再确认法一般用于调查“记忆的分量”,而回忆法则多用于调查“回忆的强度”。

(3) 自由式回答法

自由式回答法是指设计问题时不设计供调查者选择的答案,而是由被调查者自由陈述意见,对其回答不作任何限制,如“您认为学校食堂可以从哪几个方面改进”等。自由式回答法的优点是:拟定问题不受限制,比较容易;可获得深层次的意见和不同的看法。其缺点是:调查结果整理比较困难;有些被调查者不知道如何回答,因而缺项较多。

(4) 字词联想法

字词联想法是将按照调查目的选择的一组字词展示给被调查者,每展示一个字词,就要求其立刻回答看到该字词后想到了什么,由此推断其内心想法。

字词联想法常用的设计方式有以下几种。

① 自由联想法:对被调查者的回答不作任何限制,如"提到冰箱您想到什么?"。

② 控制联想法:把被调查者的回答限制在某一方面,如"提到冰箱您想到什么品牌?"。

③ 提示联想法:提出问题后,请被调查者在事先拟定好的单词表上挑选产品,如"看到LV您想到什么? 请在下面字词中选择答案:衣服　女士包　名牌　奢侈品　高质量"。

字词联想法常用来比较、评价和测试品牌名称、品牌形象及广告用语等。在使用字词联想法调查时,要注意记录被调查者回答问题的时间。因为回答越快,说明被调查者对这个字词的印象越深,越能反映被调查者的态度。回答越慢,则说明被调查者的答案越不肯定,答案的可靠性越差。

(5) 文句完成法

文句完成法是将问题设计成不完整的句子,请被调查者完成。例如,"经常买(　　)牌子的化妆品"。

与字词联想法相比,文句完成法不用强调被调查者回答问题的时间,由于被调查者完成的是句子,调查结果也比较容易分析。因此,常用于调查消费者对某种事物的态度或感受。为了减少被调查者回答时的顾虑,在设计问题时应避免用第一或第二人称。

(6) 图画故事完成法

图画故事完成法是指通过向被调查者出示一组漫画或图片,要求其根据自己的理解描述漫画或图片的内容,或者编造一个故事,调查者则从被调查者的描述中探询对方的态度或愿望。在采用这种方法时,由于被调查者是根据自己的经验或想法不受拘束地进行描述或编造故事,因此,回答内容能够反映其内心的真实需求和愿望。这种方法对调查者的要求比较高,要能根据被调查者的回答分析其内心想法。

2. 封闭式问题的设计

封闭式问题对问题事先设计了各种可能的答案,供被访者从中选择作答。封闭式问题主要有以下几种设计方法。

(1) 是否法

是否法是指在一个问题的后面附有两个答案,回答时只能在两个答案中选择一个。例如,你是否拥有TCL手机?

A. 是　　B. 否

是否法的答案明确简单,便于统计,特别适用于相互排斥的两择其一式的问题。但是,由于只有对立的两极答案,难以调查出被调查者意见的程度区别。

设计是否法问题时,要注意有些问题看似只有两个选择,其实并非如此。例如,"您"是否准备购买汽车?"这个问题从表面看答案只有"是"或"否",实际上却有5个答案:是、否、可能买、可能不买、不一定。对这种包含多个答案的问题就不能用是否法,可采用多项选择法。另外,有的问题虽然只有两个答案,但两者并不是相互对立的。例如,"您是喜欢看电影,还是喜欢看电视?"一个家庭可能两者都不喜欢或两者都喜欢。对这种答案本身不相互排斥的,最好采用多项选择法。

(2) 多项选择法

多项选择法是指一个问题有两个以上答案,被调查者可选择一项或多项作为回答。例如,您购买手机主要考虑哪些方面的因素?

A. 价格　B. 质量　C. 外观　D. 功能　E. 其他(请注明)

多项选择法提供的答案是标准化的,对答案进行编码和分析都比较容易;回答者易于作答,有利于提高问卷的回收率;问题的含义比较清楚,因为所提供的答案有助于理解题意,这样就可以避免回答者由于不理解题意而拒绝回答。但回答者对题目不正确理解的,难以觉察出来,可能产生“顺序偏差”或“位置偏差”,即被调查者选择答案可能与该答案的排列位置有关。研究表明,对陈述性答案被调查者趋向于选第一个或最后一个答案,特别是第一个答案,即使设计有“其他”项,常常也可能被忽略。

(3) 排序法

排序法是对一个问题列出几个回答项,要求被调查者根据自己认为的重要程度对其排序。例如,请根据您认为的重要程度,对下列影响您购买汽车的因素进行排序。

A. 外观　B. 内饰　C. 空间　D. 操控　E. 动力　F. 油耗　G. 价格

这种问题形式便于被调查者对调查事项进行比较衡量,能够客观地表达自己对调查事项重要性的态度,而且资料的统计整理也比较简便。排序法的缺点是不能反映各调查事项重要性的差异程度。一般在对有关事物重要性先后次序进行调查时采用这种方法。

(4) 数值分配法

数值分配法也称打分法,是考察调查对象具有的各种特点的程度,由被调查者选择有一定代表特性的程度数值,如从 1 到 10 之间的数值。该方法常用于对商品的评价、企业印象的评定等。例如,要求被调查者按质量的好坏,给列出的各种品牌的自行车打分。统计时把每种牌子的得分加在一起,然后以得分最低的牌子为基数,与其他牌子相比较,所得到的一系列数,就是该次测量值。

(5) 数值尺度法

数值尺度法是指在 5 个或 5 个以上阶段上配以适当的程度副词,以探求回答者意见、态度的一种测量方法。一般常用的阶段副词有:很满意、满意、不满意、还算满意、有些不满意、很不满意或非常喜欢、比较喜欢、一般、不喜欢、很不喜欢等。例如,请根据您对本次行程的满意程度,在相应的不同点上标“√”。

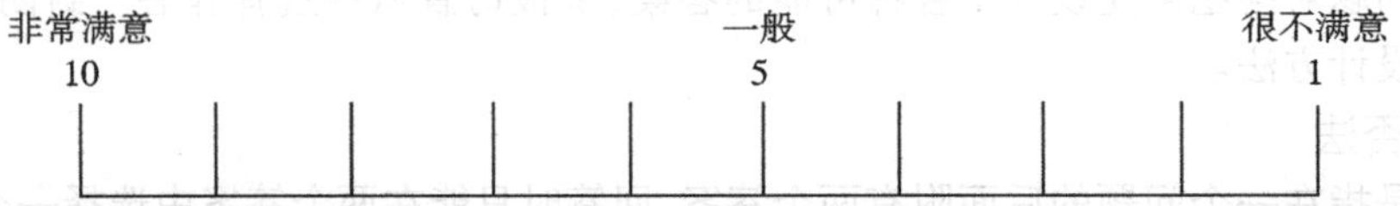

数值尺度法简便易行,但在理论上必须先假定从“非常”到“比较”、从“比较”到“一般”等每阶段之间的距离是完全相等的。这要求对被调查项目要做严格的筛选和评定等准备工作。

2.5.4 问题设计时应遵循的原则

实际调查工作中,被调查者的个体差异会给问卷调查带来很多难题。解决这些难题,除依赖调查问卷的设计人员丰富的实际经验外,还有必要在问题设计过程中注意下述原则。

1. 穷尽性原则

所谓穷尽性,是指所列出的答案包括了所有可能的情况。所有被调查者都能在给定的备选答案中至少选择一项适合自己回答的答案,不至于因所列出的答案中没有合适的答案而放弃回答。例如,您每月所需费用的来源?

A. 父母提供　　B. 奖学金　　C. 勤工助学

对该问题若只设计以上3个备选答案就违背了穷尽性原则。应加上答案“其他”,这样答案才完备。

2. 互斥性原则

所谓互斥性,是指答案之间不能相互重叠或相互包含。例如,在下列动物中,您最喜爱的是哪个?

A. 大熊猫　　B. 哺乳动物　　C. 鹦鹉　　D. 狗　　E. 乌龟

答案中哺乳动物和大熊猫、狗等都不是互斥的。

3. 一致性原则

所谓一致性,是指所提问题与所设答案应做到一致。例如,您的职业是什么?

A. 教师　　B. 企业　　C. 事业单位　　D. 工人

该问题与所设的答案企业、事业单位就不一致。

4. 中性化原则

所谓中性化原则,就是提问要中性化,避免带有倾向性或暗示性的问题。例如,“您是否也和大多数人一样喜欢该品牌汽车?”这样的问题带有明显的暗示性。“大多数”这种暗示性的询问会导致两个不良后果:一是会使回答者不假思索地就顺从大多数人的意见;二是会使回答者反感,他会想既然大多数人都喜欢,问我还有什么意义,因而他或拒绝回答或给予相反的回答。因此,在问句中要避免使用类似的词语。

5. 具体性原则

所谓具体性原则,是指提问具体,避免过于笼统。调查问卷的用语讲究简短、准确、客观性,模棱两可的语句必然会造成回答上的误差,因为理解的错误是造成回答错误的重要原因之一。在问卷调查中,经常会遇到一些不明确的问题。例如,“您认为某品牌的跑步机如何?”这样的问题很不具体,很难达到了解回答者对该品牌跑步机总体印象的预期调查效果。应把这一类问题分解为几个方面的问题,如具体询问被调查者对该品牌跑步机在价格、质量等几方面的印象。

项目小结

本项目主要讲述统计资料收集的种类、方式、方法及问卷的设计。统计资料的收集是统计整理的基础,其质量直接影响到统计分析的质量。

1. 统计调查方案的设计步骤如下:①确定调查目的;②确定调查对象、调查单位和报告单;③拟订调查项目和调查表;④确定调查时间、调查期限和调查方法;⑤制订调查工作的组织实施计划。

2. 调查资料收集方式:①统计报表制度;②普查;③重点调查;④典型调查;⑤抽样调查。

3. 收集资料的基本方法:直接观察法、访问法、问卷法、报告法。

4. 调查问卷设计的核心内容:

(1) 问卷的基本结构:由题目、卷首语(开场白)、正文、结束语4个部分组成。

(2) 问卷问题的设计方法:①开放式问题的设计方法:再确认法、回忆法、自由式回答法、字词联想法、文句完成法、图画故事完成法；②封闭式问题的设计方法：是否法、多项选择法、排序法、数值分配法、数值尺度法。

5. 问题设计时应遵循的原则：①穷尽性原则；②互斥性原则；③一致性原则；④中性化原则；⑤具体性原则。

项目实战

一、实战题

根据自己平时了解的本校大学生消费的情况，包括学习、餐饮、衣着、日用品、社会交往、文体活动等方面，请制订所在学校大学生消费的调查方案，设计在校大学生消费状况调查表，在本校范围内组织问卷调查。

二、填空题

1. 访问法主要是指__________、__________、__________。
2. 重点单位是指__________的单位。
3. 统计调查的方式有__________、__________、__________、__________、__________5种。
4. 统计调查按其登记时间是否连续，可分为__________调查和__________调查。
5. 调查表按其形式一般有__________表和__________表两种。
6. 统计报表按其填报单位不同，可分为__________报表和__________报表。

三、单项选择题

1. 在统计调查中，调查标志的承担者是(　　)。

A. 调查单位　B. 调查对象　C. 填报单位　D. 调查表

2. 正确的选项是(　　)。

A. 调查单位是负责向上报告调查内容的单位，报告单位则是调查项目的承担者

B. 某一客体不可能既是调查单位，又是报告单位

C. 有时二者是一致的，某一客体可以同时具备调查单位及报告单位的特点

D. 调查单位是组成调查对象的全部单位

3. 对占全市工业总产值1/5的6个大型企业进行调查，这种调查方式是(　　)。

A. 普查　B. 抽样调查　C. 重点调查　D. 典型调查

4. 重点调查中的重点单位是指(　　)。

A. 这些单位是我们工作中的重点

B. 这些单位在全局工作中处于重要的地位

C. 这些单位的单位数占总体单位数很大比重

D. 这些单位的标志值在总体中占有很大比重

5. 某市为了深入开展反腐败斗争，在典型调查中应选择(　　)。

A. 先进典型　B. 后进典型　C. 中等典型　D. 各类典型

6. 在非全面调查中，最完善、最有科学根据的调查方法是(　　)。

A. 重点调查　B. 典型调查　C. 抽样调查　D. 普查

7. 了解某企业期末的原材料库存量，调查人员亲自盘点库存，这种搜集资料的方法

是(　　)。

A. 大量观察法　　B. 直接观察法　　C. 采访法　　D. 报告法

8. 调查单位与填报单位的关系是(　　)。

A. 二者是一致的　　B. 二者没有关系

C. 二者有时是一致的　　D. 调查单位大于填报单位

9. 统计调查方案的首要问题是(　　)。

A. 调查组织工作　　B. 调查时间和地点

C. 调查任务和目的　　D. 调查经费

10. 统计调查按登记时间是否连续,可分为(　　)。

A. 统计报表和专门调查　　B. 全面调查和非全面调查

C. 经常性调查和一次性调查　　D. 直接观察法和报告法

11. 调查几个主要产棉区,就可了解我国棉花生产的基本情况,这种调查方式属于(　　)。

A. 典型调查　　B. 重点调查　　C. 普查　　D. 抽样调查

12. 对医院的医疗设备进行普查时,每个医院是(　　)。

A. 调查单位　　B. 既是调查单位又是填报单位

C. 填报单位　　D. 既非调查单位也非填报单位

13. 统计调查分为统计报表和专门调查,是根据什么划分的?(　　)。

A. 是否填表　　B. 是否定期进行

C. 是否由专门机构进行　　D. 组织方式不同

14. 某地区为了掌握化肥生产的质量情况,拟对占该地区化肥总产量80%的五大化肥厂的生产情况进行调查,这种调查方式是(　　)。

A. 普查　　B. 典型调查　　C. 抽样调查　　D. 重点调查

15. 对一批产品进行质量检验,最适宜采用的调查方法是(　　)。

A. 全面调查　　B. 抽样调查　　C. 典型调查　　D. 重点调查

四、多项选择题

1. 农业普查是(　　　)。

A. 全面调查　　B. 非全面调查　　C. 经常性调查　　D. 一次性调查

2. 进行全国首次第三产业普查,每一个第三产业企业是(　　　)。

A. 调查对象　　B. 调查单位　　C. 报告单位　　D. 调查项目

3. 统计调查方案的主要内容有(　　　)。

A. 确定调查的目的和任务　　B. 确定调查项目和调查表

C. 确定调查对象和调查单位　　D. 编制调查工作的组织实施计划

4. 某地区对生产钢铁的企业进行一次重点调查,这种调查属于(　　　)。

A. 全面调查　　B. 专门调查　　C. 统计报表　　D. 非全面调查

5. 在工业企业设备调查中(　　　)。

A. 工业企业是调查对象　　B. 工业企业的所有设备是调查对象

C. 每台设备是填报单位　　D. 每台设备是调查单位

6. 在统计调查中(　　　)。

A. 调查单位就是总体单位　　B. 报告单位就是调查单位

C. 总体单位就是报告单位　　D. 报告单位和调查单位有时一致,有时不一致

7. 我国第四次人口普查属于(　　　　)。

A. 全面调查　　B. 一次性调查　　C. 专门调查　　D. 经常性调查

8. 重点调查(　　　　)。

A. 是全面调查　　B. 是非全面调查

C. 是专门调查　　D. 可用于一次性调查

9. 统计报表的资料来源有基层的(　　　　)。

A. 原始记录　　B. 台账　　C. 统计报表　　D. 内部会议记录

五、判断题

1. 统计调查中,调查对象可以同时又是调查单位。(　)
2. 统计调查中,调查单位有时又是报告单位。(　)
3. 抽样调查是专门调查,普查不是。(　)
4. 为了解某种物资库存积压情况而进行的调查一般是全面调查。(　)
5. 确定调查对象,就是要明确调查的总体范围。(　)
6. 调查内容的具体化,即调查项目。(　)
7. 重点单位即重要单位。(　)
8. 进行全国工业普查,全国工业企业数是总体。(　)
9. 在任何条件下,典型调查的资料都可以推算总体指标。(　)

复习思考

1. 什么是统计调查方案?统计调查方案包括哪些内容?
2. 什么是重点调查?如何选择重点单位?
3. 什么是普查?什么是统计报表?两者有何区别?
4. 典型调查的特点和作用是什么?它与重点调查有何区别?
5. 什么是调查项目?拟定调查项目时应注意哪些问题?

项目 3
统计资料的整理与显示

知识目标

- 了解统计资料整理的意义及程序。
- 理解统计分组的作用和方法。
- 掌握统计分组、编制分配数列的方法。

技能目标

能够设计科学合理的统计资料整理方案；能够根据资料进行正确的统计分组，在分组的基础上编制分配数列；利用 Excel 计算编制统计表或统计图表现统计资料整理的结果。

情景引入

全国假日旅游部际协调会议办公室 2013 年 10 月 10 日在人民网、新华网、新浪网等 6 家网站发布《关于法定节假日放假安排的调查问卷》后，截至 2013 年 10 月 11 日 18 时，汇总 6 家网站统计数字，共有 190 多万人次参与投票，70.4% 的网友对现行的法定节假日放假安排不满意，满意率仅为 22.9%。但是，对于是否调借周末形成长假、小长假的问题，网友支持和反对的人数基本相当（相关数据详见图表）。

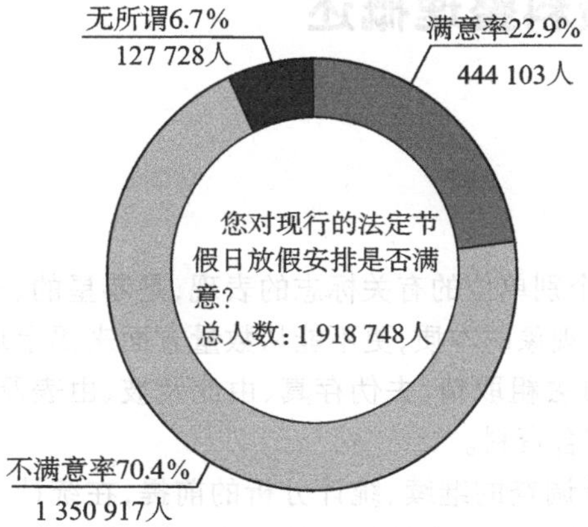

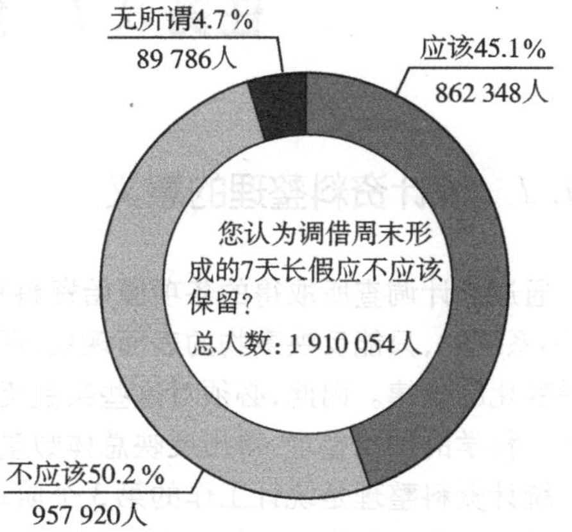

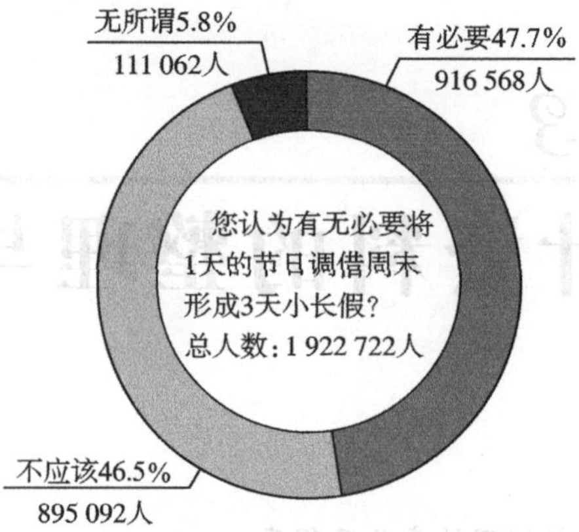

根据网友在人民网旅游频道的留言来看,意见建议主要集中在以下几个方面。

有网友根据自己的经历认为,假期不要调休,赶上哪天休哪天。例如,网友"渴望光明的大猪"称,前后挪休硬拼长假,延迟的工作日既劳累效率又低,长假那7天除了旅游在家没事干,于是高速路堵了,景点挤爆。

还有一些网友认为应该恢复"五一"长假,如网友"雪"称,都是1~3天的小假期,让大家怎么出远门?原来的"五一"、"十一"都是7天就很好,不会形成现在这种国庆旅游挤死人的情况。

还有网友建议延长春节假期。例如,网友"苹果绿"称,中国人最注重的是春节,建议春节假期延长,最好一直放到正月十五,中国太大,回家坐车都要两天,来回耽误4天,能休几天?(马龙、陈亚楠、刘佳、叶欣)

资料来源:人民网,http://www.people.com.cn.

思考:以上资料经过一定的处理后,反映出网友对放假的态度和看法。这个处理的步骤是怎样的?如何对统计数据进行整理?本项目将学习统计资料整理的方法。

任务3.1 统计资料整理概述

3.1.1 统计资料整理的意义

通过统计调查所取得的各项原始资料只是一些个别单位的有关标志的表现,是零星的、分散的、不系统的,只能反映事物的表面现象,还不能反映现象的本质,更不能从数量方面来揭示现象发展变化的规律。因此,必须对这些杂乱无章的资料去粗取精、去伪存真、由此及彼、由表及里,即进行科学的加工整理,得出反映总体数量特征的综合资料。

统计资料整理是统计工作的第3个阶段,是统计调查的继续、统计分析的前提,在统计工作中起着承前启后的作用。统计资料整理就是根据统计研究的目的和统计工作的要求,对统计调查所取得的反映总体单位特征的分散资料进行科学的分组和汇总,以得到反映总体特征的系统化、条理化资料的工作过程。统计调查所搜集到的资料,只有通过科学的审核、分类、汇总等整理工作,才能使统计在认识社会的过程中,实现由个别到全体、由特殊到一般、由现象到本质、由感性到理性的转化,才能从整体上反映出事物的数量特征;否则统计调查所得的资料再丰富、再完备，其作用也发挥不出来，统计调查就将徒劳无益，统计分析也将无法进行。

例如，在全国人口普查中所收集的每个居民的资料，只能说明每个居民的性别、年龄、民族、文化程度、职业等具体情况。为了说明全国人口的总体综合特征，则必须对原始资料进行分组、汇总，形成系统化的资料，如全国人口总数、性别比例、年龄结构、民族构成、文化教育特征、从业人员特征等。不恰当的加工、整理往往会使收集来的丰富、完备的资料失去价值，掩盖现象的真相，导致错误的结论。因此，必须充分重视统计资料整理工作。

3.1.2 统计资料整理的程序和要求

统计资料整理工作质量的好坏，不仅直接影响到统计调查工作是否能发挥其应有作用，而且直接影响到统计分析和预测能否得出正确的结论。在手工整理条件下，其主要内容是汇总、分组，整理后的资料主要存放在纸介质上，然后按既定的目的使用；在计算机整理条件下，其主要内容一是统计数据的处理，二是统计数据的管理。完整的统计资料整理程序如下。

1. 设计和编制统计资料整理方案

正确制订统计资料整理方案，是保证统计资料整理有计划、有组织进行的首要步骤，是统计资料整理效果的保障。在统计资料整理之前，应当首先根据研究目的，确定对调查中所收集资料的关键内容进行整理。同时还要确定如何进行统计分组，采取何种汇总形式，以及统计资料如何表现等。

2. 统计资料审核

为了保证统计资料的可靠性，有必要对资料的完整性、及时性和准确性进行审核，发现问题并予以纠正。

(1) 资料的完整性

所有的应当调查的单位没有重复或遗漏，调查表或调查问卷中的所有项目资料应该收集齐全，填写清楚。

(2) 资料的及时性

资料应该按规定的时间收集和上报，对不报、漏报或迟报的现象都要及时查清。

(3) 资料的准确性

各调查项目的答案应该合理、无误，填报的数字在计算方法、计量单位和计算结果上应该准确无误。审核的方法有逻辑检查和计算检查。逻辑检查是利用逻辑理论来检查指标之间或数据之间是否合理，有无矛盾。例如，一张调查表中，年龄是9岁，职业是教师，其中必有一个是错误的；若在某劳动密集型行业的报表中，企业规模为大型，而职工人数则是100人，其中也必有一错；企业的净产值大于同期总产值就是明显的逻辑错误。计算检查是检查资料的统计口径、计算方法和计量单位等是否符合要求，计算结果是否正确、是否符合实际情况。

需补充说明的是，通过上述审核，如发现有缺报、缺份和缺项等情况，应及时催报、补报；如有不正确之处，则应分别不同情况做如下处理。

① 对于可以肯定的一般错误，应及时代为更正，并通知原报单位。

② 对于可疑之数或无法代为更正的错误，应要求原单位复查更正。

③ 如果所发现的差错在其他单位也可能发生时，应将错误情况通报所有单位，以免发生类似错误。

④ 对不能满足现在要求、缺漏或有疑问的资料,要进行有科学根据的推算、弥补和订正。

⑤ 对于严重的错误,应返还重新填报,并查明发生错误的原因,若属于违法行为,则应依法严肃处理。

3. 统计资料分组

根据统计研究的目的,将审核后的各项原始资料按一定的标志进行分组和分类。统计资料分组是统计资料整理的关键,分组科学与否直接影响到统计资料整理工作的质量。

4. 统计资料汇总

根据统计任务的研究目的确定汇总指标,将反映总体单位特征的资料转化为反映总体数量特征的资料。选择适当的汇总组织形式,通过手工或计算机方式将已分组或分类的原始资料进行汇总,计算各组单位数和合计总数,计算分组指标和综合指标。

5. 统计资料显示

统计资料分组、汇总后的结果可以用统计图、统计表的形式显示。在编制统计表、绘制统计图之前,应对整理好的资料再次进行审核,改正在汇总过程中可能发生的各种差错,最后编制成统计表或绘制成统计图,以简明扼要地反映社会经济现象总体及总体各部分数量方面的有机联系和数量特征。这是表达统计资料的重要形式,也是统计资料整理的成果。

6. 统计资料保管与积累

将纸质统计资料或电子统计资料分门别类地汇编与归档,系统地保管与积累历史资料,以备查或供再次利用之需,作为研究社会经济发展规律的重要依据。

任务3.2 统计分组

3.2.1 统计分组的概念和作用

1. 统计分组的概念

统计分组是根据统计研究的目的和任务,按照一个或几个标志将总体划分为若干性质不同的组成部分。统计分组的目的,就是要揭示现象内部各部分之间存在的差异。对总体而言是"分",即将总体区分为性质不同的若干部分;对总体单位而言是"合",即将性质相同的单位组合在一组。就分组标志而言,同组的个体单位间都具有相同之处,不同组的个体单位间具有相异之处。因此,统计分组在统计总体内部进行的是一种定性分类,可以区分现象在性质上、数量上及空间上的差别。

2. 统计分组的作用

统计分组产生了两个后果:一是消除了组内差异;二是扩大了组间差异。其作用表现如下。

(1) 区分社会经济现象的类型

统计分组的根本作用在于区别事物的质,而分组正体现了这个作用。例如,把国民经济按产业进行分组,分成第一产业、第二产业、第三产业,便于分门别类、深入细致地研究与分析,揭示不同产业的特征及发展规律。

(2) 研究现象的内部结构

将所研究的现象按某一标志进行分组,计算出各组在总体中的比重,以反映总体内部的构成,认识总体各部分的地位,借助于总体各部分数量上的差别和联系,进而对总体做出正确的分析。例如,2009—2013 年国内生产总值产业结构数据如表 3-1 所示。

表 3-1 国内生产总值产业结构 %

国内生产总值产业结构	2009	2010	2011	2012	2013
第一产业	10.33	10.10	10.12	10.09	10.00
第二产业	46.24	46.67	46.78	45.31	43.90
第三产业	43.43	43.24	43.10	44.60	46.10

继 2008 年以后,2013 年中国第三产业增加值首次超过第二产业,标志着中国经济正式迈入"服务化"时代。

(3) 分析现象间的依存关系

统计研究的社会经济现象不是彼此孤立的,总是存在相互依存和相互制约的关系。例如,国民收入与居民储蓄额之间、市场商品价格与需求量之间、企业销售额和流通费用率之间、家庭收入与生活费支出之间、工人技术级别与产品质量之间、工人劳动生产率与产品成本之间等,都在一定程度上存在相互依存的关系。对于这些依存关系,可通过统计分组来发现影响因素与结果因素之间的变动规律,并可进一步从数量上描述依存关系的密切程度。例如,分析产量与单位成本之间的依存关系,分组资料如表 3-2 所示。

表 3-2 某地区企业产量与单位成本情况

产量/万件	企业数/个	平均单位成本/(元/件)
2	9	16.8
3	5	15.6
4	5	15.0
5	6	14.8
6	5	14.2

3.2.2 统计分组的方法

1. 统计分组的关键和原则

统计分组的关键在于选择分组标志和划分各组界限。必须遵守相关的原则认真分析,做出正确的判断,选出合理的分组标志,为进一步的统计分析做好准备。统计分组必须遵循以下两个原则。

(1) 穷尽原则

就是应使总体中的每一个单位都有组可归,或者说各分组的空间足以容纳总体所有的单位。例如,从业人员按文化程度分组,分为小学毕业、中学毕业(含中专)和大学毕业 3 组,那么,那些文盲或识字不多的及大学以上的学历者则无组可归。如果将分组适当调整为文盲及识字不多、小学程度、中学程度、大学及大学以上,这样分组,就可以包括全部从业人员的各种不同层次的文化程度,符合了分组的穷尽原则。

(2) 互斥原则

就是在特定的分组标志下,总体中的任何一个单位只能归属于某一组,而不能同时或可能归属于几个组。例如,某商场把服装分为男装、女装、童装3类,这不符合互斥原则,因为童装也有男、女装之分。若先把服装分为成年与儿童两类,然后每类再分为男女两组,这就符合互斥原则了。

2. 分组标志的选择

分组标志就是分组时所依据的标准。例如,人口总体按性别分组,或按年龄分组,或按文化程度分组,那么,性别、年龄、文化程度就是分组标志。分组标志不同,所进行的统计分组就不同,由此所得出的结论也不同。分组标志是统计分组的依据和标准,正确选择分组标志能使统计分组的作用得以充分发挥。由此可见,正确选择分组标志是统计分组的核心问题。在选择分组标志时应注意以下几点。

(1) 分组标志的选择应根据统计研究的目的和任务确定

例如,要研究推销人员的工作业绩,可以采用销售量或销售额作为分组标志。若要研究推销人员的收入,则要选择总收入作为分组标志。

(2) 应在众多可供选择的标志中,选择最能反映事物本质特征的标志作为分组标志

要研究我国网民特征,可供选择的分组标志有:网民个人信息(如年龄、身高、体重、职业、受教育程度、收入、婚姻状况等),网民行为信息(如上网地点、上网时间、上网时长、主要内容等)。这些分组标志有些是主要的,有些是次要的。要找出反映现象本质的标志对总体进行分组,则网民身高、体重就不那么具有现实意义了。研究人民生活水平变动情况时,可供选择的分组标志有家庭人口数、每户就业人数、每一就业者负担人数、家庭总收入、平均每人月生活费收入等,而其中最能反映人民生活水平变动的标志是平均每人月生活费收入,故应选择这一标志作为分组标志。

(3) 分组标志的选择应考虑现象所处的具体历史条件及其发展变化

社会经济现象随着时间、地点、条件的变化而不断变化,反映现象本质特征的主要标志也会因时、因地而不同。选择分组标志时,应根据历史的发展,"与时俱进",具体情况具体分析,客观地选择分组标志。例如,在研究企业规模时,对于劳动密集型企业,应选择职工人数作为主要分组标志;对于资金密集型或技术密集型企业,则应选择固定资产价值或技术拥有量作为分组标志。

3. 分组标志的种类与各组界限的划分

确定分组标志之后,还必须划分各组界限。划分各组界限是在分组标志的变异范围内,划定各相邻组间的性质界限和数量界限。确定分组界限的重要原则是:将不同类的单位归入不同的组,每一个总体单位只能归入一组,即"有组可归,仅归一组"。划分各组界限,一定要本着保证各组组内单位的同质性和组与组之间单位的差异性的原则进行。

3.2.3 统计分组的种类

1. 按分组标志的性质不同分

按分组标志的性质不同,可分为品质标志分组和数量标志分组。这是最重要的统计分组类

型,二者的具体处理方法不同。

品质标志分组是指选择反映事物属性差异的品质标志作为分组标志,根据其变异范围划定各组界限,将总体划分为若干个形式不同的组成部分。按品质标志分组,有的比较简单,分组标志一经确定,组限很容易区分,组名称和组数也就确定了。例如,人口按性别分组,通常就只分两组;人口按就业情况分组,可分为待业、短时就业、长期就业、退休等4组。有些品质标志分组比较复杂,组与组的界限不易区分,如工业企业按部门分组、产品按种类分组就很复杂,在实际工作中,可根据统一的《工业部门分类目录》、《产品分类目录》规定的分组名称、顺序等进行分组。对于有些事物构成比较复杂,组数可多可少的情况,就要根据统计研究的目的和要求来确定组数。例如,就业人员按行业分组,组数可多可少,究竟分为几组合适,只能根据统计研究目的和要求来确定了。要求详细时,组数可多些;要求粗略时,组数则可少些。

数量标志分组是指选择反映事物数量差异的数量标志作为分组标志后,根据其变异范围划定各组界限,将总体划分为若干个性质不同的组成部分。数量标志分组不是简单地确定各组间的数量差异,而是要通过分组体现数量变化来确定现象的不同性质和类型。分组时各组数量界限的确定必须能反映事物质的差别。例如,对学生的学习成绩分组,不能把55分和65分合为一组,因为这样的分组未区分及格与不及格这个质的差别。另外,应根据被研究的现象总体的数量特征,采用适当的分组形式,确定相宜的组距、组限和组数。

2. 按分组标志的多少不同分

按分组标志的多少不同,可分为简单分组和复合分组。简单分组就是对总体只按一个标志进行分组,如工业企业仅按部门进行分组,职工仅按工种进行分组。简单分组实际上就是各组按一个标志进行分组。复合分组就是对总体采用两个或两个以上的标志进行层叠式分组,即在按一个标志分组的基础上再按其他标志进行进一步分组,如对某工业企业按照经济类型、规模和盈亏进行复合分组,如图3－1所示。

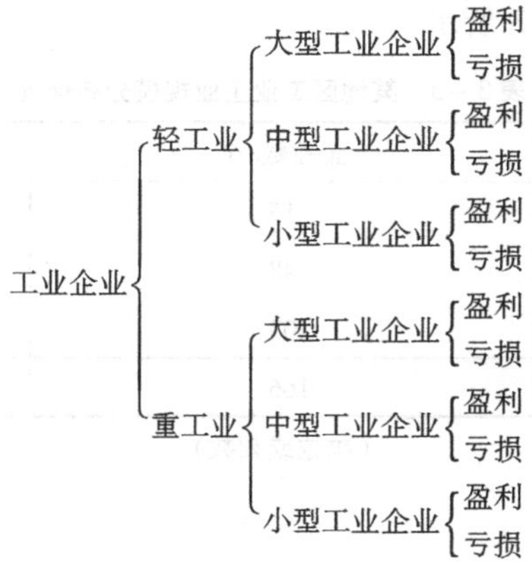

图3－1 某工业企业复合分组示例

复合分组的优点是,从对同一现象的层层分组和分组标志的联系中,更深入全面地研究总体各个方面的内部结构。但是,采用复合分组时,组数会随着分组标志的增加而成倍增加,使每组包括的单位数相应减少,处理不好反而不利于分析问题。因此,不能滥用复合分组,尤其不宜采用过多的标志进行复合分组,也不宜对较小总体进行复合分组。

任务3.3 分配数列

3.3.1 分配数列的概念和种类

1. 分配数列的概念

在统计分组的基础上,把总体中所有单位按某一标志进行分组排列,说明总体中各单位在各组间的分布情况,叫作分配数列,又叫频数分布或次数分配。

分配数列是统计分组结果的主要表现形式,是统计资料整理的重要形式,也是统计分析的重要方法。它可以很直观地反映总体单位在各组的分布特征、结构状况,并在这个基础上进一步研究标志的构成、平均水平和变动的规律性。

分配数列包括两个要素:总体按某标志所分的组和各组对应的单位数,叫次数或频数,如果用比重表示,则称频率。频率是各组单位数(次数)与总体单位总数对比所得的相对数。各组的频率大于0,所有组的频率总和等于1。

2. 分配数列的种类

分配数列包括品质分配数列和变量分配数列,分别由品质标志分组和数量标志分组形成。

(1) 品质分配数列

品质分配数列是指按品质标志分组所编制的分配数列,简称品质数列。品质分配数列有两个要素:一是品质标志所分各组组名;二是各组次数,如果用比重表示,则叫频率。例如,某地区工业企业规模分布情况如表3-3所示。

表3-3 某地区工业企业规模分布情况

按规模分组	企业数/个	比重/(%)
大型	15	9.04
中型	48	28.92
小型	103	62.04
合 计	166	100
(各组组名)	(次数或频数)	(频率)

(2) 变量分配数列

变量分配数列是指按数量标志分组所编制的分配数列,简称变量数列。它在变量分组的基础上形成,主要用于反映不同变量值各组的分布情况。它由变量值和次数构成。变量数列又有单项式数列和组距式数列,分别由单项式分组和组距式分组形成。

① 单项式变量数列。用一个变量值(标志值)作为一组,形成单项式变量数列。在单项式变量数列中,有多少不重复的变量值就有多少组,每一个变量值是一个组,顺序排列。单项式变量数列仅适用于离散型变量且变量变动范围不大、不重复变量值较少的场合。以育龄妇女按其生育子女存活数分组为例,分为0个、1个、2个、3个、4个、5个等6组即可。例如,某小区居民家庭拥有汽车的情况如表3-4所示。

表3-4 某小区居民家庭拥有汽车情况

居民家庭拥有汽车数量/辆	居民户数/户	比重/(%)
0	68	36.2
1	110	58.5
2	8	4.2
3辆以上	2	1.1
合 计	188	100

② 组距式变量数列。将变量依次划分为几段区间,一段区间表现为"从……到……"距离,把一段区间内的所有变量值归为一组,形成组距式变量数列。每个组由若干个变量值形成的区间表示,区间的距离就是组距。组距式变量数列适用于连续型变量或者变动范围较大、不重复值较多的离散型变量的情况。例如,我国2013年12月的网民个人月收入结构如表3-5所示。

表3-5 我国网民个人月收入结构

按收入分组/元	比重/(%)
0~500	20.8
500~1 000	13.3
1 000~2 000	19.5
2 000~3 000	17.8
3 000~5 000	15.8
5 000~8 000	7.7
8 000以上	5.1
合 计	100

资料来源:中国互联网络信息中心,第33次中国互联网络发展状况统计报告.

3.3.2 变量数列的编制

变量数列有单项式和组距式两种数列。在编制变量数列前要确定变量数列的形式。当分组标志的标志值不多、变量值变动幅度不大,而且属于离散型变量时,一般编制单项式变量数列;当分组标志的标志值较多,变量值变动幅度较大时,一般编制组距式变量数列。

1. 单项式变量数列的编制

由于单项式变量数列中变量值个数比较少,组数也比较少,因此其编制很简单,应用领域也有限——只要把各组的变量值确定,然后对各组的单位数或标志值进行汇总计算,最后编制成单项式变量数列即可。

例3-1 某车间40名工人某日加工的零件个数统计如下。

32 36 34 35 37 33 32 33 37 35
35 33 34 35 36 32 34 34 36 35
33 34 35 36 35 33 34 35 36 33

36 34 35 34 36 33 35 35 34 36

要求:编制变量数列,反映工人加工零件的分布情况。

1) 把40名工人加工零件的个数按照由小到大的顺序排列,排列结果如下。

32 32 32 33 33 33 33 33 33 33
34 34 34 34 34 34 34 34 34 35
35 35 35 35 35 35 35 35 35 35
36 36 36 36 36 36 36 36 37 37

2) 进行分组。由于变量值只有32,33,34,35,36,37,因此可以把每一个变量值作为一组,同时计算出各变量值出现的次数(各组的工人数),按顺序加以排列,如表3-6所示。

表3-6 40名工人加工零件个数分布

按加工零件数分组/个	工人人数/人	比重/(%)
32	3	7.5
33	7	17.5
34	9	22.5
35	11	27.5
36	8	20.0
37	2	5.0
合 计	40	100

2. 组距式变量数列的编制

组距式变量数列的编制较单项式变量数列复杂,影响各组次数分布的要素有组数、组距、组限和组中值等问题。

例3-2 某公司上年40个区域销售部的销售额(万元)如下。

60 72 78 86 60 73 78 87 62 74
79 88 65 75 89 66 76 80 89 65
76 82 90 67 76 83 91 70 84 92
71 77 84 92 78 90 94 96 70 68

要求:编制变量数列,反映区域销售部的销售额分布情况。

1) 将原始资料按其数值大小重新排列。只有把得到的原始资料按其数值大小重新排列顺序,才能看出变量分布的集中趋势和特点,找出变量的最大值、最小值,为确定全距、组距和组数做准备。

排列结果如下。

60 60 62 65 65 66 67 68 70 70
71 72 73 74 75 76 76 76 77 78
78 78 79 80 82 83 84 84 86 87
88 89 89 90 90 91 92 92 94 96

最大值为96万元,最小值为60万元。

2) 确定全距。全距是变量值中最大值和最小值的差数。确定全距,主要是确定变量值的变动范围和变动幅度。如果是变动幅度不大的离散变量,即可编制单项式变量数列;如果是变量幅度较大的离散变量或连续变量,就要编制组距式变量数列。

全距=最大值-最小值=96-60=36(万元)

3)确定组距和组数。组距的大小和组数的多少,是互为条件和互相制约的。当全距一定时,组距大,组数就少;组距小,组数就多。在实际应用中,根据一般经验,组数在5~15为宜,组距应是整数,最好是5或10的整倍数。在确定组距时,必须考虑原始资料的分布状况和集中程度,注意组距的同质性,尤其是对带有根本性的质量界限,绝不能混淆,否则就失去了分组的意义。

根据研究对象的特点和研究目的有等距和不等距之分。如果变量值的变动范围不大,变动比较均匀,可以采用等距分组;如果变量值的变动范围很大,且变量值变动很不均匀,则应采用不等距分组。在等距分组条件下,存在以下关系。

组数=全距/组距

本例中,按照经验可以把40个区域销售部的销售额按4个等距分组,每个组的组距为10万元。

4)确定组限。组限要根据变量的性质来确定。如果变量值相对集中,无特大或特小的极端数值,则采用闭口式,使最小组和最大组也都有下限和上限;反之,如果变量值相对比较分散,则采用开口式,使最小组只有上限(用“××以下”表示),最大组只有下限(用“××以上”表示)。如果是离散型变量,可根据具体情况采用不重叠组限或重叠组限的表示方法,而连续型变量则只能用重叠组限来表示。在采用闭口式时,应做到最小组的下限低于最小变量值,最大组的上限高于最大变量值,但不要过于悬殊。

采用重叠组限表示时,会遇到这样的问题。例如,职工的工资可分为“1 500元以下,1 500~2 000元,2 000~3 000元,3 000元以上”4组,3 000元既是第3组的上限,又是第4组的下限。那么,工资为3 000元的职工应计入到哪个组?统计学中的惯例是按“上限不在内”的原则处理,即把工资为3 000元的职工归到工资“3 000元以上”的职工这一组。

本例中,按照经验可以把40个区域销售部的销售额分为4个等距分组,各组组限分别为:60万元~70万元、70万元~80万元、80万元~90万元、90万元以上。

等距分组有很多好处,便于绘制统计图,也便于进行各类运算。但以下几种情况,则须考虑异距分组。

① 在标志值分布很不均匀的场合。例如,学生成绩如果密集于某一范围,如60~80分或70~90分,其他部分则分布十分稀少,在这种场合若仍以10分为组距进行等距式分组,则无法显示出分布的规律性,会使得这一密集的分数段分布的信息损失过大。因此,合理的做法是,在分布比较密集的区间内使用较短的组距,在分布比较稀疏的其余部分使用较长的组距,形成各组的组距不相等的异距分组。

② 在标志值相等的量具有不同意义的场合。例如,生命的每一个月对于新生婴儿和对于成年人是大不一样的,此时,进行人口疾病研究的年龄分组,应采用异距式分组,即1岁以下按月分组,1~10岁按年分组,11~20岁按5年分组,21岁以上按10年或20年分组,等等。

③ 标志值按一定比例发展变化的场合。例如,百货商场营业额差别是很大的,如营业额为5万元~5 000万元,可采取公比为10的不等距分组:5万元~50万元、50万元~500万元、500万元~5 000万元。若用等距分组,即使组距为100万元,也得分为50组,显然是不合适的。

对于异距分组方法的运用,没有固定模式可供依循,全凭统计人员在实践中不断探索,关键在于对所研究现象的内在联系必须十分熟悉,才能很好地运用异距分组来揭示事物的本质。

5）计算频数与频率，编制变量数列。经过统计分组，明确了全距、组距、组数和组限及组限表示方法以后，就可以把变量值归类排列，把各组单位数经综合后填入相应的各组频数（次数）栏中，同时计算各组的频率（比重）并填入表中。

本例中，公司把40个区域销售部的销售额进行科学合理的适当分组，编制分配数列，如表3－7所示。

表3－7 销售额分配数列

按销售额分组/万元	频数/个	频率/（%）
60～70	8	20.0
70～80	15	37.5
80～90	10	25.0
90以上	7	17.5
合 计	40	100

6）计算组中值。在组距式变量数列中，各组的变量值只表现为一个范围，各组内的每个单位的具体变量值被掩盖了。为了反映各组变量值的一般水平，统计工作中采用组中值来代表。各组中点位置所对应的变量值即为组中值。其计算公式为：

$$\text{闭口组的组中值}=\frac{\text{本组下限}+\text{本组下限}}{2}$$

$$\text{缺上限开口组的组中值}=\text{本组下限}+\frac{\text{邻组组距}}{2}$$

$$\text{缺下限开口组的组中值}=\text{本组上限}-\frac{\text{邻组组距}}{2}$$

在计算平均指标或进行其他统计分析时，利用组中值来代表各组标志值的平均水平，实际上是以组内各单位的变量值呈现均匀分布或以组中值为中心呈对称分布为前提的，但大多数资料并非如此。因此，用组中值作为各组变量值的代表值有误差。当各组标志值均匀分布时，组中值代表各组标志值的水平，其代表性就高。

例如，反映某工业企业工人生产定额完成情况，按生产定额完成程度分组，分为90%以下，90%～100%，100%～110%，110%以上。开口组的组距是以相邻组的组距为本组的组距，如上例，90%以下的组，因相邻组的组距为10%（100%－90%），故第一组视为80%～90%，其组中值为（80%＋90%）÷2＝85%，即85%；110%以上的组距以邻组的组距10%为本组组距，视为110%～120%，组中值为（110%＋120%）÷2＝115%。

本例中，组中值计算结果具体见表3－8。

7）计算向上累计或向下累计。有时为了更深入地概括总体各单位的分布特征，还要观察某一数值以下或以上的频数或频率之和，这时，应编制累计频数数列和累计频率数列。累计数列的编制有向上累计和向下累计的方法。

向上累计是指将各组频数和频率由变量值低的组向变量值高的组累计，表明在这些数值以下所有数值所占的比重；向下累计是指将各组频数和频率由变量值高的组向变量值低的组累计，表明在这些数值以上所有数值所占的比重。

本例中，累计频数和频率计算结果具体如表3－8所示。

表 3-8 销售额分配数列统计

按销售额分组/万元	频数/个	频率/(%)	组中值/万元	向上累计		向下累计	
				频数	频率	频数	频率
60～70	8	20.0	65	8	20.0	40	100.0
70～80	15	37.5	75	23	57.5	32	80.0
80～90	10	25.0	85	33	82.5	17	42.5
90 以上	7	17.5	95	40	100.0	7	17.5
合　计	40	100	—	—	—	—	—

在表 3-8 中可以看到，80 万元～90 万元这一组对应的向上累计频数和频率表明，有 82.5% 的 33 个区域销售部达到 90 万元的销售额水平，那么可以考虑以 90 万元为销售任务奖励标准。同理，70 万元～80 万元这一组对应的向下累计频数和频率表明，有 80% 的 32 个区域销售部超过 70 万元的销售额水平，那么可以考虑以 70 万元为销售任务业绩考核最低档。这样的分析既体现了公平，又符合公司的销售业务实际情况。

3. 统计数据的分布特征

现象总体的性质不同，次数分布特征也不同，归纳起来主要有 3 种类型。

(1) 钟形分布

特征是"两头小，中间大"，即靠近中间的变量值分布的次数多，靠近两边的变量值分布次数少，形若古钟，如图 3-2 所示。

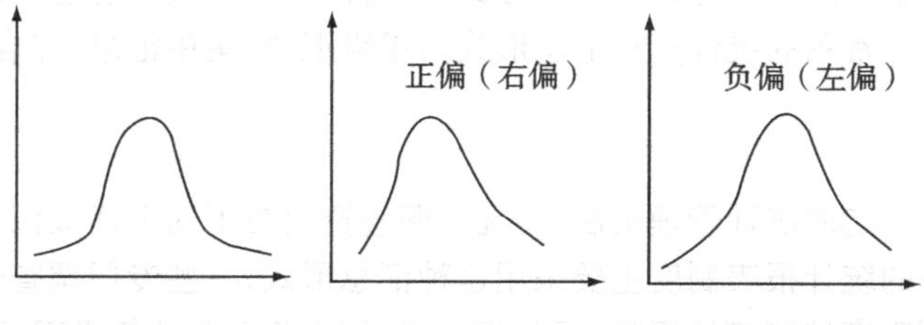

(a)　(b)

图 3-2　钟形分布

例 3-2 中，这 40 个区域销售部的销售额呈现"中间大，两头小"的钟形分布特点，有 37.5% 的销售部销售额在 70 万元～80 万元，20.0% 销售部的业绩情况不太理想，17.5% 销售部的业绩非常优秀。

(2) J 形分布

在社会经济现象中，一些统计总体分布曲线呈 J 形。例如，随着产品产量的增加，产品单位成本下降，如图 3-3(a)所示。

(3) U 形分布

其特征与钟形分布正相反，靠近中间的变量值分布的次数少，靠近两端的变量值分布次数多，形成"两头大，中间小"的 U 形分布。例如，人口总体中，人口死亡现象按年龄分布便是如此，幼儿和老人死亡率高，而中青年死亡率低，如图 3-3(b)所示。

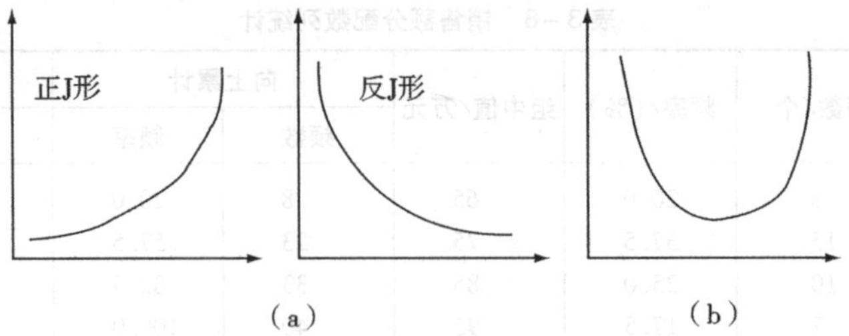

图3-3 J形分布与U形分布

任务3.4 统计资料的汇总

统计资料整理的步骤中,继统计分组之后的一个重要步骤就是统计资料汇总。从完整的统计资料整理来讲,统计分组仅完成了整理工作的一部分。在分组的基础上,还要进行大量的汇总工作,即把总体单位各个方面的标志表现综合为指标,从而根据指标来反映总体数量特征的规律,达到从个体认识到总体认识的目的。在大规模的统计调查中,汇总是一项复杂繁重的工作。

3.4.1 统计资料汇总的形式

统计资料汇总的组织形式也称纵向汇总方式,是指按一定的统计管理体制,将统计资料自下而上进行汇总的方式。常用的统计资料汇总形式为逐级汇总、集中汇总、综合汇总。

1. 逐级汇总

逐级汇总是按照一定的统计管理机制,将统计调查资料自下而上逐级汇总并逐级上报,直至最高机构。我国现行的统计报表制度主要采用这种汇总形式,一些专门调查也常采用这种形式。逐级汇总的优点是便于审核和订正资料,而且汇总的资料能够满足各级部门的需求。其缺点是由于经过的中间环节多,资料层层汇总需要的时间较长。

2. 集中汇总

集中汇总是指将统计调查资料直接集中到组织统计调查的最高机构或某一级的统计机构统一汇总,可分为:越级汇总和超级汇总。越级汇总是指在自下而上的汇总过程中,越过一定中间层次而进行的汇总,介于逐级汇总和超级汇总之间。超级汇总是在自下而上的汇总过程中,越过一切中间层次,将统计调查资料由基层直接上报到组织统计调查的最高机构统一汇总。集中汇总的优点是可以减去许多中间环节,并便于采用数字化技术进行汇总,从而提高统计资料的时效性和准确性。集中汇总的缺点是如果发现资料有差错,审查订正就比较困难;同时,只由某一级部门进行汇总,调查资料可能满足不了各级部门的需要。

3. 综合汇总

综合汇总是将逐级与超级汇总两种形式结合使用的方式,即将各级所需要的最基本的统计指标实行逐级汇总,以满足各级部门的需要;同时又将全部原始资料随同综合表集中到最高机构超级汇总。综合汇总集中了逐级汇总和集中汇总的优点。

3.4.2 统计资料汇总的内容

1. 总体单位总量方面的汇总

总体单位总量方面的汇总也叫次数频数的汇总,即汇总各组和总体的单位个数。这一内容的汇总结果,就是总体单位总量。它是研究总体在分组标志上的一般分布状况的直接依据和基础,也是进一步深入分析的重要依据。在许多标志上的分析,都是以它作权数的。

例如,调查某学校财会班所有学生的基本情况,可以先按性别进行分类,那么男性总人数或者财会专业总人数,均是总体单位总量方面的汇总。

2. 总体单位标志方面的汇总

(1) 品质标志表现的汇总

品质标志表现的汇总即用文字或符号形式的品质标志表现在各组的次数的计数,最终合计为数量指标。例如,所有学生的性别、籍贯计数合计得到的即是品质标志表现的汇总。

(2) 绝对数标志值的汇总

绝对数标志值的汇总即是绝对数或总量形式的标志值在各组的加总,最终合计为指标即总体标志总量指标。例如,所有学生的身高加总求和得到的即是绝对数标志值的汇总。

(3) 平均数和相对数标志值的汇总

按照标志的严格定义,总体单位的数量标志中包括平均数和相对数。总体各单位的平均数和相对数标志不能直接加总,因此,汇总这两类标志时必须先把它们的绝对数分子和分母分解出来,然后再把分子和分母进行加总,通过对加总结果的对比计算,来汇总总体各单位在各组的平均数和相对数标志值。

在汇总时要注意,标志值的汇总不能违背、歪曲标志的基本含义或要素的规定性。单位数和绝对数标志值的汇总只是范围的扩大,不会改变标志的要素规定性,因此汇总不是直接相加就可以的。

而平均数和相对数标志值属于对比分析性标志,要求的是质的可比性。汇总的结果也必须符合这一质的规定性。例如,劳动生产率应该是总产出与对应的劳动消耗之比,汇总结果也必须是这一含义。如果用各单位的劳动生产率直接相加的话,就会违背这一含义,所以不能直接相加。

3.4.3 统计资料汇总的方法

统计资料汇总方法主要有手工汇总和计算机汇总两种。

1. 手工汇总

统计资料手工汇总的常用方法,包括划记法、过录法、折叠法、卡片法等。

(1) 划记法

划记法是采用一定的符号形式,在预先设计好的汇总表上划记汇总的标志内容。常用的符号形式如“正”等,这类方法简单,但只适合于汇总各组的单位数与总体单位数总量,而且一般在总体单位不多时才采用。

(2) 过录法

过录法就是把要汇总的内容从各调查表中抄录下来,加总或综合计入汇总表的相应组或相应位置。此方法对汇总内容的适用范围较广泛。过录法不仅可以满足计算各组及总体单位数的需要,还可以满足计算各组及总体标志值总和的需要,在发现分配计算有错误时,也便于核对、调整,无须全部返工。

(3) 折叠法

折叠法是指在汇总大量格式相同的调查表时,将所有调查表或报表中须汇总的项目和数值全部折边,并一张一张地叠放在一起,然后直接汇总同一纵栏或同一横行中的数字。其优点是简便易行,不须过录,省时省力,报表汇总中常用。缺点是一旦出现差错,不易查明原因,往往要从头返工。

(4) 卡片法

卡片法就是将调查资料先摘录在特制的卡片上,一张卡片为一个调查单位,然后利用卡片进行分组汇总。其优点是无论进行多少次分组,各单位资料只须进行一次过录,检查也较容易,一般运用于大规模的专门调查和分组较复杂的资料整理工作,比上述方法更为简便、准确。

2. 计算机汇总

利用计算机技术进行统计资料的汇总,是统计汇总技术的新发展,也是统计现代化的重要标志。特别是利用 Excel 的统计分析功能,可以大大提高汇总的准确性和时效性。具体内容详见任务 3.6。

任务 3.5 统计数据的展示

统计的语言是数据,统计数据可以通过统计表和统计图来显示。统计整理结果的数据显示,应该选择能发挥统计职能和作用的展示形式,同时还要方便对统计资料的汇总和分析。

3.5.1 统计表

统计表是最常用、最规范的统计资料表达方法。统计资料经过准确的汇总后,得到了一系列说明总体特征的指标数值,将这些指标数值按一定的次序,用表格的形式显示出来,这种表格就叫作统计表。统计表不仅是表现统计资料的重要形式,而且是汇总和积累统计资料的重要手段,还是统计分析的有力工具。正确编制统计表对做好统计整理、完成统计分析任务具有重要的意义。

1. 统计表的结构

(1) 从形式上看

统计表由总标题、横行标题、纵栏标题、数字资料 4 部分构成。各部分的含义及具体表现如表 3-9 所示。

总标题 — 表3-9 某年社会消费品零售总额

按经济成分分组	企业数/个	消费品零售额 /亿元
国有经济	891	197.41
集体经济	1 169	137.64
私营经济	793	37.92
其他经济	3 754	743.17
合 计	6 607	1 116.14

纵栏标题　横行标题　数字资料

主词　宾词

总标题是表的名称,用以概括统计表中的全部内容,一般用简明扼要的文字写在表的上端中央;横行标题是横行的名称,代表统计表要说明的对象,一般写在表的左方;纵栏标题是纵栏的名称,用来表示各项统计指标,一般写在表的上方;数字资料是统计指标的数值,写在各横行标题和纵栏标题的交叉处,即表格中的数字就是指标数值,用来说明总体及其组成部分的数量特征,它是统计表格的核心部分。

(2) 从内容上看

统计表包括主词和宾词两部分。主词是统计表所要说明的对象,通常列在统计表的左边;宾词是说明总体特征的统计指标,包括指标名称和指标数值,通常列在统计表的右边。

此外,根据需要,统计表还有补充资料、注解、资料来源、填表单位、填表人、填表时间等附加内容。

2. 统计表的种类

按照作用不同,统计表可分为调查表、汇总表或整理表、分析表。这里主要介绍汇总表、分析表的设计思想。

(1) 按主词结构分类

按照统计表的主词是否分组和分组的程度,统计表可分为简单表、简单分组表和复合分组表。

① 简单表,是指统计总体未做任何分组的统计表,即统计表的主词仅罗列总体各单位的名称或按时间顺序排列的统计表,如表 3-10 所示。

表 3-10 某年某进出口公司出口商品收购计划完成计划情况 万元

单位名称	计 划 数	实 际 数	完成程度/(%)
甲公司	380	410	107.89
乙公司	260	240	92.31
丙公司	430	450	104.65
丁公司	100	120	120.00
合 计	1 170	1 220	—

② 简单分组表,是统计表的主词按某一个标志进行分组的统计表。它的主词可以按品质标志分组,也可以按数量标志分组。例如,表 3-9 就是按照品质标志分组形成的。

③ 复合分组表,是指统计表的主词按两个或两个以上标志进行分组的统计表。复合分组表把几个分组标志结合在一起,可以揭示现象受多种因素影响的特征和规律性。例如,表 3-11 就

是按照专业和性别两个标志对主词进行复合分组设计的统计表。

表3－11 某年某校在校学生人数

按专业和性别分组	学生人数/人
合 计	500
会计专业	100
男	70
女	30
计算机专业	250
男	180
女	70
电子商务专业	150
男	120
女	30

注意：第二标志进行分组的组别名称要后退一二字。

(2) 按宾词结构分类

统计表宾词按设计不同分为宾词简单排列、分组平行排列和分组层叠排列3种。

① 宾词简单排列是指宾词不加任何分组，按一定顺序排列在统计表上，如表3－11所示。

② 宾词分组平行排列是指宾词栏中各分组标志彼此分开，平行排列，如表3－12所示。

表3－12 某院校学生人数统计

按专业分组	学生人数/人	按性别分组		按学制分组	
		男	女	二年制	三年制
(甲)	(1)	(2)	(3)	(4)	(5)
计算机 经济管理 旅游管理 会计					
合 计					

③ 宾词分组层叠排列是指统计指标同时有层次地按两个或两个以上标志分组，各种分组层叠在一起。其宾词的栏数等于各种分组的组数连乘的积，例如，农村劳动力按三次产业分为3组，按性别分为两组，则符合分组设计的宾词栏共有6栏(不包括总计栏)，如表3－13所示。

表3－13 2009—2014年农村劳动力的分布情况

年份	劳动力人数			三次产业								
				第一产业			第二产业			第三产业		
	合计			合计			合计			合计		
2009												
2010												
2011												
2012												
2013												
2014												
总 计												

统计表的主词分组与宾词分组是有区别的。主词分组的结果使总体分成许多组成部分,它们是要用统计指标(宾词)来描述和表现的。宾词分组的结果并不增加统计总体的组成部分,仅仅是比较详细地描述总体已有的各个组成部分。由此可见,主词分组具有独立的意义,而宾词分组从属于主词的要求,是为了描述主词的数量特征而设计的。

3. 统计表的设计

统计表的设计要求是:简练、明确、实用、美观,便于比较。

(1) 统计表表式设计应注意的事项

① 统计表应设计成由纵横交叉线条组成的长方形表格,长与宽之间保持适当的比例。

② 线条的绘制。表的上下两端应以粗线绘制,表内主词、宾词部分以细纵横线绘制;数据资料部分横行之间通常不画线,纵栏之间用细线。表格的左右两端一般不画纵线,采用"开口式"。

③ 合计栏的设置。统计表各纵列须合计时,一般应将合计列在最后一行;各横行须合计时,可将合计列在最前一栏或最后一栏。当没有必要列出所有的项目时,应先列出合计,后列出其中一部分重要项目。

④ 栏数的编号。如果栏数较多,应当按顺序编号,习惯上主词栏部分分别编以"甲、乙、丙、丁、……",宾词栏编以"(1)、(2)、(3)、……"。若各栏数字之间有计算关系,也可以用数字符号表示,如(5) = (3) ÷ (4)等。

(2) 统计表内容设计应注意的事项

① 标题设计。无论是总标题,还是横栏、纵栏标题都应简明扼要,简练而又准确地表述出统计资料的内容及所属的时间和空间范围。

② 指标数值。表中数字应填写整齐,对准位数。当数字本身为0或因数字太小而忽略不计时,可填写为"0";当缺某项数字资料时,可用符号"……"表示;不应有数字时用符号"—"表示。

③ 计量单位。统计表必须注明数字资料的计量单位。当全表只有一种计量单位时,可以把它写在表头的右上方。如果表中各栏的指标数值计量单位不同,可在横行标题后添一列计量单位,或与纵标题写在一起,并写在括号内。

④ 注解与资料来源。为保证统计资料的科学性与严肃性,在统计表下,应注明资料来源,以便考查。必要时,在统计表下加注说明。

3.5.2 统计图

如果说统计表能够集中有序地表现统计资料,统计图则具有直观、形象、生动、具体等特点,可以使复杂的统计数字简单化、通俗化、形象化,使人一目了然,便于人们直观地认识事物的特征。随着计算机技术的不断发展,数字制图功能日益强大,统计图的制作更加方便和精确。

1. 统计图的结构

统计图由下列各部分构成。

(1) 标题

统计图都应有标题,其要求与统计表的标题一致。所不同的是统计图的标题列在图的下边,只有大的挂图标题才放在图的上边。

(2) 标目

统计图的纵横两轴应有标目，即纵标目和横标目。纵标目放在图的左侧，横标目放在图的下边，并要注明度量衡单位或其他单位。

(3) 尺度

纵轴尺度自下而上，横轴尺度自左至右，一律由小到大，同时标尺度要适中，不要过疏或过密。

(4) 图例

表示两种或几种事物时，要用图例说明。图例一般放在图的下方或右方。

2. 统计图的种类

(1) 条形图或柱形图

条形图是用宽度相同的条形的高度或长度来表示数据变动的图形。条形图可以横置也可以纵置，纵置时又称为柱形图。也就是说，当各类别放在纵轴时，称为条形图（见图3-4）；当各类别放在横轴时，称为柱形图（见图3-5）。当需要展示数据的绝对量对比状况、数值大小在不同时间的表现时，建议采用条形图。

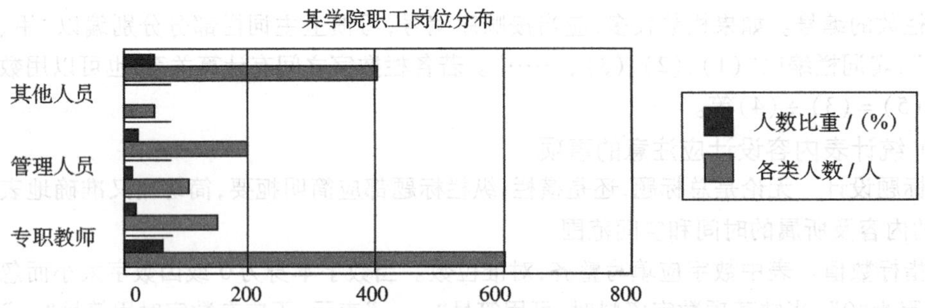

图3-4 条形图示例

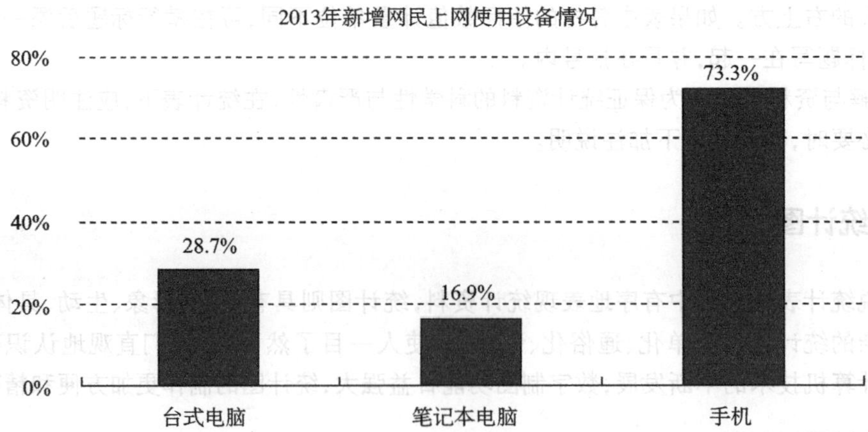

图3-5 柱形图示例

(2) 折线图和曲线图

折线图可以在直方图的基础上，把直方图顶部的中点用直线连接而成，也可以用组中值与频数求坐标连接而成。当对数据所分的组数很多时，组距会越来越小，这时所绘制的折线图就会越来越光滑，逐渐形成一条平滑的曲线，这就是频数分布曲线。折线图（见图3-6）是在平面坐标上用折线表现数量变化特征和规律的统计图。折线图和曲线图主要用于显示时间序列数据，以反映事物发展变化的规律和趋势。

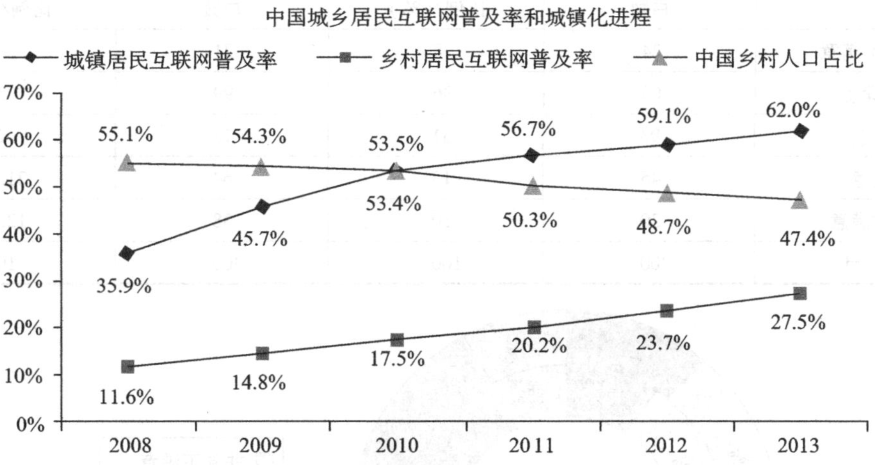

图3－6　折线图示例

（3）圆形图

圆形图又称为饼图，是用圆形和圆内扇形的面积来表示数值大小的图形，主要用于表示总体中各组成部分所占的比例，对研究结构性问题十分有用。在绘制圆形图（见图3－7）时，总体中各部分所占的百分比用圆内的各个扇形面积表示，这些扇形的中心角度是按各部分百分比占360°的相应比例确定的。当需要展示总体中各组成部分所占的比例的结构性问题时，建议采用圆形图。

（4）环形图

环形图与圆形图又有区别，环形图中间有一个空洞，总体中的每一部分数据用环中的一段表示；圆形图只能显示每一个总体中各部分所占的比例，而环形图则可以同时绘制多个总体的数据系列，每一个总体的数据系列为一个环。因此环形图可以显示多个总体各部分所占的相应比例，从而有利于进行比较研究。

例如，在一项有关住房问题的研究中，调查人员在甲乙两个城市各抽样调查300户家庭，其中一个问题是："您对您家庭目前的住房状况是否满意？"备选答案有：①非常不满意；②不满意；③一般；④满意；⑤非常满意。

调查结果如表3－14、图3－8所示。

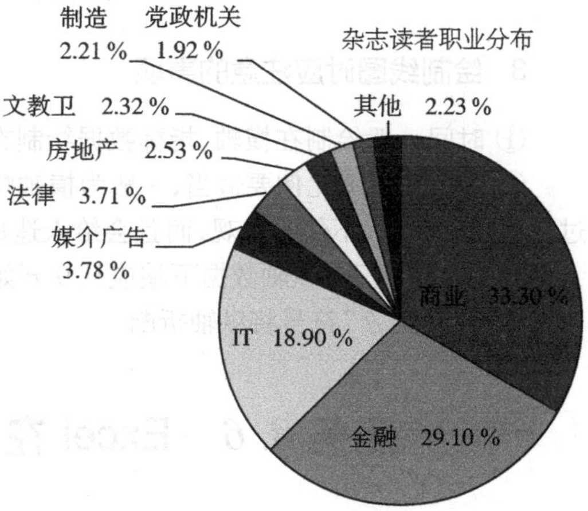

图3－7　圆形图示例

表3－14 家庭住房调查统计

回答类别	甲城市家庭		乙城市家庭	
	户数	比例/(%)	户数	比例/(%)
非常不满意	24	8	21	7
不满意	108	36	99	33
一般	93	31	78	26
满意	45	15	64	21.3
非常满意	30	10	38	12.7
合　计	300	100	300	100

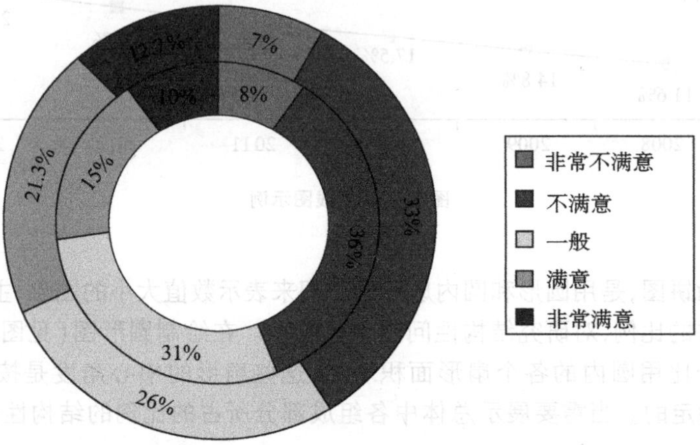

图3－8 环形图示例

3. 绘制线图时应注意的事项

① 时间一般绘制在横轴，指标数据绘制在纵轴。

② 图形的长宽比例要适当，一般为横轴略大于纵轴的长方形，其长宽比例大致为10:7，图形过扁或过于瘦高，不仅不美观，而且会给人造成视觉上的错觉，不便于对数据变化的理解。

③ 一般情况下，纵轴数据下端应从0开始，以便于比较。如果数据与0之间的间距过大，可以采取折断的“//”符号将纵轴折断。

任务3.6 Excel在统计资料整理中的运用

Excel软件提供了许多数据整理工具，如创建数据整理公式、对数据排序、使用频数分布函数直接进行频数分组、图表绘制、数据透视表、数据透视图等。

3.6.1 利用 Excel 对原始数据进行整理

1. 数据排序

对例3－2的销售额进行排序操作。先输入数据，选择需要排序的数据区域，然后在菜单栏中选择“数据”→“排序”命令，弹出“排序”对话框，在“主要关键字”下拉列表中选择“排序后的销售额(万元)”选项，选中“升序”单选按钮，单击“确定”按钮，如图3－9所示。

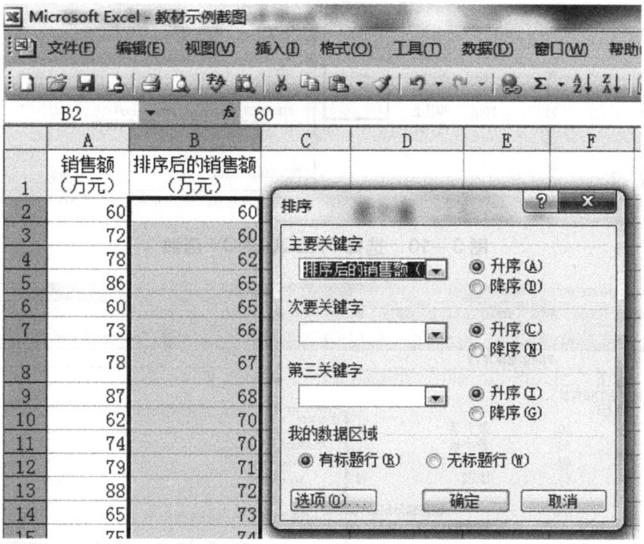

图3－9 销售额排序示例

2. 数据分组

频数分布函数是 Excel 软件统计工作表函数中的一个，它可以使一列数组返回某个被界定的区域中数据的频数分布。频数分布函数的语法形式为：

FREQUENCY(Data_array, Bins_array)

其中，Data_array 为用来编制频数分布的数据，Bins_array 为频数或次数的接收区间。

完成例3－2的销售额排序后，根据变量数列的编制方法和数据的实际情况，以销售额为分组标志，找到最大值、最小值，计算全距，选定组数，确定以10万元为组距编制分配数列。用 Excel 软件计算频数的步骤如下。

1) 在图3－9的基础上，在D8单元格中输入“按销售额分组(万元)”标志，在E8单元格中输入“频数(个)”标志，在F8单元格中输入“频率(%)”标志，在C8单元格中输入“分组”标志。

2) 在D9:D13单元格区域中依次输入“60～70”、“70～80”、“80～90”、“90以上”、“合计”；在C9:C12单元格区域中依次输入“69”、“79”、“89”、“100”作为频数的接受区间(Bins_array)，分别表示销售额在“60～70”、“70～80”、“80～90”、“90以上”等的分组情况。因此，在D9:D13单元格区域中输入的信息只起标志作用，而在C9:C12单元格区域中输入的信息为各组的上限值，是 FREQUENCY 函数的参数之一。

3) 选中E9:E12单元格区域，在菜单栏中选择“插入”→“函数”命令，在弹出的“插入函数”

对话框(见图3-10)中的“统计”中找到FREQUENCY函数,然后单击“确定”按钮,弹出频数分布的“函数参数”对话框,如图3-11所示。

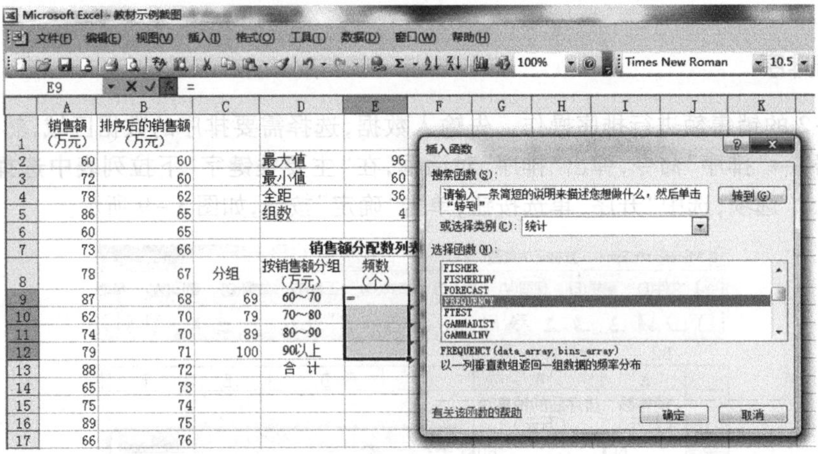

图3-10 选择FREQUENCY函数

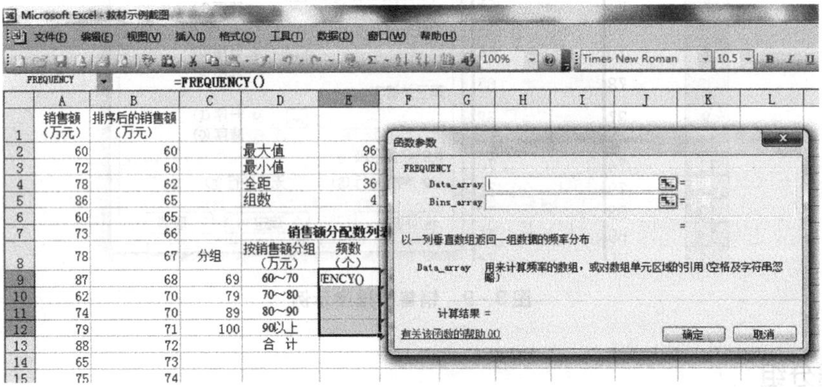

图3-11 打开“函数参数”对话框

4)在“函数参数”对话框中,在数据区域Data_array中输入“B2:B41”,在数据接受区间Bins_array中输入“C9:C12”,这时可以在对话框中看到相应的结果8,15,10,7,如图3-12所示。

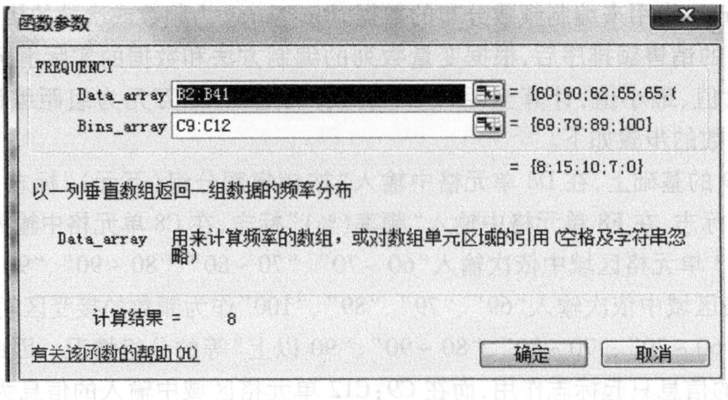

图3-12 返回频数分布

5）特别提醒，此时不能直接单击“确定”按钮，而应在按住 Ctrl + Shift 键的同时按 Enter 键，就可以得出分配数列的分组结果，如图 3－13 所示。

	A	B	C	D	E	F
1	销售额（万元）	排序后的销售额（万元）				
2	60	60		最大值	96	
3	72	60		最小值	60	
4	78	62		全距	36	
5	86	65		组数	4	
6	60	65				
7	73	66		销售额分配数列表		
8	78	67	分组	按销售额分组（万元）	频数（个）	频率（%）
9	87	68	69	60～70	8	
10	62	70	79	70～80	15	
11	74	70	89	80～90	10	
12	79	71	100	90以上	7	
13	88	72		合 计		

图 3－13 销售额分组结果

3. 频率、组中值、累计频数、累计频率计算

（1）频率计算

在 E13 单元格中输入公式“＝SUM(E9:E12)”，计算频数合计数。再在 F9 单元格中输入公式“＝E9/$E $13”，计算第一组的频率。移动鼠标指针至 F9 单元格右下角，当鼠标指针变为“十”字形时，拖动此填充柄至 F12 单元格。在 F13 单元格中输入公式“＝SUM(F9:F12)”，计算频率合计数。

（2）组中值计算

在 G9 单元格中输入公式“＝(60＋70)/2”，计算第 1 组上、下限的平均值，作为第 1 组的组中值。在 G10 单元格中输入公式“＝(70＋80)/2”，计算第 2 组上、下限的平均值，作为第 2 组的组中值。在 G11 单元格中输入公式“＝(80＋90)/2”，计算第 3 组上、下限的平均值，作为第 3 组的组中值。在 G12 单元格中输入公式“＝90＋10/2”，计算第 4 组上、下限的平均值，作为第 4 组的组中值。如果计划采用单元格的形式，可像上述步骤一样通过“先输入公式，再复制公式”的方式简便完成。请自行尝试。

（3）累计频数、累计频率计算

在 H9 单元格中输入公式“＝E9”，计算第 1 组向上累计频数。再在 H10 单元格中输入公式“＝E10＋H9”，计算第 2 组向上累计频数。移动鼠标指针至 H10 单元格右下角，当鼠标指针变为“十”字形时，拖动此填充柄至 H12 单元格。

在 I9 单元格中输入公式“＝F9”，计算第 1 组向上累计频率。再在 I10 单元格中输入公式“＝F10＋I9”，计算第 2 组向上累计频数。移动鼠标指针至 I10 单元格右下角，当鼠标指针变为“十”字形时，拖动此填充柄至 I12 单元格。

在 J12 单元格中输入公式“＝E12”，计算第 4 组向下累计频数。再在 J11 单元格中输入公式“＝E11＋J12”，计算第 3 组向上累计频数。移动鼠标指针至 J11 单元格右下角，当鼠标指针变为

“十”字形时，拖动此填充柄至 J9 单元格。

在 K12 单元格中输入公式“ = F12”，计算第 4 组向上累计频率。再在 K11 单元格中输入公式“ = F11 + K12”，计算第 3 组向上累计频数。移动鼠标指针至 K11 单元格右下角，当鼠标指针变为“十”字形时，拖动此填充柄至 K9 单元格。计算结果如图 3 – 14 所示。

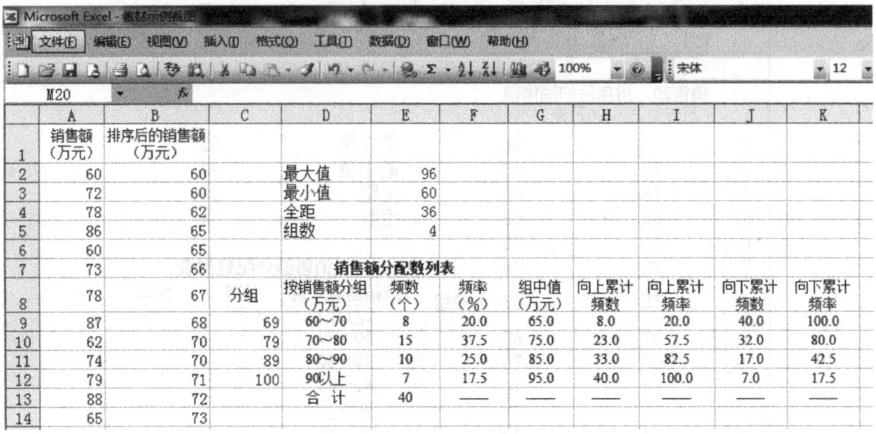

	A	B	C	D	E	F	G	H	I	J	K
1	销售额（万元）	排序后的销售额（万元）									
2	60	60		最大值	96						
3	72	60		最小值	60						
4	78	62		全距	36						
5	86	65		组数	4						
6	60	65									
7	73	66		销售额分配数列表							
8	78	67	分组	按销售额分组（万元）	频数（个）	频率（%）	组中值（万元）	向上累计频数	向上累计频率	向下累计频数	向下累计频率
9	87	68	69	60~70	8	20.0	65.0	8.0	20.0	40.0	100.0
10	62	70	79	70~80	15	37.5	75.0	23.0	57.5	32.0	80.0
11	74	70	89	80~90	10	25.0	85.0	33.0	82.5	17.0	42.5
12	79	71	100	90以上	7	17.5	95.0	40.0	100.0	7.0	17.5
13	88	72		合 计	40	——	——	——	——	——	——
14	65	73									

图 3 – 14 销售额分组输出结果

4. 数据透视表功能

Excel 提供的数据透视表为数据分组和分析带来极大的方便，不仅可以利用数据透视表向导对已有的数据清单或表格中的数据制作各种交叉分析表，还可以对来自外部数据库的数据进行交叉制表和汇总。本部分只对其基本内容进行介绍。

（1）变量数据分组汇总

前述例 3 – 2 的销售额分组工作可以运用数据透视表功能加以实现。具体步骤如下。

1）在 A1:A41 单元格中输入销售额资料与数据。在菜单栏中选择“数据”→“数据透视表和数据透视图”命令（见图 3 – 15），弹出“数据透视表和数据透视图向导 -- 3 步骤之 1”对话框（见图 3 – 16），默认系统选项。

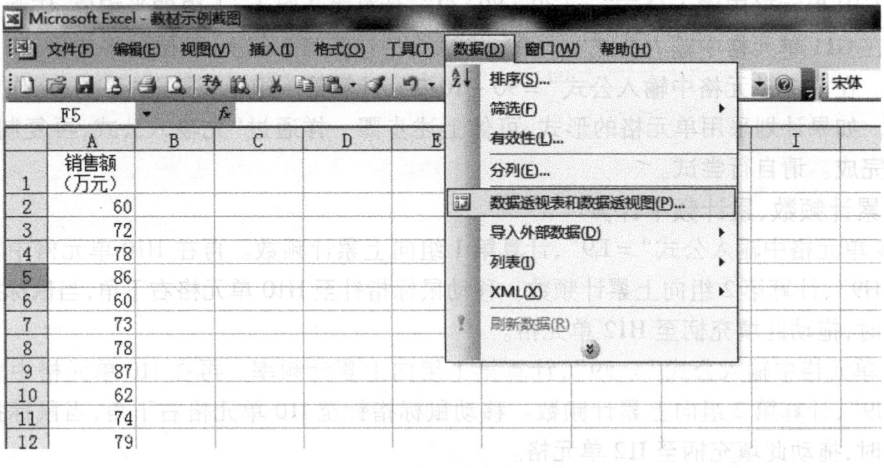

图 3 – 15 选择“数据透视表和数据透视图”命令

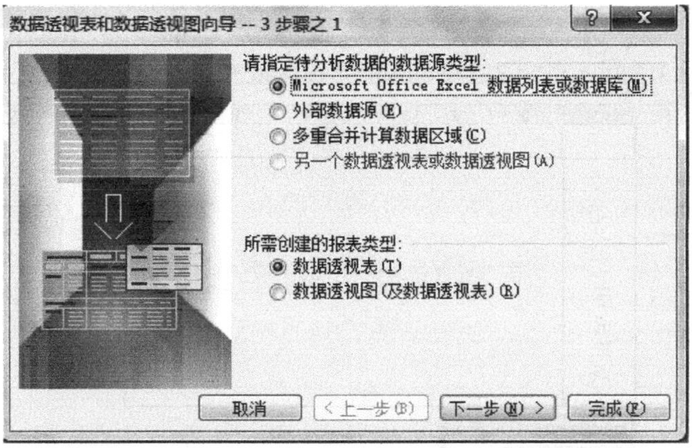

图3-16 数据透视表向导步骤之1

2）单击“下一步”按钮，弹出“数据透视表和数据透视图向导 --3 步骤之2”对话框(见图3-17)，在“选定区域”中输入“$A:$A”。

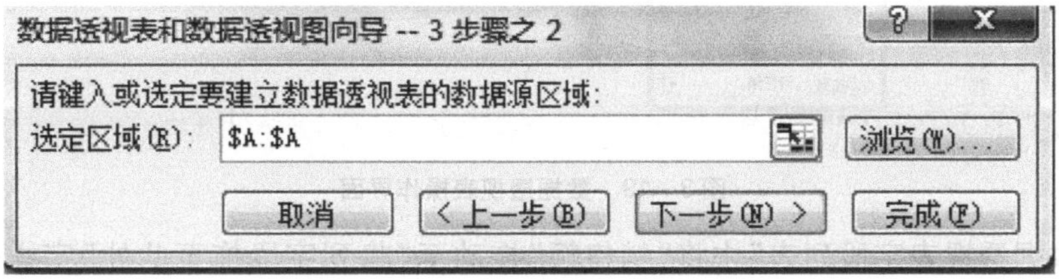

图3-17 数据透视表向导步骤之2

3）单击“下一步”按钮，弹出“数据透视表和数据透视图向导 --3 步骤之3”对话框(见图3-18)，在“数据透视表显示位置”选项组中选中“现有工作表”单选按钮，在其下的文本框中输入“$C $1”。单击“完成”按钮，显示如图3-19所示的操作界面。

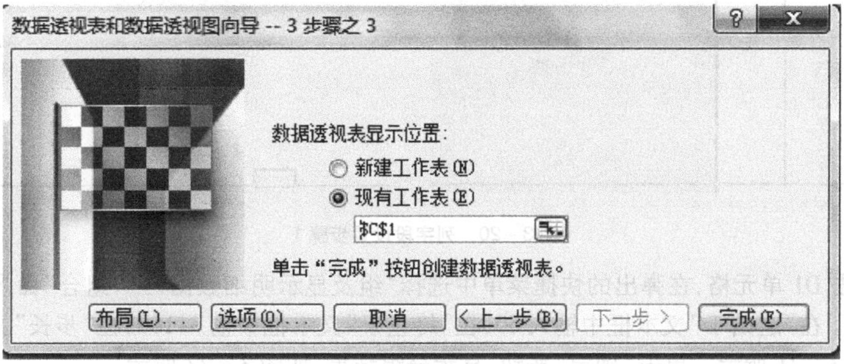

图3-18 数据透视表向导步骤之3

图3-19 数据透视表操作界面

4）在“数据透视表字段列表”中将“销售额”拖动至“将列字段拖至此处”字样框中，调整列宽，如图3-20所示。

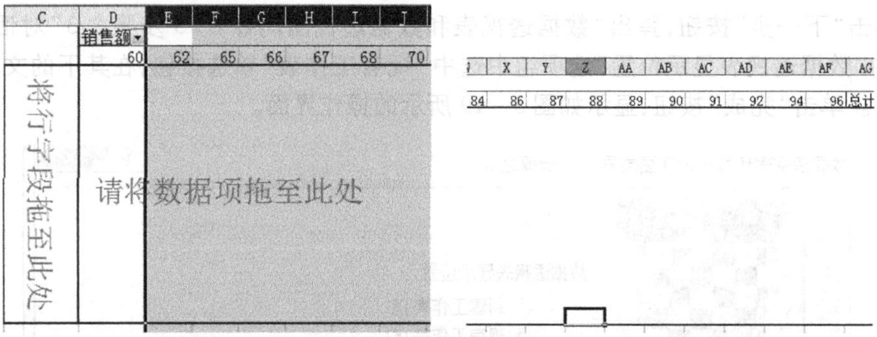

图3-20 列字段设置步骤1

5）右击D1单元格，在弹出的快捷菜单中选择“组及显示明细数据”→“组合”命令，弹出“组合”对话框。在“起始于”文本框中输入60，在“终止于”文本框中输入100，在“步长”文本框中输入10，如图3-21所示。单击“确定”按钮，显示分组结果，如图3-22所示。

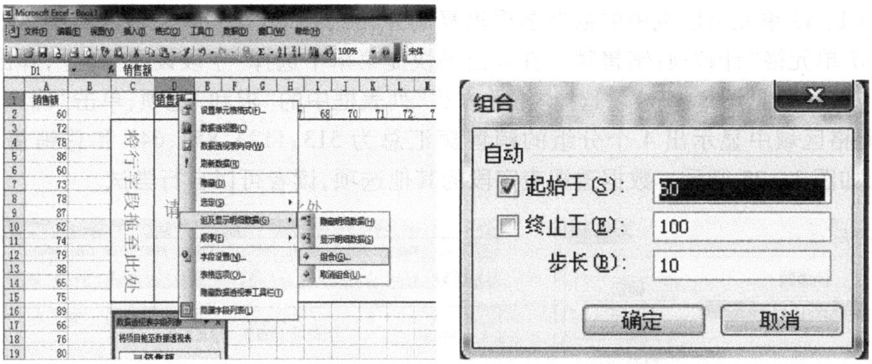

图 3－21　列字段设置步骤 2

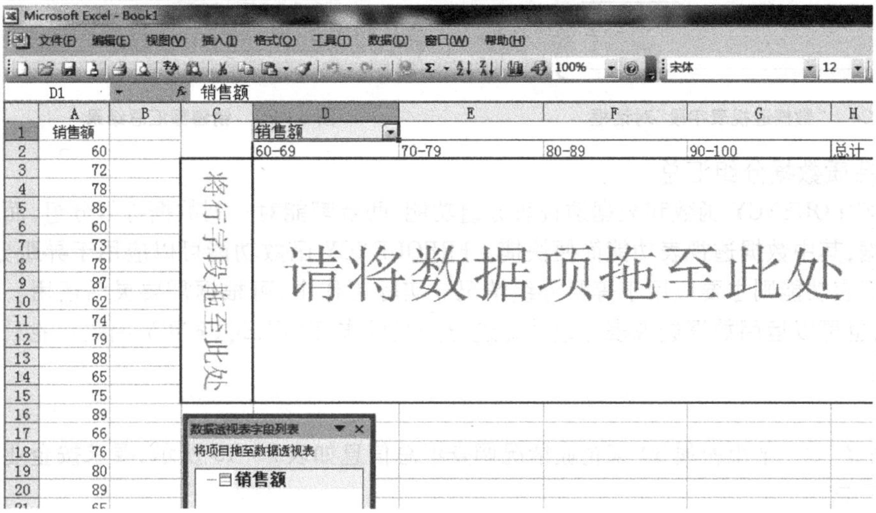

图 3－22　列字段设置步骤 3

6）在“数据透视表字段列表”中将“销售额”拖动至“请将数据项拖至此处”字样框中。在 D3:H3 单元格区域中，显示出分组结果，如图 3－23 所示。

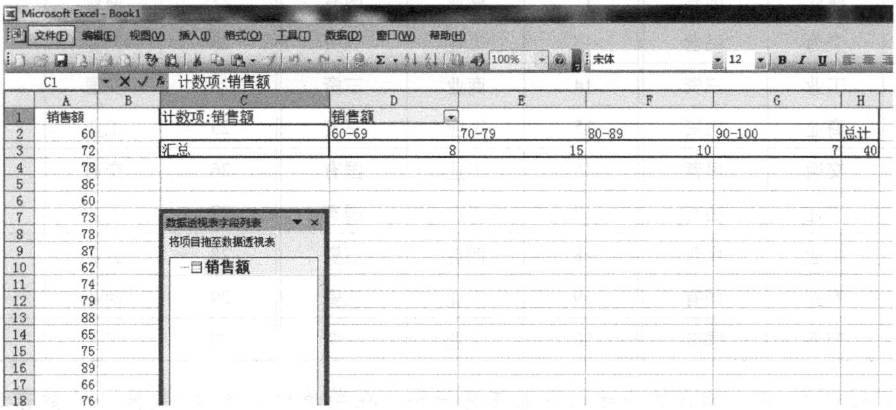

图 3－23　销售额分组结果

7) 将 C1:H3 单元格区域中的数据透视表复制并粘贴到 C5:H7 单元格区域中,以示对照分析。右击 C7 单元格“计数项:销售额”,在弹出的快捷菜单中选择“字段设置”命令,弹出“数据透视表字段”对话框(见图 3-24)。选择“汇总方式”列表框中的“求和”选项,单击“确定”按钮,在 D9:H9 单元格区域中显示出 4 个分组的销售额汇总为 513、1123、852、645 和总销售额汇总为 3133 信息,如图 3-25 所示。数据透视表字段的其他选项,读者可以自行尝试。

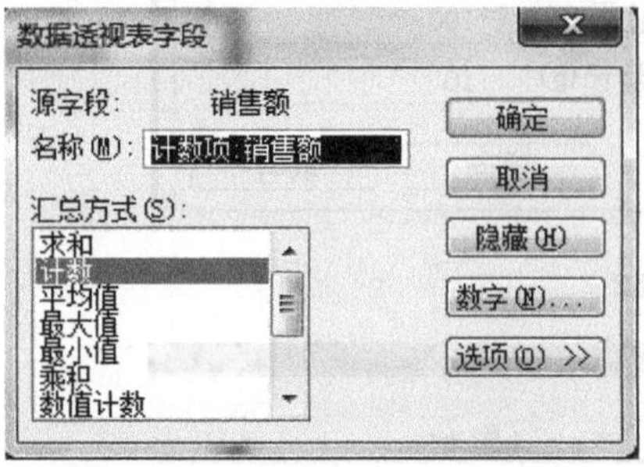

图 3-24 “数据透视表字段”对话框

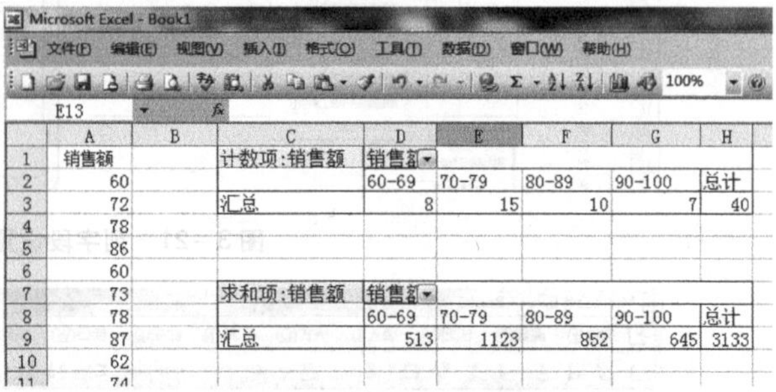

图 3-25 销售额汇总结果

(2) 品质数据分组汇总

对比 FREQUENCY 函数和数据透视表分组功能,两者都能对一列数据进行分组,而且还能适时更新数据,其中数据透视表功能简便快捷。FREQUENCY 函数功能可以应用于异距分组情况,而数据透视表功能则主要应用于等距分组情况。实际工作中,可根据需要灵活运用。对于品质分组资料,也可以运用数据透视表分组功能进行分组操作,而 FREQUENCY 函数功能只能进行变量分组。

例 3-3 某市所属 30 家企业情况调查汇总信息如表 3-15 所示,要求按企业性质这一标志分组汇总。

表 3-15 企业情况调查汇总信息

编号	部门	企业性质	编号	部门	企业性质	编号	部门	企业性质
1	工业	国有	11	工业	民营	21	交通	民营
2	商业	国有	12	商业	国有	22	商业	民营
3	交通	民营	13	工业	三资	23	工业	国有
4	工业	三资	14	商业	三资	24	交通	国有
5	商业	三资	15	工业	三资	25	工业	三资
6	交通	民营	16	工业	国有	26	交通	国有
7	工业	国有	17	工业	国有	27	工业	三资
8	工业	民营	18	商业	三资	28	工业	国有
9	商业	国有	19	工业	三资	29	商业	国有
10	交通	国有	20	工业	三资	30	工业	国有

1) 在 A1:C31 单元格区域中输入企业信息资料。在菜单栏中选择“数据”→“数据透视表和数据透视图”命令,在弹出的数据透视表和数据透视图向导对话框中直接单击“下一步”按钮。在“数据透视表和数据透视图向导 --3 步骤之 2”对话框中的“选定区域”中输入“A1:C31”,如图3-26 所示。

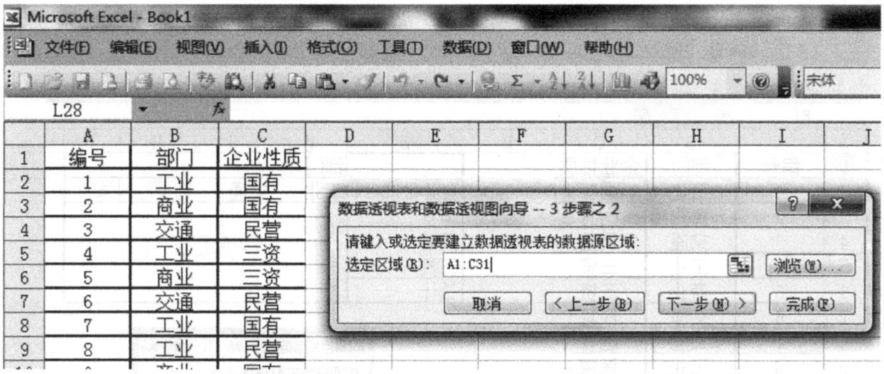

图3-26 选定数据源区域

2）单击“下一步”按钮，在“数据透视表和数据透视图向导——3步骤之3”对话框中的“数据透视表显示位置”选项组中选中“现有工作表”单选按钮，在其下的文本框中输入“E1”。单击“完成”按钮，显示如图3-27所示的操作界面。

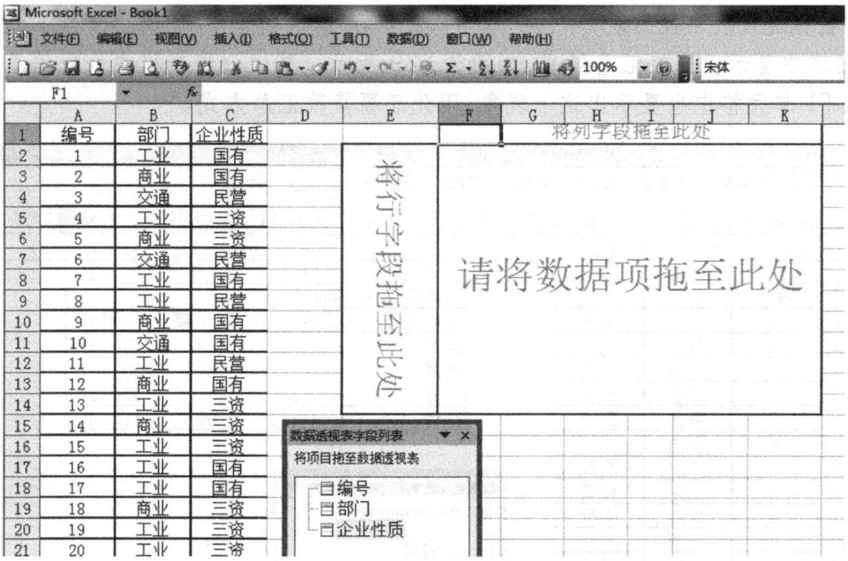

图3-27 数据透视表操作界面

3）在“数据透视表字段列表”中，将“部门”拖动至“将行字段拖至此处”字样框中；在“数据透视表字段列表”中，将“企业性质”拖动至“将列字段拖至此处”字样框中。显示结果如图3-28所示。

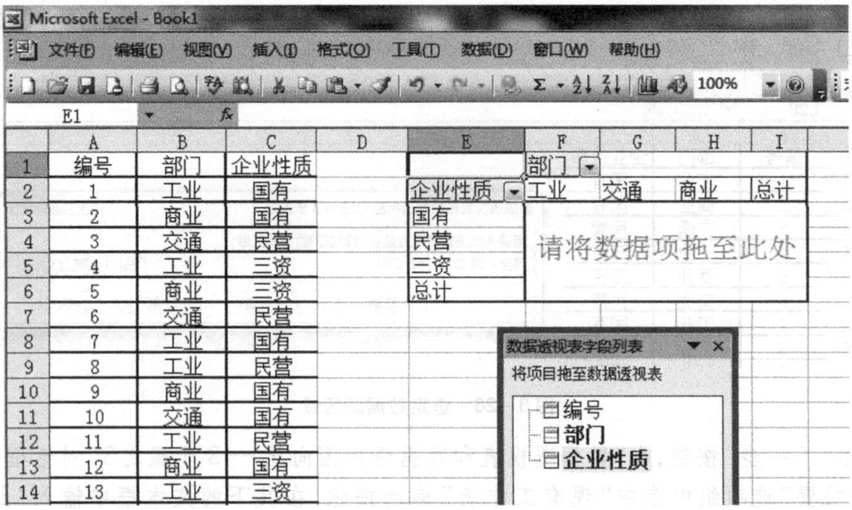

图 3-28 数据透视表设置结果

4）在"数据透视表字段列表"中，将"编号"拖动至"请将数据项拖至此处"字样框中，在 F3：I6 单元格区域中显示出分组汇总结果，如图 3-29 所示。其中分组表格中的数据显示为"求和项"结果，在 E1 单元格中也显示出这一现象，因此还要修改汇总方式。

图 3-29 企业按部门和企业性质分组初步结果

5）右击 E1 单元格"求和项：编号"，在弹出的快捷菜单中选择"字段设置"命令，弹出"数据透视表字段"对话框（见图 3-30）。选择"汇总方式"列表框中的"计数"选项，单击"确定"按钮，在 F3：I16 单元格区域中显示出分组计数与汇总信息，如图 3-31 所示。

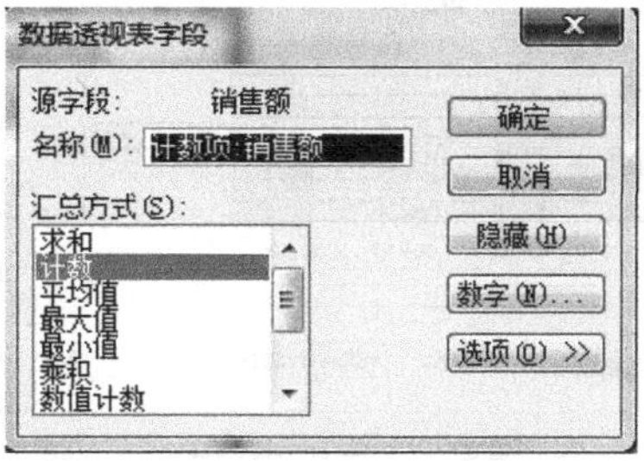

图 3－30 “数据透视表字段”对话框

图 3－31 企业按部门和企业性质分组最终结果

3.6.2 利用 Excel 绘制统计图

1. 图表函数绘图

为前述例 3－2 绘制销售额统计图的具体步骤如下。

1）在图 3－14 所示的分组计算结果的基础上，在菜单栏中选择“插入”→“图表”命令，弹出“图表向导－4 步骤之 1－图表类型”对话框，如图 3－32 所示。

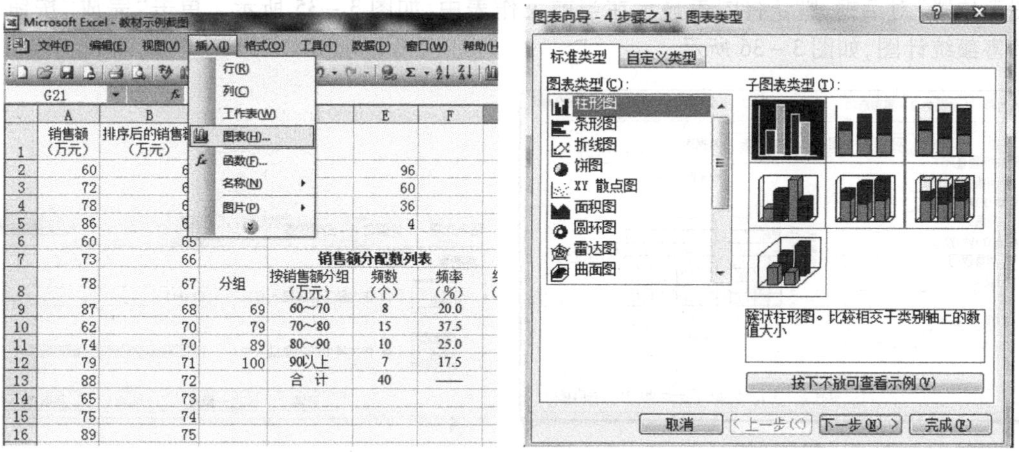

图 3－32 打开图表向导对话框

2）在“图表类型”列表框中选择“柱形图”选项，单击“下一步”按钮，弹出“图表向导－4 步骤之 2－图表源数据”对话框。在“数据区域”选项卡的“数据区域”中选择 E8:E12 单元格区域；在“系列”选项卡的“分类(X)轴标志”中选择 D9:D12 单元格区域，如图 3－33所示。

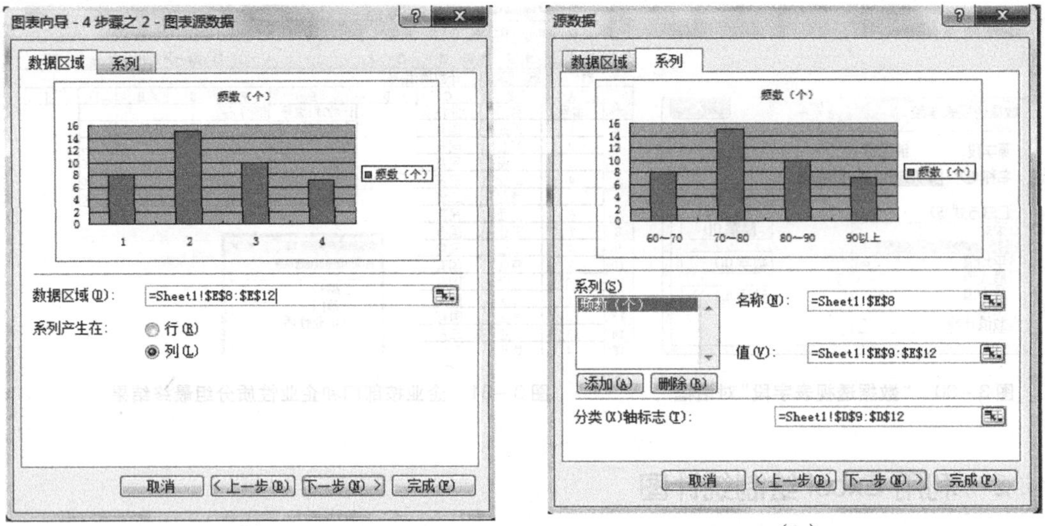

(a)　　　　　　　　　　(b)

图 3－33　设置图表源数据

3）单击"下一步"按钮，弹出"图表向导－4 步骤之 3－图表选项"对话框。在"标题"选项卡中的"图表标题"文本框中输入"销售额统计图"，在"分类(X)轴"文本框中输入"销售额"，系统同时显示统计图的修改结果，如图 3－34 所示。单击"下一步"按钮，弹出"图表向导－4 步骤之 4－图表位置"对话框，默认将图表显示在当前工作表中，如图 3－35 所示。单击"完成"按钮，显示销售额统计图，如图 3－36 所示。

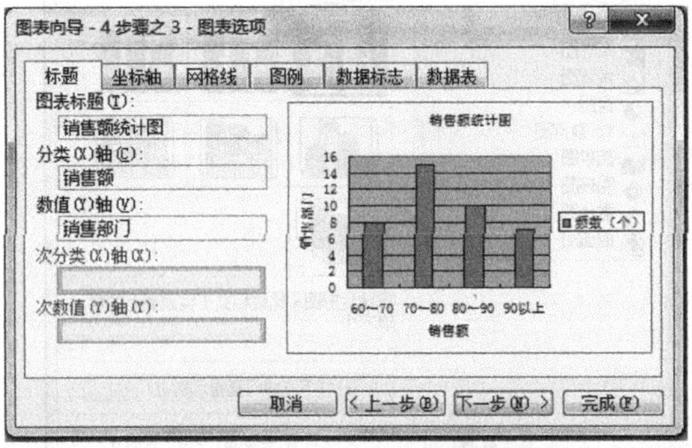

图 3－34　设置图表选项

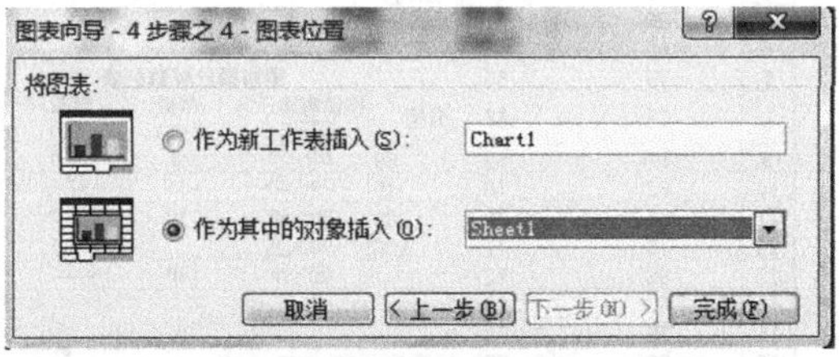

图 3－35　设置图表位置

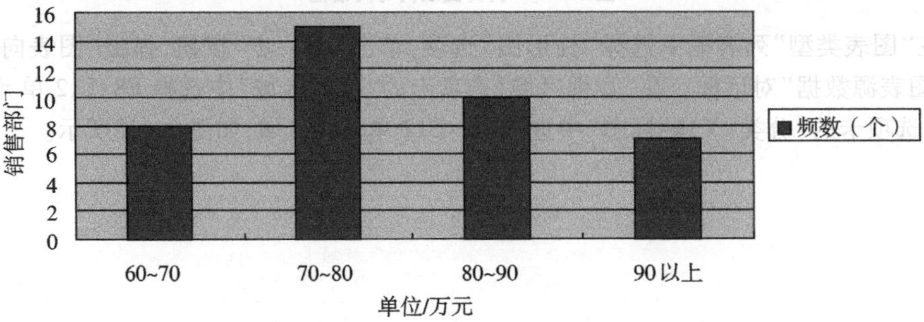

图 3－36　销售额统计最终结果

2. 数据透视图绘图

为前述例3-2绘制销售额统计图还可以运用数据透视图功能加以实现。具体步骤请参照相关资料自行尝试,此处省略。

项目小结

1. 统计资料整理主要是将收集的原始资料加工成反映总体特征的综合资料的工作过程,在统计过程中起着承上启下的作用。统计资料整理的原则是目的性、联系性和系统性;整理的内容主要包括方案设计、审核、分组、汇总、显示、保管和积累。

2. 统计分组必须遵循穷尽原则、互斥原则和科学性原则,正确选择分组标志和分组界限是统计分组的关键。统计分组中最重要的是按分组标志的性质和分组标志的多少分。

3. 频数分布包括品质数列和变量数列。变量数列的编制方法分为单项式数列和组距式数列两类。

4. 统计表从形式上看,包括总标题、横行标题、纵栏标题和数字资料;从内容上看,包括主词和宾词两部分。统计表根据主词是否分组及分组程度分为简单表、简单分组表和复合分组表,根据宾词设计不同分为宾词简单排列、分组平行排列和分组层叠排列。统计图应具有直观、形象、生动、具体等特点,便于人们直观地认识事物。

项目实战

一、实战题

请确定一个主题,如对学校食堂菜价等各方面的调查,调查后对所收集的资料进行整理,列出图表并撰写分析报告。

二、填空题

1. 统计资料整理就是对收集得到的原始资料进行__________、__________、__________,使之条理化、系统化,使之能反映__________的工作过程。

2. 根据分组标志的不同,统计分组可以有__________和__________。

3. 按每个变量值分别列组,所编制的变量分布数列叫__________,其__________等于变量所包含的变量值的种类。

4. 在组距式数列中,表示各组界限的变量值叫__________,各组中点位置上的变量值叫__________。

5. 已知一个数列最后一组的下限为900,其相邻的组中值为850,则最后一组的上限和组中值分别为__________和__________。

6. 调查表的格式一般有两种,分别是__________和__________。

7. 从形式上看,统计表主要由__________、__________、__________、__________4部分组成;从内容上看,统计表由__________和__________两部分组成。

三、判断题

1. 统计资料整理既是由对现象的个体认识过渡到对现象的总体认识的阶段，也是由感性认识上升到理性认识的阶段。 ( )

2. 在编制变量数列中，连续型变量只能采用组距式方式。 ( )

3. 正确选择分组标志的原则之一是应选择能够反映事物本质或主要特征的标志。 ( )

4. 统计分组的关键是确定组距和组数。 ( )

5. 统计分组对总体是分，对个体是合。 ( )

6. 区分简单分组和复合分组的根据是采用分组标志的多少。 ( )

7. 进行组距分组时，当标志值正好等于相邻两组的上下限值时，一般将此标志值归入上限的一组。 ( )

8. 统计表的主词栏是说明总体各项统计指标的。 ( )

9. 按数量标志分组形成的分配数列和按品质标志分组形成的分配数列，都可称为次数分配。 ( )

四、单项选择题

1. 统计资料整理的主要对象是( )。

A. 次级资料　B. 原始资料　C. 分析资料　D. 技术参考资料

2. 统计分组时根据统计研究的目的和任务，按照一个或几个分组标志( )。

A. 将总体分成性质相同的若干部分　B. 将总体分成性质不同的若干部分
C. 将总体分成数量相同的若干部分　D. 将总体分成数量不同的若干部分

3. 按某一标志分组的结果表现为( )。

A. 组内差异性，组间同质性　B. 组内同质性，组间差异性
C. 组内同质性，组间同质性　D. 组内差异性，组间差异性

4. 划分离散变量的组限时，相邻两组的组限( )。

A. 必须是间断的　B. 必须是重叠的
C. 既可以是间断的，也可以是重叠的　D. 应当是相近的

5. 在全距一定的情况下，组距的大小与组数的多少( )。

A. 成正比　B. 成反比
C. 无比例关系　D. 有时成正比有时成反比

6. 等距分组适合于( )。

A. 一切变量　B. 变量变动比较均匀的情况
C. 呈急剧升降变动的变量　D. 按一定比率变动的变量

7. 在分配数列中，频数是指( )。

A. 各组单位数与总体单位数之比　B. 各组分布次数的比率
C. 各组单位数　D. 总体单位数

8. 累计次数或累计频率中的“向上累计”是指( )。

A. 将各组变量值由小到大依次相加
B. 将各组次数或频率由小到大依次相加
C. 将各组次数或频率从变量值最低的一组向最高的一组依次相加
D. 将各组次数或频率从变量值最高的一组向最低的一组依次相加

9. 20个工人看管机器台数资料如下：2,5,4,4,3,4,3,4,4,2,2,4,3,4,6,3,4,5,2,4。如按以上资料编制分配数列，应采用(　　)。

A. 单项式分组　　B. 等距分组
C. 不等距分组　　D. 以上分组均可以

10. 统计表中的主词是指(　　)。

A. 所要说明的对象　　B. 说明总体的统计指标
C. 横行标题　　D. 纵栏标题

五、多项选择题

1. 统计分组的作用在于(　　　)。

A. 区分现象的类型　　B. 反映现象总体的内部结构变化
C. 比较现象间的一般水平　　D. 分析现象的变化关系
E. 研究现象之间数量的依存关系

2. 正确的统计分组应做到(　　　)。

A. 组间有差异　　B. 各组应等距　　C. 组内属同质
D. 组限不应重叠　　E. 不应出现开口组

3. (　　　)是按品质标志分组。

A. 职工按工龄分组　　B. 人口按民族分组　　C. 人口按地区分组
D. 企业按所有制分组　　E. 科技人员按职称分组

4. 构成频数分布表的基本要素是(　　　)。

A. 各组的组别　　B. 组限　　C. 组中值
D. 分配在各组的次数　　E. 组距

5. 某单位100名职工按工资额分为3 000元以下、3 000～4 000元、4 000～6 000元、6 000～8 000元、8 000元以上5个组。这一分组(　　　)。

A. 是等距分组　　B. 分组标志是连续变量
C. 末组组中值为8 000元　　D. 相邻的组限是重叠的
E. 某职工工资6 000元，应计在6 000～8 000元组内

6. 变量数列中频率应满足的条件是(　　　)。

A. 各组频率大于1　　B. 各组频率大于0
C. 各组频率之和等于1　　D. 各组频率之和小于1
E. 各组频率之和大于0

7. 从形式上看，统计表主要组成部分有(　　　)。

A. 总标题　　B. 表格设计者　　C. 横行标题
D. 指标数值　　E. 纵栏标题

六、计算题

1. 某公司20名职工的个人资料如下表所示。

序号	性别	年龄	文化程度	技术等级	序号	性别	年龄	文化程度	技术等级
1	男	20	高中	2	11	女	35	初中	3
2	女	40	高中	7	12	男	26	大学	2
3	女	23	高中	2	13	男	28	高中	3
4	男	36	初中	4	14	女	30	高中	4
5	女	25	高中	2	15	女	34	大学	5
6	女	28	高中	3	16	男	48	大学	7
7	女	36	高中	5	17	男	36	高中	5
8	女	40	大学	6	18	女	51	高中	7
9	女	36	初中	4	19	女	36	大学	5
10	男	20	初中	2	20	女	47	初中	7

要求：

（1）按性别、文化程度和技术等级分别编制单项式变量数列。

（2）按年龄分组编制组距式变量数列，并绘制统计图。

（3）运用 Excel 软件的数据分析功能进行分组操作。

（4）设计以年龄为主词、以性别和文化程度为宾词的复合分组表。

2. 根据抽样调查，某校某月 50 名大学生生活消费支出资料如下（单位：元）。

830	880	1 230	1 100	1 180	1 580	1 210	1 460	1 170	1 080
1 050	1 100	1 070	1 370	1 200	1 630	1 250	1 360	1270	1 420
1 180	1 030	870	1 150	1 410	1 170	1 230	1 260	1 380	1 510
1 010	860	810	1 130	1 140	1 190	1 260	1 350	930	1 420
1 080	1 010	1 050	1 250	1 160	1 320	1 380	1 310	1 270	1 250

要求：

（1）以“大学生生活消费支出”为分组标志，编制组距式变量数列。

（2）试分析大学生生活消费支出的变化规律或分布特征。

复习思考

1. 统计分组的主要作用是什么？
2. 简述分配数列的概念及其种类。
3. 简述变量数列的编制步骤。
4. 编制统计表的原则有哪些？

项目 4
统计指标分析

知识目标

- 理解总量指标、相对指标、平均指标、标志变异指标的含义、分类、计算方法。
- 理解平均指标、标志变异指标的区别、联系及适用场合，并运用标志变异指标说明平均数的代表性。
- 理解总量指标、相对指标、平均指标和标志变异指标的作用和相互关系。

技能目标

能够应用总量指标、相对指标分析与处理实际问题，培养运用总体规模与对比数据分析社会经济现象的能力；能够应用平均指标描述现象分布的集中趋势，用标志变异指标描述现象分布的离散趋势，培养运用集中趋势和离散趋势分析社会经济现象的能力；利用 Excel 计算综合指标分析具体问题。

情景引入

备受关注的北京公交地铁调价终于正式启动，同时，北京市发改委向社会提供了一些基本信息资料，包括近年来公共交通建设发展情况、客流量变化情况、企业提供的运营收入和支出情况、北京现行公交票价及国内外城市公交票价情况等。

1. 地铁客流拥挤，公交、地铁运营成本“不堪重负”

北京地铁系统人士表示，北京市每人 2 元的低票价实施 7 年来，客流量和运营建设成本让地铁“不堪重负”。

北京地铁昌平线西二旗站区站区长李文杰说：西二旗站在 2010 年 12 月底开通时，年客运量是 4 万人次，而 2013 年的统计数据则激增至 25 万人次。3 年间，客运量增长 5 倍还多。

北京轨道交通指挥中心的数据显示，从 2003 年至 2013 年，北京地铁线路里程由 114 千米增长为 465 千米，增长 3 倍；北京地铁客运量从最初的 4.72 亿人次增长为 32 亿人次，增长近 6 倍。

具体来看，在公交方面，运营收入由 2007 年的 30.87 亿元下降到 2013 年的 25.93 亿元，降低 16%。公交运营支出由 2007 年的 88.87 亿元增加到 2013 年的 176.16 亿元，增长 98.2%。

地铁方面，运营收入由 2007 年的 11.75 亿元增加到 2013 年的 32.23 亿元，增长 1.7 倍。北京地铁公司和京港地铁公司运营支出由 2007 年的 13.44 亿元增加到 2013 年的 66.84 亿元，增长 4 倍。北京市地铁运营有限公司相关负责人介绍，“而票价水平却从每人

3.25元降至现在的2元”。

法国巴黎的人均月收入水平为1 800欧元，一张地铁票的票价为人均收入的0.7%。2013年北京市月平均工资收入为5 223元/人，一张2元的地铁票为人均收入的0.3%。北京地铁公司的数据显示，“2元时代”的7年间，北京市政府补贴财政资金达到221亿元。此前有报道称，2013年，北京投入公共交通运营补贴103.5亿元，通过其他科目等渠道共投入96.6亿元，加起来，地面公交和轨道交通补贴共计200.1亿元。据测算，北京地铁年亏损达10亿元以上。为此，北京市每年都有巨额财政补贴专项拨给公共交通。比如2012年，北京市级公共财政共支出2 849.9亿元，其中约78%用于民生领域，而公共交通补贴占民生支出总额的7.9%左右，比医疗卫生还要高。从地铁车票调整的必要性来说，目前北京市的低票价政策是一种“普惠制”政策，并不是最明智的选择，也不利于公交的可持续发展。在交通专家徐康明看来，“财政蛋糕就这么大，越来越多的财政补贴放在轨道交通上，相应就减少了其他民生项目的投入。”调整票价是必然趋势，也是必要手段。

2. 调整应体现“多乘坐，多付费”

目前，市区地面公交65%左右的线路(2.5千米~31千米)执行每人次1元票价，并实行刷卡2、4折优惠，地铁全路网每人次2元。随着路网规模的不断扩大，单一票价不合理的问题日益明显。“从最短的400米到最长的88千米，地铁运输里程相差220倍，但票价却都是2元。”北京轨道交通路网管理有限公司副总经理孙方介绍说，目前的单一票制并没有体现出“多乘坐、多付费”的公平性原则，也导致了交通出行结构的不合理。

数据显示，现行票价水平导致轨道交通客流激增的同时，公共电汽车的客运量近年来却持续下降。目前轨道交通承担短距离乘客出行的比例较大，乘坐5千米以下乘客比例占全部出行人数的10%以上，乘坐4千米以下乘客比例近3年呈上升趋势。

北京市轨道交通指挥中心的负责人表示，票价调整后有望实现发挥公交以承担中短途客流为主，地铁以承担中长途为主的均衡客流效应。

记者了解到，在票价改革讨论中，将单一票制改为计程票制的呼声很高。目前国内除北京为单一票制外，上海等地均为计程票制。

3. 票价调整能否提升服务

据介绍，随着轨道线网规模的扩大，地铁客运量急剧增加，对公交分流作用明显，2013年超过32亿人次，占公共交通出行总量近40%，提高了26个百分点。2013年地面公交客运量为48.4亿人次，比乘客高峰年的2009年下降了6.2%，近5年呈波动下行态势。目前，地面公交客运量占公共交通出行的60%，比2007年下降了26个百分点。一般来说，地铁主要服务于较长距离出行人群，公交主要服务于中短距离出行人群。但目前地铁乘客乘距在5千米以下的占1/10左右。公交整体效率尚未有效发挥，轨道交通安全服务水平受到制约。

此次调价，希望能用价格杠杆，把北京地铁从每平方米“挤着10人”降至5人。市交通委运输局相关负责人表示，我们常说的地铁“满载”，换一个通俗的说法，即每平方米站6个人。而据统计，本市地铁工作日日均客流突破1 000万人次，最大客流达到1 106万人次，个别线路高峰时间满载率144%，也就是差不多每平方米接近10个人。调整地铁票价的另一个理由是“分散高峰时段客流压力，降低大客流风险”。而今年8月7日，北京市质监局公布了地方标准《城市轨道交通工程设计规范》，其中规定，北京地铁车厢内每平方米最多站5个人。

近年来,北京地铁乘车环境不佳、配套服务跟不上等问题常常被乘客诟病。尤其在高峰时段站台人员猛推乘客才能关上车门的场景屡见不鲜。对于地铁票价调整能否带来服务水平和乘车环境的改善,北京地铁公司宣传部部长贾鹏表示,公司正推动乘客服务中心的建设以及增加4G信号覆盖。

北京市基础设施投资有限公司相关负责人介绍,票价调整后能更真实地反映地铁线路的经营价值,从而吸引更多潜在社会投资者。

数据来源:邓琦. 北京公交地铁票价拟调整,公交运营2013年亏损150亿元[N]. 新京报,2014-07-07.

思考:以上资料经过统计调查和资料整理后,运用一系列统计指标数据加以科学计算分析,为人们提供了有关北京公交地铁调价方案的依据和理由,最终形成一个科学合理的公共交通票价改革方案。请问阅读材料中运用了哪些统计指标,分别描述了哪些社会经济现象?

任务4.1 总量指标

经过调查、整理后的大量综合资料,就是通过多种统计指标综合反映现象的本质和特征。综合指标包括总量指标、相对指标、平均指标和标志变异指标。总量指标是社会经济统计的基础指标,反映社会经济现象的总规模、总水平;相对指标是两个有联系的指标对比的比值,反映现象的数量特征、数量关系、变动程度、普遍程度和强度,常用来评价社会经济现象、工作业绩;平均指标是反映现象总体一般水平的代表值和描述数据分布集中趋势的特征值,在社会经济现象中用来作为横向和纵向的比较;标志变异指标是与平均指标相匹配的特征值,反映现象分布的离散程度和平均指标的代表程度。

4.1.1 总量指标的概念和作用

总量指标反映某一客观现象总体在一定条件下的规模、水平或工作数量的总和。其表现形式是绝对数,故也称绝对指标或绝对数。例如,一个国家或地区的人口总数、土地面积、国内生产总值,一个工业企业的产品产量、产品销售收入、实现利润总额等。

总量指标在统计工作中具有非常重要的作用,是最基本的反映客观现象基本状况的综合指标,其作用表现在以下几方面。

1. 总量指标是从总体上认识社会经济现象的起点

总量指标用来反映、了解一个国家或地区的基本情况,反映国情国力或人、财、物力的基本情况。例如,国内生产总值、粮食产量、财政收入等指标,能够表明一个国家或地区的经济发展水平。又如,2013年中国国内生产总值568 845亿元,粮食产量60 193.5万吨,财政收入129 143亿元,表明我国面对错综复杂的国内外形势,坚持稳中求进的工作总基调,统筹稳增长、调结构、促改革,探索创新宏观调控方式,经济社会发展稳中有进、稳中向好,实现了良好开局。企业的产品产量、职工人数、生产能力等总量指标是制订计划、进行预测、决策的基本依据。

2. 总量指标是制定政策、编制社会经济发展计划、实施科学管理的重要依据

制定宏观方针政策和微观管理措施、编制中长期规划和工作具体计划、考核工作业绩与成效,都要从客观实际出发,掌握大量有关信息,做到心中有数。而这个"数"就是有关现象的总量

指标，以此作为依据，不能凭空运作，避免"瞎指挥"、"拍脑袋"等不合理现象。

3. 总量指标是计算相对指标和平均指标的基础

统计综合指标中的相对指标、平均指标的计算都是以绝对数指标为基础进行的，大多是由两个有联系的总量指标对比计算的结果，是总量指标的派生指标。总量指标的科学性、正确性，直接影响到相对指标和平均指标的正确性。

4.1.2 总量指标的种类

1. 按其反映总体内容不同分类

总量指标按其所说明的内容不同可分为总体标志总量指标和总体单位总量指标。

总体标志总量指标是总体各单位某一标志值的总和，表明总体在一定时间、地点条件下该标志值的总体水平或工作总量。例如，我国第六次人口普查结果表明，我国人口为13.7亿人；2013年我国发电量增至52 451亿千瓦时；2013年我国钢材产量首次突破10亿吨，达10.676 2亿吨。这是我们通常提到总量指标时所表述的内容。

总体单位总量指标是总体单位数的合计，说明总体本身规模大小的总量指标。例如，研究某市的工业发展状况，统计总体是该市的所有工业企业，若该市现有工业企业2 145个，则2 145个即为总体单位总量指标。又如，对某地区居民粮食消费情况进行研究，该地区的居民人口数便是总体单位总量指标。这是进行综合指标派生计算和分析时，需要明确的总量指标内容。

明确总体标志总量指标与总体单位总量指标之间的差别，对计算相对指标与平均指标具有重要意义。一个确定的统计总体，其总体单位总量指标是唯一确定的，而总体标志总量指标却可以有多个。例如，研究某市的工业发展状况，统计总体是该市的所有工业企业，那么该市的每个工业企业是总体单位，每一工业企业的职工人数是该工业企业的一个数量标志，则该市全部工业企业职工总人数就是总体标志总量，该市工业总产值、工业利税总额等指标也都是总体标志总量。

总体单位总量指标和总体标志总量指标的地位随统计研究的目的而变化。如在上例中，全市工业企业职工总人数是总体标志总量指标；若研究目的改变为研究该市工业企业职工的生活水平，则统计总体是全市所有工业企业的全部职工，全市工业企业职工总人数就变成总体单位总量指标了。

2. 按其反映总体所处的时间状态分类

总量指标按所处的时间状态可分为时期总量指标和时点总量指标两种。

时期总量指标反映社会经济现象在一定时期内发展变化过程总量，如商品销售额、总产值、总产量、进出口总额、固定资产投资额等，如2013年全国社会消费品零售总额为234 380亿元。

时点总量指标反映社会经济现象在一定时点上状况的数量，如人口总数、库存商品量、外汇储备总额等，如2010年11月1日，全国第六次人口普查，我国人口为13.7亿人。

时期总量指标和时点总量指标的性质不同，它们有以下3个主要的区别。

（1）数值是否具有可加性

时期总量指标各期的数值可以连续累加，各个时期的总量指标累计加总后表明总体在这一段时期内发展过程的总量。如2013年我国国内生产总值568 845亿元，这是从2013年1月1日到 12 月 31 日，由我国国民经济各行业所创造的价值累计加总而来的。

时点总量指标的数值是每隔一段时间进行一次性登记，即用某个瞬间的统计数来表明现象总体在某一时点上的状态水平，只有同类现象同一时点的数值可以相加，一般相加无现实意义。例如，2010 年 11 月 1 日 0 时全国人口总数为 13.7 亿（包括港、澳、台地区人口），某企业 2013 年某月末某商品库存总量为 50 万元等。

在实际工作中，这两种总量指标在对比分析时，计算方法有所不同，必须加以注意。

（2）数值大小是否与时间长短有直接关系

时期总量指标数值的大小与所属时期长短有直接关系。一般来说，时期总量指标数值大小随着时间的长短发生变化，现象总体经历的时间愈长，指标数值愈大，反之愈小。如一个工业企业的全年产品产量，在正常情况下，比该年中任何一个月的产量要大。

而时点总量指标数值的大小与时间间隔长短无直接关系，如某企业的年末库存，不一定比该年中某月末库存多。

（3）数值是否通过连续登记取得

时期总量指标的数值是通过连续登记取得的，说明现象在一段时间内发生的总量，如一年的产品销售量是该年中每一日每一月连续登记汇总得来的；时点总量指标是通过相隔一定时间做一次性登记取得的，如我国进行的 6 次人口普查资料，都是相隔一定时间的某一时点上做一次性登记取得的。

区分时期总量指标和时点总量指标决定了统计处理与应用上的不同，在运用时期总量和时点总量指标时，注意同一指标若从不同的角度考虑则总量指标的性质也不同，如年末人口数和年初人口数是时点总量指标，但“年末人口数 - 年初人口数 = 人口净增数”则为时期总量指标。

3. 按其采用的计量单位分类

总量指标按其计量单位不同分实物量指标、价值量指标和劳动量指标。

（1）实物量指标

实物量指标是根据现象的自然属性和特点采用实物单位计量的总量指标，是计算价值量指标的基础。实物量指标能直接反映现象的具体内容和使用价值及其规模，给人以鲜明而具体的概念，是社会经济和人们生活中常用的计量单位，但综合性差。常采用的实物计量单位有：①自然实物单位，如汽车用“辆”、电视机用“台”、手表用“只”等；②度量衡单位，如棉布用“米”、钢铁用“吨”、土地面积用“平方米”等；③专用单位，如电用“度”、热量用“卡”等；④标准实物量单位，用来加总不同规格同类物质的实物数量，以准确地反映产品的使用价值，如把不同厚度的平板玻璃折算成“重量标箱”；⑤复合单位，用两种以上计量单位结合在一起，表明某一事物的数量，如发电量用“千瓦·时”、货物运输周转量用“吨·公里”等；⑥双重单位，指同时采用两种或两种以上的计量单位结合起来进行计量，如汽车用“辆/吨位”、起重机用“吨/台”、货轮用“艘/马力/吨位”等。

（2）价值量指标

价值量指标是以价值单位反映产品和劳务的数量。用货币单位计量的总量指标，能综合地反映经营成果、社会财富。进行国民经济核算和企业经济核算的总量指标大都采用价值量指标，它能将不同种类、不同用途的产品或商品数量予以加总，应用相当广泛。但价值量指标脱离了物质的不同内容，比较抽象。常用的价值单位有人民币元、欧元、美元等。

（3）劳动量指标

劳动量指标是以劳动时间为计量单位计算的产品产量或完成的工作量指标，如工时、工日、人工数等,一般用于企业内部核算,为成本核算和计算劳动生产率提供依据。1个工人工作1小时称为1个工时,8个工时为1个工日。企业按本单位的具体条件制定的生产单位产品或完成单位作业量所需要的时间标准,称工时定额,按这种定额计算的产品总量或完成的工作总量,就是劳动量总量指标。其优点是可以把不同种类、规格的产品产量或作业量进行加总。工业企业经常用这种定额工时产量指标安排作业计划、组织劳动竞赛和考核工人的劳动成果。

4.1.3 总量指标的计算方法和原则

总量指标的计算方法有直接计算法和间接推算法两种。直接计算法,就是在全面调查的基础上逐步汇总而得到总量指标。间接推算法,是根据非全面资料或各种关系推算出总量指标。例如采用平衡关系推算法、因素关系推算法、比例关系推算法、抽样推算法、插值估算法等,在一定条件下都可以推算出总量指标。为了保证总量指标计算的准确性,在统计总量指标时要注意以下几点。

1. 统一性

应用正确的理论作指导,来确定每个总量指标的含义,划分有关指标间的界线和计算方法。只有按有关论述明确总量指标的含义、范围及计算方法,计算的总量指标才有现实意义。相同现象的总量指标,如果计算口径不同,在加总时应进行换算。在实践中同一实物产品有时可以采用不同的计量单位,如建材产品中平板玻璃的计量单位可用重量标箱,也可用平方米。

2. 同质性

应用总量指标时要注意现象的同质性,不同质的实物量指标不能相加。若计量单位不统一,就容易造成统计上的差错或混乱。在统计工业产品产量时,由于各种实物产品的使用价值不同,计量单位不同,所以不能直接相加。如钢材和棉花、汽车的性质不同,就不能把它们混在一起计算实物总产量。重要的总量指标的实物单位,应采用全国统一规定的指标目录中的计量单位,如原煤、原油、天然气等各种不同的能源由于使用价值相同,则可以折算为标准能源计算总量。不同时点的总量指标不能相加。例如,某季末的职工人数不能由相应的3个月末人数相加来求得,因为这样相加是没有意义的。

不过,在计算货物运输总量时,产品的同质性就不成为计算的条件了。因为它只要求计算货物的重量和里程,而不问其品种如何。因此,对于现象的同质性的认识,还应取决于现时所处的条件或统计研究的目的。

3. 可比性

应用总量指标时应注意历史条件变化对指标内容和范围的影响。在粗放型经济发展时期,衡量交通运输产业状况往往以货物运输总吨位数作为评价指标;随着工业产品向精细化、高值化发展,衡量交通运输产业状况就不能仅仅以货运重量评价了,还应该补充所运输货物的价值总量作为评价指标。

任务4.2 相对指标

4.2.1 相对指标的概念和作用

社会经济现象是错综复杂、相互依存、相互制约的。如果要对事物做深入的了解，仅仅利用总量指标远远不够，还要对总体的组成和其各部分之间的数量关系进行分析、对比。统计中，数据的作用在于进行比较和分析——“比较为统计之母”。孤立的数据不进行任何比较分析，不能说明任何问题。因此，对事物进行判断、鉴别和比较，就要借助于相对指标，从而更深刻地表明现象的状况。

相对指标也称相对数。它是两个相互有联系的总量指标的比值，是反映现象数量特征和数量关系的综合指标。社会经济现象的发展程度、结构、强度或比例关系，在很多情况下都是通过相对指标来反映的。因此，相对指标在统计综合分析中应用广泛，其主要作用如下。

① 将现象绝对数的具体差异抽象化，使原来不能直接对比的总量指标变为可以直接对比的现象，从而进行更为有效的分析。不同的企业因其生产规模、生产条件、生产产品的不同，直接将总产量、总利润等绝对指标进行比较评价意义不大。但是将这些指标换算成相对指标，如计划完成相对指标、资金利润率来进行对比，就可以对其生产经营效果做出科学的评价。例如，比较两个企业的生产经营情况，如表4-1所示。

表4-1 甲、乙企业资金利润率计算

企业	利润额/万元	资金占有额/万元	资金利润率/(%)
甲企业	50	100	50÷100=50
乙企业	80	400	80÷400=20

利润额的对比不能直接说明企业经济效益的好坏，因为两个企业的规模不同，资金占有额不同。但如果计算各个企业的资金利润率，就可以直接对比和评价哪个企业的经济效益较理想了。根据表4-1可分析得出，甲企业的经济效益好于乙企业。

② 相对指标可以综合说明现象之间的相互关系，反映事物之间的比例、结构、速度、强度等关系，可以弥补总量指标的不足，更充分地说明现象的本质。例如，国民经济发展速度、各经济类型在国民经济中所占比重结构等指标，对分析一个国家或一个地区的经济状况均有着重要的意义。再如，某企业去年实现利润50万元，今年实现60万元，则今年利润增长率为20%。

③ 相对指标是对经济管理及经济活动成果进行考核的重要工具。在各级政府对国民经济运行进行宏观控制和监督，企业对经营活动情况进行考核时，都广泛运用相对指标。相对指标应结合具体经济活动内容和业务特点进行设计和计算，以满足实际工作的综合分析需要。

4.2.2 相对指标的计量单位

相对指标的计量单位有两种：一种是无名数，另一种是有名数。

有名数主要用于表示强度相对指标的数值，是由两个性质不同而又有联系的总量指标或平均指标对比，计算所得的相对指标。它保留两个对比指标原来的计量单位，多为复合计量单位，如人口密度指标以“人/平方公里”表示，万元产值能耗指标以“吨/万元”表示，商品流转速度指标以“次/年”或“次/天”表示。

相对指标一般表现为无名数，是一种被抽象化的数值，通常用系数、倍数、成数、百分数（百分点）、千分数、翻番数等表示。在统计分析中，视具体情况选用不同的表现形式，以准确清晰地反映现象的数量对比关系。

1. 系数和倍数

系数和倍数都是将对比的基数抽象化为1而计算出来的相对指标。当两个数值对比时，若分子与分母的数值相差不大，可用系数表示，如反映国民财富分配均衡程度的基尼系数、工资等级系数等。若分子数值比分母数值大得多时，常用倍数表示，如某年甲市完成的财政收入是乙市的2.7倍。

2. 成数

成数是将对比的基数抽象化为10而计算出来的相对指标，是一种习惯性表现形式。在计算农产品产量时应用较多。例如，某地小麦亩产量今年比去年增产一成，即增产1/10。

3. 百分数和千分数

百分数是将对比基数抽象化为100计算的相对指标，这是相对数中应用最广泛的一种，用符号“%”表示。编制、检查计划一般都用这种形式表示，如计划完成程度相对指标、物价指数等。千分数是将对比基数定为1 000而计算出来的相对指标，通常以“‰”表示。当分子数值比分母数值小得多时，如人口出生率、死亡率、万人刑事案件发生率等用此种形式表示。

这里还要对经济分析中经常用到的“百分点”的概念做一点说明。两个以百分数表示的相对指标相减，差距为1%，则称为相差1个百分点。百分点常用于两个百分数相减的场合。例如，在股票交易市场上，确定某一时间的股票价格为基数，将两个不同时间股票价格与之相比，分别为150%和120%，那么后一时间的股票价格比前一时间下降了30个百分点（120% ~150%）。

4. 翻番数

翻番数是指两个相比较的数值中，如一个数是另一个数的“2^n”，则n是翻番数。例如，中共十八大报告提出，“到2020年，实现国内生产总值和城乡居民人均收入比2010年翻一番”，即增加1倍，是2010年国内生产总值的2倍。以此类推，“翻两番”，即增加3倍，是原来的4倍；“翻三番”，即增加7倍，是原来的8倍。

4.2.3 相对指标的种类和计算方法

因为研究的任务和目的不同，采取不同的比较标准（对比的基础），所以对比所起的作用也有所不同，从而形成不同的相对指标。相对指标一般有6种形式，即计划完成程度相对指标、结构相对指标、比较相对指标、比例相对指标、强度相对指标、动态相对指标。下面分别介绍它们的计算方法及应用。

1. 计划完成程度相对指标

计划完成程度相对指标又称计划完成相对数，是现象在某时期内的实际完成数与同期计划任务数的比值，反映计划完成或执行的情况，用百分数表示，用以检查、监督计划完成程度。其计算公式为：

$$\text{计划完成程度相对指标}(\%)=\frac{\text{实际完成数}}{\text{同期计划任务数}}\times100\% \qquad \text{式}(4-1)$$

$$\text{超额或未完成计划绝对数}=\text{实际完成数}-\text{同期计划任务数} \qquad \text{式}(4-2)$$

计划任务数是计划规定的用于衡量计划完成情况的标准。因此，计划任务数与实际完成数的指标含义、计算口径、计算方法、计量单位，以及时间长度和空间范围都必须保持一致。

在对计划完成情况进行评价时，应根据不同的经济现象性质制定不同的评价标准。当社会经济现象的数值越大越好时，则计划指标以最低限额规定。例如，产量、产值、劳动生产率、GDP等，计划完成百分比超过100%为超额完成计划，不足100%为未完成计划；分子分母之差为正值，表示超额完成计划的绝对数，负值表示未完成计划的绝对数。当社会经济现象的数值越小越好时，则计划指标按最高限额规定。例如，产品单位成本和原材料消耗定额等，计划完成百分比超过100%为未完成计划，不足100%为超额完成计划；分子、分母之差为正值表示未完成计划的绝对数，负值表示超额完成计划的绝对数。

实际工作中，相对比的两个数（分子、分母）可以是总量指标、相对指标、平均指标等不同形式。因此，计划完成相对指标的方法相应有所不同。

（1）计划任务数为总量指标

① 当计划任务数和实际完成数为同一时期时，可用基本公式计算计划完成情况相对指标，用以对短期计划完成情况的检查，通常用于说明年度计划执行的结果。

例4-1 某企业某年第一季度计划生产产品200万吨，实际完成220万吨，则：

$$\text{计划完成程度相对指标}(\%)=\frac{\text{实际完成总量}}{\text{同期计划总量}}\times100\%=\frac{220}{200}\times100\%=110\%$$

超额完成计划的绝对数额＝220－200＝（+）20（万吨）

该企业第一季度生产产品计划完成程度相对指标110%，超额完成计划10%，超额完成产量20万吨，计划完成情况良好。

② 当计划任务数和实际完成数不同时期时，且实际完成数所对应的时期只是计划期的一部分，则对计划完成情况的检查转变为对计划执行进度的检查。其计算公式为：

$$\text{计划执行进度指标}(\%)=\frac{\text{某一段时间的累计实际完成数}}{\text{同期计划任务数}}\times100\% \qquad \text{式}(4-3)$$

例4-2 某厂某年计划生产产品1 200万吨。第1、2、3季度实际完成产量分别为300万吨，280万吨、305万吨，则截止到第3季度，该产品的计划执行进度为：

$$\text{1—3季度计划执行进度指标}(\%)=\frac{300+280+305}{1\,200}\times100\%=73.75\%$$

从1—3季度计划执行进度指标的结果可以看出，全年时间已超过3/4，而实际完成产量尚未到3/4，仅完成了73.75%，第4季度必须加强管理，找出薄弱环节，采取措施抓紧生产，控制生产质量，以保证完成年度生产计划。

（2）计划任务数为相对指标

当计划任务数为相对指标，表示为提高或降低的百分比（如产品成本降低率、产值增长率等）时，用来检查计划完成情况，考核社会经济现象运行中超额或未完成计划的情况。其计算公式为：

$$计划完成程度相对指标(\%)=\frac{实际完成达到的百分数}{计划规定的百分数}\times100\%$$

$$=\frac{1\pm实际提高(降低)率}{1\pm计划提高(降低)率}\times100\% \qquad 式(4-4)$$

例4-3 某企业计划使产量较上年提高10%，而总成本要求下降5%；产量增长了15%，总成本下降了3%，则：

$$产量计划完成相对指标(\%)=\frac{1+15\%}{1+10\%}\times100\%\approx104.55\%$$

$$总成本计划完成相对指标(\%)=\frac{1-3\%}{1-5\%}\times100\%\approx102.11\%$$

从计算结果可得出，产量计划超额完成4.55%。类似这种指标，计算结果大于100%，说明超额完成了计划的比值大，计划完成得好。而总成本没有完成计划。此类指标，计算结果大于100%，说明实际总成本比计划总成本提高了2.11%，未能完成计划；该比值愈小，则计划完成得愈好。

(3) 计划任务数为平均指标

当计划任务数为平均指标，表示为某一社会经济现象的平均水平（如劳动生产率、单位产品原材料消耗量等）时，用来考核平均档次或等级标准的计划完成情况。其计算公式为：

$$计划完成程度相对指标(\%)=\frac{实际平均水平}{计划平均水平}\times100\% \qquad 式(4-5)$$

例4-4 某工业企业计划要求月劳动生产率达到50 000元/人，产品的计划平均单位成本为100元，而实际月劳动生产率达到55 000元/人，产品平均单位成本为90元，则：

$$月劳动生产率计划完成程度相对指标(\%)=\frac{55\ 000}{50\ 000}\times100\%=110\%$$

$$产品单位成本计划完成程度相对指标(\%)=\frac{90}{100}\times100\%=90\%$$

计算结果表明，该厂月劳动生产率实际比计划超额10%，平均每人每月多生产产值5 000元，而产品平均单位成本实际比计划降低10%，产品平均每件成本降低了100元。该厂计划执行情况良好，做到了增产节约。

在实际工作中，不论检查长期计划还是短期计划，都要随时掌握监察计划执行进度。如逐日、逐旬、逐季、逐年观察预测计划完成情况，掌握动态，发现经济运行中存在的问题和薄弱环节，以便随时采取措施，保证计划完成。

在检查中长期计划完成情况时，除了检查计划完成程度外，还要计算其提前完成计划的时间。根据指标性质的不同，其检查方法分为累计法和水平法两种。

(1) 累计法

累计法是检查中长期计划期内各年的累计总和与计划完成数对其进行分析考核的方法，将整个计划期内实际完成的累计数与同期规定的累计计划数进行对比。累计法适用于检查中长期计划期（通常为5年计划期）内计划执行情况，如固定资产投资总额、住宅建筑面积等计划完成情况。其计算公式为：

$$长期计划完成程度相对指标(\%)=\frac{计划期内实际累计完成数}{计划期计划任务数}\times100\% \qquad 式(4-6)$$

提前完成计划的时间,将计划期内全部时间减去自计划执行之日起至累计实际完成计划任务的时间计算即可。

例4－5 某市5年计划规定累计完成固定资产投资额800亿元,实际执行情况如表4－2所示。

表4－2 某市5年内固定资产投资情况

年 度	第1年	第2年	第3年	第4年	第5年			
					1季	2季	3季	4季
投资额/亿元	120	130	150	180	80	90	50	50

$$计划完成相对指标(\%)=\frac{120+130+150+180+(80+90+50+50)}{800}\times100\%=106.25\%$$

超计划投资额＝850－600＝50(亿元)

该市固定资产投资超额完成计划6.25%,超计划投资50亿元。

从表4－2中的资料,计算得到某市第5年的第3季度末实际累计完成投资额800亿元,即120＋130＋150＋180＋80＋90＋50＝800(亿元),说明已提前3个月完成了5年计划的固定资产投资任务。

(2)水平法

水平法是检查整个计划期末达到规定水平的方法。它适用于反映生产能力的经济指标,如发电量、钢铁产量、煤产量等。它是将计划期末(最后1年)实际所达到的水平和计划规定同期应达到的水平对比。其计算公式为:

$$计划完成相对指标(\%)=\frac{计划期末(最后1年)实际达到的水平}{计划期末(最后1年)规定达到的水平}\times100\% \qquad 式(4-7)$$

计算提前完成计划的时间,是根据计划期内连续1年时间的实际完成数,即连续12个月的累计数,而不是按日历年度计算。达到计划规定最后1年的计划水平,往后推算所余时间即为提前完成计划的时间。

$$\begin{matrix}提前(+)或推迟(-)\\完成计划时间\end{matrix}=\begin{matrix}长期计划\\的期末日期\end{matrix}-\begin{matrix}实际达到计划期最后\\1年水平的日期\end{matrix} \qquad 式(4-8)$$

例4－6 某煤矿5年计划最后1年的煤产量为5 000万吨,实际计划执行情况如表4－3所示。

表4－3 某煤矿5年内计划煤产量情况

年 度	第1年	第2年	第3年		第4年				第5年			
			上半年	下半年	1季	2季	3季	4季	1季	2季	3季	4季
产量/万吨	4 300	4 500	2 200	2 500	1 100	1 180	1 200	1 220	1 280	1 300	1 300	1 400

$$计划完成相对指标(\%)=\frac{1\ 280+1\ 300+1\ 300+1\ 400}{5\ 000}\times100\%=105.6\%$$

超计划完成产量＝5 280－5 000＝280(万吨)

计算提前完成计划时间,先计算连续12个月实际达到的产量水平,再推算提前完成计划的时间。本例中从第4年第3季度算起,到第5年第2季末连续12个月的煤产量为5 000万吨,即1 200+1 220+1 280+1 300=5 000(万吨),已达到计划规定期末的水平,说明提前6个月完成了计划。

2. 结构相对指标

研究社会经济现象总体时,不仅要掌握其总量,而且要揭示总体内部各组成部分的数量表现,并加以分析。结构相对指标,又称比重或比率,是在对总体内某一指标数值进行分组的基础上,将总体中该指标某一部分数值与总体的全部数值进行对比的比值,说明总体内部结构和类型特征,一般用百分数或系数表示。其对比的基础是同一总体的统计指标总数值,从而总体中各部分的结构相对数可以直接相加,其和为100%。其计算公式为:

$$结构相对指标(\%)=\frac{总体内某部分指标}{总体总量指标}\times 100\% \qquad 式(4-9)$$

例4-7 某地区2014年工业总产值为100亿元,其中重工业53.4亿元,则:

重工业结构相对指标(%)=53.4÷100×100%=53.4%。

结构相对指标在社会经济统计中应用广泛,有着重要的作用。

① 通过计算结构相对数,以便人们认识事物的内部结构及其比例关系、发展变化情况,促进事物构成的合理性。

对比第六次人口普查和第五次人口普查结构数据资料,如表4-4所示。

表4-4 2010年第六次全国人口普查大陆人口构成

年龄类型	人数/亿人	比重/(%)	与第五次全国人口普查相比增减百分比/(%)
0~14岁	2.22	16.60	-6.29
15~59岁	9.40	70.14	+3.36
60岁及以上	1.78	13.26	+2.93
其中65岁及以上	1.19	8.87	+1.91
合　计	13.40	100	—

参考联合国人口学专家提出的3种人口的类型划分标准,如表4-5所示。

表4-5 联合国人口学专家提出的3种人口的类型划分标准

老年人口占总人口比重	少儿人口占总人口比重	人口类型
5%以下	40%以上	年轻人口型
5%~10%	30%~40%	壮年人口型
10%以上	30%以下	老年人口型

第六次全国人口普查数据表明,中国大陆2010年总人口13.4亿,比2000年增长5.84%,年均增长0.57%。从人口出生率来看,中国已进入低生育水平时期。人口普查还表明中国人口老化进程加快,继续保持现行生育政策极不利于应对人口快速老化的严峻挑战。专家呼吁:"中国的生育政策应逐步平稳调整,由此造成的出生人数增加,有利于拉动内需,扩大就业。新增婴儿在20年后进入劳动年龄时正值'人口负债期',不但不会增加就业压力,而且将大大减轻劳力资源萎缩与人口老化的压力。"

② 说明各组在总体中的地位和作用。通过计算结构相对数指标来反映总体内部结构,以便抓住重点,加强宏观控制、微观管理,把工作做得更有效率。例如,物资管理工作中采用ABC分

析法，其基本原理就是对影响经济活动的因素，按各种因素影响程度的大小进行分析。物资分类原则如表4－6所示。

表4－6　物资ABC分类原则

产品类型	所占资金的累计比重	所占品种的累计比重
A	70%以下	20%以下
B	70%~90%	20%~50%
C	90%以上	50%以上

将库存物资分为A、B、C三类，突出“重要的少数”物资、“非重要的多数”物资，实行分类管理。要重点确保A类物资的及时采购和库存控制，对C类物资则可以采取少投入管理成本的措施，有效地达到提高企业经济效益的目的。

③ 通过计算某一现象不同时期的结构相对数，分析事物发展变化过程和趋势。例如，2013年、2014年某国两次经济普查数据如表4－7所示。

表4－7　某国两次经济普查单位从业人员结构情况

项　目	从业人员		比重/(%)	
	第一次	第二次	第一次	第二次
具有初级技术职称及以下人员	1 860.2	3 464.6	41.21	52.34
具有中级技术职称人员	1 942.7	2 262.6	43.03	34.18
具有中级技术职称人员	711.6	891.8	15.76	13.47
从业人员合计	4 514.5	6 619	100	100

从表中数据可以看出，从业人员学历、职称、技术等级都有大幅度增加。从业人员内部构成发生了显著变化，为该国创新驱动、转型发展提供了有力的科学技术支撑，将有力地推动该国的经济发展。

3. 比例相对指标

比例相对指标是同一总体内不同组成部分的指标数值进行对比的比值，用来反映总体中各部分之间的数量比例关系和协调平衡状况，一般用系数或倍数表示，也可用百分比的形式表示。其计算公式为：

$$比例相对指标(\%)=\frac{总体中某一部分数值}{同一总体中另一部分数值}\times 100\% \qquad 式(4-10)$$

比例相对指标可以用百分数表示，也可用“1:n”、“n:m”或“a:b:c”表示。例如，某班共有50人，其中男生30人，女生20人，则男女生的比例为3：2。一般来说，比例相对数分子分母可交换，某些特定指标不可交换。

比例相对数在我国国民经济宏观调控中有着重要作用，如轻重工业比例、三次产业产值比例等。例如，某地社会劳动者人数为59 432万人，其中第一产业为34 769万人，第二产业为12 921万人，第三产业为11 742万人，三次产业劳动者人数比例为100:37:34。

利用比例相对指标可以分析国民经济中各种比例关系，调整不合理的比例，促进社会主义市场经济稳步协调发展。比例相对指标和结构相对指标有着密切的联系，两者的作用相同，只是对比的方法不同，侧重点有差别。比例相对指标所反映的比例关系是一种结构性比例。

4. 比较相对指标

比较相对指标是指同一时期内同类现象的不同总体某种指标数值在不同空间对比的比值。它反映同类事物在不同国家、不同地区或不同单位之间的差异程度，一般用倍数或百分数表示。其计算公式为：

$$比较相对指标(\%)=\frac{某一国家、地区(单位)某种现象的指标数值}{另一国家、地区(单位)同一现象的指标数值}\times100\% \quad 式(4-11)$$

例4-8 2014年甲市全年财政收入完成186.2亿元，乙市全年财政收入完成232.7亿元，则两市财政收入完成额的比较相对指标为：

$$甲市与乙市的比较相对指标(\%)=\frac{186.2}{232.7}\times100\%=80.0\%$$

$$乙市与甲市的比较相对指标(\%)=\frac{232.7}{186.2}\times100\%=123.0\%$$

比较相对指标中用来对比的两个指标，可以是总量指标，也可以是相对指标或平均指标。

例4-9 甲、乙两公司2014年商品销售额分别为5.4亿元和3.6亿元，则：

$$甲公司与乙公司的商品销售额比较相对指标=\frac{5.4}{3.6}=1.5$$

若已知甲公司人均年销售额为21.6万元/人，乙公司人均年销售额为23.2万元/人，则：

$$甲公司与乙公司的人均年销售额比较相对指标(\%)=\frac{21.6}{23.2}\times100\%=93.1\%$$

计算结果表明：甲公司商品销售额为乙公司的1.5倍，人均年销售额为乙公司的93%。虽然甲公司总销售额比乙公司多，但劳动效率却低于乙公司。用总量指标进行计算对比，往往受到总体规模和条件的影响，结果不能准确反映现象的本质差异。一般采用相对指标或平均指标计算。

根据现象的性质和研究的目的，分子和分母还可以互换，以满足不同的研究要求。在实际工作中，比较相对指标不仅可用于两个不同的总体间对比同类指标，还可把各项技术经济指标与国家规定的标准对比，与国内外同行的先进水平对比，从而找差距、挖潜力、定措施，为提高企业的的经营管理水平提供依据。

5. 强度相对指标

强度相对指标是两个性质不同而有联系的、不同总体的指标数值相对比的比值。它反映现象的强度、密度和普遍程度。在现实生活中它应用相当广泛，如人口密度、商业网点密度、商品流通费用率等。强度相对指标一般用有名数表示。其计算公式为：

$$强度相对指标=\frac{某一现象的指标数值}{另一有联系而性质不同的指标数值} \quad 式(4-12)$$

例4-10 我国土地面积为960万平方千米，第六次人口普查大陆人口总数为133 972万人，则：

$$人口密度=\frac{133\ 972万人}{960万平方千米}\approx140(人/平方千米)$$

与第五次人口普查时人口总数为129 533万人(人口密度=129 533/960≈135人/平方千

米)相比较,我国人口密度有所增大。

强度相对指标是一种特殊的相对指标,也有采用无名数形式的,例如:人口自然增长率、商品流通费率、企业资金利润率、人口死亡率等。

强度相对指标常带有"平均"的含义,但由于它的分子分母分属两个不同总体,所以与平均指标有本质的不同。用强度相对指标来说明社会经济现象的强弱程度时,广泛采用人均产量(产值)指标来反映一个国家的经济实力,用人均 GNP 指标来反映一个国家的财富普遍程度。类似的指标还有居民人均可支配收入、人均汽车拥有量等。它与平均指标的根本区别在于:平均指标是同一总体中的标志总量与单位总量之比,是总体的某一数量标志的各个变量值加以平均,分子与分母的指标数值有"一一对应"关系;强度相对指标则表明两个不同总体之间的数量对比关系,分子与分母的指标数值没有"一一对应"关系。

强度相对指标有正指标、逆指标之分。正指标是指比值的大小反映现象的强度、密度关系的大小,指标数值越大,则现象的密度、强度等越大;逆指标则相反。

例 4-11 某市 2014 年末人口总数是 1 334.7 万人,连锁商业网点为 6 432 个,则:

$$\text{正指标:商业网点密度}=\frac{6\,432\text{ 个}}{1\,334.7\text{ 万人}}=4.8(\text{个/万人})$$

表示每万人有 4.8 个零售商业网点为其服务。

$$\text{逆指标:商业网点密度}=\frac{1\,334.7\text{ 万人}}{6\,432\text{ 个}}=0.21(\text{万人/个})$$

表示每个零售商业网点为 2 100 人服务。

这两个指标反映商业部门为社会服务能力的大小。实际工作中,对于反映服务机构为社会服务能力大小,人们比较习惯正指标的运用和表述。根据需要和经济分析的惯例,公式中的分子分母可视情况互换设定。

例如,反映卫生事业对居民服务保证程度的正指标有:

$$\text{每千人口医院床位数}=\frac{\text{医院床位数(张)}}{\text{人口数(千人)}}$$

同理,将分子分母互换,反映卫生事业对居民服务保证程度的逆指标有:

$$\text{每张医院床位负担人口数}=\frac{\text{人口数(人)}}{\text{医院床位数(张)}}$$

但要注意的是,在实际工作中,并不是所有的强度相对指标都有正指标和逆指标之分。

强度相对指标反映社会经济现象的强弱程度,常用来表现一个国家、一个地区或一个单位的经济实力,并进行国家、地区、单位间的实力比较,确定发展的差距和不平衡程度;强度相对指标能够反映现象的密度和普遍程度,如人口密度、万人拥有的公共图书馆数、万人拥有的商业网点数等;强度相对指标还可以反映经济活动的条件和效益,如劳动力的资金装备程度可以反映经济活动的条件,各种利润率指标可以反映经济活动的效益,便于在不同空间进行比较,找出差距,研究现象之间相互关系,为制定政策、编制计划提供可靠依据。

6. 动态相对指标

动态相对指标是同一现象总体不同时间的两个指标数值对比的比值。它说明事物在不同时间上的发展变化过程,一般用百分数表示。通常将作为比较基础的时期称为基期,与基期对比的时期称为报告期或计算期。其计算公式为:

$$动态相对指标(\%)=\frac{报告期指标数值}{基期指标数值}\times 100\% \qquad 式(4-13)$$

例如，我国第六次全国人口普查数据，大陆31个省、自治区、直辖市和现役军人的人口为2010年11月1日0时的1 339 724 852人，同第五次全国人口普查2000年11月1日0时的1 265 825 048人相比，动态相对指标为105.84%，表明我国大陆总人口数2010年比2000年增长5.84%，年平均增长率为0.57%。

动态相对指标在统计中应用非常广泛，可以研究现象在不同时间上的发展变化，以便人们认识现象的发展变化趋势及其发展规律性。关于动态相对指标，将在项目5做专门研究。

下面将6种相对指标列表比较，如表4－8所示。

表4－8　6种相对指标比较

<table>
<tr><td rowspan="4">不同时期比较</td><td colspan="5">同一时期比较</td></tr>
<tr><td rowspan="3">不同现象比较</td><td colspan="4">同类现象比较</td></tr>
<tr><td rowspan="2">不同总体比较</td><td colspan="3">同一总体中</td></tr>
<tr><td>总体中部分与部分比较</td><td>总体中部分与总体比较</td><td>实际与计划比较</td></tr>
<tr><td>动态相对指标</td><td>强度相对指标</td><td>比较相对指标</td><td>比例相对指标</td><td>结构相对指标</td><td>计划完成相对指标</td></tr>
</table>

4.2.4　正确运用相对指标的原则

1. 两个相对比的指标必须具有可比性

相对指标是两个有联系的指标数值之比，这两个指标所表明的经济内容、统计范围、计算方法、计量单位必须一致、可比。只有这样，计算结果才能反映现象的真相，符合统计分析研究的要求，避免得出错误的结论。例如，我国按同一不变价格计算的不同时期国民收入是可比的，它能够反映我国经济发展的变化情况。但是这个指标不能直接和其他国家的国民收入对比，因为二者之间的经济内容、计算方法、货币价值不同，因此，它们缺乏可比性，是不可直接对比的。

2. 相对指标要与总量指标结合起来运用

相对指标是两个指标数值之比，是把现象的绝对水平抽象化了，掩盖了现象之间绝对量的差异，如表4－9所示。若仅看相对数，甲企业产量的增长速度为10%，比乙企业增长的6%快得多。但把相对指标与总量指标结合起来分析，尽管甲企业产量增长速度快于乙企业，而乙企业增长的绝对数是30吨，甲企业仅10吨；乙企业增长1%的绝对值是5吨，甲企业仅1吨，可见大的相对数后面隐藏着小的绝对数，而小的相对数后面隐藏着大的绝对数。只有将二者结合起来分析问题，才能避免片面性。

表4－9　甲、乙两企业产品产量情况

企业名称	基　期	报告期	增长量/吨	增长速度/(%)	增长1%的绝对值
甲	100	110	10	10	1
乙	500	530	30	6	5

3. 各种相对指标要结合运用

每种相对指标只能反映现象数量关系的某一方面。把各种相对指标联系起来看问题,就能比较全面地分析被研究对象的特征及其发展变化规律。例如,对一个工厂生产情况进行评价,不但要考查其产品产值、产量、利税等计划完成情况,还要将它们与以前年度、同行业、国内外先进水平进行对比,研究其生产发展情况,才能对企业进行深入分析,做出切合实际的评价。但要注意的是,相对指标中除了同一时期、同一总体的结构相对指标可以相加外,其余几种相对指标的数值都不能简单地相加。

任务4.3 平均指标

4.3.1 平均指标概述

平均指标是统计中常用的综合指标。它是说明同质总体内某一标志值在一定时间、地点、条件下所达到的一般水平,是总体内各单位某一标志值的各种不同具体表现的代表值。

总体是由许多单位构成的。在一个确定的研究目的下,各总体单位具有共同的标志,但却具有不同的标志值。如果从整体上去观察这些标志值,便会发现这些具有差异的标志值在分布上具有集中趋势,即向某一数值聚集,而这个数值便可代表总体各单位标志值的一般水平,称为平均指标。例如,某地区职工月工资高低不同,为了反映该地区职工的整体工资水平,就需要一个值代表所有职工的月工资水平,这个代表值就是平均工资。

平均指标具有以下特点。

1. 总体同质性

平均指标必须在同质总体内计算,这是计算平均指标的前提。只有这样,才能反映现象的本质,否则会掩盖总体各单位之间的本质差异,歪曲事实真相,形成“虚构”平均数。例如,某厂职工平均工资,只能由该厂范围内的职工人数和相应的工资总额进行计算,凡不属于这个范围内的职工和相应的工资总额都不能包括在内。

2. 差异抽象性

平均指标是将总体标志总量在总体各单位之间的数值差异抽象化,是一种一般化的水平指标。例如,一个企业职工工资高低不同,而平均工资就是将不同工资差异抽象化。对总体中某一标志值集中趋势的测量,说明其一般水平的代表值。

3. 集中趋势性

从总体变量分布的特点看,多数现象的分布服从正态分布,即接近平均数的标志值出现的频率较高,远离平均数的标志值出现的频率则较低。只有进行大量观察,尽量将现象偶然性的差异相互抵消,平均指标才能反映出总体各单位标志值的集中趋势。

平均指标和标志变异指标是一对反映同一现象总体集中趋势和离散趋势的对应指标。平均指标有静态平均指标和动态平均指标——序时平均数。本项目主要研究静态现象总体的平均指标问题。项目5主要研究动态数列的序时平均数问题。

4.3.2 平均指标的作用和种类

集中趋势是指大量变量值向某一点集中的情况,从而反映出该变量分布状况的综合数量特征。描述集中趋势的实质是找出变量的集中点或中心值,这些集中点上的数值称为集中趋势的代表值,即平均指标。

1. 平均指标的作用

① 平均指标可以消除因总体范围不同而带来的总体数量差异,从而使不同的总体具有可比性。平均指标可以用来对不同地区、不同单位的同一现象进行比较,从而反映各地区、各单位之间工作成绩和产品质量等情况的差异及现象的发展规律,并评价不同企业生产经营管理的情况,如劳动生产率、平均成本等指标。平均指标还可以用于编制和检查计划,如对粮食、棉花等农作物的单位平均产量、工人劳动生产率、平均工资等指标进行对比分析,可以用来检查计划执行情况。

② 同一总体在不同时间上的平均数可以说明该现象总体的发展变化趋势。例如,用不同历史时期的平均工资进行对比,反映出我国职工工资收入不断增加,人民生活逐步改善。

③ 通过平均指标分析社会经济现象之间的依存关系。将有关指标与平均指标结合运用,可以分析现象之间的内在联系,如劳动生产率的提高与产品成本之间的关系、产品原材料单耗与产品产量的关系等。在抽样调查中,可以利用样本平均数推算总体平均数。

2. 平均指标的种类

常用的反映集中趋势的平均指标,由于确定方法不同,分为数值平均指标与位置平均指标。

① 数值平均指标是根据各总体单位标志值综合计算形成的,具体包括算术平均数、调和平均数、几何平均数。

② 位置平均指标是根据总体标志值所处位置确定的,包括众数、中位数。

4.3.3 数值平均指标的计算方法

1. 算术平均指标

算术平均指标是分析社会经济现象一般水平和典型特征的最基本指标。它是表明同一总体各单位标志值一般水平的平均指标,是计算平均指标最常用的方法,适用于总体各单位标志之间是相加求和的数量关系。其计算公式为:

$$算术平均数=\frac{总体标志总量}{总体单位总数} \qquad 式(4-14)$$

式中,分子与分母在社会经济内容上有着从属关系,分子与分母为同一总体内的两个总量指标,分子数值必须是分母总体各单位对应的标志值之和,二者范围必须一致。由于占有资料的情况不同,算术平均指标分别采取不同的计算方法,分为简单算术平均指标和加权算术平均指标两种计算形式。

(1) 简单算术平均指标

① 适用范围:在掌握了没有分组的总体各单位标志值,或已经收集了总体标志总量和总体

单位总量资料后,就可以采用这种方法计算。

② 计算公式:将总体各单位标志值简单加总除以总体单位总数。

$$\bar{x} = \frac{x_1 + x_2 + \cdots + x_n}{n} = \frac{\sum x}{n} \quad 式(4-15)$$

式中,$\bar{x}$——算术平均指标;$x_1, x_2, \cdots, x_n$——各总体单位标志值;$\sum$——加总符号;n——总体单位总数。

例4-12 某生产小组有6个工人,某种产品每人日产量(件)分别为8,9,10,10,11,12。要求确定该生产小组人均日产量。

$$平均日产量 = \frac{8+9+10+10+11+12}{6} = 10(件)$$

③ 影响因素:简单算术平均数的大小只受各变量值本身大小的影响,其平均数不会超过变量值的变动范围。

(2) 加权算术平均指标

如果掌握的统计调查资料已整理分组,计算平均指标就应采用加权算术平均指标的计算形式。具体方法是:首先以各组总体单位数(频数)乘各组标志值求得各组的标志总量,再将各组标志总量相加求出总体标志总量,最后用总体标志总量除以总体单位数求出平均指标。

加权算术平均指标是根据变量数列计算的。而变量数列由于其标志在各组分布状况不同又分为单项式变量数列和组距式变量数列,不同形式变量数列在计算中有所区别。

① 单项式变量数列。

例4-13 某工厂机加工车间有工人80人,他们每人每天加工零件数的统计资料如表4-10所示。要求确定车间全体工人日平均加工零件数。

表4-10 某工厂机加工车间工人生产情况

按日加工零件分组/件	工人人数/人	占总人数比重/(%)
12	1	1.25
13	3	3.75
14	6	7.50
15	11	13.75
16	18	22.50
17	17	21.25
18	10	12.50
19	7	8.75
20	5	6.25
21	2	2.50
合 计	80	100

由于平均指标是同一总体内的标志总量除以总体总量,平均加工零件数则是加工零件总数/工人人数。若根据频数即各组的单位数计算,则日平均加工零件数计算过程如表4-11所示。

表4－11 某工厂机加工车间工人生产情况计算

按日加工零件分组 x/件	工人人数 f/人	占总人数比重 $f/\sum f$/(%)	各组加工零件数 xf/件
12	1	1.25	12
13	3	3.75	39
14	6	7.50	84
15	11	13.75	165
16	18	22.50	288
17	17	21.25	289
18	10	12.50	180
19	7	8.75	133
20	5	6.25	100
21	2	2.50	42
合　计	80	100	1 332

$$\bar{x}=\frac{\sum xf}{\sum f}=\frac{1\ 332}{80}=16.65(\text{件})$$

从中可看出:平均每天加工零件数的多少受两个因素的影响:一是各组零件数的多少,一是各组工人人数的多少。工人人数多的组对平均日加工量的影响作用大,工人人数少的组对平均日加工量的影响作用小。工人人数(频数)在平均工资的计算中具有权衡轻重的作用,统计上称为权数。以这种形式计算的平均指标即称为加权算术平均指标。用 x 代表各组标志值,f 代表各组频数(权数),$\bar{x}$ 代表平均数,$x_1,x_2,\cdots,x_n$ 代表各组标志值,则加权算术平均指标的计算公式为:

$$\bar{x}=\frac{x_1f_1+x_2f_2+\cdots+x_nf_n}{f_1+f_2+\cdots+f_n}=\frac{\sum xf}{\sum f} \quad \text{式(4-16)}$$

各组出现的次数除用频数表示外,加权算术平均数还可用比重即频率来表示,如果各组频数以比重的形式表示,则加权算术平均指标的计算公式为:

$$\bar{x}=\frac{\sum\left(x_1\cdot\frac{f_1}{\sum f}+x_2\cdot\frac{f_2}{\sum f}+\cdots+x_n\cdot\frac{f_n}{\sum f}\right)}{\frac{f_1}{\sum f}+\frac{f_2}{\sum f}+\cdots+\frac{f_n}{\sum f}}=\sum x\cdot\frac{f}{\sum f} \quad \text{式(4-17)}$$

若根据频率即各组的单位数占总体单位数的比重计算,则表4－12的日加工零件数可计算为:

表4－12 某工厂机加工车间工人生产情况计算

按日加工零件分组 x/件	工人人数 f/人	占总人数比重 $f/\sum f$/(%)	$xf/\sum f$
12	1	1.25	0.15
13	3	3.75	0.487 5
14	6	7.50	1.05
15	11	13.75	2.062 5

（续表）

按日加工零件分组 x/件	工人人数 f/人	占总人数比重 $f/\sum f$/(%)	$xf/\sum f$
16	18	22.50	3.6
17	17	21.25	3.612 5
18	10	12.50	2.25
19	7	8.75	1.662 5
20	5	6.25	1.24
21	2	2.50	0.525
合 计	80	100	16.65

$$\bar{x}=\sum x\cdot\frac{f}{\sum f}=16.65(\text{件})$$

② 组距式变量数列。根据组距式变量数列计算平均指标，其计算方法与上述方法基本相同，有一点不同的是，组距式变量数列以各组组中值代表各组变量值的一般水平来计算。

例4-14 根据已知某班学生统计学考试成绩的调查资料整理编制的组距式变量数列（见表4-13），确定该班学生平均成绩。

表4-13 某班学生统计学考试成绩统计

成绩/分	频数 f/人	频率 $f/\sum f$/(%)
50～60	2	6.7
60～70	4	13.3
70～80	9	30.0
80～90	11	36.7
90～100	4	13.3
合 计	30	100.0

平均成绩的计算过程如表4-14所示。

表4-14 某班学生统计学考试成绩分组计算

成绩/分	频数 f/人	频率 $f/\sum f$/(%)	组中值 x/分	各组总分 xf/分	$xf/\sum f$
50～60	2	6.7	55	110	3.685
60～70	4	13.3	65	260	8.645
70～80	9	30.0	75	675	22.500
80～90	11	36.7	85	935	31.195
90～100	4	13.3	95	380	12.635
合 计	30	100.0	—	2 360	78.66

若根据频数即各组的单位数计算，则计算如下：

$$\bar{x}=\frac{\sum xf}{\sum f}=\frac{2\ 360}{30}\approx 78.67(\text{分})$$

若根据频率即各组的单位数占总体单位数的比重计算，则计算如下：

$$\bar{x}=\sum x\cdot\frac{f}{\sum f}\approx 78.67(\text{分})$$

组距式变量数列计算平均指标的计算方法是在假定各组内标志值均匀分布的前提下进行的，但事实上要完全服从于均匀分布的假定是不可能的。因此根据组距式变量数列计算的加权算术平均数的结果，只能是平均指标的近似值。

加权算术平均数的大小不仅受各组标志值本身大小的影响，还决定于各组标志值出现的次数（权数）。某组标志值出现次数多，对平均数影响大；反之，对平均数影响就小。因此，平均数往往都接近于次数多的一组的标志值。若各组频数相同，表明权数相等，则加权算术平均数与简单算术平均数计算结果完全相同。

需要说明的是，计算加权算术平均数会遇到权数的选择问题。一般来说，分配数列中的次数通常就是权数。

例 4-15 某市将同类产品的工业企业按劳动生产率高低分组，其资料如表 4-15 所示。试计算这类产品的平均劳动生产率。

表 4-15 某市同类产品工业企业分组

按劳动生产率分组/（件/人）	企业数/个	工人数/人
50～60	6	1 200
60～70	8	2 000
70～80	4	800
80～90	2	400
90～100	2	250
合 计	22	4 650

平均劳动生产率的计算过程如表 4-16 所示。

表 4-16 某市同类产品工业企业分组计算

按劳动生产率分组/（件/人）	组中值 x/（件/人）	企业数/个	工人数 f/人	各组总产量 xf/件
50～60	55	6	1 200	66 000
60～70	65	8	2 000	130 000
70～80	75	4	800	60 000
80～90	85	2	400	34 000
90～100	95	2	250	23 750
合 计	—	22	4 650	313 570

$$\bar{x}=\frac{\sum xf}{\sum f}=\frac{313\,570}{4\,650}\approx 67.43(\text{件}/\text{人})$$

从分配数列表 4-15 可知，劳动生产率不同的各组的次数有两个，分别是企业数和工人数。但在这里，企业数不是合适的权数，以各组人数为权数才合适。因为企业数与劳动生产率（件/人）的乘积没有实际意义，而各组人数与劳动生产率（件/人）的乘积才表示各组的总产量意义。一般由相对数求平均数时，也常会遇到次数不适合作权数的情况，因而对于权数的选择须慎重考虑。通常应该同时满足两个条件：其一，它必须是标志的直接承担者；其二，它与标志值相乘具有一定的经济意义。

另外，还须注意的是，算术平均数（如平均劳动生产率、平均工资、人均粮食消费量）与强度相对数（如人均GDP、人均彩电拥有量、人均粮食产量等）形式上相似，都带有"平均"或"均"字样，但是其实质是不同的。二者区别在于：平均指标中，标志总量和单位总量之间存在一一对应关系，强度相对指标两个联系指标之间不存在一一对应关系。例如：

$$人均粮食产量 = \frac{粮食总产量}{总人数} \quad （分子、分母没有一一对应关系）$$

$$人均粮食消费量 = \frac{粮食总消费量}{总人数} \quad （分子、分母存在一一对应关系）$$

算术平均数在统计中作用甚大，但也有缺点。如当数列分布不够集中时，容易受极大值或极小值影响，这时，算术平均数缺乏代表性；当分配数列呈U形或J形分布时，算术平均数没有代表性，如人口死亡率与人口年龄关系分布等现象。

2. 调和平均指标

调和平均数也称倒数平均数，是加权算术平均指标的变形。它是先对变量的倒数求平均数，然后再取倒数而得到的平均数。当只掌握总体标志总量和各单位标志值，而无总体单位总量时，则采取这种方法计算平均数。调和平均数有简单调和平均数和加权调和平均数两种计算形式。

（1）简单调和平均数

简单调和平均数是将各标志值的倒数计算简单算术平均数，再取这一平均数的倒数。所以说，调和平均数是各个变量倒数的算术平均数的倒数。其计算公式为：

$$\bar{x}_H = \frac{1}{\dfrac{\left(\dfrac{1}{x_1} + \dfrac{1}{x_2} + \cdots + \dfrac{1}{x_n}\right)}{n}} = \frac{n}{\left(\dfrac{1}{x_1} + \dfrac{1}{x_2} + \cdots + \dfrac{1}{x_n}\right)} = \frac{n}{\sum \dfrac{1}{x}} \qquad 式(4-18)$$

式中，$\bar{x}_H$——调和平均数；x_i——第 i 个总体单位的标志值（$i = 1, 2, 3, \cdots, n$）；n——总体单位总数。

例4-16 某人各买1元的3种商品，其价格分别为0.5元/kg、0.8元/kg、1元/kg。则3种商品的平均价格为：

$$\bar{x}_H = \frac{n}{\sum \dfrac{1}{x}} = \frac{1}{\dfrac{\dfrac{1}{0.5} + \dfrac{1}{0.8} + \dfrac{1}{1.00}}{3}} = \frac{3}{4.25} \approx 0.71（元/kg）$$

（2）加权调和平均数

加权调和平均数是各变量值倒数的加权算术平均数的倒数。其计算公式为：

$$\bar{x}_H = \frac{1}{\dfrac{\dfrac{m_1}{x_1} + \dfrac{m_2}{x_2} + \cdots + \dfrac{m_k}{x_k}}{m_1 + m_2 + \cdots + m_k}} = \frac{m_1 + m_2 + \cdots + m_k}{\dfrac{m_1}{x_1} + \dfrac{m_2}{x_2} + \cdots + \dfrac{m_k}{x_k}} = \frac{\sum m}{\sum \dfrac{m}{x}} \qquad 式(4-19)$$

式中，m——权数。

例4-17 某人从3个不同市场上分别各买2元钱某种商品，其单价分别为0.66元/kg，

0.50 元/kg,0.40 元/kg,则该商品的平均单价为:

$$\overline{x}_H=\frac{\sum m}{\sum \frac{m}{x}}=\frac{2+2+2}{\frac{2}{0.66}+\frac{2}{0.5}+\frac{2}{0.4}}\approx 0.50(\text{元/kg})$$

例 4-18 某厂所属4个车间产值计划完成度(%)及实际产值资料如表4-17所示,求平均计划完成程度。

表4-17 某厂×月产值完成情况

车间名称	计划完成程度 x/(%)	实际完成产值 m/万元	计划产值 m/x/万元
甲	90	90	100
乙	100	200	200
丙	110	330	300
丁	120	480	400
合 计	—	1 100	1 000

平均计划完成程度(%)为:

$$\overline{x}_H=\frac{\sum m}{\sum \frac{m}{x}}=\frac{1\ 100}{1\ 000}\times 100\% = 110\%$$

例 4-19 某产品在3个不同市场的销售资料如表4-18所示,求该产品的平均销售价格。

表4-18 某产品在3个市场的销售资料

市 场	市场价格 x/(元/kg)	销售额 m/元	销售量 m/x/kg
甲	10.00	30 000	3 000
乙	15.00	30 000	2 000
丙	14.00	35 000	2 500
合 计	—	95 000	7 500

该产品平均销售价格为:

$$\overline{x}_H=\frac{\sum m}{\sum \frac{m}{x}}=\frac{95\ 000}{7\ 500}\approx 12.67(\text{元 /kg})$$

调合平均指标实际上与加权算术平均指标的经济意义完全相同。调合平均指标是加权算术平均指标的变形,二者无本质差别。只是因为所掌握资料不同,采用不同计算方法。当有标志值为0时,计算调合平均指标无意义。

在实际工作中,计算调和平均数方法能够解决某些经济现象平均指标的计算问题,由于未能掌握其数量资料(如销售量、采购量等),故无法直接计算加权算术平均数。如大宗小商品的平均价格、农副产品收购的平均价格等,均可采用计算调和平均数方法来解决。

3. 几何平均指标

几何平均指标是若干个标志值连乘积开若干次方的算术根。几何平均数适用于标志值之连乘积等于标志总量(总比率或总速度)这类社会经济现象,用于计算平均比率或平均速度。

根据掌握资料的情况不同,几何平均指标的计算可分为简单几何平均指标和加权几何平均指标。

(1) 简单几何平均指标

在统计中常用的是简单几何平均指标。简单几何平均指标是 n 个标志值连乘积的 n 次方根。其计算公式为:

$$\bar{x}_g = \sqrt[n]{x_1 \cdot x_2 \cdot \cdots \cdot x_n} = \sqrt[n]{\Pi x} \qquad 式(4-20)$$

式中,$\bar{x}_g$——几何平均指标;Π——连乘符号;n——标志值个数。

例 4-20 某汽车厂有铸造车间、机加工车间、零件车间、部件装配车间、总装车间等连续作业的5个车间,本年的产品合格率分别为95%、92%、91%、90%、88%,求各车间产品的平均合格率。

车间产品平均合格率 $= \sqrt[n]{\Pi x} = \sqrt[5]{95\% \times 92\% \times 91\% \times 90\% \times 88\%} = 91.17\%$

由于各车间产品合格率的总和不等于全厂总合格率,各车间的合格率是在上一车间(上道工序)制品全部合格的基础上计算的,因此不能采用算术平均数法计算全车间的产品平均合格率。而全厂产品的合格率等于各车间合格率的连乘积,因此应采用几何平均数法计算车间平均合格率。

(2) 加权几何平均指标

当统计资料分组后,应采用加权几何平均指标计算方法。其计算公式为:

$$\bar{x}_g = \sqrt[f_1+f_2+\cdots+f_n]{x_1^{f_1} \cdot x_2^{f_2} \cdot \cdots \cdot x_n^{f_n}} = \sqrt[\Sigma f]{\Pi x^f} \qquad 式(4-21)$$

式中,f——各标志值的权数或次数。

例 4-21 银行存款一笔,年利率按复利计算,存期为25年。其资料如表4-19所示。

表4-19 按资本利率分组

年利率/(%)	本利率 x/(%)	年数 f
3	103	1
4	104	4
8	108	8
10	110	10
15	115	2
合 计	—	25

用加权几何平均数法求25年的平均本利率为:

$$\begin{aligned}\bar{X}_g &= \sqrt[\Sigma f]{X_1^{f_1} \cdot X_2^{f_2} \cdot \cdots \cdot X_n^{f_n}} \\ &= \sqrt[25]{1.03^1 \times 1.04^4 \times 1.08^8 \times 1.10^{10} \times 1.15^2} \\ &= \sqrt[25]{7.651} = 1.0848 = 108.48\%\end{aligned}$$

平均年利率 $= 108.48\% - 100\% = 8.48\%$

计算结果表明:这笔银行存款25年的平均年利率为8.48%。

几何平均数法除用于计算比率变量的平均数之外,也可用于某些成几何级差变动的变量平均数。算术平均数和几何平均数各有不同性质，适用于不同现象，不能互相代用。几何平均数在实际应用中受条件限制。例如，被平均的变量值中不能有0，否则就不能计算；若原数列中有某个变量值为负数，就会形成负值或虚根，其结果失去意义。因此，几何平均数的应用范围比算术平均数狭窄。

4.3.4 位置平均指标的计算方法

位置平均指标是根据标志值所处位置直接观察，或根据其所处位置有关的部分与标志值计算确定的平均数。位置平均指标包括众数和中位数。

1. 众数

众数是指总体中出现次数最多的那个标志值，即最普遍、最常出现的数值，或在变量数列中频数最大（频率最高）的那个标志值。它能够鲜明地反映总体数据分布的集中趋势。它是一种位置平均数，不受极端数值的影响。例如，某班同学年龄为19岁的占全班总人数的86%，18岁的占5%，20岁的占9%，其中19岁出现次数最多，用它代表全班同学年龄的一般水平，19岁就是众数。

众数在实际工作中应用相当广泛。如大多数人所穿戴的服装、鞋帽的尺寸，集市贸易上某种商品大多数的成交量，我国大多数家庭中的人口数等，都是众数。它具有一般水平或代表值的意义。运用众数确定平均指标，有一定的使用范围和条件。首先，必须是在总体单位充分多，且具有明显的集中趋势时，计算众数才具有合理的代表性和现实意义；当总体单位数少，或者总体单位数虽多，但无明显集中趋势时，确定众数没有意义。在各组频数相等的条件下，不存在众数。值得注意的是，当变量数列中出现两个或两个以上变量值的次数都比较集中时，往往反映统计数据来自两个或两个以上有区别的总体，需要进一步调查研究，以免得出错误的结论。根据掌握的资料不同，众数的确定方法有两种。

① 当统计资料未分组时，频数最多（频率最高）的那一组变量值就是众数。

② 当统计资料已分组，且为单项式变量数列时，次数最多的那一组变量值就是众数。

例4－22 有某居民小区按家庭人口数分组资料如表4－20所示，求众数。

表4－20 某居民小区家庭人口数资料

按人口数分组/人	家庭数/户
1	12
2	68
3	465
4	75
5	16
合 计	636

从上表中可以看出，该居民小区3口人的家庭出现次数最多，因此，标志值3就是众数。

③ 当统计资料已分组，且为组距式变量数列时，若是正态或对称的钟形分布数列，即众数所在组前后两组的频数（频率）完全相等的条件下，众数即是众数所在组的组中值；若不是正态或对称的钟形分布的变量数列，则应先确定众数组，然后用以下公式计算众数的近似值。

下限公式：

$$M_o = L + \frac{f_2 - f_1}{(f_2 - f_1) + (f_2 - f_3)} \cdot d \qquad 式(4-22)$$

上限公式：

$$M_o = U - \frac{f_2 - f_3}{(f_2 - f_1) + (f_2 - f_3)} \cdot d \qquad 式(4-23)$$

式中，M_o——众数；L——众数所在组的下限；U——众数所在组的上限；f_1——众数所在组前一组频数；f_2——众数所在组的频数；f_3——众数所在组后一组的频数；d——众数所在组的组距。

例4-23 某班学生统计学考试成绩资料如表4-21所示，要求计算考试成绩的众数。

表4-21 某班学生统计学考试成绩资料

按成绩分组/分	学生人数/人
60以下	2
60~70	6
70~80	10
80~90	19
90~100	3
合 计	40

根据下限公式求众数：

$$M_o = L + \frac{f_2 - f_1}{(f_2 - f_1) + (f_2 - f_3)} \cdot d = 80 + \frac{19-10}{(19-10)+(19-3)} \times 10 = 83.6(分)$$

或根据上限公式求众数：

$$M_o = U - \frac{f_2 - f_3}{(f_2 - f_1) + (f_2 - f_3)} \cdot d = 90 - \frac{19-3}{(19-10)+(19-3)} \times 10 = 83.6(分)$$

2. 中位数

将所研究的总体中的各单位标志值按大小顺序排列，位于中点位置的那个标志值就是中位数。中位数可用来反映现象的一般水平，具有不受极端变量值影响的特征。

中位数正居变量数列各个标志值的中点位置，它与数列的算术平均指标及众数相似，在一个完全对称的正态分布数列中，三者是相等的。中位数是一种位置平均指标。在有极端变量值的数列中，求中位数可避免极端变量值的影响，从另一个侧面反映频数分布的集中趋势而代表现象的一般水平。在不宜计算算术平均数的资料中（如开口组的组距数列），可以用中位数来表明现象的一般水平。根据掌握的资料不同，中位数的确定方法有两种。

（1）由未分组的统计资料确立中位数

先把各总体单位标志值按大小顺序排列，然后用$(n+1)\div 2$求出中位数的位次（n为总体单位数），该位次对应的那个标志值即为中位数。

若总体单位数n为偶数，中位数则是中点位置相邻两个标志值的平均值。

例4-24 有6个工人生产某种产品的日产量件数，按大小顺序排列为22,24,25,26,28,30，则中位数为多少？

中位数的位次:(6+1)÷2=3.5

中位数是第 3 个工人和第 4 个工人日产量的平均值,即(25+26)÷2=25.5(件)。

(2) 由单项式变量数列确定中位数

应首先计算累计频数,然后用(n+1)÷2 的方法,确定中点位次,该位次所在组对应的标志值即是中位数。

例 4-25 有某居民小区按家庭人口数分组资料如表 4-22 所示,则中位数如何确定?

表 4-22 某居民小区家庭人口数累计频数计算资料

人口数分组/人	家庭数/户	向上累计/户	向下累计/户
1	12	12	636
2	68	80	624
3	465	545	556
4	75	620	91
5	16	636	16
合 计	636	—	—

中点位次=(n+1)÷2=(636+1)÷2=318.5(户),对照向上累计次数或向下累计次数表,中位数均在第 3 组,该组标志值是人口数为 3 人的家庭即中位数。

(3) 在组距式变量数列中确定中位数

中位数的计算公式如下。

下限公式:

$$M_e = L + \frac{\frac{\sum f}{2} - S_{m-1}}{f_m} \cdot d \qquad 式(4-24)$$

上限公式:

$$M_e = U - \frac{\frac{\sum f}{2} - S_{m+1}}{f_m} \cdot d \qquad 式(4-25)$$

式中,M_e——中位数;L——中位数所在组下限;U——中位数所在组上限;$\sum f$——数列的总次数;S_{m-1}——中位数所在组前一组的累计次数;S_{m+1}——中位数所在组后一组的累计次数;f_m——中位数所在组的次数;d——中位数所在组的组距。

其具体方法见例 4-26。

例 4-26 某班学生统计学考试成绩资料如表 4-23 所示,试确定中位数。

1) 编制向上累计或向下累计次数表。

2) 确定中位数所在的组,即$\frac{\sum f}{2}=\frac{40}{2}=20$(人)。从表 4-23 中看出,无论对应向上累计次数表,还是向下累计次数表,中位数均在第 4 组(80~90 分)内。

表4-23 某班学生统计学考试成绩累计频数计算资料

按成绩分组/分	学生人数/人	向上累计/人	向下累计/人
50~60	2	2	40
60~70	6	8	38
70~80	10	18	32
80~90	19	37	22
90~100	3	40	3
合 计	40	—	—

3）确定中位数在该组内的位置，以标志值在该组内均匀分布为假定条件，并计算中位数的近似值。用20-18（第3组向上累计次数）=2，它与全组学生的比例为2/19≈0.105。按照该组的组距（10分）加以推算，即10×0.105=1.05分，将中位数所在组的下限（80分），加上这个数字（80+1.05=81.05分）就是中位数。

将表4-23中的资料代入式（4-24）与式（4-25）计算：

下限公式：

$$M_e = L + \frac{\frac{\sum f}{2} - S_{m-1}}{f_m} \cdot d = 80 + \frac{\frac{40}{2} - 18}{19} \times 10 \approx 81.05(\text{分})$$

上限公式：

$$M_e = U - \frac{\frac{\sum f}{2} - S_{m+1}}{f_m} \cdot d = 90 - \frac{\frac{40}{2} - 3}{19} \times 10 \approx 81.05(\text{分})$$

中位数也可以就频率计算，根据频率编制累计次数表，将上面算式中的 $\sum f$、f_m 及相应的次数都以频率形式表示即可。

3. 算术平均数、中位数、众数三者间的关系

① 当总体分布呈对称状态时，三者完全相等，合而为一。即在完全对称的钟形分布条件下，反映集中趋势的算术平均数是标志值分布的中心，两边标志值的频数对称分布，离中心愈近的标志值频数愈多，愈远的标志值频数愈少，形成了完全对称的钟形分布。这时算术平均数既是总体单位中点位置的标志值，也是频数最多的标志值，三者的数值相同，即有 $\bar{x} = m_e = m_o$（见图4-1）。

② 当总体受极大或极小标志值影响时，总体频数出现了有偏斜的分布，不能保持对称。偏斜分布有两种情况。

- 当总体中出现极大值的影响时，总体频数呈右偏分布，低数值比较集中，算术平均数受偏高数值的影响较大，位置在众数之右，中位数在平均数与众数之间。由于平均数处于众数的右方，偏中心距离逐渐向右方伸展，$\bar{x}$ 与 m_o 之差为正数，称为正偏斜。三者的数量关系为 $\bar{x} > m_e > m_o$（见图4-2）。
- 当总体中出现极小值的影响时，总体频数呈左偏分布，平均数在众数之左，中位数在二者之间，$\bar{x}$ 与 m_o 之差为负数，称为负偏斜。三者的数量关系为 $m_o > m_e > \bar{x}$（见图4-3）。

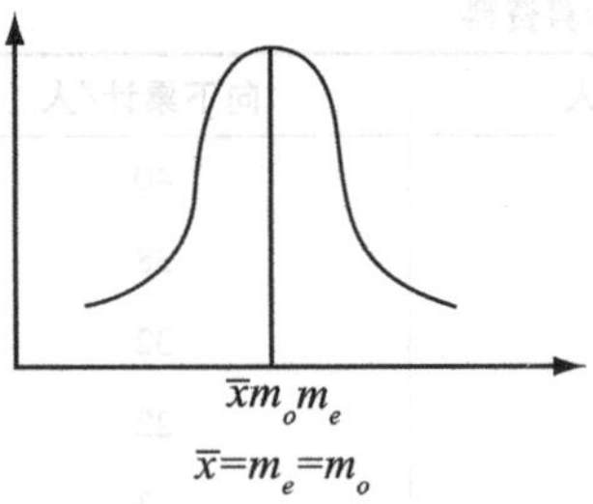

图4－1 正态分布

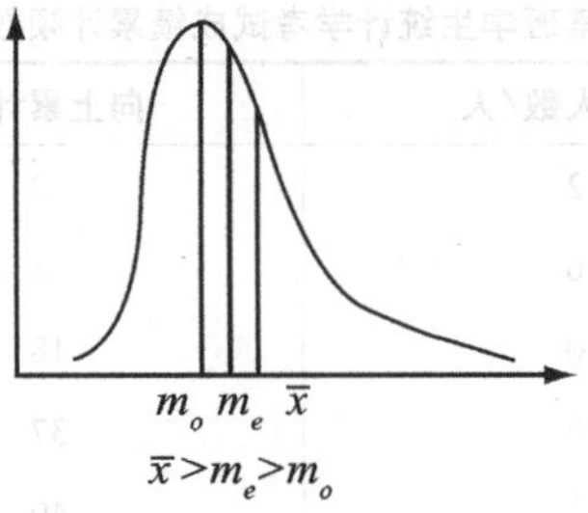

图4－2 正偏（右偏）分布

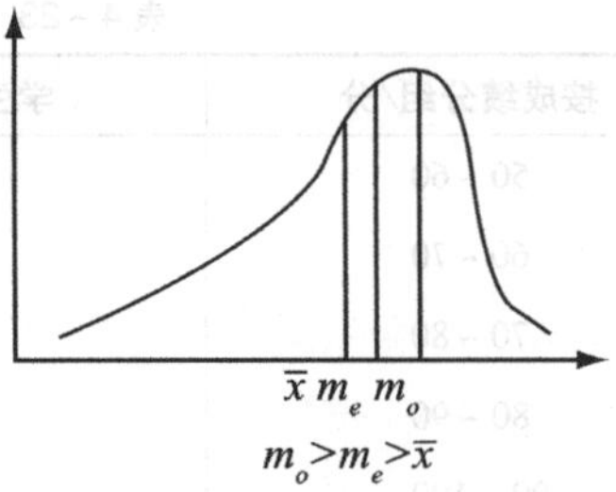

图4－3 负偏（左偏）分布

4.3.5 应用平均指标应注意的问题

1. 平均数只能在同质总体中计算

平均指标具有代表性，反映研究现象内各单位某一标志值的一般水平。因此，它必须在同质总体内计算平均数；否则，非但不能说明事物的性质及其规律性，反而会歪曲事实真相，形成虚构平均数。

2. 要将总平均数与组平均数结合起来运用

因为总平均数代表总体的一般水平，而且要受组平均数和各组权数变动的影响，致使总平均数可能发生与组平均数相反方向的变化。如表4－24所示资料就是这种情况。

表4－24 某公司技术工人与普通工人生产情况资料

类 别	基 期				报告期			
	人数/人	比重/（%）	产量/件	劳动生产率/（件/人）	人数/人	比重/（%）	产量/件	劳动生产率/（件/人）
技术工人	400	80	40 000	100	420	74	42 840	102
普通工人	100	20	5 000	50	150	26	7 800	52
合 计	500	100	45 000	90	570	100	50 640	89

从表4－24中的资料可以看出，各组的劳动生产率都有所提高，技术工人组从100件/人提高到102件/人，普通工人组从50件/人提高到52件/人；而全厂总的劳动生产率不升反而下降了，从90件/人下降到89件/人，与组平均数发生相反的变化。这主要是受各组频数不同的影响。

3. 平均指标与标志变异指标结合起来分析

二者结合起来分析可以用标志变异指标来判断平均指标的代表性大小，还能从集中趋势和离散趋势两方面考虑数据分布的特点。

4. 平均指标与总量指标结合起来应用

平均指标说明了总体某一特征的一般水平，但它将总体各单位标志的差异掩盖起来了。仅看平均指标，容易产生片面性。只有将平均指标与总量指标结合起来分析，才能全面了解，得出正确的结论。

任务4.4 标志变异指标

集中趋势和离散趋势是总体变量分布特征统计描述的两个方面，二者相辅相成。集中趋势的代表值是平均指标，离散趋势的代表值是标志变异指标。集中趋势和离散趋势从两个不同侧面共同描述变量分布的全貌。

4.4.1 标志变异指标的意义和作用

前面讨论了描述某一变量集中趋势代表值的方法——平均指标。平均指标是一个反映现象总体在一定时空条件下内在的一般水平的综合性指标。它将现象总体中的各总体单位在某一数量标志上表现的差异抽象化，反映现象的集中趋势，反映一般水平。为了揭示标志值间的差异，从相反的角度来揭示现象的离散趋势，应计算标志变异指标。

标志变异指标，又称标志变动度或离散程度，是反映现象总体在一定时空条件下，各总体单位在某一个数量标志上表现出的差异性的综合性指标，是说明总体单位标志值的差异大小和程度的综合指标。具体来说，它有以下3个方面的作用。

1. 反映现象总体分布特征的离散趋势

离散趋势是变量数量特征的另一个方面，而标志变异指标是离散趋势的代表值。标志变异程度越大，则总体分布的离散程度越大，总体差异程度越大；反之，标志变异程度越小，则总体分布的离散程度越小，总体差异程度越小。

2. 反映社会经济现象的稳定性和均衡性

标志变异程度越大，则总体稳定性越弱，均衡性越差；反之，标志变异程度越小，则总体稳度性越强，均衡性越理想。

例如，甲、乙两厂第一季度完成供货计划情况如表4－25所示。

表4－25 甲、乙两厂×年第一季度完成供货计划情况

项目 企业名称	供货计划完成/(%)			
	第一季度总供货计划执行结果	1月	2月	3月
甲厂	100	32	34	34
乙厂	100	20	30	50

从表4－25的资料中可以看出，甲、乙两厂第一季度总供货计划都完成了，但供货计划执行的均衡性不一样。甲厂按月均衡地执行计划，而乙厂前松后紧，会影响对方生产经营活动的正常进行。

3. 衡量平均指标对现象总体一般水平代表性的强弱

平均指标是总体某一数量标志的代表值，与总体标志变异的差异程度大小有着密切的联系。

标志变动度大,平均数的代表性就小;相反,标志变动度小,平均数的代表性就大;如果标志变动度等于0,则说明平均数具有完全的代表性。平均指标和标志变异指标正是这样一对相互联系的对应指标,从不同侧面揭示同一现象总体各总体单位标志值的分布特征值,反映现象总体的基本数量特征和规律。为了全面准确地反映出总体特征,在计算了平均数之后,还要进一步计算标志变异指标,以便对平均数做出补充说明。

4.4.2 标志变异指标的计算方法及应用

常用的标志变异指标有全距、平均差、标准差和离散系数等。

1. 全距

全距又称极差,是指总体单位标志值中最大标志值与最小标志值之差。它表明标志值的变动幅度或范围,是测定标志变动最简单的方法。

$$R = x_{\max} - x_{\min} \qquad 式(4-26)$$

在闭口分组的资料中,全距 = 末组上限 - 首组下限;开口分组的资料不予计算。

全距值较小,说明变量值离散范围小,离散程度也较小,变量值较集中,平均数的代表性较大;反之,全距值较大,说明变量值离散范围大,离散程度也较大,变量值较分散,平均数的代表性较小。

实际工作中,全距用于检查产品质量的稳定性,进行产品质量控制,使质量指标误差控制在一定范围内波动;一旦超过控制范围,立即采取措施,以保证产品的质量。全距在编制分配数列时,作为确定组数、组距的依据。但全距只从两端数值考查,忽略了中间数据的变动情况,受极值的影响很大,不能准确综合反映总体单位间标志值的实际差异。当极端数据相差较大,而中间数值分布比较均匀时,便不能确切反映各标志值的差异程度。

2. 平均差

平均差是总体各单位标志值对其算术平均数的绝对离差的算术平均数。它反映总体各单位的标志值与其算术平均数离差的平均差异。由于 $\sum (x - \bar{x})$ 会出现正负抵消的情况,不符合数理依据,所以计算平均差时,采用离差的绝对值 $\sum |x - \bar{x}|$,以避免离差的正负抵消。平均差计算简便,意义明确,能反映总体中所有单位标志值的差异情况和平均数代表性大小。平均差越大,总体各单位标志值越离散,平均数代表性越小;反之,则平均数代表性越大。根据所掌握的资料不同,平均差分两种不同的计算方法。

(1) 简单平均式平均差的计算方法

$$平均差(A \cdot D) = \frac{\sum |x_i - \bar{x}|}{n} \qquad 式(4-27)$$

式中,$A \cdot D$——平均差;x_i——标志值;$\bar{x}$——算术平均数;n——频数。

例4-27 某厂某车间甲、乙两组均为7人,其生产某产品日产量资料如表4-26所示。试问哪一组生产更稳定?

表4-26 某厂甲、乙两组生产某产品日产量情况

甲组($\bar{x}_1=70$)			乙组($\bar{x}_2=70$)		
产量 x /kg	离差 $(x-\bar{x}_1)$	绝对离差 $\lvert x-\bar{x}_1\rvert$	产量 x /kg	离差 $(x-\bar{x}_2)$	绝对离差 $\lvert x-\bar{x}_2\rvert$
55	-15	15	64	-6	6
60	-10	10	66	-4	4
65	-5	5	68	-2	2
70	0	0	70	0	0
75	5	5	72	2	2
80	10	10	74	4	4
85	15	15	76	6	6
合 计	0	60	合 计	0	24

$$甲组的平均差(A\cdot D_1)=\frac{\sum|x-\bar{x}_1|}{n}=\frac{60}{7}\approx 8.57(\mathrm{kg})$$

$$乙组的平均差(A\cdot D_2)=\frac{\sum|x-\bar{x}_2|}{n}\approx\frac{24}{7}\approx 3.43(\mathrm{kg})$$

计算结果表明，甲组的平均差比乙组大，说明甲组日平均产量(70 kg)的代表性比乙组日平均产量(70 kg)的代表性小，乙组工人的技术水平比甲组更稳定均衡。

(2) 加权平均式平均差的计算方法

$$平均差(A\cdot D)=\frac{\sum|x_i-\bar{x}|f}{\sum f} \qquad 式(4-28)$$

例4-28 某厂一车间100个工人日产产品资料如表4-27所示，求平均差。

表4-27 某厂工人日产产品资料

按日产量分组/kg	工人数 f	组中值 x	xf	$x-\bar{x}$	$\lvert x-\bar{x}\rvert$	$\lvert x-\bar{x}\rvert f$
50~60	5	55	275	-17	+17	85
60~70	35	65	2 275	-7	+7	245
70~80	45	75	3 375	+3	3	135
80~90	15	85	1 275	+13	13	195
合 计	100	—	7 200	—	—	660

根据表4-27资料计算：

$$\bar{x}=\frac{\sum xf}{\sum f}=\frac{7\,200}{100}=72(\mathrm{kg})$$

$$A\cdot D=\frac{\sum|x_i-\bar{x}|f}{\sum f}=\frac{660}{100}=6.6(\mathrm{kg})$$

平均差反映总体各单位标志值平均的差异，比全距更优。但它采取离差的绝对值形式计算，

使平均差在数学处理过程中比较繁琐且不大理想。

3. 标准差

标准差是总体中各单位标志值与算术平均数离差平方和的算术平均数的平方根，又称为均方差。标准差的平方称为方差。标准差是测定标志变动程度最重要、最常用的指标。这个指标考虑了总体各单位标志值变动的影响，还能将总体中各单位标志值的差异程度全部包括在内。由于采用离差平方的方法来消除正负离差的影响，因此在数学处理上比平均差更为合理和优越，可以准确地综合反映总体的离差程度，同时避免了计算平均差时处理过程中的缺陷。根据掌握资料的不同，标准差有两种不同的计算方法。

① 未分组单项资料，采用简单式计算方法。其计算公式为：

$$\sigma = \sqrt{\frac{\sum (x_i - \bar{x})^2}{n}} \qquad 式(4-29)$$

例 4-29 仍以表 4-26 某厂某车间甲、乙两组生产某产品资料为例加以说明，如表 4-28所示，比较甲、乙两组的平均日产量的代表性。

表 4-28 某厂甲、乙两组生产某产品日产量情况

甲组($\bar{x}_1=70$)			乙组($\bar{x}_2=70$)		
产量 x /kg	离差 $(x-\bar{x}_1)$	绝对离差 $\lvert x-\bar{x}_1\rvert^2$	产量 x /kg	离差 $(x-\bar{x}_2)$	绝对离差 $(x-\bar{x}_2)^2$
55	-15	225	64	-6	36
60	-10	100	66	-4	16
65	-5	25	68	-2	4
70	0	0	70	0	0
75	5	25	72	2	4
80	10	100	74	4	16
85	15	225	76	6	36
合 计	0	700	合 计	0	112

甲组的标准差 $\sigma_1 = \sqrt{\frac{\sum (x_i - \bar{x}_1)^2}{n_1}} = \sqrt{\frac{700}{7}} = 10(\text{kg})$

乙组的标准差 $\sigma_2 = \sqrt{\frac{\sum (x_i - \bar{x}_2)^2}{n_2}} = \sqrt{\frac{112}{7}} = 4(\text{kg})$

计算结果表明，甲组的标准差(10 kg)比乙组的标准差(4 kg)大，说明甲组的平均数比乙组的平均数代表性小。可见，标准差越大，平均数代表性越小，总体各单位标志值离散程度也越大；反之，标准差越小，平均数代表性越大，总体各单位标志值离散程度越小。

② 分组资料采用加权式方法计算。组距式变量数列资料，用各组组中值(x)代表各组变量值。其计算公式为：

$$\sigma = \sqrt{\frac{\sum (x_i - \bar{x})^2 f}{\sum f}} \qquad 式(4-30)$$

例 4-30 以表 4-27 资料为例，求标准差。计算过程如表 4-29 所示。

表 4-29 某厂工人日产产品资料整理

按日产量分组/kg	工人数 f	组中值 x	xf	$x-\bar{x}$	$(x-\bar{x})^2$	$(x-\bar{x})^2 f$
50～60	5	55	275	−17	289	1 445
60～70	35	65	2 275	−7	49	1 715
70～80	45	75	3 375	+3	9	405
80～90	15	85	1 275	+13	169	2 535
合　计	100	—	7 200	—	516	6 100

根据表 4-29 资料计算：

$$\bar{x} = \frac{\sum xf}{\sum f} = \frac{7\,200}{100} = 72(\text{kg})$$

$$■ = \sqrt{\frac{\sum (x_i - \bar{x})^2 f}{\sum f}} = \sqrt{\frac{6\,100}{100}} \approx 7.81(\text{kg})$$

4. 标志变动系数（离散系数）

全距、平均差、标准差等标志变异指标，其相同之处是均反映了同一个总体内各单位标志值的变异程度，其不同之处是具体表现形式各不相同，用绝对数或平均数表示，都有计量单位。但如果变量数列性质不同，要比较不同标志值的变异程度、不同组别标志值的离散程度，或对比的双方具有不同的平均水平，就不能用全距、平均差和标准差来比较，而必须用标志变异指标的相对数，即标志变异系数进行比较，以消除平均数影响，才能真实反映总体各单位标志值的离散程度。常用的离散系数有全距系数、平均差系数和标准差系数 3 种。

（1）全距系数

全距系数是用全距与其平均数相对比所得的比值。其计算公式为：

$$V_R = \frac{R}{\bar{x}} \times 100\% \qquad \text{式(4-31)}$$

（2）平均差系数

平均差系数是用平均差与其相应的算术平均数相比所得的比值。其计算公式为：

$$V_{A\cdot D} = \frac{A \cdot D}{\bar{x}} \times 100\% \qquad \text{式(4-32)}$$

（3）标准差系数

标准差系数是以标准差与其相应的算术平均数相比求得的相对数。其计算公式为：

$$V_\sigma = \frac{\sigma}{\bar{x}} \times 100\% \qquad \text{式(4-33)}$$

例 4-31 已知甲班上学期期末数学考试平均成绩为 80 分，平均差 10 分；乙班上学期期末数学考试平均成绩为 70 分，平均差 10 分。试说明甲、乙两班平均成绩代表性大小。

甲班平均差系数 $V_{A\cdot D} = \frac{A \cdot D}{\bar{x}} \times 100\% = \frac{10}{80} \times 100\% = 12.5\%$

乙班平均差系数 $V_{A\cdot D} = \frac{A \cdot D}{\bar{x}} \times 100\% = \frac{10}{70} \times 100\% = 14.3\%$

计算结果表明，乙班上学期期末数学考试成绩的离散程度比甲班大，甲班的平均成绩代表性比乙班的大。

例4-32 某企业进口某种电子原器件，从日本进口的平均单价为98元，均方差为8元；从美国进口的平均单价为70元，均方差为7元。试说明哪国这种电子原器件的价格更稳定。

$$V_{\sigma日} = \frac{\sigma_{日}}{\bar{X}_{日}} \times 100\% = \frac{8}{98} \times 100\% = 8.16\%$$

$$V_{\sigma美} = \frac{\sigma_{美}}{\bar{X}_{美}} \times 100\% = \frac{7}{70} \times 100\% = 10\%$$

由此可以看出，虽然从日本进口的电子原器件平均单价标准差比从美国进口大，但从两者的均方差进行系数分析，可得出从日本进口某种电子原器件比从美国进口单位成本更有代表性、更稳定的结论。当市场上进口商品价格波动较大时，以均方差系数比较不同市场的价格，有助于为以后进货做出理性决策。

标准差系数是统计中最常用、最重要的分析指标。它能对比不同水平总体之间和不同总体的标志变异程度。

任务4.5 Excel在平均指标与标志变异指标中的应用

4.5.1 Excel在平均指标中的应用

1. 算术平均数

算术平均指标是计算平均指标最常用的方法，适用于总体各单位标志之间是相加求和的数量关系。Excel用AVERAGE函数来计算简单算术平均数，表达形式为AVERAGE(number1, number2, …)，其中“number1, number2, …”是其平均值的参数，也可使用单个数组或区域等。

例4-12的人均日产量计算（见图4-4）。先输入资料数据，然后选定放置结果的单元格B9，在编辑栏中输入函数“=AVERAGE(B2:B7)”，按Enter键即可。或者在选定放置结果的单元格B9后，选择“插入”→“函数”命令，在弹出的对话框中选择AVERAGE函数，然后单击“确定”按钮，在“函数参数”对话框（见图4-5）中，输入“B2:B7”，再单击“确定”按钮即可。

图4-4 简单算术平均数示例

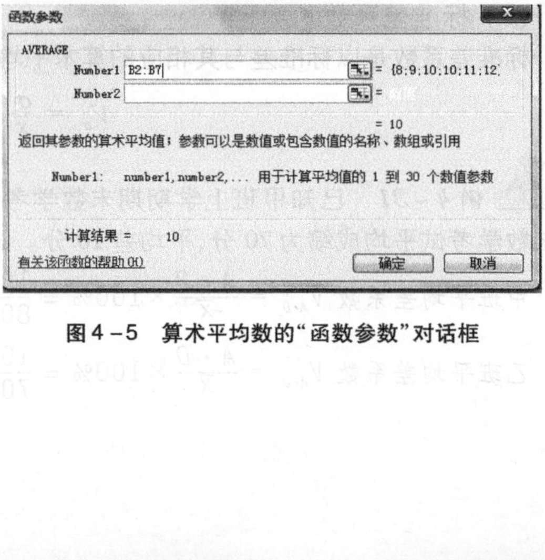

图4-5 算术平均数的“函数参数”对话框

例4-13的日平均加工零件数计算(见图4-6)。先输入资料数据,在D1单元格中输入"各组加工零件数(件)xf",在D2单元格中设置公式"=A2*B2",按Enter键后显示结果12。再移动鼠标指针至D2单元格右下角,当鼠标指针变为"十"字形时,拖至D11单元格,释放鼠标左键后显示结果39,84,165,…,42。在D12单元格中设置公式"=SUM(D2:D11)",按Enter键后显示结果1332。选定放置结果的单元格D13后,在编辑栏中输入公式"=D12/10",按Enter键后显示结果133.2所示。或者在前述释放鼠标左键显示结果39,84,165,…,42后,选择放置结果的单元格D13,选择"插入"→"函数"命令,在弹出的对话框中选择AVERAGE函数,然后单击"确定"按钮,在"函数参数"对话框中,输入"D2:D11",再单击"确定"按钮,如图4-7所示。

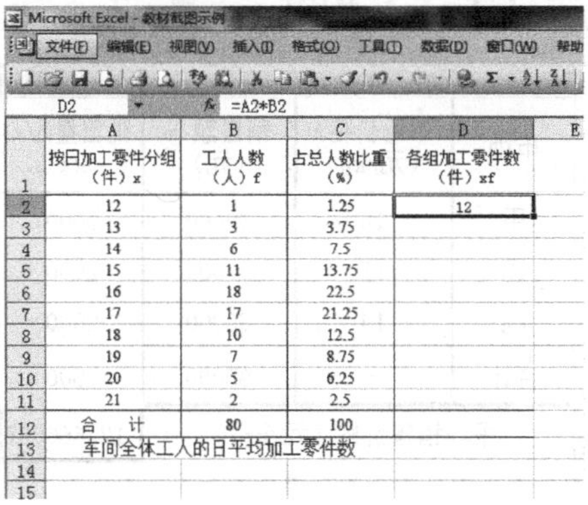

图4-6 加权算术平均数计算示例

图4-7 加权算术平均数计算结果

组距式变量数列求加权算术平均指标的Excel运用过程与上述方法基本相同,有一点不同的是,须先设置组中值作为代表各组变量值的一般水平来进行计算。请读者自学完成。

2. 调和平均数

调和平均数是计算同质总体各单位平均指标的一种表现形式,它是各标志值倒数的算术平均数的倒数。Excel用HARMEAN函数来计算调和平均数,表达形式为HARMEAN(number1,number2,…),其中"number1,number2,…"是其平均值的参数,也可使用单个数组或区域等。

例4-16的平均价格计算(见图4-8)。先输入资料数据,然后选定放置结果的单元格B6,在编辑栏中输入函数"=HARMEAN(B2:B4)",按Enter键即可。或者选定放置结果的单元格B6后,选择"插入"→"函数"命令,在弹出的对话框中选择HARMEAN函数,然后单击"确定"按钮,在"函数参数"对话框中,输入"B2:B4"(见图4-9),再单击"确定"按钮即可。

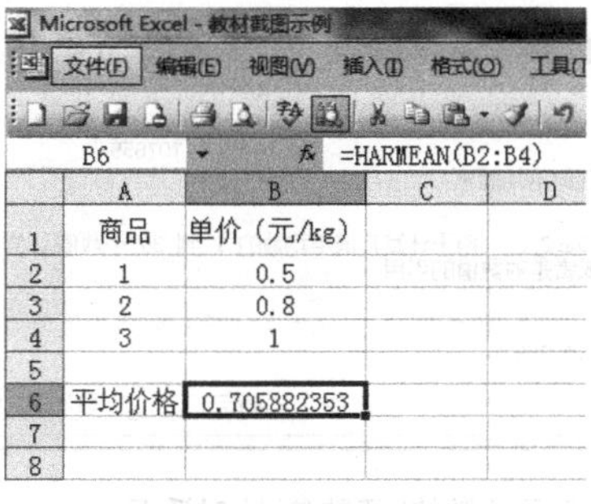

图4-8 简单调和平均数计算示例

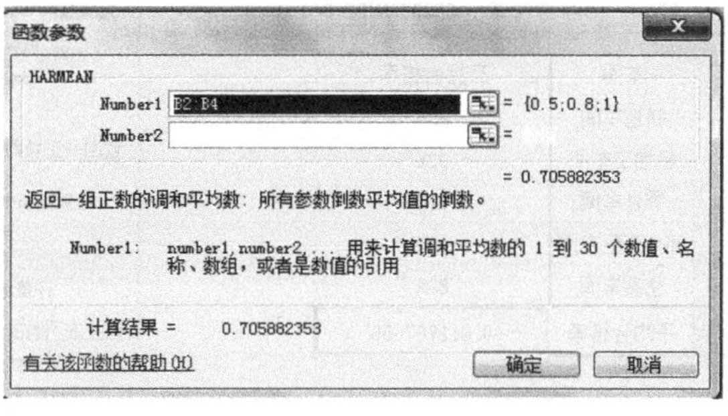

图4-9 调和平均数的"函数参数"对话框

例4－19的产品平均销售价格计算（见图4－10）。先输入资料数据，在D1单元格中输入“销售量 m/x(kg)”，在D2单元格中设置公式“＝C2/B2”，按Enter键后显示结果3 000。再移动鼠标指针至D2单元格右下角，当鼠标指针变为“十”字形时，拖动至D4单元格，释放鼠标左键后显示结果2 000，2 500。在D5单元格中设置公式“＝SUM(D2:D4)”，按Enter键后显示结果7 500。在C5单元格中设置公式“＝SUM(C2:C4)”，按Enter键后显示结果95 000。选定放置结果的单元格D6后，在编辑栏中输入公式“＝C5/D5”，按Enter键后即可显示结果。

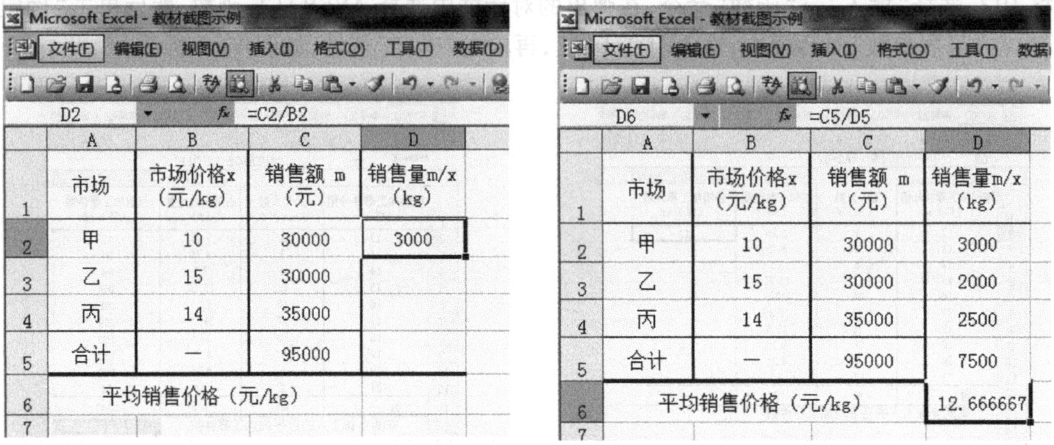

图4－10 加权调和平均数计算示例

3. 几何平均指标

几何平均指标是若干个标志值连乘积开若干次方的算术根，几何平均数适用于平均比率或平均速度。Excel用GEOMEAN函数来计算几何平均数，表达形式为GEOMEAN(number1，number2，…)，其中“number1，number2，…”是其平均值的参数，也可使用单个数组或区域等。

例4－20的平均合格率计算（见图4－11）。先输入资料数据，然后选定放置结果的单元格B7，在编辑栏中输入函数“＝GEOMEAN(B2:B6)”，按Enter键即可。或者选定放置结果的单元格B6后，选择“插入”→“函数”命令，在弹出的对话框中选择GEOMEAN函数，单击“确定”按钮，然后在“函数参数”对话框中，输入“B2:B6”（见图4－12），再单击“确定”按钮即可。

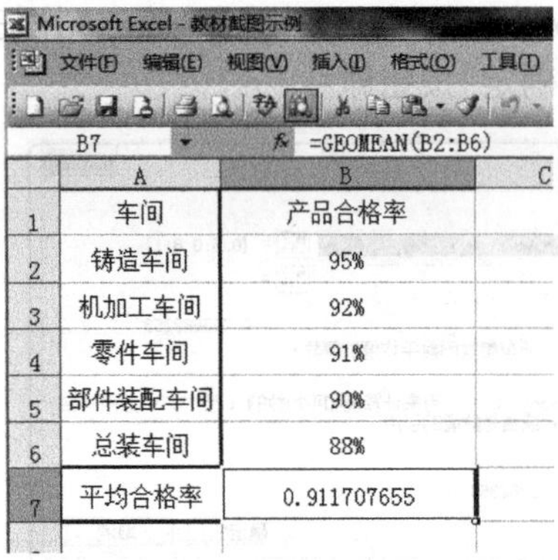

图4－11 几何平均数计算示例

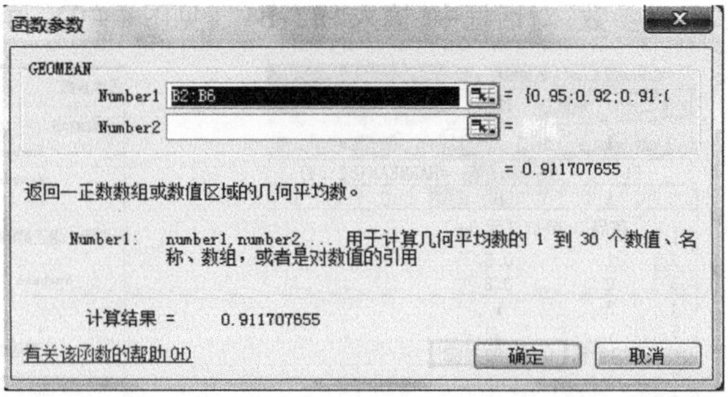

图4－12 几何平均数的“函数参数”对话框

4. 众数

众数是指总体中出现次数最多的那个标志值，能够鲜明地反映总体数据分布的集中趋势。Excel 用 MODE 函数来计算众数，表达形式为 MODE(number1, number2, …)，其中“number1, number2, …”是其众数的参数，也可使用单个数组或区域等。但只能用来解决未分组统计资料，且确定有众数的情况的问题。

5. 中位数

中位数是一种位置平均指标，位于中点位置的那个标志值就是中位数。Excel 用 MEDIAN 函数来计算众数，表达形式为 MEDIAN (number1, number2, …)，其中“number1, number2, …”是其中位数的参数，也可使用单个数组或区域等。但只能用来解决未分组统计资料的中位数问题(见图 4－13)。

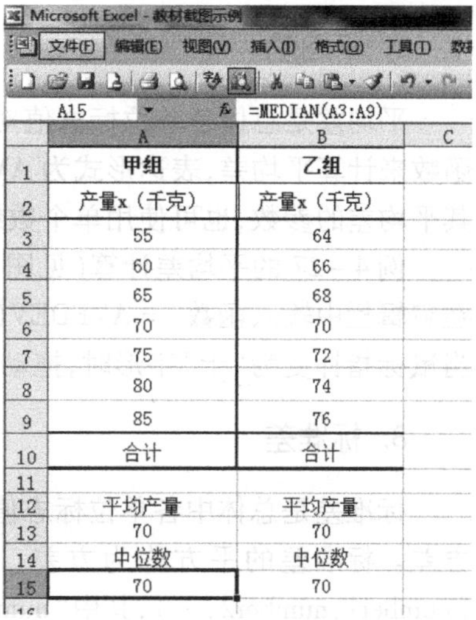

图 4－13　中位数计算示例

4.5.2　Excel 在标志变异指标中的应用

1. 全距

全距又称极差，是指总体单位标志值中最大标志值与最小标志值之差。Excel 用 MAX 函数和 MIN 函数来计算全距，表达形式为 MAX(number1, number2, …) － MIN(number1, number2, …)，其中“number1, number2, …”是其最大值、最小值的参数，也可使用单个数组或区域等。但只能用来解决未分组统计资料的全距问题。

例 4－27 的全距计算(见图 4－14)。先输入资料数据，然后选定放置结果的单元格 A17，在编辑栏中输入函数“= MAX(A3:A9) － MIN(A3:A9)”，按 Enter 键后显示结果 30。移动鼠标指针至 A17 单元格右下角，当光标变为“十”字形时，拖动至 B17 单元格，释放鼠标左键后显示结果 12。

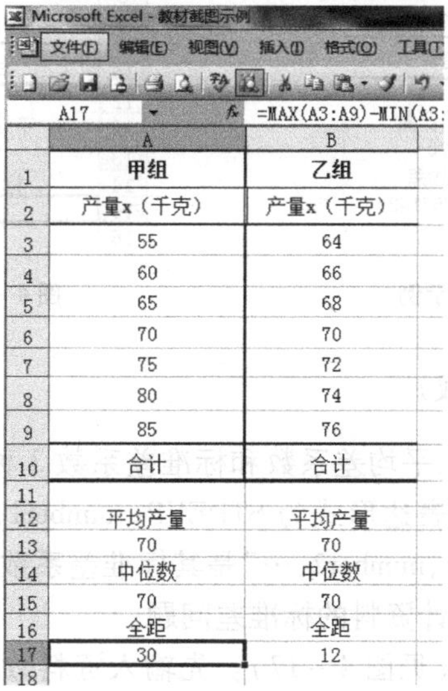

图 4－14　全距计算示例

2. 平均差

平均差是总体各单位标志值对其算术平均数的绝对离差的算术平均数。Excel 用 AVEDEV 函数来计算平均差，表达形式为 AVEDEV(number1,number2,…)，其中“number1,number2,…”是其平均差的参数，也可使用单个数组或区域等。但只能用来解决未分组统计资料的平均差问题。

例 4－27 的平均差计算(见图 4－15)。先输入资料数据，然后选定放置结果的单元格 A15，在编辑栏中输入函数“=AVEDEV(A3:A9)”，按 Enter 键。移动鼠标指针至 A15 单元格右下角，当鼠标指针变为“十”字形时，拖动至 B15 单元格，释放鼠标左键即可。

3. 标准差

标准差是总体中各单位标志值与算术平均数离差平方和的算术平均数的平方根，又称为均方差。标准差的平方称为方差。Excel 用 STDEVP 函数来计算标准差，表达形式为 STDEVP(number1,number2,…)，其中“number1,number2,…”是其标准差的参数，也可使用单个数组或区域等。但只能用来解决未分组统计资料的标准差问题。

例 4－29 的标准差计算(见图 4－16)。先输入资料数据，然后选定放置结果的单元格 A15，在编辑栏中输入函数“=STDEVP(A3:A9)”，按 Enter 键。移动鼠标指针至 A15 单元格右下角，当鼠标指针变为“十”字形时，拖至 B15 单元格，释放鼠标左键即可。

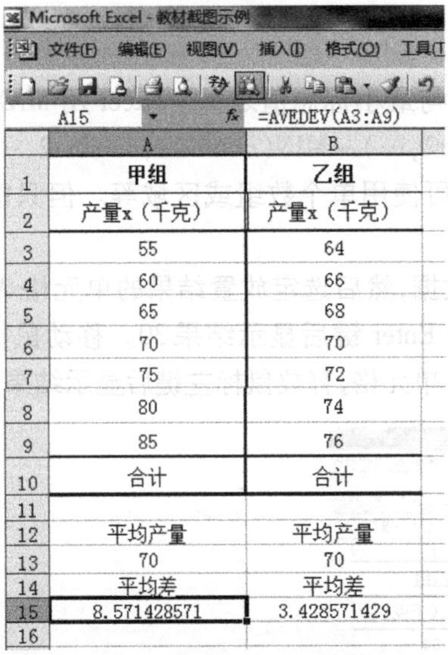

Microsoft Excel - 教材截图示例

A15 =AVEDEV(A3:A9)

	A	B
1	甲组	乙组
2	产量x（千克）	产量x（千克）
3	55	64
4	60	66
5	65	68
6	70	70
7	75	72
8	80	74
9	85	76
10	合计	合计
11		
12	平均产量	平均产量
13	70	70
14	平均差	平均差
15	8.571428571	3.428571429
16		

图 4－15 平均差计算示例

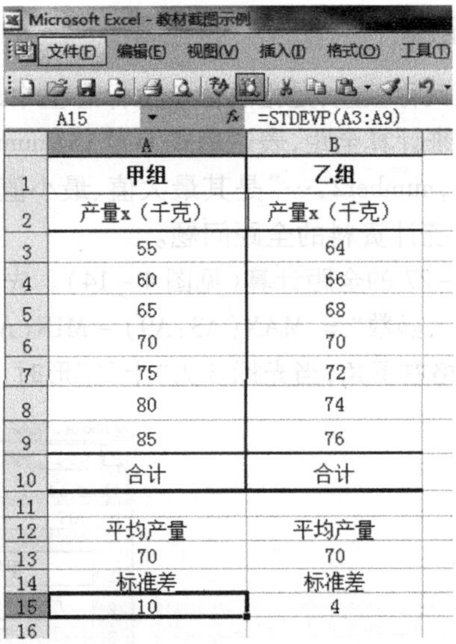

Microsoft Excel - 教材截图示例

A15 =STDEVP(A3:A9)

	A	B
1	甲组	乙组
2	产量x（千克）	产量x（千克）
3	55	64
4	60	66
5	65	68
6	70	70
7	75	72
8	80	74
9	85	76
10	合计	合计
11		
12	平均产量	平均产量
13	70	70
14	标准差	标准差
15	10	4
16		

图 4－16 标准差计算示例

4. 标志变动系数(离散系数)

常用的离散系数有全距系数、平均差系数和标准差系数 3 种。Excel 用 STDEVP 函数和 AVERAGE 函数来计算标准差系数，表达形式为 STDEVP(number1,number2,…)/ AVERAGE(number1,number2,…)，其中“number1,number2,…”是其标准差系数的参数，也可使用单个数组或区域等。但只能用来解决未分组统计资料的标准差问题。

例 4－29 的标准差系数计算(见图 4－17)。先输入资料数据，然后选定放置结果的单元格 A17，在编辑栏中输入函数“=STDEVP(A3:A9)/AVERAGE(A3:A9)”，按 Enter 键。移动鼠标指针至 A17 单元格右下角，当鼠标指针变为“十”字形时，拖动至 B17 单元格，释放鼠标左键即可。

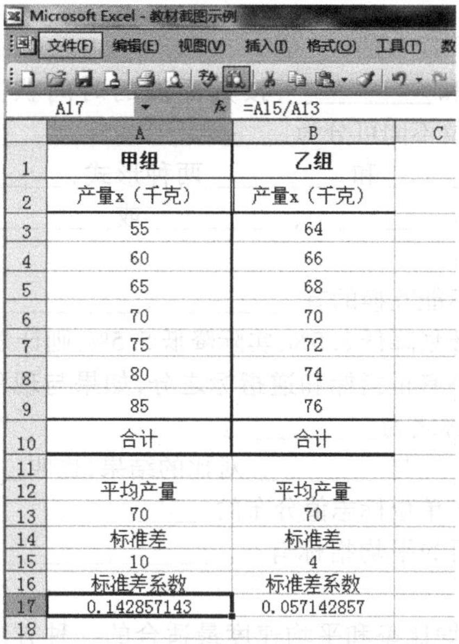

	A	B
1	甲组	乙组
2	产量x（千克）	产量x（千克）
3	55	64
4	60	66
5	65	68
6	70	70
7	75	72
8	80	74
9	85	76
10	合计	合计
11		
12	平均产量	平均产量
13	70	70
14	标准差	标准差
15	10	4
16	标准差系数	标准差系数
17	0.142857143	0.057142857
18		

图 4－17　标准差系数计算示例

项目小结

综合指标分析法根据统计数据的表现形式不同，分为四大类：总量指标、相对指标、平均指标和标志变异指标。这些指标分别反映总体的规模、结构、比例、水平、集中、分散等数量特征。

1. 总量指标反映社会经济现象的总规模、总水平。总量指标按其所说明的内容不同可分为总体标志总量指标和总体单位总量指标两种，按所处的时间状态可分为时期总量指标和时点总量指标两种，按其计量单位不同分实物量指标、价值量指标和劳动量指标 3 种。

2. 相对指标是两个有联系的指标的比值，反映现象的数量特征、数量关系、变动程度、普遍程度和强度。相对指标一般有 6 种形式，即计划完成程度相对指标、结构相对指标、比较相对指标、比例相对指标、强度相对指标、动态相对指标。

3. 集中趋势和离散趋势是总体变量分布特征统计描述的两个方面，二者相辅相成。平均指标和标志变异指标相匹配，综合反映平均指标的代表性程度和现象分布的离散程度，从两个不同侧面共同描述变量分布的全貌。常用的反映集中趋势的平均指标分为数值平均指标与位置平均指标。数值平均指标是根据各总体单位标志值综合计算形成的，具体包括算术平均数、调和平均数、几何平均数；位置平均指标是根据总体标志值所处位置确定的，包括众数、中位数。标志变异指标用来衡量平均指标对现象总体一般水平代表性的强弱，反映社会经济现象的稳定性和均衡性。常用的标志变异指标有全距、平均差、标准差和离散系数等。

项目实战

一、实战题

1. 请调查所在城市的鞋店，分析一下男女鞋哪些码数是众数。
2. 请就某门课某次测验成绩计算中位数。

二、填空题

1. 总量指标反映社会经济现象的__________和__________。总量指标按反映现象总体的内容不同可分为__________和__________,按其反映的时间状况不同可分为__________和__________,按使用的计量单位不同可分为__________、__________和__________。

2. 相对指标数值有__________和__________两种形式,__________是一种抽象化的数值,多以__________、__________、__________、__________或__________表示。__________可用有名数表示。

3. 相对指标中分子分母不能互换的有__________、__________和__________。

4. 某产品单位成本水平计划降低3.5%,实际降低5.5%,则计划完成程度为__________。

5. 强度相对指标数值大小有正指标和逆指标之分,如果与现象发展程度或密度成正比例,则称之为__________,反之则称之为__________。

6. 结构相对数是__________与__________对比的结果,也叫__________。

7. 平均数可以反映总体各单位标志值分布的__________。

8. 社会经济统计中,常用的平均指标有__________、__________、__________、__________和__________。

9. 几何平均数是计算平均比率和平均速度最适合的一种方法,凡是变量值的连乘积等于__________或__________的现象,都可以使用几何平均数计算平均比率或平均速度。

10. 常用的标志变异指标有__________、__________、__________和__________。

三、判断题

1. 同一总体时期指标的大小,必然与时期的长短成正比;时点指标数值的大小,必然与时点间的间隔成反比。 ( )

2. 同一时点上的同类现象的时点指标数值可以相加。 ( )

3. 工人人数是时期指标,国民生产总值是时点指标。 ( )

4. 总体单位总量和总体标志总量并不是固定不变的,而是随着统计研究的目的不同而变化的。 ( )

5. 旅客运输量按人次计量,是一种双重单位。 ( )

6. 比较相对指标是将不同空间条件下同类指标数值进行对比的结果。 ( )

7. 某厂劳动生产率计划在去年的基础上提高8%,计划执行结果仅提高了4%,劳动生产率计划仅完成了一半。 ( )

8. 标志变异指标越大,说明平均数的代数性越大。 ( )

四、单项选择题

1. 牲畜以头为计量单位,这种计量单位属于( )。

   A. 自然单位　　B. 度量衡单位　　C. 劳动单位　　D. 货币单位

2. 属于总量指标的是( )。

   A. 出勤率　　B. 合格率　　C. 人均产量　　D. 工人人数

3. 某企业某月产品销售额为20万元,月末库存商品为30万元,这两个总量指标是( )。

   A. 时期指标　　B. 时点指标

   C. 前者为时期指标,后者为时点指标　　D. 前者为时点指标,后者为时期指标

4. 某企业计划产值比上年提高10%,实际提高了15%,则计划完成程度为( )。

A. 150%　　B. 5%　　C. 4.56%　　D. 104.55%

5. 计算计划完成程度时,分子和分母的数值(　　)。

A. 只能是平均数　　B. 只能是相对数

C. 只能是绝对数　　D. 既可以是绝对数,也可以是相对数或平均数

6. 平均数反映了(　　)。

A. 总体分布的集中趋势　　B. 总体中总体单位的集中趋势

C. 总体分布的离散趋势　　D. 总体变动的趋势

7. 加权算术平均数的大小(　　)。

A. 受各组标志值的影响最大　　B. 受各组次数的影响最大

C. 受各组权数系数的影响最大　　D. 受各组标志值和各组次数的共同影响

8. 各总体单位的标志值都不相同时,(　　)。

A. 众数不存在　　B. 众数就是最小的变量值

C. 众数是最大的变量值　　D. 众数是处于中间位置的变量值

9. 凡是变量值的连乘积等于总比率或总速度的现象,要计算其平均比率或平均速度都可以采用(　　)。

A. 算术平均法　　B. 调和平均法　　C. 几何平均法　　D. 中位数法

10. 3个企业某年完成的实际产值分别为400万元、600万元、500万元。执行结果,计划完成程度分别为108%、106%、108%,则这3个企业平均计划完成程度为(　　)。

A. $\sqrt[3]{108\% \times 106\% \times 108\%} \approx 107.33\%$

B. $\dfrac{106\% + 108\% + 108\%}{3} \approx 107.33\%$

C. $\dfrac{400+600+500}{\dfrac{400}{108\%}+\dfrac{600}{106\%}+\dfrac{500}{108\%}} \approx 107.19\%$

D. $\dfrac{108\% \times 400 + 106\% \times 600 + 108 \times 500}{400+600+500} \approx 107.2\%$

11. 标志变异指标中易受极端变量值影响的指标有(　　)。

A. 全距　　B. 标准差　　C. 平均差　　D. 平均差系数

12. 标志变异指标中的平均差是(　　)。

A. 各标志值对其算术平均数的平均离差

B. 各变量值离差的平均数

C. 各变量值对其算术平均数离差的绝对值

D. 各标志值对其算术平均数离差绝对值的平均数

13. 标准差是其各变量值对其算数平均数的(　　)。

A. 离差平均数的平方根　　B. 离差平方平均数的平方根

C. 离差平方的平均数　　D. 离差平均数平方的平方根

14. 计算离散系数是为了比较(　　)。

A. 不同分布数列的相对集中程度　　B. 不同水平的数列的标志变动度的大小

C. 相同水平的数列的标志变动度的大小　　D. 两个数列平均数的绝对离差

15. 两组工人加工同样的零件,甲组工人每人加工的零件数分别为25,26,28,29,32;乙组工人每人加工的零件数分别为22,25,27,30,36。哪组工人加工零件数的变异较大?(　　)。

A. 甲组　　B. 乙组　　C. 一样　　D. 无法比较

16. 甲、乙两个数列比较，甲数列的标准差大于乙数列的标准差，则两个数列平均数的代表性(　　)。

A. 甲数列大于乙数列　　B. 乙数列大于甲数列
C. 相同　　D. 并不能确定哪一个更大

五、多项选择题

1. 下列统计指标为总量指标的有(　　)。
A. 人口密度　　B. 工资总额　　C. 物资库存量
D. 人均国民生产总值　　E. 货物周转量
2. 下列统计指标属于时期指标的有(　　)。
A. 职工人数　　B. 工业总产值　　C. 人口死亡数
D. 粮食总产值　　E. 货物周转量
3. 一个地区一定时期的商品零售额属于(　　)。
A. 时点指标　　B. 时期指标　　C. 总量指标
D. 质量指标　　E. 数量指标
4. 比较相对指标可用于(　　)。
A. 不同时期的比较　　B. 不同国家、地区、单位间的比较
C. 实际水平与计划水平的比较　　D. 落后水平和先进水平的比较
E. 实际水平与标准水平的比较
5. 下列指标中的结构相对指标是(　　)。
A. 2014 年全地区人均粮食产量 386 千克
B. 2014 年某地区农业生产总值比 2013 年增加 4%
C. 2014 年某地区国有企业职工占职工总人数的 73%
D. 2014 年某地区积累率为 30%
E. 2014 年某地区固定资产投资总额为 2013 年的 2 倍
6. 下列指标中的强度相对指标有(　　)。
A. 工人劳动生产率　　B. 人口死亡率
C. 人均国民生产总值　　D. 人均粮食消费量
E. 人均粮食占有量
7. 分子分母可以互换的相对指标有(　　)。
A. 强度相对指标　　B. 计划完成程度相对指标
C. 比较相对指标　　D. 结构相对指标
E. 动态相对指标
8. 权数对平均数的影响作用表现在(　　)。
A. 当标志值比较大而次数较多时，平均数接近于标志值大的一方
B. 当标志值比较小而次数较少时，平均数接近标志值较小的一方
C. 当标志值比较小而次数较多时，平均数接近标志值较小的一方
D. 当标志值比较大而次数较少时，平均数接近标志值较大的一方
E. 当各组次数相同时，对平均数没有影响
9. 下列哪些情况应采用调和平均数法计算？(　　)。
A. 已知各企业计划完成百分比及实际产值求平均计划完成百分比

B. 已知商品单价和商品销售额求平均价格
C. 已知分组的粮食亩产量及各组粮食总产量求总的平均亩产
D. 已知同类数种产品单位成本及总生产费用求平均单位产品成本
E. 已知投入的劳动时间相同求单位产品耗时

10. 几何平均数主要适用于(　　　　)。
A. 变量值的代数和等于标志总量的情况　B. 具有等比关系的变量数列
C. 变量值的连乘积等于总比率的情况　D. 变量值的连乘积等于总速度的情况
E. 求平均比率时

11. 在各种平均指标中,不受极端值影响的平均指标是(　　　　)。
A. 算术平均数　B. 调和平均数　C. 几何平均数
D. 中位数　E. 众数

12. 标志变异指标可以反映(　　　　)。
A. 平均数代表性的大小　B. 总体单位标志值分布的集中趋势
C. 总体单位标志值的离中趋势　D. 生产过程的均衡性
E. 产品质量的稳定性

13. 同一总体中,平均数与标准差、标准差系数的关系是(　　　　)。
A. 标准差愈大,平均数的代表性愈大　B. 标准差系数与平均数的代表性成正比
C. 标准差的大小与平均数的代表性成反比　D. 标准差系数愈大,平均数的代表性愈小
E. 标准差系数愈小,平均数的代表性愈大

14. 在两个总体的平均数不等的情况下,比较它们的代表性大小,可以采用的标志变异指标是(　　　　)。
A. 全距　B. 平均差　C. 平均差系数
D. 标准差　E. 标准差系数

六、计算题

1. 某集团公司所属甲、乙、丙 3 个工厂的有关资料如下表所示。

工厂名称	上年实现利润/万元	本年利润(万元)			本年实际比上年/(%)	本年计划完成程度/(%)
		实　际	计　划	各厂计划比重/(%)		
甲厂	140		160		10	
乙厂	200		210			102.86
丙厂		228				100.00
合　计	580					

要求:
(1) 计算表中空格的指标数值。
(2) 说明各栏指标种类。
(3) 根据表中各栏指标,对该公司生产情况做简要分析。

2. 甲商品在不同地区的售价差异很大,现将其有关资料整理如下表所示。

销售价格/元	销售量 f/百件
110～120	128
120～130	239
130～140	768
140～150	486
150～160	201
160～170	196
170～180	131
180～190	13
合　计	2 162

要求：

(1) 计算甲商品的平均价格。

(2) 计算甲商品价格的众数、中位数。

(3) 根据甲商品价格的算术平均数、众数、中位数的关系，分析其价格分布特点。

3. 甲、乙两个生产小组的有关资料如下表所示。

甲　组		乙　组	
日产量/件	工人数/人	日产量/件	工人数/人
5	7	4	25
6	8	5	30
7	22	6	9
9	11	7	8
合　计	48	合　计	72

要求：

(1) 计算两组生产零件平均数、全距、平均差、标准差、平均差系数、标准差系数。

(2) 比较两组的生产情况，说明哪个组技术水平比较均衡。

4. 甲、乙两个单位的人数及月工资资料如下表所示。

月工资/元	甲单位人数/人	乙单位人数比重/(%)
1 400 以下	4	2
1 400～2 000	25	8
2 000～2 500	84	30
2 500～3 000	126	42
3 000 以上	28	18
合　计	267	100

要求：

(1) 比较甲、乙单位哪个单位工资水平高。

(2) 说明哪个单位工资更具有代表性。

复习思考

1. 总量指标的作用有哪些？
2. 时期指标和时点指标的区别有哪些？
3. 相对指标有哪几种？怎样计算？计算和应用相对数应注意哪些问题？
4. 试述平均指标的意义、种类及计算方法。使用平均数时应遵守哪些原则？
5. 什么是标志变异指标？有哪些种类？如何计算？

项目5 时间数列分析

知识目标

- 掌握时间数列的基本概念。
- 掌握时间数列比较指标、平均指标的概念。
- 掌握各种指标的计算公式和方法,特别是领会各种分析指标在实际中的运用。
- 掌握趋势预测分析方法,通过分析了解季节变动趋势。

技能目标

能编制时间数列,并根据时间数列计算、分析现象在时间上的发展变化情况和变动趋势。

情景引入

我国2004年至2012年人口情况统计如下表所示。

万人

指　标	2004年	2005年	2006年	2007年	2008年	2009年	2010年	2011年	2012年
年末总人口	129 988	130 756	131 448	132 129	132 802	133 450	134 091	134 735	135 404
男性人口	66 976	67 375	67 728	68 048	68 357	68 647	68 748	69 068	69 395
女性人口	63 012	63 381	63 720	64 081	64 445	64 803	65 343	65 667	66 009

数据来源:中华人民共和国统计局.

思考:这就是个时间数列,反映了我国9年来的人口变化情况,并可以根据上面的数据预测2020年我国人口将达到多少。所谓时间数列,就是指将同一统计指标的数值按时间先后顺序排列而成的数列。本项目就是通过时间数列,用统计分析方法总结事物发展规律,分析发展趋势,进而预测未来。通过本项目的学习,能观察现象在不同时间上的发展变化,分析其趋势,总结其规律,借以回顾过去,把握现在,预测未来。本章要求学习者有一定的统计分析能力。

任务5.1 时间数列概述

5.1.1 时间数列的概念、意义、构成和种类

1. 时间数列的概念

时间数列是指同一社会经济现象的统计指标按一定的时间顺序排列而成的数列,又称为动

态数列。动态就是社会经济现象在时间上的发展变化。

2. 时间数列的意义

(1) 时间数列可以描绘社会经济现象发展变化的过程

时间数列是描绘社会经济现象发展变化过程的特有方法。通过时间数列,可以观察事物发展变化的升降起伏,可以观察事物由起点水平是怎样发展到现在这个水平的。它把事物发展变化的过程描绘得一清二楚。例如,在"情景引入"中,通过时间数列,可以看到我国人口数的变化、男女人口数的变化。我国2004年为129 988万人,2012年为135 404万人,这个变化的历程描绘得很清楚。

(2) 时间数列可以揭示社会经济现象发展变化的规律,预测其未来的发展趋势和进度

时间数列也是积累历史资料的一种表现与方法,而通过对历史资料的观察和分析,可找出现象发展变化的规律,在此基础上结合各种统计方法,预计和推测现象发展变化的数量表现与趋势。例如,通过对我国历年来工业产品产量资料的分析,可以预测今后一段时间内工业产品产量的发展水平和发展速度,从而为国家制订社会经济长期发展计划提供重要依据。

(3) 时间数列可以对比分析不同国家、地区、单位的发展水平,揭示其社会经济现象在发展过程中的差距

利用时间数列,不同地区和国家间既可以进行相同时期的横向比较,也可以进行发展全过程的纵向比较。前者如2000—2010年间我国国民生产总值和美国国民生产总值的对比,后者如我国社会主义制度建立50年间人均年收入的对比。

总之,编制时间数列的目的是比较某一现象在不同时间上的连续变动过程,研究现象变化发展的规律,提示现象间的相互关系。

3. 时间数列的构成

时间数列是由两个要素构成的:一是社会经济现象所属的时间,即反映时间顺序的数列,如"情景引入"中的2004—2012年;二是现象在各个时间的指标数值,即反映各个时间的指标值变化的变量数列,如"情景引入"中各年的人口数、男性人口数、女性人口数等。

4. 时间数列与分配数列的区别

(1) 反映的时间不同

分配数列是静态数列,反映的是同一时间变量取不同水平下的总体单位数,而时间数列反映的是不同时间总体的指标数值。

(2) 数列所表达的对象不同

分配数列反映各组中的单位数目,而时间数列则反映各时间的指标数值。

(3) 数列顺序的含义不同

分配数列是以分组为顺序排列的,而时间数列是以时间为顺序排列的。

上述区别用图表示如下:

按××分组	次 数
⋮	⋮

分配数列

时 间	……
数 值	……

时间数列

5. 时间数列的种类

时间数列按指标数值的表现形式不同分为 3 种：总量指标时间数列、相对指标时间数列、平均指标时间数列。其中，总量指标时间数列是最基本的时间数列，其余两种时间数列是根据总量指标时间数列计算而得出的派生数列。

(1) 总量指标时间数列

总量指标时间数列又称绝对数动态数列，是由同一总量指标按时间先后顺序排列而成的数列，用以反映社会经济现象的总体规模或总体水平及其发展变化情况。由于总量指标按所反映的时间状况不同分为时期指标和时点指标，因此，总量指标数列可分为时期指标动态数列和时点指标动态数列。

① 时期指标动态数列。总量指标时间数列中的总量指标，如果反映的是某种现象在一段时间内的发展过程的总量，这种数列称为时期指标动态数列，简称时期数列。例如，表 5－1 反映某国 2009—2013 年钢产量变化的时间数列，就是一个时期数列。

表 5－1　某国 2009—2013 年钢产量　　万吨

年　份	2009	2010	2011	2012	2013
钢产量	22 234	28 291	35 310	42 266	48 966

② 时点指标动态数列。总量指标动态数列中的总量指标，如果反映的是某种现象在某一时点上所达到的状态数量，这种数列称为时点指标动态数列，简称时点数列。例如，广东省几年来每年年底人口总数数列。表 5－2 所示就是一个时点数列。

表 5－2　美达公司每年年末库存材料　　万元

年　份	2006	2007	2008	2009	2010	2011	2012	2013
年末库存材料	70.8	80.8	86.2	89.3	90.7	93.9	98.7	100.5

③ 时期指标动态数列和时点指标动态数列的区别如表 5－3 所示。

表 5－3　时期指标动态数列和时点指标动态数列的区别

区别的项目	时期数列	时点数列
从所反映现象的性质看	反映现象在某一时期内发展的总量	反映现象在某一时点的状况或水平
从指标有无可加性看	数列中各项指标可以相加，以反映总量的变动情况	数列中各项指标不能相加，加总后的值没有意义
从指标大小与时间的关系看	指标值的大小与所属时期长短直接有关。时期越长，指标值越大；反之，则越小	指标值大小与间隔时间的长短没有直接联系。间隔时间长，不一定值就大；反之，也不一定小
从指标数值资料来源看	指标值是通过连续统计所得	各个指标值只需在某个时点进行登记即可，不需连续统计

(2) 相对指标时间数列

相对指标时间数列又称相对数时间数列，是同一相对指标按时间先后顺序排列而成的数列，用以反映社会经济现象的比例、结构、程度、速度等及其发展变化情况。例如，某高职院校几年来每年入学新生中的女生比重数列。表 5－4 所示就是一个相对指标时间数列。

表5-4 美达公司每年市场占有率情况

年 份	2006	2007	2008	2009	2010	2011	2012	2013
市场占有率/(%)	12.5	15.6	16.3	16.8	18.7	20.2	22.1	25

从表5-4中可以看出,美达公司的市场占有率有上升的趋势,且2013年为2006年的2倍,公司发展前景较好。

各种不同的相对指标时间数列,均从不同角度反映社会经济现象之间相互关系的发展过程及其规律性。相对指标时间数列中的各个指标是两个总量指标对比而成的,其计算基础不同,因此,不能直接相加。

(3) 平均指标时间数列

平均指标时间数列又称平均数时间数列,是同一平均指标按时间先后顺序排列而成的数列,用以反映社会经济现象一般水平的发展趋势。例如,某农场历年来小麦平均亩产量数列。表5-5所示就是一个平均指标时间数列。

表5-5 美达公司员工平均工资情况 元

年 份	2006	2007	2008	2009	2010	2011	2012	2013
年平均工资	750.00	860.00	940.80	1 000.90	1 100.00	1 400.00	1 450.90	1 590.00

表5-5中的数值反映了随着美达公司经营的成功,员工的工资水平呈逐年增长的趋势,生活水平不断提高。

平均指标时间数列中的各项指标数值不能相加,加起来的数字毫无实际意义。

5.1.2 编制时间数列的原则

编制时间数列的目的是进行动态对比和动态分析,以研究社会经济现象发展变化的过程、发展速度及发展趋势和规律性。因此,编制时间数列应遵守一个基本原则,就是可比性原则,即要保持数列中各个指标的可比性。

在编制时间数列时要遵守下列一些具体原则。

1. 时间数列中的各指标时期长短应一致

由于时间数列中各指标数值的大小与所属时期长短有直接的关系,只有时期长短保持一致,才能进行动态对比,对比的结果才能说明问题,才有实际意义。如果时期长短不一致,对比的结果就不能说明问题,就没有实际意义。例如,某公司产值的动态数列如表5-6所示。

表5-6 某公司产值的变化情况 万元

年 份	2005—2007	2008	2009	2010—2013
产 值	650	450	400	1 500

这个时间数列中的各个指标所属的时期长短就不一致。第一、四个指标分别属于3年、4年的产值,第二、三个指标属于1年的产值。这样的动态数列就不能进行动态对比。由此可见,保持时期长短的一致性,是编制时期数列应遵守的一个重要原则。

对时点数列,虽然各指标数值的大小与间隔长短没有直接关系,但各指标的间隔也最好相等,以便于分析。

2. 总体范围前后应一致

时间数列中各个指标所包含的总体范围应前后一致。只有总体范围前后一致,才能进行动态对比和动态分析。如果总体范围前后不一致,便不能进行对比,对比也没有意义,不能说明问题。例如,某公司所属企业2012与2013年产值的资料如表5－7所示。

表5－7 某公司所属企业产值的情况 万元

年 份	2012	2013
产 值	2 400	4 800

根据表5－7所示的资料,该公司产值2013年为2012年的200%,增长速度为100%。这种高速度在正常情况下是不可能的。其原因是由于并购而引起总体范围前后不一致,即2013年有一部分企业被并购到该公司了。

总体范围发生了变化,要进行动态对比,必须对资料进行调整,以保持指标的可比性。调整的方法是:将并购过来的企业产值去掉,则该公司2013年的产值为3 000万元。这样,总体范围就一致了,就可进行动态对比。

我国的行政区划时有变更,在进行动态分析时尤应注意。

3. 指标的经济含义应该前后一致

经济含义是指各个指标内容的同质性和经济内容的统一性。指标不同质及经济内容不一致,不能进行动态对比。例如,我国的粮食产量,有的年份包括大豆产量,而有的年份不包括大豆产量,这样,粮食产量的经济内容前后就不一致了,就不便于进行动态对比。如果要进行动态对比,就要进行调整。

4. 指标的计算方法前后应一致

时间数列中的各个指标的计算方法前后应一致。只有前后一致,才能进行动态对比。如果时间数列中各个时期的指标计算方法前后不一致,就不便于进行动态对比。计算方法,即通常说的计算口径,包括统计方法、计算公式、计算价格、计量单位等,都要前后一致。例如,我国2004年的工业总产值就不能与1978年的工业总产值直接进行对比,因为这两个年份工业总产值所采用的不变价格不同,如要进行对比,必须将两个年份的工业总产值都按同一个不变价格来计算。实物量的计量单位,过去多用国内标准,随着我国加入WTO,统一用国际标准,也要进行换算。

为了研究现象的发展规模和程度,提示事物发展的规律,要根据时间数列的资料计算一系列的动态分析指标。动态分析指标可以分为两大类:一类是水平指标,另一类是速度指标。下面对此进行介绍。

任务5.2 时间数列的水平指标分析

为了研究社会经济现象发展变化的过程和规律,常要对时间数列进行对比分析,计算出各种分析指标。动态数列的比较分析指标有动态数列的绝对数分析指标和动态数列的平均数分析指标。其中常用的有发展水平、平均发展水平、增长量和平均增长量。

5.2.1 发展水平指标

在时间数列中,每一个指标数值反映社会经济现象在各个不同时期或不同时点上所达到的发展水平,因而称为发展水平指标。发展水平也就是指时间数列中的每项具体指标数值。它既可以是总量指标,也可以是相对指标或平均指标。它是计算其他动态分析指标的基础。

发展水平指标是表明社会经济现象动态的重要基础指标。如果发展水平指标计算不准确,进行有关的动态分析就会失真,甚至会得出错误的结论。

发展水平指标按其在动态数列中所处的位置不同,可分为最初水平、中间水平、最末水平。现以2014年华鑫公司1—8月份的净利润资料编制的动态数列来说明这几个概念,如表5-8所示。

表5-8 2014年华鑫公司1—8月份净利润情况 万元

月 份	1	2	3	4	5	6	7	8
净利润	2 098.5	3 726.4	4 245.7	5 459.6	6 555.3	7 325.9	7 657.8	7 989.5

最初水平(a_1):是指动态数列中的第一项指标数值,在表5-8中即为2014年1月份的净利润2 098.5万元。

最末水平(a_n):是指动态数列中的最后一项指标数值,在表5-8中即为2014年8月份的净利润7 989.5万元。

中间水平(a_i):是指动态数列中除首尾两项指标数值之外的其余各项指标数值。

在将发展水平进行对比分析时,将所要研究或比较时期的发展水平,称为报告期水平;用于做比较标准的某个时间的发展水平,称为基期水平。通常,报告期是指离分析者比较近的那个时期,基期是指离分析者比较远的那个时期。

报告期水平和基期水平不是固定不变的,而是随着研究目的的改变而发生变化的。

5.2.2 平均发展水平

平均发展水平是根据动态数列中各个不同时期发展水平加以平均而得到的平均数,又称为序时平均数,记作$\bar{a}$,用来反映现象在较长时期内所达到的一般发展水平。它是统计分析中常用的指标,其作用主要表现在:可以消除现象在一段时间内受除长期趋势以外的其他变动因素的影响,便于各段时间进行对比;可以衡量在一段时间内现象发展达到的一般水平,便于进行不同空间的对比。

平均发展水平可以根据总量指标动态数列计算,也可以根据相对指标动态数列或平均指标动态数列计算。从计算方法上讲,根据总量指标动态数列计算平均发展水平是最基本的方法。现分别介绍如下。

1. 由总量指标动态数列计算平均发展水平

总量指标动态数列分为时期数列和时点数列,由于它们的性质不同,计算平均发展水平时的方法也不一样。

(1) 由时期数列计算平均发展水平

由时期数列计算平均发展水平采用简单算术平均法。其计算公式为:

$$\bar{a}=\frac{a_1+a_2+\cdots+a_n}{n}=\frac{\sum a}{n} \qquad 式(5-1)$$

式中，$\bar{a}$——平均发展水平；a_i——各期发展水平（$i=1,2,3,\cdots,n$）；n——数列中时期项数。

例 5-1 名苑公司 2014 年上半年产量资料如表 5-9 所示。

表 5-9 名苑公司 2014 年上半年产量资料　　万件

月 份	1	2	3	4	5	6
产 量	50	55	45	48	60	75

该公司 2014 年上半年月平均产量为：

$$\bar{a}=\frac{\sum a}{n}=\frac{50+55+45+48+60+75}{6}=55.5(万件)$$

（2）由时点数列计算平均发展水平

由时点数列计算平均发展水平，因掌握的资料情况不同，具体方法也不一样，分为连续时点数列和间断时点数列两种。

① 由于连续时点数列有连续变动、非连续变动两种情况，因此分别有两种不同的计算方法。

- 连续变动的连续时点数列的平均发展水平，直接采用简单算术平均数，以各时点值之和除以时点数值的个数即得。其计算公式为：

$$\bar{a}=\frac{a_1+a_2+\cdots+a_n}{n}=\frac{\sum a}{n} \qquad 式(5-2)$$

式中，$\sum a$ 为各时点值之和。

例 5-2 某车间 3 月上旬职工出勤情况如表 5-10 所示。

表 5-10 某车间 3 月上旬职工出勤变动情况　　人

日 期	1日	2日	3日	4日	5日	6日	7日	8日	9日	10日
出勤人数	50	55	45	52	58	53	55	52	54	66

该车间 3 月上旬平均职工出勤人数：

$$\bar{a}=\frac{\sum a}{n}=\frac{50+55+45+52+58+53+55+52+54+66}{10}=54(人)$$

- 非连续变动的连续时点数列的平均发展水平，采用加权算术平均法计算，即以每次变动持续的时间间隔长度（f）为权数，对各时点数值（a）加权。其计算公式为：

$$\bar{a}=\frac{\sum af}{\sum f} \qquad 式(5-3)$$

例 5-3 某公司 4 月份在册员工人数为：1—6 日，每天有 400 人；7—15 日，每天有 410 人；16—20 日，每天有 430 人；21—30 日，每天有 450 人。则该公司 4 月份平均每天在册人数为：

$$\bar{a}=\frac{400\times6+410\times9+430\times5+450\times10}{30}\approx425(人)$$

② 由间断时点数列计算平均发展水平。在间断时点数列中有间隔相等和间隔不等两种情况。

- 由间隔相等的间断时点数列计算平均发展水平。

计算原理：根据间隔相等的时点数列计算平均发展水平，是假定所研究的现象在两个相邻时点之间的变动是均匀的，因而可将相邻两个时点数值相加除以2，求得两个时点之间的简单平均数，然后根据这些平均数，再用简单算术平均法计算整个所研究的时间内的现象的平均发展水平。其计算公式为：

$$\bar{a}=\frac{\frac{a_1}{2}+a_2+\cdots+\frac{a_n}{2}}{n-1} \qquad 式(5-4)$$

式中，$\bar{a}$——平均发展水平；a_i——各项时点指标数值$(i=1,2,3,\cdots,n)$；n——时点指标数值的项数。

时间间隔相等的动态数列求平均发展水平，等于用首项的1/2，加上中间各项，再加上末项的1/2，再除以动态数列的项数减1所得的比值。这种计算方法又称首尾对半法。

例5-4 某企业第一季度各时点职工人数如表5-11所示，求第一季度平均人数。

表5-11 某企业第一季度各时点职工人数 人

日/月	1/1	1/2	1/3	31/3
职工人数	800	1 100	1 200	1 800

根据表5-11所示的资料计算第一季度平均职工人数为：

$\bar{a}=(800\div2+1\ 100+1\ 200+1\ 800\div2)\div3=1\ 200$(人)

- 由间隔不等的间断时点数列计算平均发展水平。如果时点数列的间隔不等，则采用加权算术平均法计算平均发展水平，其权数为两个指标值之间的间隔数。其计算公式为：

$$\bar{a}=\frac{\frac{a_1+a_2}{2}\times f_1+\frac{a_2+a_3}{2}\times f_2+\cdots+\frac{a_{n-1}+a_n}{2}\times f_{n-1}}{\sum f} \qquad 式(5-5)$$

例5-5 某企业2014年各时点的职工人数如表5-12所示。计算平均职工人数。

表5-12 某企业2014年各时点职工人数 人

日/月	1/1	1/4	1/7	1/9	1/12	31/12
职工人数	300	400	380	420	500	600

假定间隔的各时点之间指标数值是均匀变化的，则可利用首尾对半法计算该企业2014年月平均职工人数为：

$$\bar{a}=\frac{\frac{300+400}{2}\times3+\frac{400+380}{2}\times3+\frac{380+420}{2}\times2+\frac{420+500}{2}\times3+\frac{500+600}{2}\times1}{12}$$

$=412.5$(人)

应该注意的是，根据间断时点数列计算平均发展水平，是以被研究的现象在相邻两个时点之间均匀变动为前提的，但实际上现象的变动并非完全如此。因此，求的结果只是一个近似值。为了使其计算结果尽可能反映实际情况，间断时点数列的间隔不宜过长。

2. 由相对指标动态数列计算平均发展水平

在统计分析中，除了经常考查总量指标动态数列的一般水平外，还要考查相对指标动态数列的一般水平。由于相对指标比较基数不同，不能直接相加，因此，不能根据相对指标动态数列中的各指标直接相加计算平均发展水平。

根据相对指标动态数列计算平均发展水平，其基本方法是：首先计算构成该相对指标动态数列的分子与分母数列的平均发展水平，然后再将这两个平均发展水平对比求得。其计算公式为：

$$\bar{c} = \frac{\bar{a}}{\bar{b}} \qquad \text{式}(5-6)$$

式中，$\bar{a}$——分子数列的平均发展水平；$\bar{b}$——分母数列的平均发展水平；$\bar{c}$——相对指标的平均发展水平。

应注意的是，由于相对指标由两个总量指标相比较而得，分子、分母为时期数列或时点数列，因此，在计算分子数列和分母数列的平均发展水平时，首先必须分清分子、分母数列属于时期数列还是属于时点数列，然后分别计算各自的平均发展水平。一般有以下3种情况。

(1) 分子数列与分母数列都表现为时期数列

其计算公式为：

$$\bar{c} = \frac{\frac{\sum a}{n}}{\frac{\sum b}{n}} = \frac{\sum a}{\sum b} \qquad \text{式}(5-7)$$

相对指标分子、分母资料均齐全，即有 a、b 的资料，运用此式计算 c 的平均值。

如果分子、分母指标不齐全，则先将分子或分母指标计算出来。

例5-6 甲、乙、丙3个企业2014年第三季度产量计划完成资料如表5-13所示。试计算3个企业第三季度的计划完成程度。

表5-13 企业第三季度计划完成情况 件

		7月	8月	9月
甲企业	计划产量	300	400	600
	实际产量	350	380	600
乙企业	计划产量	400	500	600
	计划完成/(%)	120	100	95
丙企业	实际产量	500	400	300
	计划完成/(%)	100	105	90

甲企业第三季度月平均计划完成程度：

$\bar{c} = (350+380+600)/(300+400+600) \approx 102.3\%$

乙企业第三季度月平均计划完成程度：

$\bar{c} = (400\times120\%+500\times100\%+600\times95\%)/(400+500+600) \approx 103.3\%$

丙企业第三季度月平均计划完成程度：

$\bar{c} = (500+400+300)/(500/100\%+400/105\%+300/90\%) \approx 98.8\%$

计算结果表明，乙企业第三季度产量计划完成情况要好于甲、丙企业。

(2) 分子数列与分母数列都表现为时点数列

如前所述,时点数列有连续和间断之分。连续时点数列又分为连续变动和非连续变动时点数列,间断时点数列又有间隔相等和间隔不等之分,因而其具体计算方法不一样。但其基本原则还是先根据该相对指标的分子与分母分别计算平均发展水平,然后,将其进行对比即可。现以两个间隔不相等的间断时点数列对比形成的相对指标时间数列计算平均发展水平的方法为例加以说明。其计算公式为:

$$\bar{c}=\frac{\dfrac{\frac{a_1+a_2}{2}\times f_1+\frac{a_2+a_3}{2}\times f_2+\cdots+\frac{a_{n-1}+a_n}{2}\times f_n}{\sum f}}{\dfrac{\frac{b_1+b_2}{2}\times f_1+\frac{b_2+b_3}{2}\times f_2+\cdots+\frac{b_{n-1}+b_n}{2}\times f_n}{\sum f}} \qquad \text{式}(5-8)$$

例 5-7 某企业 2014 年上半年工人人数与职工人数的资料如表 5-14 所示。试计算该企业上半年平均工人人数占全部职工的比重。

表 5-14 某企业 2013 年上半年工人人数与职工人数　　人

日/月	1/1	1/3	1/6	30/6
工人人数	400	380	450	500
职工人数	500	450	500	500

利用上列公式,可计算该企业 2014 年上半年平均工人人数占全部职工人数的比重。

$$\bar{c}=\frac{\dfrac{\frac{400+380}{2}\times 2+\frac{380+450}{2}\times 3+\frac{450+500}{2}\times 1}{6}}{\dfrac{\frac{500+450}{2}\times 2+\frac{450+500}{2}\times 3+\frac{500+500}{2}\times 1}{6}}=2\,500/2\,875\approx 86.96\%$$

(3) 分子数列和分母数列分别表现为时期数列、时点数列

其计算公式仍然是:

$$\bar{c}=\frac{\bar{a}}{\bar{b}} \qquad \text{式}(5-9)$$

在公式中,不同的是:a 与 b 中一个是时期指标,一个是时点指标。在具体计算过程中应分别按照分子、分母指标的性质选用适当的方法计算。

例 5-8 某企业第一季度工业总产值及月末工人人数资料如表 5-15 所示。试计算第一季度工人平均月劳动生产率。

表 5-15 某企业第一季度的工业总产值及月末工人人数

月　份	1	2	3	4
工业总产值/万元	80	90	98	100
月末职工人数/人	500	540	560	580

构成劳动生产率的分子工业总产值是时期数列,构成分母职工人数的是时点数列。因此,第一季度月平均工人劳动生产率应为:

$$\bar{c}=\frac{\frac{80+90+98}{3}}{\frac{\frac{500}{2}+540+560+\frac{580}{2}}{3}}=\frac{89.3}{547}\approx 0.1633(\text{万元/人})$$

3. 由平均指标动态数列计算平均发展水平

平均指标动态数列可由静态平均指标和动态平均指标组成。两种不同的平均指标动态数列的平均发展水平的计算方法也不同。静态平均指标所组成的动态数列,实质上就是两个总量指标动态数列相对应项对比形成的,即分子数列是标志总量数列,分母数列是总体单位总量数列。计算这种平均指标动态数列的平均发展水平的基本原则和方法与前面介绍的计算相对指标动态数列的平均发展水平的方法一致,也就是先计算出该平均指标的分子、分母的平均数,然后进行对比。其计算公式为:

$$\bar{c}=\frac{\bar{a}}{\bar{b}} \qquad \text{式}(5-10)$$

由动态平均指标所形成的动态数列的平均发展水平的计算,分以下两种情况。

① 时期相等,采用简单算术平均法,即直接将各项动态平均数相加然后除以项数得出。其计算公式为:

$$\bar{a}=\frac{\sum a}{n} \qquad \text{式}(5-11)$$

例5-9 某企业2014年第一季度各月的平均销售额如表5-16所示。试计算第一季度的月平均销售额。

表5-16 某企业第一季度各月平均销售额

月 份	1	2	3
平均销售额/万元	80	90	100

该企业第一季度的月平均销售额为:

$$\bar{a}=\frac{\sum a}{n}=(80+90+100)/3=90(\text{万元})$$

② 时期不等,则以不同时期为权数,采用加权算术平均法计算。其计算公式为:

$$\bar{a}=\frac{\sum af}{\sum f} \qquad \text{式}(5-12)$$

例5-10 某企业2014年原材料库存额1月份平均为100万元,2—4月份平均为120万元,5—9月份平均为110万元,10—12月份平均为130万元,则该企业2013年原材料的平均库存额为:

$$\bar{a}=\frac{\sum af}{\sum f}=(100\times1+120\times3+110\times5+130\times3)/12\approx 116.67(\text{万元})$$

5.2.3 增长量

增长量是指社会经济现象在一定时期内所增长的绝对数量，是用报告期水平减去基期水平所得的差。其计算公式为：

增长量 = 报告期水平 − 基期水平 式(5−13)

增长量是一个绝对数，有正有负，正数表示增长或增加，负数表示减少或降低。按照选择的基期是否相同，增长量可分为逐期增长量和累计增长量。

逐期增长量是报告期水平与报告期的前期水平之差，用来说明现象逐期增减的绝对数量。

累计增长量是报告期水平与某一固定基期水平（通常为最初水平）之差，用来反映现象在较长时期内的增减数量。其计算公式为：

逐期增长量 = 报告期水平 − 相邻前期水平 式(5−14)

用符号表示为：

$$a_2-a_1,a_3-a_2,a_4-a_3,\cdots,a_n-a_{n-1}$$

累计增长量 = 报告期水平 − 固定期水平 式(5−15)

用符号表示为：

$$a_2-a_1,a_3-a_1,a_4-a_1,\cdots,a_n-a$$

二者之间的关系表现为：

逐期增长量相加之和 = 对应年份的累计增长量 式(5−16)

用符号表示为：

$$(a_2-a_1)+(a_3-a_2)+(a_4-a_3)+\cdots+(a_n-a_{n-1})=a_n-a_1$$

例 5−11 现说明增长量的计算，以表 5−17 为例。

表 5−17 某电冰箱厂 2007—2013 年电冰箱产量情况 万台

年 份	2007	2008	2009	2010	2011	2012	2013
电冰箱产量	a_1	a_2	a_3	a_4	a_5	a_6	a_7
	500	560	630	650	680	700	750
逐期增长量	—	a_2-a_1	a_3-a_2	a_4-a_3	a_5-a_4	a_6-a_5	a_7-a_6
	—	60	70	20	30	20	50
累计增长量	—	a_2-a_1	a_3-a_1	a_4-a_1	a_5-a_1	a_6-a_1	a_7-a_1
	—	60	130	150	130	200	250

表 5−17 中，2007—2013 年逐期增长量之和为 250 万台，与 2013 年的累计增长量相等。

表 5−17 的资料说明了该电冰箱厂从 2007 年以来，产量每年增长的幅度及累计增长的规模。

5.2.4 平均增长量

平均增长量是指逐期增长量的平均数，用来反映现象在一定时期内平均每期增长的数量。其计算公式为：

平均增长量 = 逐期增长量之和/逐期增长量的个数 式(5−17)

用符号表示为：

$$\sum[(a_2-a_1)+(a_3-a_2)+(a_4-a_3)+\cdots+(a_n-a_{n-1})]/(n-1)$$

由于逐期增长量之和等于对应年份的累计增长量，故上式又可写成：

平均增长量＝累计增长量/（时间数列项数－1） 式（5－18）

用符号表示为：

$$(a_n-a_1)/(n-1)$$

以表5－17中的数据为例计算平均增长量。

平均增长量＝（60＋70＋20＋30＋20＋50）/6≈41.7（万台）

或平均增长量＝250/6≈41.7（万台）

任务5.3 时间数列的速度指标分析

5.3.1 发展速度

除了用相减的方法对动态数列进行对比分析外，还可以改用相除的方法进行对比，由此得到发展速度与增长速度两类相对指标。

发展速度是同一社会经济现象在两个不同时期发展水平对比得出的动态相对数。发展速度可以反映社会经济现象发展变化的速度。其计算公式为：

发展速度＝报告期水平/基期水平 式（5－19）

从定义上可见，发展速度就是动态相对指标。

由于计算时采用不同的基期，发展速度可分为环比发展速度与定基发展速度。

1. 环比发展速度

环比发展速度就是将报告期发展水平与前一期的发展水平相除，用来反映现象在相应的时期内（或时间间隔内）变化的相对程度。其计算公式为：

环比发展速度＝$a_2/a_1, a_3/a_2, a_4/a_3, \cdots, a_n/a_{n-1}$ 式（5－20）

2. 定基发展速度

定基发展速度就是将报告期发展水平与某一固定期发展水平（通常是最初发展水平）相除，用来反映现象在较长时间内变化的相对程度。其计算公式为：

定基发展速度＝$a_2/a_1, a_3/a_1, a_4/a_1, \cdots, a_n/a_1$ 式（5－21）

3. 两者的关系

从以上公式可知，环比发展速度与定基发展速度之间存在一定的数量关系，可以互相推算。关系式为：

定基发展速度＝同时期内的各环比发展速度的连乘积 式（5－22）

用符号表示为：

$$a_n/a_1 = a_2/a_1\times(a_3/a_2)\times(a_4/a_3)\times\cdots\times(a_n/a_{n-1})$$ 式（5－23）

用符号表示为：

$$a_n/a_{n-1} = a_n/a_1 \div (a_{n-1}/a_1)$$ 式(5-24)

例 5-12 现以表 5-18 为例说明发展速度的计算。

表 5-18 某电冰箱厂 2007—2013 年电冰箱产量情况 万台

年 份	2007	2008	2009	2010	2011	2012	2013
电冰箱产量	a_1	a_2	a_3	a_4	a_5	a_6	a_7
	500	560	630	650	680	700	750
定基发展速度/(%)	—	a_2/a_1	a_3/a_1	a_4/a_1	a_5/a_1	a_6/a_1	a_7/a_1
	—	112	126	130	136	140	150
环比发展速度/(%)	—	a_2/a_1	a_3/a_2	a_4/a_3	a_5/a_4	a_6/a_5	a_7/a_6
	—	112	112.5	103.2	104.6	102.9	107.1

表 5-18 中，定基发展速度 =150% =112% ×112.5% ×103.2% ×104.6% ×102.9% ×107.1%

环比发展速度 = 同期定基发展速度 ÷ 上期定基发展速度

环比发展速度 =150% ÷140% =107.1%

5.3.2 平均发展速度

由于受各种因素的影响，动态数列中各个时期的速度指标数值参差不齐。为了从整体上掌握动态数列速度变化的数量特征，需要确定各个速度指标的一般水平，这个指标就是平均发展速度。

平均发展速度是指被研究对象在一段时间内各环比发展速度的平均数，说明某种现象在一个较长时期中逐年平均发展变化的速度，将逐个环比发展速度的差异抽象化了。

平均发展速度指标可以用来比较和说明各个历史阶段社会经济的一般发展水平；可以在制定社会经济发展规划时，用作预测的依据；还可以用来和国际经济对比，以便找出差距。

平均发展速度通常采用两种方法计算，即几何平均法和方程式法。

1. 几何平均法（又称水平法）

按这种方法计算平均发展速度的数理依据是：从最初水平出发，逐期按其环比速度发展，就可以达到末期的发展水平。由于各环比发展速度的连乘积等于第 n 期的定基发展速度（又称总速度），故其平均速度只能用几何平均法计算。

设 $\bar{x}$ 代表平均发展速度，x 代表各环比发展速度，n 代表各环比发展速度的项数，$\prod$ 代表连乘符号。其计算公式为：

$$\bar{x} = \sqrt[n-1]{x_1 x_2 x_3 \cdots x_n} = \sqrt[n-1]{\prod x}$$ 式(5-25)

由于各环比发展速度的连乘积等于最末期的定基发展速度，上式又可写为：

$$\bar{x} = \sqrt[n-1]{\frac{a_2}{a_1}\frac{a_3}{a_2}\cdots\frac{a_n}{a_{n-1}}} = \sqrt[n-1]{\frac{a_n}{a_1}} = \sqrt[n-1]{R}$$ 式(5-26)

式中，R 代表总速度（定基发展速度）。

以上两个公式虽然计算形式有所不同，但实质一样，可以根据所掌握的资料的不同选择应用。

例 5－13 某城市几年来的游客人数资料如表 5－19 所示。试计算该城市几年来的游客年平均发展速度。

表 5－19 某城市 2008—2013 年的游客人数

年 份	2008	2009	2010	2011	2012	2013
游客人数/万人	589	674	743	711	843	1 016
环比发展速度/(%)	—	114.43	110.24	95.69	118.56	120.52
定基发展速度/(%)	—	114.43	126.15	120.71	143.12	172.50

按公式(5－25)计算得：

$\bar{x}=\sqrt[5]{1.1443\times1.1024\times0.9569\times1.1856\times1.2052}\approx1.1152(111.52\%)$

按公式(5－26)计算得：

$\bar{x}=\sqrt[5]{1.725}\approx1.1152(111.52\%)$

在计算几何平均发展速度遇到开高次方的问题时，在实际运算中，常用的方法有 3 种。

① 用多功能计算器直接开高次方。

② 查平均增长速度查对表取得。

③ 采用对数的方法。

将式(5－25)的等式两端同时取对数：

$$\lg\bar{x}=(\lg r_1+\lg r_2+\cdots+\lg r_n)$$

根据计算结果，查反对数表，则可得平均发展速度 $\bar{x}$。

以上 3 种运算方法的结果相同，究竟采用哪种方法，取决于手头所掌握的计算工具和工具书，然后从中选择最为简单的计算方法，以节省运算时间。

用几何平均法计算平均发展速度是最常用的方法。利用它不仅可以计算平均速度指标，而且可以推算最末期发展水平和时间。

例 5－14 某公司 2009 年的产值是 400 万元，若今后产值每年的平均发展速度为 120%，到 2013 年产值应是多少万元？

因为 $\bar{x}=\sqrt[n-1]{\frac{a_n}{a_1}}$，所以 $\bar{x}^{n-1}=\frac{a_n}{a_1}$

2013 年产值 $=400\times1.2^4=829.44$(万元)

2. 方程式法(又称累计法)

按这种方法计算平均发展速度的数理依据是：从最初水平出发，每期按平均发展速度发展，经过 n 期后，各期计算的理论水平之和应等于各期实际的发展水平之和。其计算公式为：

$$\bar{x}^n+\bar{x}^{n-1}+\cdots+\bar{x}^3+\bar{x}^2+\bar{x}-\frac{\sum a_i}{a_0}=0 \qquad \text{式(5－27)}$$

这个方程的正根就是根据方程式法所求的平均发展速度。但由于这个方程的求解方法十分复杂，为了简化手续，故在实际工作中常用查表法计算平均发展速度，即查平均增长速度查对表取得平均发展速度值。

3. 计算和应用平均速度指标应注意的问题

(1) 要结合具体研究目的适当地选择基期

由于基期水平对平均速度指标影响重大,如果基期水平因受特殊因素的影响而过高或过低,用这样的资料来计算平均速度,就会降低这一指标的意义,甚至会失去代表性而不能说明现象变化发展的真实情况。

(2) 应用分段平均速度或用突出的个别环比速度来补充总平均速度

因为根据几何平均法求得的平均速度指标,实际只反映最初和最末水平的变化,并不反映中间各年的实际变化。因此,当研究时期过长时,为了避免由于中间各期波动过大或变化方向不同而降低平均速度指标的代表性,应计算分段平均速度指标来补充说明总平均发展速度,这对于全面、深入地了解现象的整个过程的变化情况很有必要。

(3) 要结合发展水平、经济效益来研究平均速度指标

在社会经济现象中,有可能出现高速度下的低水平、低效益,或者低速度背后隐藏着高水平、高效益的情况。因此,将水平指标、经济效益及各种速度指标结合起来,对现象进行综合分析,更有利于揭示现象发展变化的规律性。

5.3.3 增长速度

增长速度是指增长量与基期水平之比,用来反映社会经济现象在一定时期内增长的相对程度。其计算公式为:

增长速度 = 增长量/基期水平 = (报告期水平 - 基期水平)/基期水平

= 发展速度 - 1　　　　式(5-28)

由上式可看出,增长速度指标和发展速度指标之间只差一个基数(100%)。二者都是说明社会经济现象发展演变程度的,只是表达方式上有区别。前者说明现象报告期发展水平比基期发展水平增长或降低若干倍或百分之几,后者则说明现象的发展水平报告期是基期的若干倍或百分之几。

当发展速度大于1时,增长速度为正值,表明现象的增长程度;当发展速度小于1时,增长速度为负值,表明现象的降低程度。

同发展速度一样,由于计算时选择不同的基期,增长速度也分为环比增长速度和定基增长速度。

1. 环比增长速度

环比增长速度是逐期增长量与前一期水平之比,表明现象逐期增长的程度。其计算公式为:

环比增长速度 = (报告期水平 - 前一期水平)/前一期水平 = 逐期增长量/前一期水平

= 环比发展速度 - 1　　　　式(5-29)

用符号表示为:

$$环比增长速度 = a_i / a_{i-1} - 1$$

2. 定基增长速度

定基增长速度是累计增长量与固定的基期发展水平之比,说明现象累计增长(降低)的相对

程度。其计算公式为：

$$\text{定基增长速度}=(\text{报告期水平}-\text{固定基期水平})/\text{固定基期水平}$$
$$=\text{累计增长量}/\text{固定基期水平}$$
$$=\text{定基发展速度}-1 \qquad \text{式}(5-30)$$

3. 定基增长速度和环比增长速度的关系

两种增长速度存在着必然的经济联系，但它们之间不存在两种发展速度之间那样的连乘关系，所以，二者之间不能直接推算，而需借助两种发展速度的推算来解决其相互推算的问题。

例 5-15 根据表 5-17 的资料，将前面介绍的几种动态指标计算如表 5-20 所示。

表 5-20 某电冰箱厂 2007—2013 年电冰箱产量情况

万台

年 份	2007	2008	2009	2010	2011	2012	2013
电冰箱产量	a_1	a_2	a_3	a_4	a_5	a_6	a_7
	500	560	630	650	680	700	750
定基发展速度 /(%)	—	a_2/a_1	a_3/a_1	a_4/a_1	a_5/a_1	a_6/a_1	a_7/a_1
	—	112	126	130	136	140	150
环比发展速度 /(%)	—	a_2/a_1	a_3/a_2	a_4/a_3	a_5/a_4	a_6/a_5	a_7/a_6
	—	112	112.5	103.2	104.6	102.9	107.1
环比增长速度 /(%)	—	$\frac{a_2-a_1}{a_1}$	$\frac{a_3-a_2}{a_2}$	$\frac{a_4-a_3}{a_3}$	$\frac{a_5-a_4}{a_4}$	$\frac{a_6-a_5}{a_5}$	$\frac{a_7-a_6}{a_6}$
	—	12	12.5	3.2	4.6	2.9	7.1
定基增长速度 /(%)	—	$\frac{a_2-a_1}{a_1}$	$\frac{a_3-a_1}{a_1}$	$\frac{a_4-a_1}{a_1}$	$\frac{a_5-a_1}{a_1}$	$\frac{a_6-a_1}{a_1}$	$\frac{a_7-a_1}{a_1}$
	—	12	26	30	36	40	50

5.3.4 平均增长速度

平均增长速度是说明某种现象在一段时期内平均每年增长的程度。平均增长速度比平均发展速度更能明显地说明现象的发展变化程度，其实质是环比增长速度的平均值。

平均增长速度既不能用环比增长速度求得，也不能用增长量求得，而只能先求平均发展速度，然后用平均发展速度减 1(或 100%)求得。其计算公式为：

$$\text{平均增长速度}=\text{平均发展速度}-1(\text{或}100\%) \qquad \text{式}(5-31)$$

例 5-16 某地区工业总产值 2007 年为 1 558.6 万元，2013 年为 2 849.4 万元，问在 2007 年至 2012 年期间，工业总产值的平均增长速度是多少？

已知：$a_0=1\ 558.6 \qquad a_n=2\ 849.4 \qquad n=5$

根据上述资料，可计算平均增长速度：

$$\overline{x}=\sqrt[n]{\frac{a_n}{a_0}}-1=\sqrt[5]{\frac{2\ 849.4}{1\ 558.6}}-1$$
$$=\sqrt[5]{1.828\ 2}-1=1.128-1=0.128\text{，即 }12.8\%$$

任务5.4 动态趋势与预测分析

5.4.1 动态趋势分析的意义

编制动态数列，测算动态分析指标，其目的在于提示经济现象变动的趋势和规律，为我们在实际工作中制订计划、进行决策提供依据。动态趋势分析是指对数列中现象各期的发展水平的变化过程、趋势和规律进行研究分析。社会经济现象的变化与发展受许多因素的影响，其中既有长期趋势因素的影响，又有季节因素的影响，还有随机因素的影响。这些因素所起的推动与制约作用不同，彼此之间的关系也错综复杂。我们对动态数列进行趋势分析时，就要测定上述各种因素对现象发展的影响。例如，某产品销售量的变化，既受社会制度、政策法规、风俗习惯的影响，又受消费水平、气候变换的影响。这些因素中，有的可促使产品销量呈下降的趋势，有的却使销量呈上升的趋势。

对长期趋势进行数量上的测定，其根本目的在于客观地认识现象在发展变化过程中的统计规律，这主要表现在以下3个方面。

① 掌握客观事物发展变化的趋势，为经营管理与决策提供依据。例如，企业的产品经销需要掌握产品的“生命周期”发展变化情况。又如，人口政策的制定必须充分地分析与了解以往人口发展变化趋势等。

② 测定长期趋势是进行统计预测的必要条件。统计预测，特别是动态统计预测，是在掌握长期趋势的基础上进行的，它借助于长期趋势所反映的统计规律做出外推估计。

③ 测定长期趋势是研究季节变动的方法之一。现象在发展变化过程中的数量差异是由长期趋势、季节变动、不规则变动等因素相互影响而形成的。通过测定长期趋势，可以更好地研究季节变动。

5.4.2 影响现象发展的因素

现象的发展变化是许多错综复杂的因素共同作用的结果。这些因素中有些属于基本因素，对事物的发展起决定作用，使事物在一段较长时期内呈现出一定趋势，沿着一定方向(上升或下降)发展；有些属于偶然、非基本因素，对于事物的发展只起局部、非决定性的作用，使时间数列各期水平出现短期不规则的波动；还有一些属于季节变更因素，使时间数列各期水平出现季节性波动。虽然影响现象变动的因素错综复杂，但这些因素大体可归纳为以下几种类型。

1. 长期趋势

长期趋势是指现象在一个相当长的时期内持续发展变化的趋势，由各个时期普遍的、持续的、决定性的基本因素所左右，使各期发展水平沿着一个方向上升或下降的趋势变动。例如，我国人民的消费水平逐年提高，其根本原因是我国经济水平不断提高，人们的收入不断增加。认识和掌握了事物发展的长期趋势，可以进一步把握事物变化的基本特点。

2. 季节变动

季节变动是指现象因受自然条件或社会因素的影响,在一年或更短的时间内所产生的具有周期性、规律性的重复变动。例如,空调、服装有季节性的供应等。季节变动有时会给社会生产与人们生活带来某些不良影响。研究季节变动的目的在于克服由于季节变动引起的不良影响,以便于更好地组织生产,安排人们的经济生活。

3. 循环变动

循环变动是指现象以若干年为周期的涨落起伏相间的变动。由于引起波动的原因不同,因而波动的长短不一,波动的程度也不相同。例如,资本主义制度下的经济危机。

4. 不规则变动

不规则变动是指由于意外的、偶然的因素引起的无周期的变动。例如,海啸、地震或某些不明原因所引起的变动等。这种变动在目前科学技术条件下还不能预测或控制。但由于这种因素具有偶然性,根据概率论原理,如果这类因素原因很多且相互独立,则有相互抵消的可能;如果这些因素相互存在联系而且受一两个重大因素支配,则难以相互抵消,极可能形成经济波动,而且振幅往往会较大。例如,自然灾害、政策变动、战争或不明原因而引起的变动都可称为偶然性因素。

应该注意的是,并不是每一组动态数列的变动都同时存在以上 4 类因素的影响。例如,按年编制的动态数列就不存在循环变动。因此,在实际工作中,要对被研究的现象进行具体分析,实际存在哪些因素的影响,就测定哪些因素。动态数列分析的重要任务之一是对动态数列中的这几类影响因素给以统计测定和分析,从数列的变动中划分出各种变动的具体作用和动向,提示出各种变动(除不规则变动)的规律性特征,为正确认识事物并预测事物的发展提供科学的依据。

5.4.3 长期趋势分析方法

测定长期趋势就是采用一定的方法对动态数列进行修匀,使修匀后的数列消除季节变动、循环变动和不规则变动等因素的影响,了解现象的发展过程和发展前景,作为预测未来的依据。

测定长期趋势的方法主要有时距扩大法、移动平均法、指数平滑法、半数平均法和最小平方法。下面主要介绍时距扩大法、移动平均法和半数平均法。

1. 时距扩大法

时距扩大法就是把原来的动态数列的时距加以扩大,把扩大后各时距内包含的原有数列的各个发展水平加以合并或平均,作为扩大后的各时距的发展水平来编制新的动态数列。这样可以将由于受偶然因素影响所引起的增减波动相互抵消,从而比较清楚地表现出现象变动的总趋势。

用时距扩大法修匀动态数列,既可用总量指标表示,也可用平均指标表示,前者仅适用于时期数列,后者既适用时期数列,也适用时点数列。

例 5-17 某企业 2014 年各月的产值资料如表 5-21 所示。

表 5-21 某企业 2014 年各月产值 万元

月 份	1	2	3	4	5	6	7	8	9	10	11	12
产 值	78	85	82	88	84	89	88	86	92	97	95	99

这个动态数列不能明显反映现象发展的趋势，因各月的产量不是逐月上升，而是有升有降。现在我们采用时距扩大法，即由月扩大到季度，将每季度中各月的产量相加，则得各季的总产量，还可列出每季平均的月产量，如表 5-22 所示。

表 5-22 某企业 2014 年各季产值 万元

季 度	1	2	3	4
总产值	245	261	266	291
平均月产值	81.2	87	88.7	97

这个新数列可明显地反映出该企业生产发展的趋势，其产值是逐季上升的。

时距扩大法将时间跨度扩大到什么程度，要根据现象的性质而定，基本原则是以能够显示现象的发展趋势为度。时距过短，不能消除偶然因素的影响；时距过长，又会掩盖现象在不同时间上发展变化的差异。

时距扩大法的优点是简便易行，缺点是新数列的项数过少，不能据以进行深入的趋势分析和预测。

2. 移动平均法

当原来的动态数列不能明显反映现象的发展趋势时，则可采用移动平均法，对原动态数列进行修匀。

移动平均法就是先将时期扩大，计算序时平均数，并逐项移动，逐步计算序时平均数，由序时平均数构成一个新的动态数列。通过计算序时平均数，使指标之间的差异互相抵消，看其发展的一般水平。移动平均法实质上也是扩大原动态数列的时距，所不同的是，它采取逐项递推移动的方法计算序时平均数。这种方法既考虑了现象动态发展的连续性，把原时间数列中的偶然因素引起的季节变动和不规则变动加以消除，从而较明显地反映出现象发展的基本趋势，又可以基本上保留原时间数列所对应的项数，使与实际水平更为接近。

应用移动平均法对动态数列进行修匀，关键在于确定移动平均的项数，即移动的时间长度。一般情况下，应根据研究对象的特点来确定。如果原数列中存在自然周期，就以周期数作为移动平均的项数：如果是各年的季度资料，应取 4 项平均；如果是月度资料，应取 12 项平均；如果是旬资料，应取 3 项平均。这样就可有效地消除周期变动的影响，较准确地提示现象发展的长期趋势。如果原数列中无明显的周期变动，可用奇数项移动平均法，因为奇数项移动平均较偶数项移动平均简单。奇数项移动平均所得数值对应放在所移动的项数的中间一项的位置上；偶数项移动平均所得的数值对应放在所移动项数的中间两项位置的正中间，它需要移动平均。被移动平均的项数越多，对原数列修匀的作用越大，但得到的新的动态数列的项数就越少。

例 5-18 现以某企业各日生产量资料为例，按移动平均法编制新的动态数列，如

表 5－23 所示。要求将该企业生产量资料做三项移动平均和四项移动平均。

三项移动平均：

第 1 个平均数为(120＋122＋125)/3≈122.3，将这个数值对应于第 2 项数值（对应于第 2 日）；第 2 个平均数为(122＋125＋130)/3≈125.7，将这个数值对应于第 3 项数值。以此类推移动平均，得出三项移动平均数列共 28 项，见表 5－23 第 3 列的数值。

四项移动平均：

第 1 个平均数为(120＋122＋125＋130)/4≈124.3；第 2 个平均数为(122＋125＋130＋132)/4≈127.3。以此类推，得出四项移动平均数列，见表 5－23 第 4 列的数值。由于偶数项移动平均的数值与原数列中相对应的指标值都相差半期，无法直接进行对比，因此还要进行一次移动平均，即再进行一次两项移动平均以移正趋势值。本例中见表 5－23 第 5 列的数值。其中第 1 个数值为(124.3＋127.3)/2＝125.8，第 2 个数值为(127.3＋128.8)/2≈128.1，以此类推。

表 5－23 某企业某月各日生产量资料 台

日期	生产量	三项移动平均	四项移动平均	
			第一次移动	第二次移动
1	2	3	4	5
1 日	120	—	—	
2 日	122	122.3	124.3	—
3 日	125	125.7	127.3	125.8
4 日	130	129	128.8	128.1
5 日	132	130	132	130.4
6 日	128	132.7	134.5	133.3
7 日	138	135.3	135.3	134.9
8 日	140	137.7	135.3	135.3
9 日	135	134.3	133.3	134.3
10 日	128	131	134.5	133.9
11 日	130	134.3	138.3	136.4
12 日	145	141.7	145.3	141.8
13 日	150	150.3	151.5	148.4
14 日	156	153.7	154.8	153.2
15 日	155	156.3	157.3	156.1
16 日	158	157.7	155.8	156.6
17 日	160	156	153.3	154.6
18 日	150	151.7	155	154.2
19 日	145	153.3	157.5	156.3
20 日	165	160	163	160.3

（续表）

日　期	生产量	三项移动平均	四项移动平均	
			第一次移动	第二次移动
21 日	170	169	170.5	166.8
22 日	172	172.3	171.8	171.2
23 日	175	172.3	172.3	172.1
24 日	170	172.3	173.8	173.1
25 日	172	173.3	175	174.4
26 日	178	176.7	177	176
27 日	180	178.7	180.3	178.7
28 日	178	181	182.8	181.5
29 日	185	183.67	—	—
30 日	188	—	—	—

从表5－23可看出，移动平均的结果使短期的偶然因素的影响被削弱，整个时间数列变得更加平滑，波动趋于平稳。

运用移动平均后的结果是使原数列缩短。例如，二项或三项的移动平均使原数列两端各失去一项，四项或五项的移动平均使原数列首尾两端各失去两项数值。一般说来，如将移动项数定为 N，当 N 为偶数时，则原数列首尾两端将失去 $N/2$ 项；当 N 为奇数时，原数列首尾两端将失去 $(N+1)/2$ 项。因此，移动平均法不能用来对现象进行外推预测。

3. 半数平均法

半数平均法是把动态数列分成相等的两段，然后分别计算各半段数列的平均数。这个平均数就是直角坐标上的两个点，用这两点的坐标值代入直接方程求解。半数平均法的数学依据是，实际观察值 y 与计算的趋势值之间的离差之和等于0，即 $\sum(y-y_c)=0$。这种方法是运用数学上两点可以确定一条直线的原理而建立的。

按照半数平均法的要求，建立直线趋势方程为：

$$y_c = a + bx$$

以 $y_c = a + bx$ 代入 $\sum(y - y_c) = 0$，得：

$$\sum[y-(a+bx)] = 0$$

$$\sum y - \sum(a+bx) = 0$$

$$\sum y - na - b\sum x = 0$$

等式两端同除以 n，得：

$$\frac{\sum y}{n} - a - b\frac{\sum x}{n} = 0 \qquad \text{式(5-32)}$$

即

$$\bar{y} - a - b\bar{x} = 0$$

将相等两段数列的 $\bar{y}$ 与 $\bar{x}$ 分别代入式(5－32)，可得二元一次方程式，即：

$$\begin{cases}\dfrac{\sum y_1}{n}-a-b\dfrac{\sum x_1}{n}=0 & 式(5-33)\\ \dfrac{\sum y_2}{n}-a-b\dfrac{\sum x_2}{n}=0 & 式(5-34)\end{cases}$$

例 5-19 某企业2006年至2013年的销售量资料如表5-24所示。

表5-24 某企业2006—2013年的销售量 件

年 份	年 次	销售量
2006	1	22
2007	2	24
2008	3	23
2009	4	25
2010	5	26
2011	6	28
2012	7	30
2013	8	33

将上述动态数列分成相等的两段,2006年至2009年为一段,2010年至2013年为一段,分别求两段数列的$\overline{y}$与$\overline{x}$。

$$\overline{x}_1=\frac{\sum x_1}{n}=\frac{1+2+3+4}{4}=2.5$$

$$\overline{y}_1=\frac{\sum y_1}{n}=\frac{22+24+23+25}{4}=23.5$$

$$\overline{x}_2=\frac{\sum x_2}{n}=\frac{5+6+7+8}{4}=6.5$$

$$\overline{y}_2=\frac{\sum y_2}{n}=\frac{26+28+30+33}{4}=29.25$$

将$\overline{y}$与$\overline{x}$代入标准方程式,得:

$$\begin{cases}23.5-a-2.5b=0 & 式(5-35)\\ 29.25-a-6.5b=0 & 式(5-36)\end{cases}$$

用式(5-36)减式(5-35),得:

$4b=5.75$

将b值代入式(5-35),得:

$a=23.5-2.5\times1.44=23.5-3.6=19.9$

将a、b之值代入直线方程$y_c=a+bx$,得:

$y_c=19.9+1.44x$

如果动态数列的项数是奇数,则可把动态数列的第一项删去,这样,就可把动态数列变成偶数项的数列。

4. 最小平方法

最小平方法又称最小二乘法,是分析和预测现象长期趋势常用的方法之一。它的基本思想是：通过对原始数据的数学处理，拟合一条比较理想的趋势直线或趋势曲线，使原数列各数据点与趋势线垂直距离的离差平方和为最小。对于呈直线趋势的变量数列（包括时间相关与因果相关）可以找出许多条直线，但只有以满足"观察值与某一直线 y_t 的离差平方之和为最小"，即"$Q=\sum(y-y_t)^2=$最小值"这一要求的直线作为观察值的理论代表线为最理想。可用下式表示：

$$\sum(y-y_t)^2=\text{最小值} \qquad \text{式}(5-37)$$

而直线方程式可用下式表示：

$$y_t=a+bt \qquad \text{式}(5-38)$$

将式(5-38)代入式(5-37)，则得：

$$\sum(y-y_t)^2=\sum[y-(a+bt)]^2=\text{最小值}$$

经过数学演算，可得出下列标准方程式：

$$\begin{cases}\sum y=na+b\sum t & \text{式}(5-39)\\ \sum ty=a\sum t+b\sum t^2 & \text{式}(5-40)\end{cases}$$

解联立方程式，可求得直线方程中的参数 a 和 b。

$$\begin{cases}b=\dfrac{n\sum ty-\sum t\sum y}{n\sum t^2-\left(\sum t\right)^2} & \text{式}(5-41)\\ a=\bar{y}-b\bar{t} & \text{式}(5-42)\end{cases}$$

在已知时间数列 y_t 及时间序号 t 的情况下，就可求出 $\sum y$、$\sum t$、$\sum ty$、$\sum t^2$ 的值，代入方程组，从而得出 a、b 的值。

注意：使用这种方法对时间数列进行预测时必须注明原点和计量单位。

例 5-20 将表5-25的资料应用最小平方法计算如表5-26所示。

表5-25 某公司产量资料 万吨

年 份	2003	2004	2005	2006	2007	2008	2009	2010	2011	2012	2013
产 量	2.1	2.3	2.5	2.6	2.4	2.3	2.6	2.6	3.0	3.2	3.1

表5-26 最小平方法计算

t	y	ty	t^2	y_t	$y-y_t$	$(y-y_t)^2$
0	2.1	0	0	2.142	-0.042	0.001 8
1	2.3	2.3	1	2.239	0.061	0.003 7
2	2.5	5.0	4	2.336	0.164	0.026 9
3	2.6	7.8	9	2.433	0.167	0.027 9
4	2.4	9.6	16	2.530	-0.130	0.016 9
5	2.3	11.5	25	2.627	-0.327	0.106 9
6	2.6	15.6	36	2.724	-0.124	0.015 4
7	2.8	19.9	49	2.821	-0.021	0.000 4
8	3.0	24.0	64	2.918	0.082	0.006 7
9	3.2	28.8	81	3.015	0.185	0.034 2
10	3.1	31.0	100	3.112	-0.012	0.000 1
55	28.9	155.5	385	28.897	—	0.240 9

表 5－26 以 2003 年为原点，t 的单位为年，y 的单位为万吨，将表 5－25 中有关数据代入参数公式中计算 a、b，得：

$$b=\frac{11\times155.5-55\times28.9}{11\times385-55^2}=0.097$$

$$a=\frac{28.9}{11}-0.097\times\frac{55}{11}=2.142$$

$$\hat{y}_t=2.142+0.097t$$

若以 2008 年为原点，可使计算简捷些，如表 5－27 所示。

表 5－27 最小平方法计算

年 份	t	y	ty	t^2	y_t
2003	−5	2.1	−10.5	25	2.142
2004	−4	2.3	−9.2	16	2.239
2005	−3	2.5	−7.5	9	2.336
2006	−2	2.6	−5.2	4	2.433
2007	−1	2.4	−2.4	1	2.533
2008	0	2.3	0	0	2.627
2009	1	2.6	2.6	1	2.724
2010	2	2.8	5.6	4	2.821
2011	3	3.0	9	9	2.918
2012	4	3.2	12.8	16	3.015
2013	5	3.1	15.5	25	3.112
合 计	0	28.9	10.7	110	28.9

$$b=\frac{\sum ty}{\sum t^2}=\frac{10.7}{110}=0.097$$

$$a=\frac{\sum y}{n}=\frac{28.9}{11}=2.627$$

$$y_t=2.627+0.097t$$

将表 5－27 代入此式计算可得修匀数列（见表中 y_t 列），这便是长期趋势。

5.4.4 季节变动的测定与分析

季节变动是指被研究对象由于季节改变而产生有规律性的变化。例如，农副产品加工、农业生产、商品销售、客运量等都有明显的季节变动。研究现象季节变动的目的在于掌握变动的周期、数量界限及其规律，以便认识未来，消除季节变动的不利影响，克服季节变动带来的消极影响，主动安排人力、物力、财力，合理组织生产、供应，保持市场供需平衡，使社会生产和社会生活正常、有序、顺利地进行。季节变动有 3 个特征：一是季节变动按照一定的周期进行，是一种有规律的现象；二是季节变动每年重复进行；三是每个周期变化强度大体相同。季节变动是各种周期性变动的重要一种，分析季节变动的原理和方法，是分析其他周期性变动的基础。

不同社会经济现象具有不同的季节变动周期：有的以 1 年为循环周期，以月或季为变动单位；有的以 1 个月为循环周期，以日为变动单位；有些社会经济现象的变动甚至表现为以 1 天为循环周期，以小时为变动单位。

测定季节变动的方法有很多，常用的方法有同期平均法、移动平均趋势剔除法、图解法、环比法。本节主要介绍同期平均法、移动平均趋势剔除法。

1. 同期平均法

同期平均法把 3 年或 3 年以上同月（或同季）的资料按年排列，计算出各月（或季）的同期平均数，并与月（季）总平均数进行对比得出相对数，此数即为反映季节变动的测定指标——季节比率。其具体步骤如下。

1）分别求出 3 年或 3 年以上各年同月（或同季）资料的简单算术平均数。其计算公式为：

$$\bar{y}_i = \frac{\sum y_i}{N}(N\text{表示提供资料的年数}) \qquad \text{式}(5-43)$$

2）求出 3 年（36 个月）或 3 年以上各月的月总平均数（或季总平均数）。其计算公式为：

$$\bar{y} = \frac{\sum \bar{y}_i}{n}(n\text{表示一年的月、季数}) \qquad \text{式}(5-44)$$

3）计算同月（季）平均数占总平均数的比率求得季节比率，即 $I_s = \frac{\bar{y}_i}{\bar{y}}$（$I_s$ 表示季节比率）。

例 5-21 现以某地水果批发市场梨子交易量资料为例，如表 5-28 所示，按月平均法计算季节比率，并绘制季节交易量变动图。

表 5-28 某地水果批发市场梨子交易量 吨

月份	2011 年	2012 年	2013 年	月平均数	季节比率/(%)	
	(1)	(2)	(3)	$(4)=\frac{(1)+(2)+(3)}{3}$	$(5)=\frac{(4)}{\text{月总平均数}}$（调整前季节比率）	(6)=(5)×调整系数（调整后季节比率）
1 月	54	58	68	60	115.4	115.5
2 月	56	54	70	60	115.4	115.5
3 月	50	58	64	57.3	110.2	110.3
4 月	49	54	60	54.3	104.4	104.5
5 月	44	48	56	49.3	94.8	94.7
6 月	47	46	48	47	90.4	90.5
7 月	36	38	44	39.3	75.6	75.7
8 月	34	38	40	37.3	71.7	71.8
9 月	37	42	48	42.3	81.3	81.4
10 月	48	54	60	54	103.8	103.9
11 月	52	56	60	56	107.7	107.8
12 月	60	64	76	66.7	128.3	128.4
合计	567	610	694	52（月总平均数）	1 199	1 200

第（4）列月总平均数 $=\frac{567+610+694}{36}\approx 52$

应该指出，各月季节比率的平均数应为 100%，各月季节比率之和应为 1 200%。如果计算出来的季节比率之和大于或小于 1 200%，应做调整。调整方法如下。

1）计算调整系数。

$$调整系数=\frac{1\ 200\%}{未调整季节比率之和}=\frac{1\ 200\%}{1\ 199\%}\approx 1.000\ 834\ 028\ 36$$

2）计算调整后的季节比率。

调整后季节比率=调整前季节比率×调整系数

本例中，第(6)列的数字即为调整后的季节比率，调整后季节比率相加之和为 1 200%。

将计算资料绘制成季节交易量变动曲线图，如图 5－1 所示，更能清楚地说明问题。

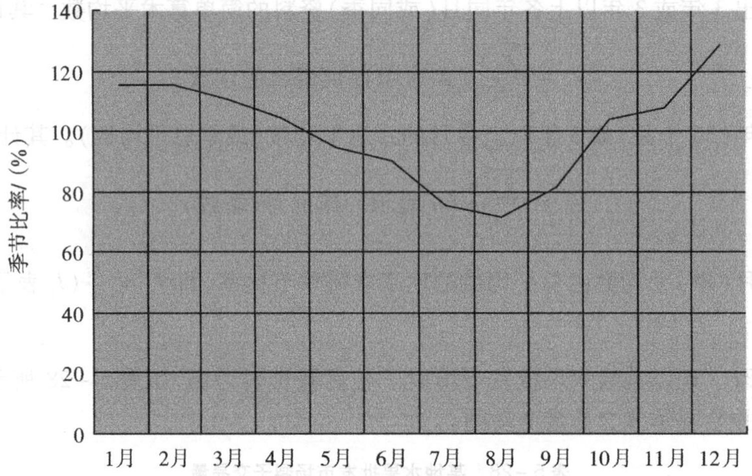

图 5－1　2011— 2013 年某水果批发市场梨子季节交易量变动曲线

计算资料和图表说明：该水果批发市场梨子交易量 8 月份为最低，而后向两端逐步上升，到 12 月和 1 月份为最高，明显地反映了季节的变动对梨子销售额的影响。掌握这一规律，批发商可以合理组织货源，有效使用资金，对于提高经济效益有十分重要的作用。

用同期平均法测定季节变动，方法简单，易于掌握。如果被测定的社会经济现象总波动中未发现有明显的长期趋势和循环波动，即可通过算术平均法消除同期不规则变动，从而显现出现象的季节变动趋势。但如果社会经济现象存在明显的长期趋势，各年同月的指标数值前后会有较大的差距。用简单算术平均数计算的季节变动比率就会掩盖长期趋势对现象发展的推动作用，使季节比率的准确性受到影响。若要克服长期趋势对测定季节变动的影响，可采用移动平均趋势剔除法。

2. 移动平均趋势剔除法

它是利用移动平均法来剔除长期趋势的影响后，再来测定其季节变动的方法。趋势剔除有多种不同的方法，如趋势比率法、环比法、移动平均法等。现以 12 个月移动平均为例，说明趋势剔除过程和季节比率的测定方法。

12 个月移动平均法是把动态数列资料按年、月顺序排列，以 12 个月为一期，逐项移动求平均数。由于 12 个月的时间与 1 年、4 季的周期相等，通过 12 个月移动平均产生的新数列，消除了以月或季为变动单位，以 1 年为循环周期的季节变动影响和部分不规则影响，突出了现象的长期变动趋势和循环变动的影响。根据加法公式、乘法公式进行等式变换，可得：

$$\frac{y}{T\cdot C}=S.I \qquad 式(5－45)$$

$$\frac{y}{T} = S.I \quad 式(5-46)$$

即用动态数列除以长期趋势值(或再除以循环变动值),可消除长期趋势(或循环变动)对季节变动的影响,这就是趋势剔除。剩下季节变动与不规则变动,可采用月简单平均的方法消除不规则变动,剩余即是季节比率。

例5-22 现以某地某商品销售额为例,说明采用12个月移动平均趋势剔除法计算季节比率。

采用移动平均趋势剔除法计算季节比率,按以下步骤进行。

1)根据各年的月份资料计算12项移动平均数,求得长期趋势值T,如表5-29所示。如第一个移动平均数为:

(54+52+50+48+44+42+36+32+37+46+50+58)/12=45.75[见表5-29中第(3)列]。

表5-29 采用12个月移动平均趋势剔除法计算 万元

年、月	商品销售额(y)	12个月移动平均	二项移动平均(趋势值T)	趋势剔除/(%)$\left(\frac{y}{T}=S.I\right)$
(1)	(2)	(3)	(4)	(5)=(2)/(4)
2011年1月	54	—	—	—
2月	52	—	—	—
3月	50	—	—	—
4月	48	—	—	—
5月	44	—	—	—
6月	42	45.75	—	—
7月	36	46.08	45.92	78.40
8月	32	46.25	46.17	69.31
9月	37	46.92	46.59	79.42
10月	46	47.42	47.17	97.52
11月	50	47.75	47.59	105.06
12月	58	47.92	47.84	121.24
2012年1月	58	48.08	48.00	120.83
2月	54	48.42	48.25	111.92
3月	58	48.83	48.63	119.27
4月	54	49.50	49.17	109.82
5月	48	50.00	49.75	96.48
6月	44	50.50	50.25	87.56
7月	38	51.33	50.92	74.63
8月	36	52.67	52.00	69.23
9月	42	54.17	53.42	78.62

（续表）

年、月	商品销售额（y）	12个月移动平均	二项移动平均（趋势值 T）	趋势剔除/（%）$\left(\frac{y}{T}=S.I\right)$
（1）	（2）	（3）	（4）	（5）=（2）/（4）
10月	54	53.83	54.00	100.00
11月	56	54.50	54.17	103.38
12月	64	54.83	54.67	117.07
2013年1月	68	55.33	55.08	123.46
2月	70	55.67	55.50	126.13
3月	64	56.00	55.80	114.61
4月	62	56.33	56.17	110.38
5月	56	56.67	56.50	99.12
6月	48	57.67	57.17	83.96
7月	44	—	—	—
8月	40	—	—	—
9月	46	—	—	—
10月	58	—	—	—
11月	60	—	—	—
12月	76	—	—	—

2）由于是偶数项移动，须再次采用二项移动平均，平均后的表5－29中第（4）列资料为长期趋势值。如2011年7月份的趋势值＝(45.75＋46.08)/2≈45.92。

3）将各月的实际值除以趋势值，也就是以第（2）列的值除以第（4）列的值，得出修匀比率，使长期趋势对现象的影响得以消除。如2011年7月份的修匀比率＝36/45.92≈78.4［见表5－29中第（4）列］。

4）将求得的修匀比率重新按月编排，再计算各年同月的平均值也就是平均季节比率。例如，1月份的平均值＝(120.83%＋123.46%)/2≈122.15%（见表5－30）。

5）各月季节比率合计数应为1 200%，若高于或低于1 200%，应用调整系数进行调整。方法与前相同，也就是用各月的平均季节比率分别乘以调整系数。如本例中的调整系数为：1 200%/1 194.73≈1.004 411。如1月份调整后的季节比率为：122.15%×1.004 411≈122.689%，2月份调整后的季节比率为：119.03%×1.004 411≈119.555%。以下各月以此类推，结果见表5－30末栏。

表5－30 商品销售额趋势剔除后按月平均计算 %

月份＼年份	2011	2012	2013	同月平均	调整后的季节比率
1	—	120.83	123.46	122.15	122.689
2	—	111.92	126.13	119.03	119.555
3	—	111.27	114.61	112.94	113.438
4	—	109.82	110.38	110.10	110.586

（续表）

年份 / 月份	2011	2012	2013	同月平均	调整后的季节比率
5	—	96.48	99.12	97.80	98.231
6	—	87.56	83.96	85.76	86.138
7	78.40	74.63	—	76.52	76.850
8	69.31	69.23	—	69.27	69.576
9	79.42	78.62	—	79.02	79.369
10	97.52	100.00	—	98.76	99.196
11	105.06	103.38	—	104.22	104.680
12	121.24	117.07	—	119.16	119.686
合　计	—	—	—	1 194.73	1 200.000

将季节比率绘成季节销售变动图，如图5－2所示。

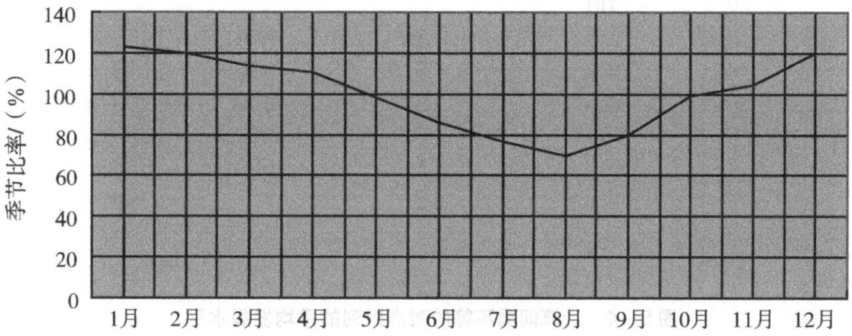

图5－2　季节销售变动图

根据表中资料和图中曲线可以看出，由于受季节变化的影响，该地的商品销售额有较大的季节变动。7、8、9月份销售较差，8月份出现了最低点，过了8月份，其余各月销售额逐步上升，12月、1月上升到最高点。

任务5.5　Excel在时间数列分析中的应用

5.5.1　用AVERAGE函数计算平均发展水平

用例5－1来说明时期数列的平均发展水平的计算，如图5－3所示。

	A	B	C
1	月份	产量	
2	1	50	
3	2	55	
4	3	45	
5	4	48	
6	5	60	
7	6	75	
8	平均产量	=AVERAGE（B2：B7）	

图5－3　计算时期数列的平均发展水平

1）数据输入。在单元格A1中输入“月份”，在单元格A2至A7中分别输入1～6（可用自动填充功能）。在单元格B1中输入“产量”，在单元格B2至B7中分别输入对应的产量数值。

2）在单元格A8中输入“平均产量”，在单元格B8中输入计算公式“＝AVERAGE（B2：B7）”，按Enter键，随即在单元格B8

中显示计算结果55.5。

用例5－5来说明间隔不等的时点数列的平均发展水平的计算，如图5－4所示。

1）数据输入。在单元格A1中输入“职工人数”，在单元格A2至A7中分别输入各时点的数值。在B1中输入“间隔长度(月)”，在单元格B3至B7中分别输入3，3，2，3，1。选中单元格B8，单击工具栏中的“自动求和”按钮 $\sum$ ，或输入公式“＝SUM(B3:B7)”得到分母的数值12。

2）在单元格C1中输入“两时点间的平均”，在单元格C3中输入公式“＝(A2＋A3)/2”，在单元格D3中输入公式“＝C3＊B3”，按Enter键，然后将单元格C3和D3的公式向下复制到单元格C7至D7。选中单元格D8，单击工具栏中的“自动求和”按钮 $\sum$ ，或输入公式“＝SUM(D3:D7)”，得到分子的数值4950。

3）在任一空白单元格中输入公式“＝D8/B8”，按Enter键后显示平均职工人数的计算结果412.5。

	A	B	C	D
1	职工人数	间隔长度（月）	两时点间的平均	
2	300			
3	400	3	350	1050
4	380	3	390	1170
5	420	2	400	800
6	500	3	460	1380
7	600	1	550	550
8		12		4950
9				
10				412.5

图5－4 计算间隔不等的时点数列的平均发展水平

5.5.2 利用Excel的函数和公式复制功能可计算各种速度指标

下面以例5－13的计算过程来说明。

1）数据输入。在单元格A1中输入“年份”，在单元格A2～A7中分别输入2008～2013；在单元格B1中输入“游客人数(万人)”，在单元格B2～B7中分别输入对应的游客人数。

2）在单元格C1中输入“逐期增长量”字样，在单元格C3中输入公式“＝B3－B2”，按Enter键后将单元格C3的公式向下复制到C7，即可得到各年逐期增长量。

3）在单元格D1中输入“累计增长量”字样，在单元格D3中输入公式“＝B3－B2”，按Enter键后将单元格D3的公式向下复制到D7，即可得到各年累计增长量。

4）在单元格E1中输入“环比发展速度(%)”字样，在单元格E3中输入公式“＝B3/B2＊100”，按Enter键后将单元格E3的公式向下复制到E7，即可得到各年环比发展速度。

5）在单元格F1中输入“定基发展速度(%)”字样，在单元格F3中输入公式“＝B3/B2＊100”，按Enter键后将单元格F3的公式向下复制到F7，即可得到各年定基发展速度。

6）在单元格G1和H1中分别输入“环比增长速度(%)”和“定基增长速度(%)”字样，在单元格G3中输入公式“＝E3－100”，按Enter键后将单元格G3的公式向下复制到G7，即可得到各年环比增长速度。在单元格H3中输入公式“＝F3－100”，按Enter键后将单元格F3的公式向下复制到F7，即可得到各年定基增长速度。

7）下面来计算例 5－13 的平均发展速度。在 B8 中输入“平均发展速度(％)”字样，在其后的单元格 C8 中输入公式“＝(B7/B2)^(1/5)＊100”或“＝(E3＊E4＊E5＊E6＊E7)^(1/5)”或“＝(F7/100)^(1/5)＊100”，按 Enter 键后计算结果都一样，如图 5－5 所示。

C8 =(B7/B2)^(1/5)*100

	A	B	C	D	E	F	G	H
1	年份	游客人数（万人）	逐期增长量	累计增长量	环比发展速度（%）	定基发展速度（%）	环比增长速度（%）	定基增长速度（%）
2	2008	589	—	—	—	—	—	—
3	2009	674	85	85	114.43	114.43	14.43	14.43
4	2010	743	69	154	110.24	126.15	10.24	26.15
5	2011	711	-32	122	95.69	120.71	-4.31	20.71
6	2012	843	132	254	118.57	143.12	18.57	43.12
7	2013	1016	173	427	120.52	172.50	20.52	72.50
8		平均发展速度（%	111.52075					

图 5－5 用 Excel 函数计算平均发展速度

5.5.3 利用 Excel 实现方程式法求平均发展速度的计算

采用例 5－13 的数据来说明。根据方程式法公式，所求平均发展速度 $\bar{x}$ 应满足下列条件。

$$\bar{x} + (\bar{x})^2 + (\bar{x})^3 + (\bar{x})^4 + (\bar{x})^5 = \frac{4\ 576}{589} \approx 7.769\ 1$$

利用 Excel 求解 $\bar{x}$ 的具体步骤如下。

1）在单元格 A1 中输入“平均发展速度”字样，在单元格 B1 中存放所求平均发展速度的数值，先输入一个初步的估计值(如 1.5)。在单元格 A2 中输入“方程式左端”字样，在单元格 B2 中输入公式“＝B1＋B1^2＋ B1^3＋ B1^4＋ B1^5”。按 Enter 键后显示按初步估计值计算的方程式左端的数值，如图 5－6 所示。

2）选择菜单栏中的“工具”→“规划求解”命令，弹出“规划求解参数”对话框，在“设置目标单元格”文本框中输入“B2”，选中“值为”单选按钮，在其后的文本框中输入方程式右端的值(本例为 7.769 1)，在“可变单元格”文本框中输入“B1”，如图 5－6 所示。然后单击“求解”按钮，即可得到结果，并保存于单元格 B2 中，如图 5－7 所示。注意：如果在“工具”菜单栏中没有“规划求解”命令，则先要通过“工具”→“加载宏”命令来加载该工具。

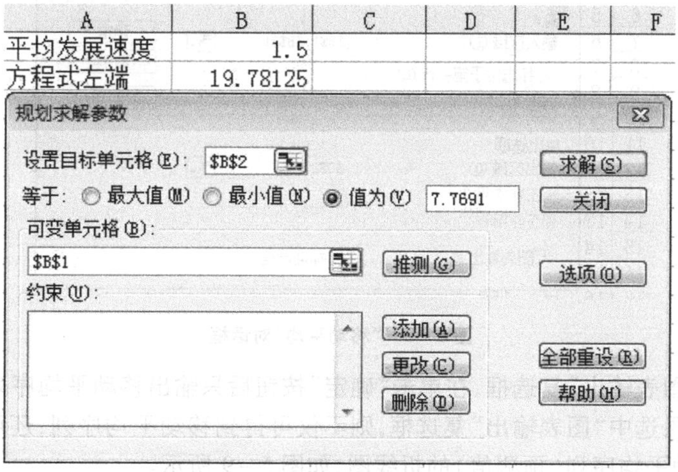

图 5－6 “规划求解参数”对话框

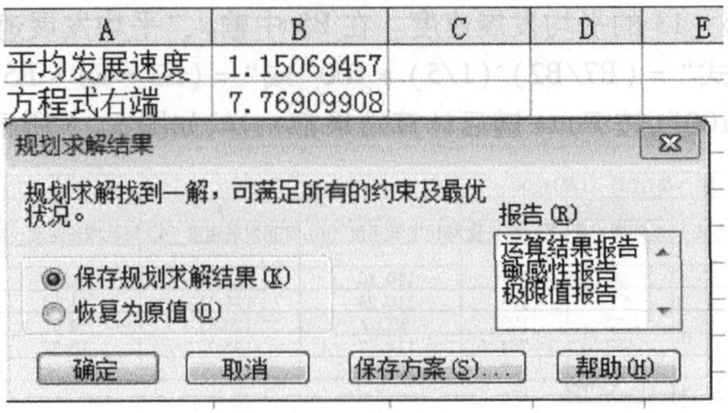

图 5－7　求出的平均发展速度

其实也可以不使用规划求解工具来得出近似值。如果单元格 B2 中的数值大于方程式右端的数值(本例中的 7.769 1)，则调高单元格 B1 的估计值，反之则调低单元格 B1 的估计值，直至使 B2 中的数值等于或充分接近方程式右端的数值，此时单元格 B1 中的数值即是所求的平均发展速度。这种方法比较直观，但往往要多次调整后才能得到平均发展速度的近似值。

5.5.4　利用 Excel 计算移动平均序列，绘制移动平均线

以例 5－18 来说明利用 Excel 计算移动平均序列的方法。选择菜单栏中的“工具”→“数据分析”命令，随之在弹出的对话框中选择“移动平均”选项，单击“确定”按钮，在随即弹出的对话框中指定数据所在区域(如果未包括标志名称，就不选中其下的“标志位于第一行”复选框)、间隔(移动平均的项数)和输出区域的起点单元格，选中“图表输出”复选框，如图 5－8 所示。

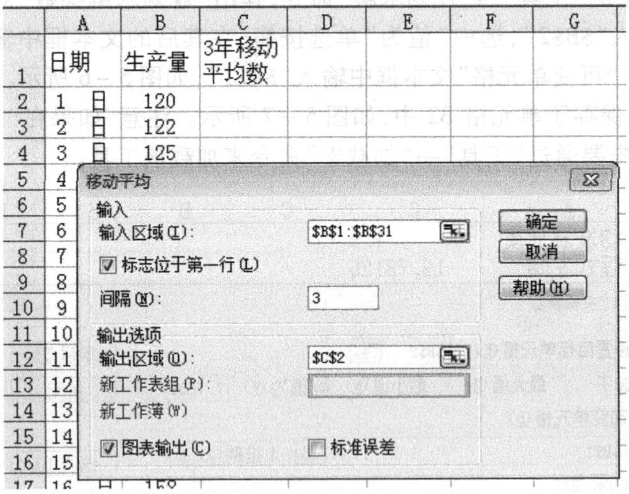

图 5－8　“移动平均”对话框

如果不选中“图表输出”复选框，在单击“确定”按钮后只输出移动平均序列(如图 5－9 中的预测值部分)。如果选中“图表输出”复选框，则不仅可得到移动平均序列，还可以同时得到原数列(实际值)与移动平均序列(预测值)的折线图，如图 5－9 所示。

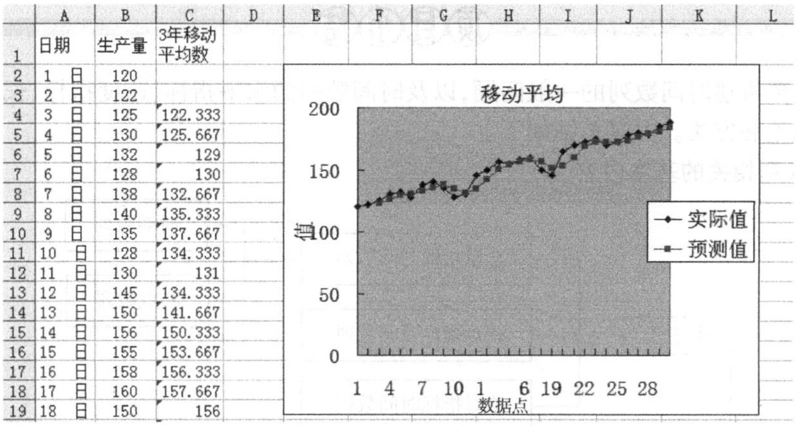

图5-9 移动平均序列输出结果

从图5-9可见,Excel计算的移动平均数均放在相应计算期的末尾一期,3年移动平均序列缺少的项都在前两项。对于存在上升或下降趋势的序列,这样处置会使所求的移动平均数产生明显的滞后偏差,不能反映实际的趋势水平。因此,通常要将移动平均数放在各相应计算期的中间一期,作为该期的趋势值(预测值)。这就需要对Excel的输出结果进行调整。其方法是选中新序列前面的一个空白单元格,单击鼠标右键后在弹出的快捷菜单中选择“删除”命令,并在随之弹出的对话框中选择“下方单元格上移”单选按钮即可。由于Excel输出的图和移动平均序列的数值是相链接的,调整移动平均序列的位置后图中预测值也会自动调整。

图5-10显示了5年移动平均的预测值。其具体操作方法是:先在单元格D2~D31中生成5年移动平均序列,再删除上方的两个空白单元格,使5年移动平均序列如图5-10中的D列所示。然后,单击鼠标右键3年移动平均的图表区,在弹出的快捷菜单中选择“源数据”命令,在弹出对话框的“系列”选项卡中单击“添加”按钮,在其右边的“名称”文本框中输入“预测值(5年移动平均)”,在其下的“值”文本框中输入“\$D\$2:\$D\$31”,还可以选择“系列”列表框中的“预测值”,再将其名称改为“预测值(5年移动平均)”,单击“确定”按钮即可。

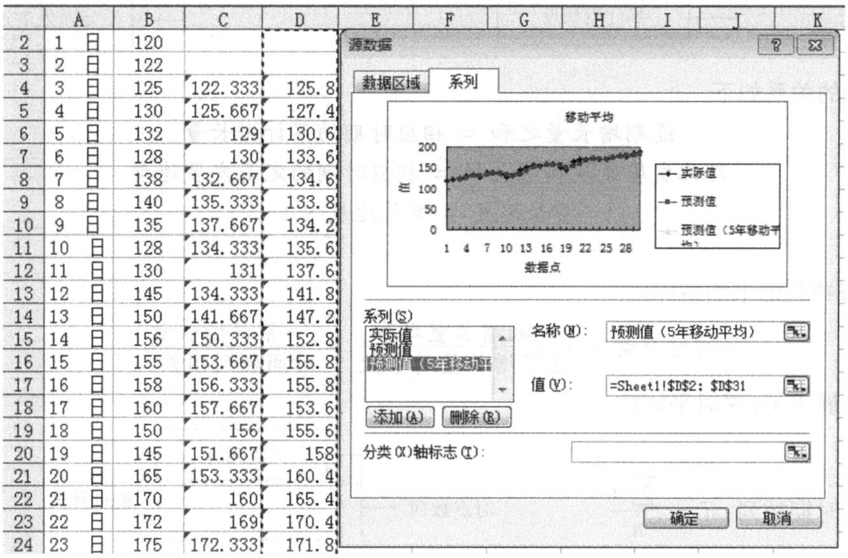

图5-10 在图表中添加系列

项目小结

本项目主要讲述时间数列的一般问题，以及时间数列的水平指标、速度指标、长期趋势、季节变动分析等理论和方法。内容总结如下。

1. 动态数列相关的基本内容。

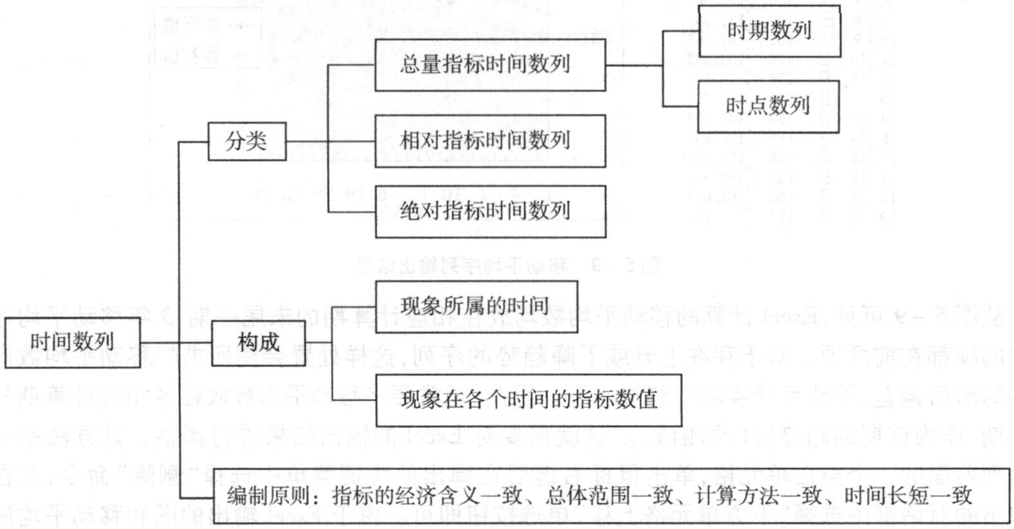

时期数列与时点数列的区别在于：数列是否具有可加性与连续统计的特性；各指标值大小与时间间隔长短是否有直接关系。

2. 动态数列的比较指标（数列首项为 a_1，末项为 a_n）。

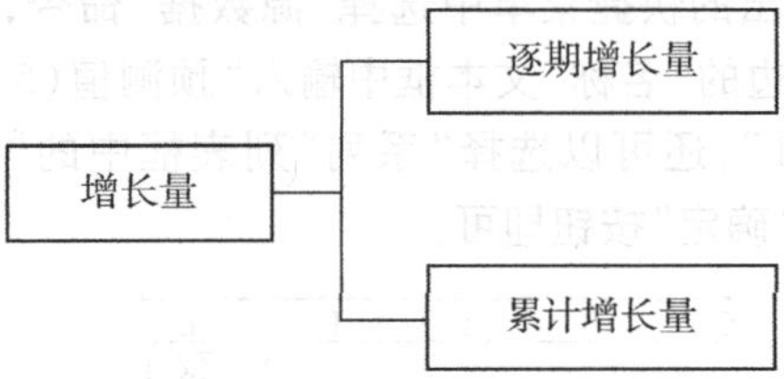

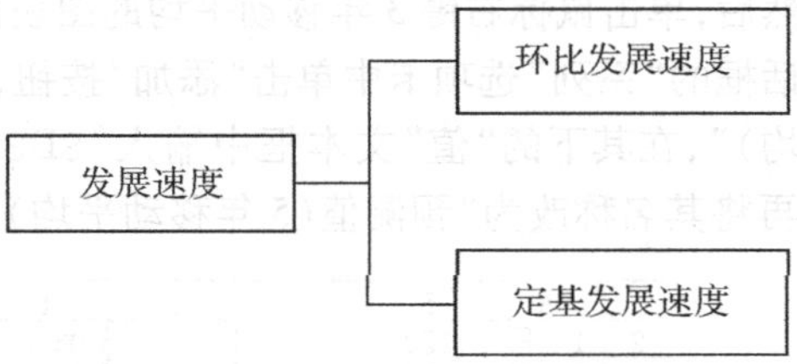

各指标的关系如下。

$$\text{逐期增长量之和} = \text{相应时期的累计增长量}$$

$$\text{环比发展速度相乘之积} = \text{相应时期的定基发展速度}$$

$$\text{增长速度} = \text{发展速度} - 1$$

3. 动态数列的平均指标。

$$\text{平均增长量} = \frac{\text{逐期增长量之和}}{\text{逐期增长量的个数}} = \frac{\text{累计增长量}}{\text{时间数列项数} - 1}$$

平均发展水平（序时平均数）：

时期数列：$\bar{a} = \dfrac{\sum a}{n}$

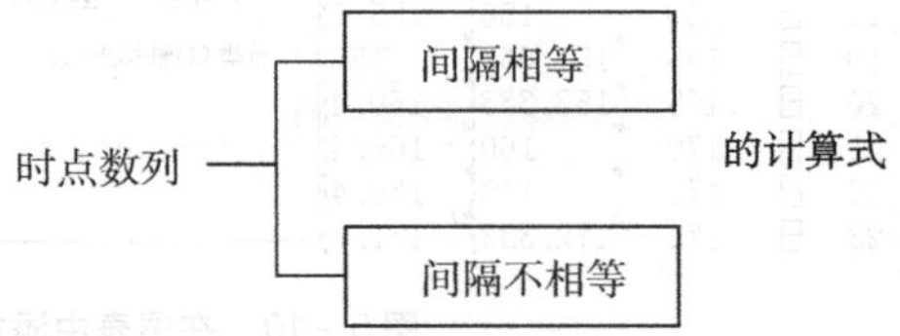

相对数或平均数动态数列：

$$\bar{a}=\frac{\bar{b}}{\bar{c}}$$

用几何平均法求平均发展速度：$\bar{x}=\sqrt[n-1]{x_1 x_2 x_3 \cdots x_n}=\sqrt[n-1]{\prod x}$

或：
$$\bar{x}=\sqrt[n-1]{\frac{a_2}{a_1}\frac{a_3}{a_2}\cdots\frac{a_n}{a_{n-1}}}=\sqrt[n-1]{\frac{a_n}{a_1}}=\sqrt[n-1]{R}$$

平均增长速度＝平均发展速度－1

平均发展速度始终为正值，而平均增长速度则可能为正值，也可能为负值。

4. 影响现象发展的因素有长期趋势、季节变动、循环变动、不规则变动。

长期趋势分析的方法：时距扩大法、移动平均法、半数平均法、最小平方法。

5. 季节变动的测定与分析：季节比率的计算、季节变动图、季节比率调整系数。

各月季节比率的平均数为100%，各月季节比率之和为1 200%。

本项目的重点：时间数列的概念、时间数列研究的各指标、长期趋势和季节变动的趋势分析。

本项目的难点：平均发展水平指标的计算、平均发展速度指标的计算、长期趋势分析的方法、季节变动的分析。

项目实战

一、实战题

某地区2013年末总人口为9.870 5万人，若要求2016年末将人口控制在10.15万人以内，今后3年人口增长率应控制在什么水平？已知该地区2013年粮食产量为亩产400千克，在今后3年内，粮食产量每年应平均增长百分之几？仍按上述条件，如果粮食产量每年递增3%，2016年末该地区人口为10.15万人，平均人均粮食产量可达到什么水平？

二、填空题

1. 平均发展速度是对__________求平均数。

2. 动态数列按其指标的表现形式不同可分为__________动态数列、__________动态数列和__________动态数列3种。

3. 时期数列和时点数列统称为__________动态数列，前者表明被研究现象在各个__________，后者表明被研究现象在各个__________。

4. 在__________和__________动态数列中，各个指标值不能相加，前者反映社会经济现象之间__________，后者反映社会经济现象一般水平的__________。

5. 某市2009—2013年有关资料如下表所示。

年　份	2009	2010	2011	2012	2013
（1）粮食总产量/万吨	33 212	32 056	32 502	35 450	38 728
（2）年末职工总人数/万人	9 967	104 444	10 940	11 281	11 515
（3）人均粮食产量/千克	342.5	326.5	327	351.5	379.5
（4）职工平均工资/元	900	989	1 200	1 300	1 350

上表中绝对数动态数列有__________，其中（1）__________是时期数列，（2）__________是时点数列，（3）是__________动态数列，（4）是__________动态数列。

6. 发展水平就是动态数列中每一项指标数值，它反映社会经济现象在各个__________或__________上发展所达到的实际水平。在时间数列中，发展水平按所处位置分为__________、__________和__________。

7. 常用的动态对比指标有__________、__________和__________。

8. 逐期增长量是数列中各报告期水平与其__________之差，累计增长量是数列中各报告期水平与某一__________之差，二者的关系是__________。

9. 发展速度分为__________发展速度和__________发展速度两种，二者的关系是__________。

10. 动态数列各项发展水平的变动受很多因素的影响，这些因素归纳起来有4种：__________、__________、__________和__________。

三、单项选择题

1. 时期数列的特点是(　　)。
   A. 时期数列的每一项指标数值是反映现象在一段时间内发展过程的总量
   B. 时期数列中各项指标数值一般不能相加
   C. 时期数列的每一项指标数值的大小和它所属时期的长短没有直接关系
   D. 时期数列的每一项指标只反映现象在某一时点上所达到的水平

2. 动态数列中，每个指标数值可以相加的是(　　)。
   A. 相对数动态数列　B. 时点数列　C. 时期数列　D. 平均数数列

3. 已知环比增长速度为3%、4%、6%，则定基增长速度为(　　)。
   A. 3%×4%×6%　B. 3%×4%×6%－100%
   C. 103%×104%×106%　D. 103%×104%×106%－100%

4. 平均发展速度是(　　)。
   A. 发展速度的算术平均数　B. 各个环比发展速度的算术平均数
   C. 环比发展速度的几何平均数　D. 环比发展速度的调和平均数

5. 平均增长速度是(　　)。
   A. 平均发展速度减1　B. 累计增长量开n次方
   C. 环比增长速度连乘积开n次方　D. 定基增长速度开n次方

6. 动态数列最基本的速度指标是(　　)。
   A. 增长速度　B. 发展速度　C. 平均增长速度　D. 平均发展速度

7. 编制动态数列，就是从数量方面来研究社会经济现象的(　　)。
   A. 规模和水平　B. 结构变动　C. 方向和速度　D. 一般性水平

8. 平均增长量等于(　　)。
   A. 逐期增长量之和除以时间数列项数　B. 逐期增长量之和除以时间数列项数减1
   C. 平均发展速度乘期初水平　D. 平均增长速度乘期初水平

9. 定基增长速度等于(　　)。
   A. 环比发展速度的连乘积减1　B. 环比增长速度的连乘积
   C. 环比发展速度之和　D. 环比增长速度之和

10. 总速度是环比发展速度的连乘积，计算平均发展速度就应按(　　)。
   A. 简单算术平均数　B. 调和平均数
   C. 加权算术平均数　D. 几何平均数

四、多项选择题

1. 编制动态数列应遵循的原则是(　　　　)。
   A. 时间长短应该相等
   B. 总体范围应该一致
   C. 指标的计算方法、计算价格和计量单位应该一致
   D. 各指标数值所反映的经济内容应该一致
   E. 指标数值的变化幅度应该一致
2. 定基发展速度和环比发展速度之间的数量关系是(　　　　)。
   A. 定基发展速度等于各环比发展速度之和
   B. 定基发展速度等于各环比发展速度之积
   C. 定基发展速度和环比发展速度的基期是一致的
   D. 两个相邻的定基发展速度之商等于相应的环比发展速度
   E. 环比发展速度小于定基发展速度
3. 属于时点数列的动态数列是(　　　　)。
   A. 某农场历年的拖拉机台数　　B. 某学校历年毕业生人数
   C. 某银行各月底库存现金余额　　D. 某机关各月份职工工资总额
   E. 某工厂历年年末的设备台数
4. 几何平均法可用于计算(　　　　)。
   A. 生产工人的劳动生产率　　B. 流水作业车间的平均合格率
   C. 环比发展速度求平均增长速度　　D. 银行年平均利率

五、判断题

1. 由时点数列计算平均发展水平,其假定前提是:现象在各个时点上是均匀变化的。(　)
2. 环比增长速度连乘积等于定基增长速度。(　)
3. 已知连续 5 年的环比增长速度,用几何法求平均增长速度,应当开 4 次方。(　)
4. 时间数列的指标概念是相对稳定的,指标数值是不断变化的。(　)
5. 可比性原则是编制动态数列必须坚持的,但在时间间隔期是否相等的问题上也有一定的灵活性。(　)
6. 某企业 2000 年产值比 1993 年增长 1 倍,比 1998 年增长 0.5 倍,则 1998 年比 1993 年增长 0.33 倍。(　)
7. 两个相邻的定基发展速度之商等于相应的环比发展速度。(　)
8. 发展水平就是时间数列中的每一项具体指标数值,它只能表现为绝对数。(　)

六、计算题

1. 某企业几年来的工业总产值资料如下表所示。

年　份	2010	2011	2012	2013
总产值/万元	300	270	400	350

计算 4 年来该企业平均每年的工业总产值。

2. 某校去年第四季度在校生人数资料为:10 月份平均 1 100 人,11 月份平均 1 200 人,12 月

份平均1 330人。试计算第四季度平均在校学生数。

3. 某公司各季度计划产值、实际产值及计划完成程度资料如下表所示。

季　度	1	2	3	4
计划产值/万元	400	420	410	430
实际产值/万元	400	430	400	450
计划完成程度/(%)	100	102.3	97.6	104.7

试计算该公司每季度的平均计划完成程度。

4. 某厂第一季度工资额及工人数资料如下表所示。

月　份	1	2	3	4
月工资总额/百元	1 000	996	1 030	1 120
月初工人数/人	300	290	302	312

计算该工厂第一季度每个月平均工资。

5. 某农场的粮食产量2014年比2011年增长30%,2013年比2011年增长21%,问:2014年比2013年增长百分之几?

6. 我国某地区社会商品零售总额发展情况如下表所示。

年　份	2008	2009	2010	2011	2012	2013
社会商品零售总额/亿元	4 305	4 950	5 820	7 440	8 101	8 255

根据以上资料,计算:

①逐期增长量;②累计增长量;③环比发展速度;④定基发展速度;⑤环比增长速度;⑥定基增长速度;⑦年平均发展速度;⑧年平均增长速度;⑨年平均增长量;⑩平均发展水平。

7. 根据下表已有的数字资料,运用动态指标相互关系,通过计算填出下表所缺的指标。

年　份	总产值/万元	环比动态指标		
		增长量/万元	发展速度/(%)	增长速度/(%)
2009	200			
2010		20		
2011			110	
2012				9
2013				12

8. 某仓库2013年各月份库存量如下表所示。

日　期	1月1日	3月31日	4月30日	5月31日	6月30日	10月31日	12月31日
库存量/万元	3.5	2.8	2.7	2.5	2.2	3.1	3.6

根据以上资料,计算:

①该仓库第一季度平均库存量;②该仓库第二季度平均库存量;③该仓库2013年平均库存量。

复习思考

1. 什么叫时间数列？它有什么作用？
2. 什么是发展速度？它有哪几种？它们之间关系如何？
3. 环比发展速度和定基发展速度的关系如何？
4. 常用的趋势分析方法有哪些？
5. 什么是季节比率？季节变动分析的步骤是什么？
6. 什么叫长期趋势？有哪些方法可以测定长期趋势？

项目 6
统计指数分析

知识目标

- 理解统计指数的概念和作用。
- 掌握综合指数和平均数指数的编制方法。
- 把握同度量因素的选择及固定时期。
- 理解指数体系的概念和作用。
- 掌握指数体系的因素分析法。
- 理解我国价格总指数编制的基本内容。

技能目标

能够根据所给资料编制综合指数,并对其进行分析;能够根据所给资料编制平均数指数,并对其进行分析;能够根据所给资料构建统计指数体系,并进行因素分析。

情景引入

“2014 年 3 月份,我国居民消费价格总水平同比上涨 2.4%。其中,城市上涨 2.5%,农村上涨 2.1%;食品价格上涨 4.1%,非食品价格上涨 1.5%;消费品价格上涨 2.2%,服务价格上涨 2.8%。1—3 月平均,全国居民消费价格总水平比去年同期上涨 2.3%。”以上统计局发布的相关信息,是在社会经济生活中出现频率相当高的居民消费价格指数有关数据。它是反映居民家庭购买各种消费品和服务价格水平变动情况的统计指标,同人民生活密切相关,在整个国民经济价格体系中具有极为重要的地位。

思考:以上指数是如何编制出来的? 从其中我们又能分析出什么信息呢?

任务 6.1 统计指数

6.1.1 统计指数的概念、作用和分类

1. 统计指数的概念

统计指数从 18 世纪中叶物价指数产生开始,迄今已有 300 多年的历史了。随着历史的推

移,统计指数已被广泛应用于社会经济生活各个方面,一些重要的指数已成为社会经济发展的晴雨表。当今,我国统计界一般认为:统计指数是研究社会经济现象数量方面时间变动状况和空间对比关系的分析方法。同时还认为:统计指数有广义和狭义之别。

从广义来说,一切反映所研究社会经济现象时间变动和空间对比状况的相对数,如动态相对数、比较相对数和计划完成程度相对数,都可称为指数。从狭义来说,统计指数则是一种特殊的相对数,是用来反映不能直接相加的多种事物所组成的复杂社会经济现象总体数量综合差异程度的相对数,如零售物价指数、消费价格指数、股价指数等。假定某商店 3 种商品销售情况如表 6－1所示。

表 6－1　某商店 3 种商品销售量与销售价格

产　品	计量单位	销售量		销售价格/元	
		基　期	报告期	基　期	报告期
甲	盒	30 000	36 000	20.0	24.0
乙	千克	72 000	80 000	16.0	20.0
丙	升	40 000	50 000	18.0	21.0

根据表 6－1,我们可以比较容易地计算出 3 种商品各自的销售量指数和销售价格指数,如甲商品销售量指数为 120%(=36 000/30 000),乙商品销售价格指数为 125%(=20/16),等等。这里所研究的由单一项目所构成的总体称为简单现象总体,反映简单现象总体变动状况的指数称为个体指数。如果综合观察该商店全部商品销售或全部商品销售价格的变动程度,则因各种商品计量单位不同、使用价值各异而不能将它们直接加总、对比求其指数。这种在数量上不能直接相加和对比的总体,称为复杂现象总体;反映复杂现象总体综合变动状况的指数称为总指数。

例如,由国家统计局提供的数据表明,2014 年 3 月份居民消费价格指数为 102.4%,其中食品价格指数为 104.1%,衣着价格指数为 102.3%,娱乐教育文化用品及服务价格指数为 102.1%,居住价格指数为 102.5%,这些指数都是总指数。

作为一种独立的统计分析方法,统计指数主要指狭义上的指数,即总指数。狭义指数的概念及编制方法是统计指数理论的核心内容。本项目将着重讨论总指数的有关问题。

6.1.2　统计指数的作用

统计指数在社会经济领域内应用广泛,这是由于统计指数具有独特的功能,能够发挥重要的作用,具体表现在以下几个方面。

1. 反映不能直接相加的社会经济现象综合变动的方向和程度

对于复杂的社会经济现象总体,一般的相对指标是不能反映其综合变动方向和程度的,因为它们不能直接相加,更无法进行综合对比,我们只能运用指数的方法来加以解决。例如,当研究某商场商品销售价格的变动情况时,该商场销售商品品种繁多,报告期与基期相比,有的商品价格下降,有的商品价格上涨,涨落程度也不一致。由于各种商品的计量单位不一致,故要综合反映商场所有商品价格变动的方向和程度,就不能直接把各种商品报告期和基期的价格简单相加进行对比,只有编制指数,才能综合说明各种商品价格总的变动方向和程度。指数的计算结果一般用百分数表示,这个百分数大于或小于 100%,表示变动方向为升或降,这个百分数与 100% 的差数,表示升降变动的程度。例如,某年某商场商品销售价格指数为 105%,说明各种商品的价格虽然有升有降,但总的来讲,或者说平均来讲,商品销售价格变动的方向是上涨的,上涨的程度为5%。

2. 分析现象总变动中各个有关因素影响方向和影响程度

社会经济现象总体的数量变动是由若干因素共同变动引起的,这种受多种因素影响的现象的数量往往表现为若干因素的连乘积。例如,商品销售额=商品销售量×商品销售价格,产品总成本=生产产品的数量×单位成本,等等。运用统计指数分析,可以从绝对数和相对数两个方面,分析各构成因素对总体现象变动影响的方向和程度。

有些现象总体的变动表现为平均指标的变动,平均指标的变动往往取决于总体内各构成单位或组的平均水平和总体结构的变动,即各组在总体中所占比重的变动。例如,某单位职工平均工资的总变动,取决于各组职工的工资水平和各组职工人数比重两个因素变动。运用指数法可以分析这两个因素变动对全部职工平均工资的影响方向和程度。

3. 研究社会经济现象在较长时间内的发展变化趋势

运用编制的动态指数所形成的连续指数数列,可以对所研究的社会经济现象总体在长时间内的发展变化趋势进行分析。同时,还可以对反映不同现象而又联系密切的指数数列加以分析。例如,将农村工业品零售价格指数和农产品收购价格指数两个指数数列对比,可以获得工农业产品的综合比价指数数列,分析工农业商品交换过程中的价格变化趋势。

4. 对现象进行综合评价和测定

随着指数在实际应用中的不断发展,许多现象都可以运用指数进行综合评价和测定,从而对其水平做出综合的数量判断。例如,利用综合经济动态指数评价测定一个地区和单位经济效益的高低,利用平均数指数测定技术进步的程度及其在经济增长中的作用,利用指数原理建立对国民经济发展变动的评价和预警系统,等等。

6.1.3 统计指数的分类

统计指数按照不同的研究目的和要求,可以做如下各种分类。

1. 按照研究对象的范围不同,统计指数分为个体指数和总指数

个体指数是反映单一数量变动程度的相对数,或者说是反映简单总体数量变动程度的相对数。它属于广义指数,如个别现象的报告期水平与基期水平之比的某种商品销售量指数,某种商品价格指数等。常用的个体指数有以下3种。

① 商品销售量个体指数 $K_Q=\frac{Q_1}{Q_0}$。

② 价格个体指数 $K_P=\frac{P_1}{P_0}$。

③ 成本个体指数 $K_Z=\frac{Z_1}{Z_0}$。

式中,K——个体指数;Q——某种商品销售量;P——某种商品价格;Z——某种商品销售的单位成本;下标号1——报告期,0——基期。

总指数是反映由不能直接相加的许多个别事物构成的复杂社会经济现象总体变动的相对

数。例如,反映全部工业产品产量总变动程度的工业生产指数、反映全部零售商品价格变动程度的零售物价指数,以及产品产量总指数、成本总指数等。

在统计和实践中,有时在编制总指数的同时,还常常与统计分组法结合运用,即对总体进行分类或分组,并按类(组)编制指数,借以反映现象总体内部各部分事物的数量变动程度。这样在总指数与个体指数之间又产生了一个类(组)指数。例如,在编制零售物价总指数与每种商品零售价格个体指数之间,还将全部商品分成食品类、衣着类、日用品类等八大类,并分别计算各类商品的类指数。组指数或类指数是介于个体指数和总指数之间的指数。由于类指数所反映的对象仍然是由多种不同事物构成的复杂总体,因此,它实质上仍属于总指数的范畴,其编制方法也与总指数相同。

2. 按所反映的社会经济现象的性质不同,统计指数分为数量指标指数和质量指标指数

指数化指标是作为指数研究对象的指标。由于指数化指标分为数量指标和质量指标,相应地,统计指数也就分为数量指标指数和质量指标指数。

数量指标指数是用来表明现象总体规模总数量变动的相对数。例如,产品产量指数、商品销售量指数、税额指数,反映的是生产、销售和税收总额的规模、水平综合变动情况的相对数。质量指标指数是用来反映现象相对水平或平均水平变动的指数。例如,商品价格指数、职工平均工资指数、税率指数是直接说明产品物价水平、平均工资、税率变动高低情况的相对数,反映的是经济工作的质量和效果,因此,它们都是质量指标指数。

按照我国传统的统计指数理论,数量指标指数与质量指标指数的编制方法是不同的。因此,区分数量指标指数和质量指标指数对于学习指数编制方法是非常重要的。

3. 按在指数数列中所采用的基期不同,统计指数分为定基指数和环比指数

将不同时期的某种指数按时间先后顺序加以排列而形成的数列称为指数数列。它是一种相对数动态数列。定基指数是指在指数数列中各个指数都以某一固定时期为对比基期编制的指数。由于定基指数的基期不依分析时期的变动而变化,因此可用其来反映现象在一个较长时期的变动情况。环比指数是指在指数数列中各个指数都以前一期为对比基期编制的指数。由于环比指数的基期随报告期的变化而变化,因此可用其来反映被研究现象逐期变动的情况。

4. 按所比较现象的特征不同,统计指数分为时间指数、区域指数和计划完成指数

时间指数是反映同类现象在不同时间发展变动情况对比的相对数。统计指数的编制和应用,主要是计算和分析现象在时间上的变动。区域指数是反映同类现象在不同地区或不同单位之间对比的相对数,可以说明同一地区或单位之间的比例关系。计划完成指数是反映所研究现象在同一单位或同一地区实际完成数与计划数之间对比的相对数。

5. 按在指数体系中所处的位置与作用不同,统计指数分为现象总体指数和影响因素指数

现象总体指数是包括两个或两个以上因素同时变动的相对数,属于广义指数。例如,销售额指数,既有销售量的变动,同时也有价格的变动。影响因素指数是只有一个因素变动,并从属于某一现象总体指数的相对数,属于狭义指数。例如,销售量指数,只有销售量一个因素的变动,并从属于销售额指数;价格指数,只有价格一个因素的变动,并从属于销售额指数。现象总体指数中各指数的影响关系不能随意形成,而是由现象的客观联系所决定的,如“销售额 = 销售量 × 价格”,由此形成了“销售额指数 = 销售量指数 × 价格指数”的关系。这是后述的因素分析的重要

理论基础。

6. 总指数按其表现计算方法的不同，还可分为综合指数和平均数指数

综合指数是通过确定同度量因素，把不能同度量的现象过渡为可以同度量的现象，采用科学方法计算出两个时期的总指标并进行对比而形成的指数。平均数指数是从个体指数出发，通过对个体指数加权平均计算而形成的指数，它分为算术平均数指数和调和指数。下面我们就先学习这两种指数的编制。

任务 6.2 综合指数

当一个总量指标可以分解为两个或两个以上的因素指标时，为研究其中一个因素指标的变动程度，而将其中一个或一个以上因素指标固定下来，再将两个时期的总量指标对比，这样得到的总指数就是综合指数。它是编制总指数的基本形式。在这里，我们研究的因素指标就是指数化指标，而被固定的指标是同度量因素。

6.2.1 综合指数的编制原理

综合指数从编制方法来看，具有以下特点。

① 综合指数的编制过程是先综合后对比，即先解决总体中各个个体由于使用价值、经济用途、计量单位、规格、型号等不同不能直接简单相加对比的问题。为此，需要加入一个媒介因素，使不能直接相加、不能直接对比的现象变成能够相加、能直接对比的现象，这个因素称为同度量因素。例如，在编制产量总指数时，加入另一个因素价格，用各种产品的产量乘以各自的价格，就把不同度量的产量转化成了同度量的总产值，而各种产品的总产值就可以相加在一起了。在此，产量称为指数化指标，而价格就是同度量因素。同样地，在编制价格指数时，可以加入产量指标，用各种产品的价格乘以各自的产量，就将不同度量的价格转化成了同度量的总产值。而此时，价格称为指数化指标，产量就是同度量因素。

② 当一个总量指标由两个或两个以上因素指标构成时，分析其中一个因素指标的变动对总量指标变动的影响，要把其他因素指标都作为同度量因素固定下来。例如，商品销售额这一总量指标，可分解为销售量和销售价格两个因素指标，即：

$$\text{商品销售额}=\text{销售量}\times\text{销售价格}$$

在上式中，我们可以将销售量指标固定下来，仅观察销售价格变动对商品销售额的影响，这样编制的总指数就是销售价格综合指数；或者将销售价格因素指标固定下来，仅研究销售量变动对销售额的影响，这样编制的总指数就是销售量综合指数。

③ 分子、分母所研究对象的范围，原则上必须一致。

④ 综合指数的计算对资料要求较高，需要全面资料。

综合指数的以上几个特点，决定了综合指数的编制原理。

① 确定同度量因素。根据所研究现象的特点和现象之间的联系，确定同度量因素，将不可同度量的现象过渡到可以同度量。在不同的使用价值还原成价值过程中，同度量因素不仅起着媒介作用，而且还起着权数的作用。同度量因素亦称为同度量系数或权数。

② 将同度量因素固定在同一时期。要使同度量因素不影响所研究现象的变动，必须把同度

量因素固定下来。至于把同度量因素固定在基期还是固定在报告期,要根据指数所说明问题的性质及统计研究的目的来确定。

将所计算的两个问题指标进行对比,即得综合指数的计算公式。

③ 指数的编制原理和方法是本项目的基础。掌握好这一基础,其他问题就可迎刃而解了。下面就具体说明根据以上原理和方法来编制数量指标综合指数和质量指标综合指数的方法。

6.2.2 数量指标综合指数

现以某毛纺厂的生产情况为依据列表,如表 6-2 所示。以编制产品产量指数为例,说明数量指标综合指数的编制原理和方法。

表 6-2 某毛纺厂生产情况

产品名称	计量单位	产量		出厂价格/元		产值/万元		
		基期 Q_0	报告期 Q_1	基期 P_0	报告期 P_1	基期 P_0Q_0	报告期 P_1Q_1	假定 P_0Q_1
毛毯	条	10 000	12 000	50	60	50	72.0	60.0
毛呢	米	40 000	40 400	20	20	80	80.8	80.8
毛衫	件	6 000	5 000	110	100	66	50.0	55.0
合 计	—	—	—	—	—	196	202.8	195.8

根据表 6-2 提供的数据,可以分别编制 3 种产品的个体产量指数。

① 毛毯的个体产量指数 $K_Q=\dfrac{Q_1}{Q_0}=\dfrac{12\,000}{10\,000}=120\%$

② 毛呢的个体产量指数 $K_Q=\dfrac{Q_1}{Q_0}=\dfrac{40\,400}{40\,000}=101\%$

③ 毛衫的个体产量指数 $K_Q=\dfrac{Q_1}{Q_0}=\dfrac{5\,000}{6\,000}\approx 83.33\%$

编制个体产量指数,只能分别说明每一种产品产量的变动情况,要说明 3 种产品产量的综合变动情况,就要编制和计算产品产量综合指数。

产品产量综合指数的编制有以下 3 个步骤。

1) 引入价格同度量因素,使不能直接相加的产量转化为能够相加的产值。

$$价格 \times 产量 = 产值$$

$$P\times Q=PQ$$

可见,产值分解为两个因素指标的乘积:一个因素指标是数量指标(产量),另一个因素指标是质量指标(价格)。在这里,产品的价格起到了“同度量”的作用,它使不能直接相加的产量转化为能够相加的产值。此时,价格称为同度量因素,产量称为指数化指标。

2) 为了说明 3 种产品产量的综合变动,就要用两个时期的总产值对比,而价格不产生变动影响。

产品产量指数的一般计算公式为:

$$\overline{K_Q}=\frac{\sum PQ_1}{\sum PQ_0}$$

式中,$\overline{K_Q}$——产品产量综合指数;P——同一时期的价格;Q——产品产量。

分子和分母相对比，只有产量一个因素发生变化，因此，相比的结果说明产品产量综合变动的方向和程度。

3）确定同度量因素应固定的时期。

使用不同时期的价格作为同度量因素，会有不同的结果，也有不同的经济内容。一般来讲，观察产品产量的变化以不包括价格变化为好。因此，在实际工作中，编制产品产量指数一般采用基期的价格作为同度量因素，即采用的公式为：

$$\overline{K}_Q = \frac{\sum P_0 Q_1}{\sum P_0 Q_0} \quad \text{式}(6-1)$$

将表 6-2 中的有关数据代入式(6-1)即可计算出产品产量总指数。

$$\overline{K}_Q = \frac{\sum P_0 Q_1}{\sum P_0 Q_0} = \frac{195.8}{196} \approx 99.9\%$$

$$99.9\% - 100.0\% = -0.1\%$$

$$\sum P_0 Q_1 - \sum P_0 Q_0 = 195.8 - 196 = -0.2(\text{万元})$$

计算结果说明：3 种产品的产量报告期比基期有增有减，增减的程度不同，但综合来讲下降了 0.1%；同时说明由于产品产量的下降，总产值也下降了 0.1%；分子和分母的差额，说明产量的变动对总产值的绝对影响，即由于产量下降使总产值减少了 0.2 万元。

以上计算方法是 1864 年由德国经济学家埃蒂恩·拉斯贝尔（Etienne Laspeyres）首先提出的，因而式(6-1)也称为拉斯贝尔指数公式，简称拉斯贝尔公式。它的编制原则是：在编制数量指标指数时，将作为同度量因素的质量指标固定在基期。本书对数量指标指数的编制都采用这一原则。

6.2.3 质量指标综合指数

仍以表 6-1 所示的资料为依据，以编制产品价格指数为例，说明质量指标综合指数的编制原理和方法。

根据表 6-2 提供的数据，可以分别计算出 3 种产品的个体价格指数。

① 毛毯的个体价格指数 $K_P = \frac{P_1}{P_0} = \frac{60}{50} = 120.00\%$

② 毛呢的个体价格指数 $K_P = \frac{P_1}{P_0} = \frac{20}{20} = 100.00\%$

③ 毛衫的个体价格指数 $K_P = \frac{P_1}{P_0} = \frac{100}{110} \approx 90.91\%$

编制个体价格指数，只能说明每一种产品的价格变动情况。要说明 3 种产品价格的综合变动情况，就要计算价格综合指数。

价格综合指数的编制有以下 3 个步骤。

1）引入产量同度量因素，使不能直接相加的价格转化为能够相加的产值。多种产品的价格都是用货币表示的，表面上看来好像可以直接相加。但是，它受各种实物计量单位的影响，依附于不同的使用价值，简单相加也是不正确的。我们将各种不能直接相加的价格分别乘以相应的产量得到能够相加的产值。

$$\text{价格} \times \text{产量} = \text{产值}$$

$$P \times Q = PQ$$

在这里，产品的产量起到了“同度量”的作用，使不能直接相加的价格转化为能够相加的产值，故产量称为同度量因素，为指数化指标。

2）为了说明产品价格的综合变动，要用两个时期的产值对比，而产量必须使用同一时期的，使其不产生影响，即假定在产量没有变动的情况下，考察产品价格的综合变动。

产品价格综合指数的一般计算公式为：

$$\overline{K}_P = \frac{\sum P_1 Q}{\sum P_0 Q}$$

式中，$\overline{K}_P$ 代表产品价格综合指数，P 代表价格，Q 代表同一时期的产量。

这个公式是质量指标综合指数的一般公式，只有价格一个因素发生变化，因此，分子、分母相对比的结果可以综合说明多种产品价格的总变动方向和程度。

3）确定同度量因素应固定的时期。通常我们研究的目的是观察价格变动的实际经济效果，使用报告期的产量作为同度量因素计算的指数比较合理，因为它反映的是企业生产当前的产品时价格的变动情况，实际意义比较强。因此，计算价格总指数的公式为：

$$\overline{K}_P = \frac{\sum P_1 Q_1}{\sum P_0 Q_1} \qquad \text{式(6-2)}$$

将表6-2中的有关数据代入式(6-2)，即可计算出价格总指数：

$$\overline{K}_P = \frac{\sum P_1 Q_1}{\sum P_0 Q_1} = \frac{202.8}{195.8} \approx 103.58\%$$

$$103.58\% - 100.0\% = 3.58\%$$

$$\sum P_1 Q_1 - \sum P_0 Q_1 = 202.8 - 195.8 = 7(\text{万元})$$

计算结果说明：3种产品的价格报告期比基期有涨有落，涨落的程度不同，但综合来讲上涨了3.58%；同时说明由于价格的提高，使报告期的产品产值比基期增长了3.58%；分子和分母相减的差额，说明由于价格的提高使产品产值增加了7万元。

以上计算方法是1874年由德国经济学家哈曼·派许提出的，因而式(6-2)也称为派许指数公式。它的编制原则是：在编制质量指标指数时，将作为同度量因素的数量指标固定在报告期。本书对质量指标指数的编制就采用这一原则。

任务6.3　平均数指数分析

6.3.1　平均的概念和分类数指数

综合指数能够最完整地反映所研究现象的经济内容，因而是计算总指数的基本形式。但是编制综合指数需要全面资料，即对应的两个时期的数量指标和资料。例如计算产品产量指数时，就要具备两个时期的各种产品产量和各种产品价格的对应资料。在统计工作中，要收集全商品不同时期的价格和销售量资料，显然存在一定困难。因此，除在较小范围内，且在商品品种较少情况下，可以直接采用综合指数编制总指数外，多数情况下采用平均数指数的形式来编制总指数。平均数指数是以被研究现象总体中的个体指数为基础，对若干个体指数进行加权平均来编制总指数的一种重要形式。它是综合指数的变形，但又具有相对独立的意义。

计算编制平均数指数的基本形式主要有两种：一种是加权算术平均数指数；另一种是加权调和平均数指数。通常认为，综合指数变形权数的平均数指数实际仍属于综合指数，固定权数的平均数指数具有独特的意义和特殊的应用价值。

6.3.2 加权算术平均数指数

加权算术平均数指数是对个体指数按加权算术平均方式进行平均，即以个体指数为变量值，以综合指数公式的母项资料为权数，计算个体指数的加权算术平均数。它是编制数量指标总指数的常用形式。在掌握了数量指标的个体指数 $K_Q=\frac{Q_1}{Q_0}$ 和基期总价值指标（P_0Q_0）时，常常计算加权算术平均数指数以得到数量指标总指数。

例如，加权算术平均销量指数公式为：

$$\overline{K_Q}=\frac{\sum K_QP_0Q_0}{\sum P_0Q_0}$$

根据表 6－2 所示的资料编制表 6－3，并代入以上公式计算。

表 6－3 某毛纺厂生产情况

产品名称	计量单位	基期实际产值/万元 P_0Q_0	产量个体指数/(%) $K_Q=Q_1/Q_0$	报告期假定产值/万元 $K_QP_0Q_0$
毛毯	条	50	120.0	60.0
毛呢	米	80	101.0	80.8
毛衫	件	66	83.3	55.0
合 计	—	196	—	195.8

$$\overline{K_Q}=\frac{\sum K_QP_0Q_0}{\sum P_0Q_0}=\frac{195.8}{196.0}\approx 99.9\%$$

$$\sum K_QP_0Q_0-\sum P_0Q_0=195.8-196.0=-0.2(\text{万元})$$

计算结果和综合指数的计算结果一样。这是因为：

$$\overline{K_Q}=\frac{\sum K_QP_0Q_0}{\sum P_0Q_0}=\frac{\sum \frac{Q_1}{Q_0}P_0Q_0}{\sum P_0Q_0}=\frac{\sum P_0Q_1}{\sum P_0Q_0}$$

即加权算术平均数指数在一定条件下是综合指数的变形。二者虽然形式不同，但结果和经济内容是一致的。

在实际应用中，个体指数可以使用非全面资料，可以以若干种代表产品的个体指数（组指数或类指数）为变量，以固定的结构比重为权数求加权平均数指数。这时加权算术平均数指数则有其自身特别的意义，也称为固定权数平均数指数。它的编制公式为：

$$\overline{K}=\frac{\sum KW}{\sum W}$$

式中，K—— 个体指数或类指数；W—— 固定起来的相对权数，它可以用小数表示（此时，$\sum W = 1$），也可以用百分点表示（此时，$\sum W = 100$）。

固定权数平均数指数是计算总指数的一种独立的形式，它简便灵活，使用方便，适合利用市场调查的资料进行计算。例如，零售物价指数、居民生活费用指数、工业生产指数等都采用这种方法编制。用该公式编制的指数只能反映现象变动的方向和程度，分子分母之差已不具有绝对数的内容。

6.3.3 加权调和平均数指数

加权调和平均数指数是对个体指数按加权调和平均数方式进行平均，即以个体指数仍是变量值，以综合指数公式的子项资料为权数，计算个体指数的加权调和平均数。它是编制质量指标总指数的常用形式。在掌握了质量指标的个体指数 $K_P = \frac{P_1}{P_0}$ 和报告期总价值指标（P_1Q_1）时，就可以通过加权调和平均数指数计算质量指标总指数。

例如，加权调和平均价格指数公式为：

$$\overline{K_P} = \frac{\sum P_1Q_1}{\sum \frac{1}{K_P}P_1Q_1}$$

根据表 6－2 的资料编制表 6－4，并代入以上公式计算。

表 6－4 某毛纺厂生产情况

产品名称	计量单位	报告期实际产值/万元 P_1Q_1	价格个体指数/（%） $K_P = P_1/P_0$	基期假定产值/万元 P_1Q_1/K_P
毛毯	条	72.00	120.0	60.0
毛呢	米	80.80	100.0	80.8
毛衫	件	50.00	90.91	55.0
合 计	—	202.80	—	195.8

$$\overline{K_P} = \frac{\sum P_1Q_1}{\sum \frac{1}{K_P}P_1Q_1} = \frac{202.8}{195.8} \approx 103.58\%$$

$$\sum P_1Q_1 - \sum \frac{1}{K_P}P_1Q_1 = 202.8 - 195.8 = 7（万元）$$

计算结果和综合指数的计算结果一样。这是因为：

$$\overline{K_P} = \frac{\sum P_1Q_1}{\sum \frac{1}{K_P}P_1Q_1} = \frac{\sum P_1Q_1}{\sum \frac{P_0}{P_1}P_1Q_1} = \frac{\sum P_1Q_1}{\sum P_0Q_1}$$

即加权调和平均数指数在一定条件下是综合指数的变形。二者虽然形式不同，但结果和经济内容是一致的。

6.3.4 平均数指数与综合指数的关系

1. 平均数指数与综合指数之间的联系

由于平均数指数公式中所用的权数是根据综合指数的原理和要求,从相应的综合指数公式中有关综合指标(子项或母项)转化而来的,因此在特定的权数条件下,平均数指数的基本公式与综合指数公式之间存在变形关系,故可作为综合指数的变形来使用。

2. 平均数指数与综合指数之间的区别

综合指数是计算总指数的基本形式,但要求的条件比较高,它的计算必须有全面的原始资料。如前所述,计算产品产量总指数和产品价格总指数,就要全面掌握基期和报告期各种产品的产量和价格资料,只要有一方面的资料不全,就无法用综合指数的形式计算。

平均数指数除了可以适用全面资料编制外,对于非全面资料的编制,具有独立的应用价值和其独特的应用领域,是一种独立的编制总指数的形式,较之综合指数具有明显的优越性。它既可避免使用假定资料,又可避免权数资料的不断更新。而且,它不仅在计算上比较灵活,所需资料也不必是全面资料,可以根据抽样资料、典型资料等非全面资料计算总指数。因此,平均数指数在指数编制实践中得到广泛应用。我国现行编制的几种物价总指数多采用平均数指数公式,如居民消费价格指数、商品零售价格指数、农业生产资料价格指数、农产品生产价格指数、固定资产投资价格指数等。

任务 6.4 指数体系及因素分析

6.4.1 指数体系的概念与作用

社会经济现象之间总是相互联系的,某一现象往往可以分解为两个或多个现象(或影响因素)的乘积。对于这类现象,仅靠单个指数进行分析是无能为力的,必须借助于指数体系做更深入的研究和探讨,才能说明多种影响因素的作用。因此,指数体系是深入分析问题的一个重要基础。

1. 指数体系的概念

指数之间的联系来自社会经济现象本身的联系,许多经济现象之间存在着客观的经济联系,表现为指标间的数量对应关系,并且可以用数学模式来反映。例如:

产品总成本 = 产品产量 × 单位产品成本

商品销售额 = 商品销售量 × 商品价格

原材料消耗总额 = 产品产量 × 单耗 × 原材料价格

上述等式左边的称为总变动指标,它们是被影响的指标;等式右边的称为因素指标,它们是对总变动指标产生影响的指标。上述指标之间在静态上存在着这种数量关系,在动态上也存在着相应的联系。例如,商品销售额的变动必然是商品销售量和商品价格这两个因素指标共同变动引起的,原材料消耗总额的变动必然是产品产量、单耗、原材料价格这 3 个因素指标共同变动所作用的结果。即：

产品总成本指数 = 产品产量指数 × 单位产品成本指数

商品销售额指数 = 商品销售量指数 × 商品价格指数

原材料消耗总额指数 = 产品产量指数 × 单耗指数 × 原材料价格指数

我们把等式的左边叫作总变动指数，把等式的右边叫作因素指数。可见，总变动指数等于各因素指数的连乘积。

在统计上，我们把在经济上有联系，在数量上保持对等关系的若干个指数所形成的整体，称为指数体系。以上经济关系都分别构成各自独立的指数体系。

不仅在相对数上总变动指数等于各个因素指数的连乘积，而且在绝对数上，现象总变动的差额也等于各个因素指标变动影响的差额之和。例如：

商品销售额实际增减额 = 销售量变动影响的销售额增减值 + 价格变动影响的销售额增减值

这种绝对差额之间的数量对应关系，我们可以称之为增减值关系。

2. 指数体系的作用

指数体系的主要作用有以下 3 个方面。

① 利用指数体系可以进行因素分析，测定某一现象的总变动中各个影响因素作用的方向、影响的程度及影响的绝对额，以探索现象变动的具体原因。利用指数体系，既可对简单经济现象总体的总变动进行因素分析，也可对复杂经济现象总体的总变动进行因素分析；既可分析总量指标变动的具体原因，也可分析平均指标、相对指标变动的具体原因。

② 利用指数体系可以为确定各影响因素指数公式提供依据。计算某个影响因素指数及其对现象总体变动的影响，必须假定其他因素不变。那么，其他因素固定在什么时期，不是随意确定的，必须以指数体系为依据，才能体现指数体系的完整性和科学性。

③ 利用指数体系可以进行有关指数之间的换算。例如，某地区某年的社会商品零售总额比上年增长 42%，商品零售量比上年增长了 25%，求商品零售价格指数。

根据公式：商品零售额指数 = 商品零售量指数 × 商品零售价格指数

得：$\text{商品零售价格指数} = \dfrac{\text{商品零售额指数}}{\text{商品零售量指数}} = \dfrac{142\%}{125\%} = 113.6\%$

即该地区商品零售物价比上年上涨了 13.6%。

6.4.2 因素分析概述

根据指数体系，对社会经济现象总变动中各影响因素的影响进行分析，掌握其影响方向、影响程度，以及影响所产生的绝对经济效果，这种分析方法称为指数因素分析法。

1. 因素分析的内容

从相对数上分析各影响因素的变动对总变动指标产生影响的方向和程度。

从绝对数上分析各影响因素的变动使总变动指标增加或减少的绝对数额。

2. 因素分析的程序

分析总变动指标的变动指数及其变动增减的绝对值。就是说，因素分析首先要分析总变动指标是否发生了变动。

分析各影响因素对总变动指标产生影响的指数以及增减值。这是对总变动指标的变动进行详细分析所必须做的一步准备工作。如果是多因素影响,各因素之间最好按先数量指标影响、后质量指标影响来排序,以便于指数体系的形成。

确定指数体系及各增减值的关系式。这是确定总变动与各影响因素之间数量关系的关键一步,是为下一步的综合分析提供数据资料的。

用统计分析形式综合分析各因素变动对总变动指标产生的影响。分析内容既包括相对的影响方向和程度,也包括绝对的影响增减值。这是对总变动指标的变动进行定性分析的一步。

3. 因素分析的步骤

1) 分析被研究对象及其影响因素。这里的被研究对象是各种具体的统计指标,如商品销售额、流通费用额、原材料费用总额、工资总额等。当明确了被研究对象是某个统计指标时,接着就要分析这个统计指标含有哪些影响因素,这是因素分析的基础。

2) 建立指数分析体系。按前面所讲的 3 条基本要求建立指数体系的两个关系式,即相对数关系式和绝对数关系式。相对数关系式表现为现象总体指数等于各影响因素指数的乘积,绝对数关系式表现为现象总体指数的绝对效果等于各影响因素指数绝对效果之和。

3) 收集资料,计算指数体系两个关系式中的各项数值。按公式内容和要求,收集有关资料,并进行整理、计算。

4) 根据计算的结果,做出分析结论和简要的文字说明。

6.4.3 总量指标变动的因素分析

1. 总量指标指数体系的形成

总量指标因素分析的目的是测定各个因素的变动对总量指标变动的影响方向、影响程度,以及影响增减值。因此,要根据现象变动的经济关系,列出总量指标的影响因素,然后形成指数体系。

形成总量指标指数体系的依据是综合指数的编制原则,即数量指标综合指数采用基期的质量指标作同度量因素,质量指标综合指数采用报告期的数量指标作同度量因素。至于不需要同度量因素的总变动指标指数,直接采用报告期和基期的实际指标数值对比即可。例如,销售额指数体系的形成如下。

因为:

$$销售额 = 销售量 \times 价格$$

所以:

$$\frac{\sum P_1 Q_1}{\sum P_0 Q_0} = \frac{\sum P_0 Q_1}{\sum P_0 Q_0} \times \frac{\sum P_1 Q_1}{\sum P_0 Q_1}$$

销售量和价格变动对销售额产生影响的增减值关系式为:

$$\sum P_1 Q_1 - \sum P_0 Q_0 = \left(\sum P_0 Q_1 - \sum P_0 Q_0\right) + \left(\sum P_1 Q_1 - \sum P_0 Q_1\right)$$

2. 总量指标的因素按其影响因素的多少不同,分为两因素分析和多因素分析

(1) 总量指标变动的两因素分析

将现象总量分解为两个构成因素,对其总量变动进行因素分析,称为两因素分析。现以表 6 – 5所示的资料为例,说明总量指标的两因素分析方法。

表 6－5 某企业生产 3 种产品的产量和成本资料

产品名称	计量单位	产量		单位成本/元		总成本/万元		
		2014 年 Q_0	2013 年 Q_1	2014 年 Z_0	2013 年 Z_1	2014 年 Z_0Q_0	2013 年 Z_1Q_1	假定 Z_0Q_1
A	套	240 000	280 000	10	8	240	224	280
B	件	110 000	140 000	12	10	132	140	168
C	米	60 000	80 000	22	19	132	152	176
合 计	—	—	—	—	—	504	516	624

分析时依据的指数体系是：

总成本指数＝产量指数×单位成本指数

即：

$$\frac{\sum Z_1Q_1}{\sum Z_0Q_0}=\frac{\sum Z_0Q_1}{\sum Z_0Q_0}\times\frac{\sum Z_1Q_1}{\sum Z_0Q_1}$$

依据的绝对差额关系式是：

总成本变动的增减额＝产量变动引起的增减额＋单位成本变动引起的增减额

即：$\sum Z_1Q_1-\sum Z_0Q_0=(\sum Z_0Q_1-\sum Z_0Q_0)+(\sum Z_1Q_1-\sum Z_0Q_1)$

根据上述资料，便可以对总成本的变动进行因素分析了。

总成本指数：$\dfrac{\sum Z_1Q_1}{\sum Z_0Q_0}=\dfrac{516}{504}\approx 102.38\%$

$$\sum Z_1Q_1-\sum Z_0Q_0=516-504=12(\text{万元})$$

产量总指数：$\dfrac{\sum Z_0Q_1}{\sum Z_0Q_0}=\dfrac{624}{504}\approx 123.81\%$

$$\sum Z_0Q_1-\sum Z_0Q_0=624-504=120(\text{万元})$$

单位成本总指数：$\dfrac{\sum Z_1Q_1}{\sum Z_0Q_1}=\dfrac{516}{624}\approx 82.69\%$

$$\sum Z_1Q_1-\sum Z_0Q_1=516-624=-108(\text{万元})$$

由以上计算显示如下。

总成本指数的相对数分解体系：

102.38% ≈123.81% ×82.69%

总成本增减值的绝对数分解体系：

12 万元 =120 万元 +(−108) 万元

分析报告：由于产品产量增加使总成本增长了 23.81%，总成本增加的绝对额为 20 万元；各种产品单位成本降低了 17.31%，总成本减少的绝对额为 108 万元。以上两个因素共同作用的结果使总成本增加了 2.38%，增加的绝对额是 12 万元。

（2）总量指标变动的多因素分析

将现象总量分解为 3 个或 3 个以上的构成因素，对其总量变动进行因素分析称为多因素分析。现以表 6－6 所示的资料为例，说明总量指标的多因素分析方法。

表 6-6 某企业生产两种产品的产量、原材料消耗量和原材料价格资料

产品	产量/万米		材料	百米产品耗用原材料数/千克		每千克原材料价/元		原材料支出额/万元			
	基期 q_0	报告期 q_1		基期 m_0	报告期 m_1	基期 p_0	报告期 p_1	$q_0m_0p_0$	$q_1m_0p_0$	$q_1m_1p_0$	$q_1m_1p_1$
甲	80	84	A	36	33	30	31	864	907.2	831.6	859.3
乙	120	144	B	30	28	30	31	1 080	1 296	1 209.6	1 249.9
			C	12	10	25	27	360	432	360	388.8
合计	—	—	—	—	—	—	—	2 304	2 635.2	2 401.2	2 498

工业生产原材料支出额 = 产品产量 × 单位产品原材料消耗量 × 单位原材料价格

由此建立的指数体系为：

原材料支出额指数 = 产品产量指数 × 单位产品原材料消耗量指数 × 单位原材料价格指数

用公式表示为：

$$\frac{\sum q_1m_1p_1}{\sum q_0m_0p_0}=\frac{\sum q_1m_0p_0}{\sum q_0m_0p_0}\times\frac{\sum q_1m_1p_0}{\sum q_1m_0p_0}\times\frac{\sum q_1m_1p_1}{\sum q_1m_1p_0}$$

式中，q——产品产量；m——单位原材料价格；p——原材料价格；0，1——基期和报告期。

根据表中资料计算如下。

原材料支出额指数：$\frac{\sum q_1m_1p_1}{\sum q_0m_0p_0}=\frac{2\ 498}{2\ 304}\approx 108.42\%$

绝对增加：$\sum q_1m_1p_1-\sum q_0m_0p_0=2\ 498-2\ 304=194$（万元）

其中，

产品产量指数：$\frac{\sum q_1m_0p_0}{\sum q_0m_0p_0}=\frac{2\ 635.2}{2\ 304}\approx 114.38\%$

绝对增加：$\sum q_1m_0p_0-\sum q_0m_0p_0=2\ 635.2-2\ 304=331.2$（万元）

单位产品原材料消耗量指数：$\frac{\sum q_1m_1p_0}{\sum q_1m_0p_0}=\frac{2\ 401.2}{2\ 635.2}\approx 91.12\%$

绝对增加：$\sum q_1m_1p_0-\sum q_1m_0p_0=2\ 401.2-2\ 635.2=-234$（万元）

单位原材料价格指数：$\frac{\sum q_1m_1p_1}{\sum q_1m_1p_0}=\frac{2\ 498}{2\ 401.2}\approx 104.03\%$

绝对增加：$\sum q_1m_1p_1-\sum q_1m_1p_0=2\ 498-2\ 401.2=96.8$（万元）

以上计算显示结果如下。

原材料费用总额指数的相对数分解体系：

108.42% ≈114.38% ×91.12% ×104.03%

原材料费用总额增加值的绝对数分解体系：

194 万元 =331.2 万元 +（−234）万元 +96.8 万元

分析报告：该企业生产两种产品的原材料支出额，报告期比基期增长 8.42%，绝对增加194万元。其中，由于产量增长 14.38%，使支出额增加 331.2 万元；由于单位产品原材料消耗量降低 8.88%，使支出额减少 234 万元；由于单位原材料价格上涨 4.03%，使支出额增加 96.8 万元。

6.4.4 平均指标变动的因素分析

在现实社会生活中,常常需要就两个时期同一现象平均水平的变动进行对比分析。例如,分析平均工资的变动或分析劳动生产率的变动等。这些分析就需要在体系中进行。

1. 平均指标指数体系的形成

这里所讲的平均指标是指总体在分组的条件下,用加权算术平均法计算出来的平均指标。这种平均指标可分解为两个因素:一是各组的比重(权数),二是各组的代表标志值。平均指标的变动,既受总体结构变动的影响,也受各组标志值的影响。要分别分析各因素的变动对平均指标变动的影响,就要建立平均指标指数体系。

平均指标指数体系的形成如下:

平均指标指数是将两个时期的总体平均数对比而得到的相对数,又叫可变构成指数,简称可变指数。它反映总体平均数的总的变动程度,是总变动指数。公式为:

$$\overline{K}_{可变}=\frac{\bar{x}_1}{\bar{x}_0}=\frac{\sum x_1f_1}{\sum f_1}\bigg/\frac{\sum x_0f_0}{\sum f_0}$$

式中,$\overline{K}_{可变}$——平均指标指数;$\bar{x}_1$——报告期的平均指标;$\bar{x}_0$——基期的平均指标;x_1——报告期各组代表标志值;x_0——基期各组代表标志值;f_1——报告期各组单位数;f_0——基期各组单位数。

总体结构固定不变,单纯反映各组代表标志值变动影响的指数,称作固定构成指数。一般来说,固定构成指数将结构作为同度量因素固定在报告期。其指数公式为:

$$\overline{K}_{固定}=\frac{\sum x_1f_1}{\sum f_1}\bigg/\frac{\sum x_0f_1}{\sum f_1}$$

各组代表标志值固定不变,单纯反映结构变动影响的指数,称作结构影响指数。一般来说,结构影响指数将标志值作为同度量因素固定在基期。其指数公式为:

$$\overline{K}_{结构}=\frac{\sum x_0f_1}{\sum f_1}\bigg/\frac{\sum x_0f_0}{\sum f_0}$$

我们可以建立如下指数体系:

可变构成指数=固定构成指数×结构影响指数

$$\overline{K}_{可变}=\overline{K}_{固定}\times\overline{K}_{结构}$$

即:

$$\frac{\sum x_1f_1}{\sum f_1}\bigg/\frac{\sum x_0f_0}{\sum f_0}=\left(\frac{\sum x_1f_1}{\sum f_1}\bigg/\frac{\sum x_0f_1}{\sum f_1}\right)\times\left(\frac{\sum x_0f_1}{\sum f_1}\bigg/\frac{\sum x_0f_0}{\sum f_0}\right)$$

绝对影响增减值的关系式为:

平均指标增减额=固定构成指数分子与分母差额+结构影响指数分子与分母差额

即:

$$\frac{\sum x_1f_1}{\sum f_1}-\frac{\sum x_0f_0}{\sum f_0}=\left(\frac{\sum x_1f_1}{\sum f_1}-\frac{\sum x_0f_1}{\sum f_1}\right)+\left(\frac{\sum x_0f_1}{\sum f_1}-\frac{\sum x_0f_0}{\sum f_0}\right)$$

2. 平均指标变动的因素分析举例

现根据表6－7所示的资料，说明平均指标变动的两因素分析方法。

表6－7　某厂工人总平均工资变动因素分析计算

工人组别	月平均工资/元		工人人数/人		工资总额/元		
	基期 x_0	报告期 x_1	基期 f_0	报告期 f_1	基期 x_0f_0	报告期 x_1f_1	假定 x_0f_1
老工人	800	860.00	700	660	560 000	567 600	528 000
新工人	500	550.00	300	740	150 000	407 000	370 000
合　计	(710)	(696.14)	1 000	1 400	710 000	974 600	898 000

为了计算更简便，首先要计算以下3个平均工资：

报告期总平均工资 $\bar{x}_1=\dfrac{\sum x_1f_1}{\sum f_1}=\dfrac{974\ 600}{1\ 400}\approx 696.14$（元）

基期总平均工资 $\bar{x}_0=\dfrac{\sum x_0f_0}{\sum f_0}=\dfrac{710\ 000}{1\ 000}=710.00$（元）

假定的总平均工资 $\bar{x}_n=\dfrac{\sum x_0f_1}{\sum f_1}=\dfrac{898\ 000}{1\ 400}\approx 641.43$（元）

然后进行平均工资变动的因素分析：

平均工资可变构成指数 $\overline{K}_{可变}=\dfrac{\bar{x}_1}{\bar{x}_0}=\dfrac{696.14}{710}\approx 98.05\%$

$$\bar{x}_1-\bar{x}_0=696.14-710.00=-13.86（元）$$

平均工资固定构成指数 $\overline{K}_{固定}=\dfrac{\bar{x}_1}{\bar{x}_n}=\dfrac{696.14}{641.43}\approx 108.53$

$$\bar{x}_1-\bar{x}_n=696.14-641.43=54.71（元）$$

平均工资结构影响指数 $\overline{K}_{结构}=\dfrac{\bar{x}_n}{\bar{x}_0}=\dfrac{641.43}{710}\approx 90.34\%$

$$\bar{x}_n-\bar{x}_0=641.43-710.00=-68.57（元）$$

上述3个指数的指数体系为：$\overline{K}_{可变}=\overline{K}_{固定}\times\overline{K}_{结构}$

$$98.05\%=108.53\%\times 90.34\%$$

3个增减值的关系式为：$\bar{x}_1-\bar{x}_0=(\bar{x}_1-\bar{x}_n)+(\bar{x}_n-\bar{x}_0)$

$$-13.86\ 元=54.71\ 元+(-68.57)\ 元$$

分析报告：以上结果表明，由于各组工人的工资水平提高，总平均工资提高了8.53%，提高的数额为平均每人54.71元；由于工人内部结构的变化，总平均工资降低了9.66%，降低的数额为平均每人68.57元；以上两个因素共同变动，使该厂全部工人的总平均工资降低了1.95%，即平均每人减少13.86元。

为什么各组平均工资水平提高了8.53%，实际平均每人增加额54.71元，而该厂总平均工资水平却下降1.95%，平均每人减少13.86元呢？

这要进一步分析。

根据表6－7所示的资料，我们可以计算出低工资的新工人由基期的30%提高到报告期的52.86%，而高工资的老工人却由基期的70%降低到报告期的47.14%。正是由于低工资的新工人的比重相对提高，而高工资的老工人的比重相对降低，才导致了组平均工资与总平均工资不相一致的矛盾现象。

任务6.5 常用指数简介

6.5.1 居民消费价格指数

居民消费价格指数(Consumer Price Index,CPI)是衡量价格总水平变动幅度的价格指数,已被世界多数国家采用。居民消费价格指数是进行经济分析和决策、价格总水平监测和调控、国民经济核算的重要指标。

居民消费价格指数是反映一定时期内城乡居民所购买的生活消费品价格和服务项目价格变动趋势和程度的相对数,是对城市居民消费价格指数和农村居民消费价格指数进行综合汇总计算的结果。通过该指数可以观察和分析消费品的零售价格和服务项目价格变动对城乡居民实际生活费支出的影响程度,为国家指定消费、分配、投资等宏观政策提供重要依据,也是反映经济景气状况和通货膨胀的主要指标。

我国编制居民消费价格指数的商品和服务项目,根据全国城乡近11万户居民家庭消费支出构成资料和有关规定确定,目前共包括食品、烟酒、衣着、家庭设备用品及服务、医疗保健及个人用品、交通和通信、教育娱乐及服务、居住8个大类251个基本分类,约700个代表品种。居民消费价格指数就是在对全国550个样本市县近3万个采价点进行价格调查的基础上,根据国际规范的流程和公式算出来的。

现以城市消费价格指数为例,如表6-8所示。

表6-8 2014年7月居民消费价格指数

项目名称	上年同月=100			上年同期=100		
	全国	城市	农村	全国	城市	农村
居民消费价格指数	101.8	101.9	101.6	102.2	102.2	101.9
一、食品	102.3	102.5	101.7	103.2	103.4	102.4
粮食	102.8	102.7	102.9	102.8	102.8	102.9
肉禽及其制品	99.3	99.7	98.3	98.7	99.1	97.6
蛋	107	106.9	107.2	99.2	99.4	98.9
水产品	105.7	106	104.7	106.1	106.4	105.1
鲜菜	92.1	91.8	92.9	102.3	102.2	102.7
鲜果	118.6	118.8	118	119.6	119.7	119
二、烟酒及用品	99.4	99.3	99.5	99.3	99.3	99.4
三、衣着	102.3	102.3	102.4	102.2	102.2	102.2
四、家庭设备用品及服务	101.2	101.2	101.2	101.3	101.3	101.3
五、医疗保健及个人用品	101.2	101.1	101.5	101.1	101	101.6

（续表）

项目名称	上年同月 = 100			上年同期 = 100		
	全国	城市	农村	全国	城市	农村
六、交通和通信	100.1	100	100.3	99.9	99.8	100.1
七、娱乐教育文化用品及服务	102	102	101.9	102.4	102.4	102.2
八、居住	102.4	102.4	102.4	102.6	102.7	102.5

资料来源：商务部.

6.5.2 零售物价指数

商品零售物价指数是反映一定时期内城乡商品零售价格变动趋势和程度的相对数。商品零售价格的变动与国家的财政收入、市场供需的平衡、消费与积累的比例关系有关。因此，它是对政府决策和社会生活都十分重要的一项统计指标。

零售物价指数以零售商品的价格为调查统计范围。零售商品统一分类为：食品类、衣着类、日用品类、文化娱乐用品类、书报杂志类、药及医疗用品类、建筑材料类、燃料类等 8 个大类，分别按城市、农村和综合编制 3 种价格指数。代表商品的种类，国家统一规定为城市指数 352 种，县城(农村)指数 404 种，其中 52 种为农业生产资料。各地可适当增加。

零售物价指数代表地区的选择与生活费用指数相同，在全国选出 226 个市县作为国家掌握的价格调查点，其中城市 146 个，县城 80 个。有关权数的确定、价格指数的计算公式、计算程序、汇总方法，与居民消费价格指数相同。

6.5.3 工业生产指数

工业生产指数是反映一个国家或地区各种工业产品产量的综合变动程度的指数，是衡量经济的重要指标之一。世界各国都非常重视工业生产指数的编制，但采用的编制方法却不完全相同。

在我国，工业生产指数是通过计算各种工业产品的不变价格产值来编制的。其基本编制过程是：首先，对各种工业产品分别制定相应的不变价格标准(记为 p)；然后，逐项计算各种产品的不变价格产值，加总起来就得到全部工业产品的不变价格总值；将不同时期的不变价格总值加以对比，就得到相应时期的工业生产指数。

设 t 时期的不变价格总值为 $\sum q_t p_t\ (t = 1,2,\cdots)$，则该时期的工业生产指数就是固定加权综合指数的形式：

$$I_q = \frac{\sum q_t p_o}{\sum q_{t-1} p_o}$$

采用不变价格法编制工业生产指数的特点是，只要具备了完整的不变价格产值资料，就能够很容易地计算出有关的生产指数，而且可以在不同层次上(如各地区、各部门、各企业等)进行编制，满足各方面的分析需要。

然而，不变价格的制定和不变价格产值的计算本身却是一项非常繁琐的工作，这项工作又必须连续不断地、全面地展开，其难度可想而知。尤其是在市场经济条件下，要在整个工业生产领域内运用不变价格计算完整的产值资料，面临着很多实际的问题。因此，我国工业生产指数编制方法的改革势在必行。

与我国的情况不同，在国外，较为普遍地采用平均数指数形式来编制工业生产指数。其计算公式为：

$$I_q = \frac{\sum k_q q_i p_0}{\sum q_0 p_0}$$

式中，k_q——各种工业品的个体产量指数；q_0p_0——相应产品的基期增加值。

编制这种工业生产指数的目的是说明工业增加值中数量因素的综合变动程度，其分析意义与一般的工业总产量指数是有所不同的。

在实践中，为了简化指数的编制工作，常常以各种工业品的增加值比重作为权数，并且将这种比重权数相对固定，连续地编制各个时期的工业生产指数。其计算公式为：

$$I_q = \frac{\sum k_q W}{\sum W}$$

这里运用了固定加权算术平均数指数。

6.5.4 股票价格指数

1. 股票价格指数的编制方法

股票价格的变动是股票市场（或称证券市场）重要的经济现象之一，既可以为投资者带来利润，也可能使投资者遭受损失。股票价格变动可以用统计指数方法来度量。股票价格指数是反映股票市场价格变动的重要指标。股票指数的编制方法一般有算术平均和加权综合两种形式。前者以美国的道·琼斯股价指数为代表，后者以标准普尔混合指数为代表。

（1）道·琼斯股价指数

它是由美国新闻出版商道·琼斯公司计算和发布的，是历史最为悠久的股票价格指数。1879 年，该公司的创始人道·琼斯就在他自己出版的《华尔街日报》上发表了由 12 种具有代表性的铁路公司的股票编制而成的股票价格平均数。最初采用的方法，是计算出上市股票的简单算术平均值。尔后，几经变动，选择的股票种类不断增加，现在已增加到 65 种，其中包括 30 种工业股票，20 种交通运输业股票，15 种公用事业股票。编制方法也从简单算术平均改为平均数修正法（其本质仍然是简单算术平均）。由于各股份公司常有增加股数和股票拆细的情况发生，使得作为分母的股票总数会增加，单位股份降低，难以体现股票价格变动的真实情况。因此，后来改用平均数修正法，即对除数（分母）做适当处理，以免平均数受到影响。道·琼斯股票价格平均数以 1928 年 10 月 1 日为基期，即以该日的股票价格平均数为基数，以后各期股票价格同基期相比，计算出来的百分数就成为各期的股票价格指数。

例如，假定某股票市场基期有 3 种股票出售，每股股票的收市价格分别为：A = 20 元，B = 45 元，C = 25 元，则该市场基期股票价格平均数为：

$$\bar{p}_0 = \frac{\sum p_0}{n} = \frac{20 + 45 + 25}{3} = 30(\text{元})$$

再假定该市场计算期的股票价格有升有降，股票品种也有增加，各种股票的每股收市价格分别为：A = 30 元，B = 60 元，C = 24 元，D = 30 元，E = 25 元。于是，该市计算期股票价格平均数为：

$$\bar{p}_1 = \frac{\sum p_1}{n} = \frac{30 + 60 + 24 + 30 + 25}{5} = 33.8(\text{元})$$

所以,该市场的股票价格指数 $K_p=\frac{p_1}{p_0}=\frac{33.8}{30}=112.7\%$。

计算结果表明,该市场的股票价格平均数上涨了 12.7%。

(2) 标准普尔混合指数

标准普尔公司是美国最大的证券研究机构,于 1923 年开始编制发表股票价格指数。1957 年起发表标准普尔混合指数。它是以股票交易额为权数加权计算的,包括 500 种上市的工业、铁路和公用事业普通股的价格指数,是以 1941—1943 年为基期的加权综合指数,包括 400 种工业股票,20 种运输业股票,40 种公用事业股票,以及 40 种金融业股票。其计算公式为:

$$K_p=\frac{\sum p_1q_0}{\sum p_0q_0}$$

从多年的实践看,该指数与道·琼斯股价指数的运动规律是一致的,而且道·琼斯股价指数一直是标准普尔指数的 10 倍。这说明两种指数都比较准确地反映了美国股票市场股票价格的变动情况。

任务 6.6　Excel 在指数分析中的应用

在 Excel 中进行指数分析,主要使用输入公式的方法结合填充柄功能进行操作。现举两例加以说明。

例 6-1　根据表 6-4 所示的资料,计算 3 种产品的价格总指数。

1)将资料输入 Excel 表,再单击 E3 单元格,输入"=C3*100/D3",如图 6-1 所示。

AVERAGE　× ✓ fx　=C3*100/D3

	A	B	C	D	E
1	表6-1		产品价格指数计算表		
2	产品名称	计量单位	报告期产值(万元)	价格指数(%)	假定产值(万元)
3	毛毯	条	72.00	120.00	=C3*100/D3
4	毛呢	米	80.80	100.00	
5	毛衫	件	50.00	90.91	
6	合计	—			

图 6-1　输入资料及公式

2)按 Enter 键确认,并利用填充柄功能拖出 E4、E5 两个单元格的数据。再单击 C6 单元格,单击工具栏中的∑按钮得到 C 列数据总和,同理得出 E 列数据总和 195.80,如图 6-2 所示。

	A	B	C	D	E
1	表6-16		产品价格指数计算表		
2	产品名称	计量单位	报告期产值(万元)	价格指数(%)	假定产值(万元)
3	毛毯	条	72.00	120.00	60.00
4	毛呢	米	80.80	100.00	80.80
5	毛衫	件	50.00	90.91	55.00
6	合计	—	202.80		195.80

图 6-2　填充公式并求和

3）单击 D6 单元格，输入“=C6*100/E6”，按 Enter 键确认，即得到 3 种产品的价格总指数 103.58%，如图 6-3 所示。

	A	B	C	D	E
1	表6-17			产品价格指数计算表	
2	产品名称	计量单位	报告期产值（万元）	价格指数（%）	假定产值（万元）
3	毛毯	条	72.00	120.00	60.00
4	毛呢	米	80.80	100.00	80.80
5	毛衫	件	50.00	90.91	55.00
6	合计	—	202.80	103.58	195.80

图 6-3 得到价格总指数

例 6-2 根据表 6-7 所示的资料，对总平均工资的变动进行因素分析，需要设置如图 6-4 所示的 Excel 表格。

	A	B	C	D	E	F	G	H	I	J
1	表6-18			平均工资变动因素分析计算表						
2	工人分组	月平均工资（元）		工人数（人）		人数比重		平均工资（元）		
3		x_0	x_1	f_0	f_1	$\frac{f_0}{\sum f_0}$	$\frac{f_1}{\sum f_1}$	$x_0\frac{f_0}{\sum f_0}$	$x_1\frac{f_1}{\sum f_1}$	$x_0\frac{f_1}{\sum f_1}$
4	老工人	800	860	700	660	0.70	0.47	560.00	405.43	377.14
5	新工人	500	550	300	740	0.30	0.53	150.00	290.71	264.29
6	合计	–	–	1000	1400	1.00	1.00	710.00	696.14	641.43
7		指数%	增减值							
8	总平均工资	98.05	-13.86							
9	工资水平影响	108.53	54.71							
10	人数结构影响	90.34	-68.57							

图 6-4 利用 Excel 对总平均工资的变动进行因素分析

其操作步骤如下。

1）在 F4 单元格中输入“=D3/1000”，按 Enter 键确认，并利用填充柄功能拖出 F5 的数据，然后单击工具栏中的 Σ 按钮得到比重合计 1。G 列的操作同此。

2）在 H4 单元格中输入“=B4*F4”，按 Enter 键确认，并利用填充柄功能拖出 H5 的数据，然后单击工具栏中的 Σ 按钮得到基期的总平均工资 710（元）；I、H 列的操作同此，即得到报告期总平均工资 696.14（元）和假定总平均工资 641.43（元）。

3）在 B8 单元格中输入“=I6*100/H6”，按 Enter 键确认，在 C8 单元格输入“=I6-H6”，按 Enter 键确认，即得到总平均工资指数 98.05%，平均每人减少了 13.86 元。同样，在 B9 单元格中输入“=I6*100/J6”，C9 单元格中输入“=I6-J6”，B10 单元格中输入“=J6*100/H6”，C10 单元格中输入“=J6-H6”。

4）完成以上操作，就可以得到指数体系：98.05% =108.53% ×90.34%，同时得到绝对差额体系：-13.86 元 =54.71 元 +(-68.57)元。

项目小结

广义的指数是反映现象在不同时间条件下数量变动的相对数。狭义的指数是反映总体现象中不能直接加总与不能直接对比的不同事物在不同时间条件下在数量上总变动的一种相对数。

指数按其反映对象的范围不同,可以分为个体指数和总指数。按编制和计算方法不同,总指数可分为综合指数、平均数指数和平均指标指数。按指数化指标不同,指数可分为数量指标指数和质量指标指数。在计算指数时,所研究的那个因素是数量指标,这样所计算出来的指数叫数量指标指数。在计算指数时,所研究的那个因素是质量指标,这样所计算出来的指数叫质量指标指数。在指数数列中,按其采用的基期不同,指数分为定基指数和环比指数。

综合指数是编制和计算总指数的一种基本形式,它是由两个总量指标对比而形成的指数。在所研究的总量指标中,包含两个或两个以上的因素,将其中一个或一个以上的因素固定,仅观察其中一个因素的变动,这样编制出来的总指数就叫综合指数。

编制数量指标指数的一般原则是:在编制数量指标指数时,用质量指标作同度量因素,并且把这个同度量因素固定在基期。拉斯贝尔数量指数公式符合上述原则。编制质量指标指数的一般原则是:在编制质量指标指数时,用数量指标作同度量因素,并且把这个同度量因素固定在报告期。派许价格指数公式符合上述原则。

指数体系是指一列相互联系的指数所形成的整体。利用指数体系可进行因素分析。

平均数指数是总指数计算的另一种重要形式,它的特点是从个体指数出发,通过对个体指数进行加权平均而得到总指数。根据掌握的资料不同,平均数指数有加权算术平均数指数、加权调和平均数指数等。加权算术平均数指数是以个体指数为变量,以综合指数公式的母项资料为权数,对个体指数按加权算术平均数的形式进行加权平均而计算总指数的方法。加权调和平均数指数是指以个体指数为变量,以综合指数公式的子项资料为权数,对个体指数按调和平均数形式平均而计算总指数的方法。

农副产品收购价格指数、零售商品物价指数和居民消费价格指数等,都采用固定权数平均数指数。固定权数的平均数指数是计算总指数的一种独立的形式,它简便灵活,使用方便,适合利用市场调查的资料进行计算。

项目实战

一、填空题

1. 表明现象总体规模、总体质量变动的指数是__________。
2. 反映现象相对水平或平均水平变动的指数是__________。
3. 总指数有两种表现形式:一是__________,二是__________。
4. 一般情况下,编制数量指标指数,应以__________作为同度量因素;编制质量指标指数,应以__________作为同度量因素。
5. 平均数指数的计算形式基本上分两种:一是__________指数,二是__________指数。
6. 运用综合指数计算总指数时,一般要涉及两个因素:一个是指数所要研究的对象,称为__________;另一个是将不能同度量现象过渡为可以同度量现象的因素,称为__________。
7. 某种商品的价格今年比去年上涨 10%,销售额下降 5%,则该商品销售量增减百分比为__________。
8. 可变构成指数 = __________ × __________。

二、单项选择题

1. 统计指数按其反映的对象的范围不同分为(　　)。
   A. 简单指数和加权指数　　B. 综合指数和平均数指数

C. 个体指数和总指数　　D. 数量指标指数和质量指标指数

2. 某商店 2014 年 1 月份微波炉的销售价格是 350 元，6 月份的价格是 342 元，指数为 97.71%，该指数是(　　)。

A. 综合指数　　B. 平均数指数

C. 总指数　　D. 个体指数

3. 被称为拉氏指数公式的是(　　)

A. $\overline{K_q}=\frac{\sum q_1p_1}{\sum q_0p_1}$　　B. $\overline{K_q}=\frac{\sum q_1p_0}{\sum q_0p_0}$　　C. $\overline{K_q}=\frac{\sum q_1p}{\sum q_0p}$　　D. $\overline{K_q}=\frac{\sum q_1p_n}{\sum q_0p_n}$

4. 被称为派许指数公式的是(　　)

A. $\overline{K_p}=\frac{\sum p_1q}{\sum p_0q}$　　B. $\overline{K_p}=\frac{\sum p_1q_0}{\sum p_0q_0}$　　C. $\overline{K_p}=\frac{\sum p_1q_1}{\sum p_0q_1}$　　D. $\overline{K_p}=\frac{\sum p_1q_n}{\sum p_0q_n}$

5. 某企业两个车间生产同一种产品，今年一季度同去年一季度相比较，由于两个分厂单位产品成本都降低，企业的总平均成本下降 5%；另外，由于产品结构变化，公司总平均成本提高 10%。则该公司总平均成本增减变动百分比为(　　)。

A. 4.5%　　B. −13.6%　　C. 15%　　D. −4.5%

6. 能分解为固定构成指数和结构影响指数的平均数指数，其分子、分母通常是(　　)。

A. 简单调和平均数　　B. 简单算术平均数

C. 加权调和平均数　　D. 加权算术平均数

7. 平均价格可变构成指数的公式是(　　)。

A. $\frac{\sum p_1q_1}{\sum q_1}\Big/\frac{\sum p_0q_1}{\sum q_1}$　　B. $\frac{\sum p_0q_1}{\sum q_1}\Big/\frac{\sum p_0q_0}{\sum q_0}$

C. $\frac{\sum p_1q_1}{\sum q_1}\Big/\frac{\sum p_0q_0}{\sum q_0}$　　D. $\frac{\sum p_0q_1}{\sum q_1}\Big/\frac{\sum p_1q_0}{\sum q_0}$

8. 某企业报告期产量比基期增长了 10%，生产费用增长了 8%，则其产品单位成本降低了(　　)。

A. 1.8%　　B. 2%　　C. 20%　　D. 18%

9. 如果生活费用指数上涨了 20%，则现在 1 元钱(　　)。

A. 相当于原来的 0.8 元　　B. 相当于原来的 0.83 元

C. 与原来 1 元钱等值　　D. 无法与原来比较

10. 在由 3 个指数所组成的指数体系中，两个因素指数的同度量因素通常(　　)。

A. 都固定在基期　　B. 都固定在报告期

C. 一个固定在基期，一个固定在报告期　　D. 采用基期和报告期的平均数

11. 在掌握基期产值和各种产品产量个体指数资料的条件下，计算产量总指数要采用(　　)。

A. 综合指数　　B. 可变构成指数

C. 加权算术平均数指数　　D. 加权调和平均数指数

12. 某公司 3 个企业生产同一种产品，各企业成本降低使公司平均成本降低 15%，各种产品产量的比重变化使公司平均成本提高 10%，则该公司报告期平均成本比基期降低(　　)。

A. 5.0%　　B. 6.5%　　C. 22.7%　　D. 33.3%

13. 如果产值增加50%,职工人数增长20%,则全员劳动生产率将增长(　　)。

A. 25%　　B. 30%　　C. 70%　　D. 150%

14. 零售商品物价增长2%,零售商品销售量增长5%,则零售商品销售额增长(　　)。

A. 3%　　B. 8%　　C. 10%　　D. 7.1%

15. 某管理局各分局职工的工资总额报告期比基期提高了5%,职工人数报告期比基期增长了2%,则该局全部职工的平均工资指数为(　　)。

A. 108%　　B. 107.1%　　C. 103%　　D. 102.94%

三、多项选择题

1. 指数的作用包括(　　　)。

A. 综合反映事物的变动方向　　B. 综合反映事物的变动程度

C. 利用指数可以进行因素分析　　D. 研究事物在长时间内的变动趋势

E. 反映社会经济现象的一般水平

2. 属于质量指标指数的有(　　)。

A. 单位产品成本指数　　B. 商品价格指数

C. 工资水平指数　　D. 商品销售额指数

E. 全社会零售商品价格指数

3. 统计指数按其说明社会经济现象性质的不同可分为(　　　)。

A. 个体指数　　B. 总指数

C. 数量指标指数　　D. 质量指标指数

4. 某企业为了分析本厂生产的两种产品产量的变动情况,计算出产量指数为112.5%。这一指数是(　　　)。

A. 综合指数　　B. 总指数

C. 个体指数　　D. 数量指标指数

E. 质量指标指数

5. 同度量因素的作用是(　　　)。

A. 媒介作用　　B. 权数作用　　C. 比较作用　　D. 平衡作用

6. 若 p 表示商品价格,q 表示商品销售量,则公式 $\sum p_1q_1 - \sum p_0q_1$ 的意义是(　　　)。

A. 综合反映销售额变动的绝对额

B. 综合反映价格变动和销售量变动的绝对额

C. 综合反映多种商品价格变动而增减的销售额

D. 综合反映由于价格变动而使消费者增减的货币支出额

E. 综合反映多种商品销售量变动对销售额的影响

7. 指数体系中,一般的对等关系是(　　　)。

A. 各影响因素变动指数的乘积等于现象总体指数

B. 各影响因素变动额之和等于现象总体变动额

C. 各影响因素指数之和等于现象总体指数

D. 各影响因素变动额的乘积等于现象总体变动额

8. 平均指标因素分析中,构成指数体系的是(　　　)。

A. 可变构成指数　　B. 结构影响指数

C. 固定构成指数　　D. 算术平均数指数

9. 在编制总指数的过程中,(　　　　)。

A. 综合指数一般需要使用全面的资料　　B. 平均数指数可以使用非全面资料

C. 需要固定指数化因素　　D. 需要固定同度量因素

10. 在编制平均数指数的过程中,(　　　　)。

A. 加权算术平均数指数以综合指数公式的母项资料为权数

B. 加权算术平均数指数以综合指数公式的子项资料为权数

C. 调和算术平均数指数以综合指数公式的母项资料为权数

D. 调和算术平均数指数以综合指数公式的子项资料为权数

11. 总量指标的因素分析按其影响因素的多少,可分为(　　　　)。

A. 数量指标因素分析　　B. 质量指标因素分析

C. 两因素分析　　D. 多因素分析

四、判断题

1. 统计指数的本质是对简单相对数的平均。(　)
2. 在编制综合指数时,虽然将同度量因素加以固定,但是同度量因素仍起权数作用。(　)
3. 在编制总指数时采用非全面统计资料仅仅是为了节约人力、物力和财力。(　)
4. 拉斯贝尔指数公式并不是编制数量指标综合指数的唯一公式。(　)
5. 在平均指标变动因素分析中,可变构成指数是专门用来反映总体构成变化影响的指数。(　)
6. 在由3个指数构成的指数体系中,两个因素指数的同度量因素指标是不同的。(　)
7. 价格降低后,同样多的人民币可多购商品15%,则价格指数应为85%。(　)
8. 使用固定权数的平均数指数公式时,数量指标指数和质量指标指数有不同的公式。(　)
9. 说明现象总的规模和水平变动情况的统计指数是质量指数。(　)

五、计算题

1. 某商业企业3种商品的零售价格和销售量资料如下表所示。

产　品	计量单位	销售量		销售价格/元	
		基　期	报告期	基　期	报告期
甲	件	10.0	8.0	100	110
乙	箱	5.0	5.0	50	60
丙	千克	8.0	6.0	150	250

要求:

(1) 分析3种商品销售额总指数及报告期较基期的增减额。

(2) 分析3种商品销售量总指数及由于销售量变动引起该企业销售的增减额。

(3) 分析3种商品价格总指数及由于价格变动引起居民购买商品支出的增减额。

2. 某工业企业3种产品的产量及单位成本资料如下表所示。

产　品	计量单位	产　量		单位成本/元	
		基　期	报告期	基　期	报告期
甲	千克	10 000	12 000	50	48
乙	件	8 000	8 000	120	114
丙	台	1 200	1 250	500	500

要求：

(1) 分析产量总指数及由于产量变动而增加(或减少)的生产费用。

(2) 分析单位成本总指数及由于成本降低而减少的生产费用。

(3) 分析生产费用指数及增加(或减少)额。

3. 已知某商店3种商品销售额报告期比基期增长25%，其商品价格及报告期销售额资料如下表所示。

产　品	计量单位	价格/元		报告期商品销售额/元
		基　期	报告期	
甲	件	16	15	18 000
乙	个	20	18	28 350
丙	条	25	25	54 500

要求：

(1) 分析物价总指数及由于物价变动消费者增加的支出金额。

(2) 分析商品销售量总指数及由于销售量变动消费者增加的支出金额。

4. 某企业生产的3种产品的资料如下表所示。

产　品	生产费用/万元		产品产量增减百分比/(%)
	基　期	报告期	
甲	20.0	24.0	+5
乙	45.0	48.5	−5
丙	35.0	48.0	+10

要求：

(1) 分析产品产量总指数及由于产量增长而增加的生产费用。

(2) 分析单位产品成本总指数及由于单位产品成本变动对生产费用产生的影响。

5. 已知某企业生产同种产品的两个车间的资料如下表所示。

单　位	产品总量/吨		生产工人数/人		劳动生产率/(吨/人)	
	基　期	报告期	基　期	报告期	基　期	报告期
甲	100	156	100	130	1.00	1.20
乙	76.5	85.5	85	90	0.90	0.95
全厂	176.5	241.5	185	220	—	—

要求：计算分析全厂劳动生产率及其指数，并对其变动进行因素分析(分相对程度及绝对量

两个方面)。

6. 某工厂按工人生产技术熟练程度分组的产量资料如下表所示。

工人按生产技术熟练程度分组	工人人数/人		每天平均产量/件	
	基　期	报告期	基　期	报告期
第一组	100	120	100	110
第二组	300	400	70	75
第三组	100	280	40	42

要求:

(1) 计算该厂全部工人的总产量指数。

(2) 计算全部工人平均产量变动总指数。

(3) 分析全部工人平均产量中受各组产量水平变动的影响。

(4) 分析全部工人平均产量中受各组工人结构变动的影响。

(5) 从总量和结构上说明该厂产量的变动情况及其相互关系。

复习思考

1. 统计指数有哪些分类? 有什么作用?
2. 综合指数的编制有哪两类基本方法? 如何理解它们的特点、联系与区别?
3. 同度量因素的作用是什么? 确定的一般原则是什么?
4. 加权平均数指数如何应用? 怎样编制?
5. 指数体系是什么? 有什么作用?

项目 7 抽样推断

知识目标

- 了解抽样推断的含义、特点及作用。
- 理解抽样推断中常用的基本概念。
- 掌握抽样平均误差和抽样极限误差的计算方法。
- 掌握区间估计的计算方法。
- 理解必要样本容量确定的基本知识。

技能目标

学会用 Excel 进行区间估计;能够将抽样推断方法应用于统计实践工作中。

情景引入

有几位大学生要对某地区 230 万居民的人均收入情况进行调查研究,据以估算出某种商品的需求量,但是他们的经费只够对 5 000 人调查。他们就打算随机抽取 5 000 人进行调查,并希望这 5 000 人的性别、年龄、收入、受教育程度、家庭成员数等方面对总体具有代表性。为此,他们找到了统计老师,征求了老师的意见。统计老师具体说明了随机样本数量与总体数据的关系并给出了可行性建议。

又如,近期有多家超市接到顾客投诉,反映国内某品牌直饮净水器的使用寿命太短。国家规定该规格直饮净水器的平均使用寿命不低于 1 200 升。为了检验该产品的质量,超市随机抽取 100 件直饮净水器进行使用寿命的测试,测得其平均寿命为 1 190 升,低于国家标准,能否就此判断该产品质量不合格?

思考:以上情景需要我们通过抽样推断的方法进行解决。本项目就是通过统计抽样,从样本数据推断总体特征,并计算出抽样误差,以达到了解总体的目的。

任务 7.1　抽样推断概述

7.1.1　抽样推断的概念和特点

抽样推断是指按照随机性原则,从研究对象中抽取一部分进行观察,并根据所得到的观察数据,对研究对象的数量特征做出具有一定可靠程度的估计和推断,以达到认识总体特征的一种统计方法。例如,要检验某种产品的质量,只要从中抽取一小部分产品进行检验,用计算出的结果(也就是合格率)来估计全部产品的合格率,或者根据合格率的变化来判断生产线是否出现异常即可。

抽样推断的特点主要表现在以下几个方面。

1. 按照随机原则从总体中抽取样本单位

采用抽样的方法,在选取调查单位的时候完全不受研究者个人主观意志的影响,保证了样本变量是随机变量,使抽出的样本对总体具有足够的代表性。

2. 以部分特征推断总体特征

抽样推断是一种非全面调查,但是调查的目的不在于了解部分单位的情况,而是根据这部分单位的情况来推断总体的数量特征。它以概率论为理论基础,抽取足够的样本单位,使得样本统计量成为总体参数的较好的估计量,从而达到对总体数量特征的认识。这是抽样推断与其他统计调查方法的区别所在。

3. 抽样误差可以事先计算并加以控制

在抽样推断中,不可避免会出现抽样误差,但这种误差可以事先通过一定的资料加以计算,并在抽样过程中采取一定的措施进行控制,从而保证抽样推断的结果达到一定的可靠程度,这是任何其他估算方法做不到的。但是,抽样误差是不可能完全消除的。

7.1.2 抽样推断的作用

抽样推断的特点决定了其在实际工作中具有广泛的适用性。目前,它在自然科学、社会科学、经济管理等方面已经得到了普遍使用。伴随着抽样理论与实际技术的不断发展,抽样推断在统计工作中的地位越来越高,其主要作用有以下几个方面。

1. 用于不可能进行全面调查,但又需要掌握其全面情况的现象

这种现象分为两种情况:一是进行破坏性试验或检测时,不可能进行全面调查,而只能采用抽样推断的方法,如检验炮弹的杀伤半径、灯泡的使用寿命、食品的安全等;二是当总体范围过大或者总体是无限总体时,很难进行全面调查,只能借助抽样推断来认识总体的数量特征,如检查江河湖海里鱼的多少等。

2. 用于理论上存在全面调查的可能,但实际中却不可能进行或不必要进行的现象

例如,要了解全国城乡居民的家庭收入状况,采用抽样推断的方法,既能节省人力、物力、时间,又可以达到与全面调查一样的效果。

3. 用于对全面调查的结果进行评价和修正

全面调查涉及范围广,调查单位多,工作量大,参加的人数多,因而登记性和计算性的误差就多。因此,在全面调查后,还可以再抽取一部分单位重新调查一次,计算其差错比率,并进行修正,从而进一步提高全面调查的准确性。此外,由于抽样推断的范围小,还可以配合一些项目进行专题调查。

4. 用于工业生产过程中的质量检验

采用抽样推断可以检验生产工艺过程是否正常,可以及时提供所需要的信息,进行质量控制,保证生产的顺利进行。

7.1.3 抽样推断的几个基本概念

1. 全及总体和抽样总体

在抽样调查中,有两种不同的总体,即全及总体和抽样总体。

(1) 全及总体

全及总体简称总体,是指所要认识对象的全体。全及总体是由具有某种共同性质的许多单位组成的。因此,全及总体也就是具有同一性质的许多单位的集合体。例如,我们要研究某城市职工的生活水平,则该城市全部职工即构成全及总体;我们要研究某乡粮食单产水平,则该乡的全部粮食播种面积就是全及总体。

全及总体按其各单位标志性质不同,可以分为变量总体和属性总体两类。构成变量总体的各个单位可以用一定的数量标志加以计量。例如,研究居民的收入水平,每户居民的收入就是它的数量标志,反映各户的数量特征。但并非所有标志都是可以计量的,有的标志只能用一定的文字加以描述。例如,要研究织布厂1 000台织布机的完好情况,只能用“完好”和“不完好”等文字作为品质标志来描述各台设备的属性特征。这种用文字描写属性特征的总体称为属性总体。区分变量总体和属性总体是很重要的,由于总体不同,认识这一总体的方法也就不同。

变量总体可分为无限总体和有限总体两类。无限总体所包含的单位为无限多,因而各单位的变量也就有无限多的取值。这种无限变量又有两种情况:一种是可列的无限变量,即变量值的大小可以按照顺序一一列举直至无穷;另一种情况则是不可列的无限变量,它是一种连续变量,在任何一个区间内都是无限多的变量,不可能按顺序一一列举。我们所说的无限总体主要是指后一种情况。有限总体所包含的单位数则是有限的,因而它的变量值也是有限的,当然可以按顺序一一列举。

通常全及总体的单位数用大写英文字母 N 来表示。作为全及总体,单位数 N 即使有限,但总是很大,大到几千、几万、几十万、几百万。例如,人口总体、棉花纤维总体、粮食产量总体等。对无限总体的认识只能采用抽样的方法,而对于有限总体的认识,理论上虽可以应用全面调查来收集资料,但实际上往往由于不可能或不经济而借助抽样的方法以求得对有限总体的认识。

(2) 抽样总体

抽样总体简称样本,是从全及总体中随机抽取出来,代表全及总体部分单位的集合体。抽样总体的单位数通常用小写英文字母 n 表示。对于全及总体单位数 N 来说,n 是个很小的数,它可以是 N 的几十分之一、几百分之一、几千分之一、几万分之一。一般来说,样本单位数达到或超过30称为大样本,而在30以下称为小样本。社会经济现象的抽样调查多取大样本,而自然实验观察则多取小样本。以很小的样本来推断很大的总体,这是抽样调查的一个特点。

如果说全及总体是唯一确定的,那么,抽样总体就完全不是这样。在一个全及总体中可能抽取很多个抽样总体,全部样本的可能数目和每一样本的容量有关,也和随机抽样的方法有关。由于样本容量和取样方法不同,样本的可能数目也有很大的差别。抽样本身是一种手段,目的在于对总体做出判断,因此,样本容量要多大,要怎样取样,样本的数目可能有多少,它们的分布又怎样,这些都关系到对总体判断的准确程度,都要认真研究。

2. 全及指标和抽样指标

(1) 全及指标

根据全及总体各个单位的标志值或标志特征计算的,反映总体某种属性的综合指标,称为全及指标。由于全及总体是唯一确定的,根据全及总体计算的全及指标也是唯一确定的。

对于不同性别的总体,需要计算不同的全及指标。对于变量总体,由于各单位的标志可以用数量来表示,因此可以计算总体平均数:

$$\bar{X} = \frac{\sum X}{N}$$

对于属性总体,由于各单位的标志不可以用数量来表示,只能用一定的文字加以描述,因此,就应该计算结构相对指标,称为总体成数,用大写英文字母 P 表示,它说明总体中具有某种标志的单位数在总体中所占的比重。变量总体也可以计算成数,即总体单位数在所规定的某变量值以上或以下的比重,视同具有或不具有某种属性的单位数比重。

设总体的 N 个单位中,有 N_1 个单位具有某种属性,N_0 个单位不具有某种属性,$N_1 + N_0 = N$。P 为总体中具有某种属性的单位所占的比重,Q 为不具有某种属性的单位所占的比重,则总体成数为:

$$P = \frac{N_1}{N}$$

$$Q = \frac{N_0}{N} = \frac{N - N_1}{N} = 1 - P$$

此外,全及指标还有总体方差 σ^2 和总体标准差 σ,它们都是测量总体标志值分散程度的指标。

$$\sigma^2 = \frac{\sum (X - \bar{X})^2}{N}$$

$$\sigma = \sqrt{\frac{\sum (X - \bar{X})^2}{N}}$$

(2) 抽样指标

由抽样总体各个标志值或标志特征计算的综合指标称为抽样指标。和全及指标相对应的还有抽样平均数 $\bar{x}$、抽样成数 p、样本方差 S^2 和样本标准差 S 等。$\bar{x}$ 和 p 用小写英文字母表示,以示区别。

$$\bar{x} = \frac{\sum x}{n}$$

设样本的 n 个单位中有 n_1 个单位具有某种属性,n_0 个单位不具有某种属性,$n_1 + n_0 = n$。p 为样本中具有某种属性的单位所占的比重,q 为不具有某种属性的单位所占的比重,则抽样成数为:

$$p = \frac{n_1}{n}, q = \frac{n_0}{n} = \frac{n - n_1}{n} = 1 - p$$

样本的方差和样本标准差分别为：

$$S^2 = \frac{\sum (x - \bar{x})^2}{n - 1}$$

$$S = \sqrt{\frac{\sum (x - \bar{x})^2}{n - 1}}$$

由于一个全及总体可以抽取许多个样本，样本不同，抽样指标的数值也就不同，因此抽样指标的数值不是唯一确定的。实际上抽样指标是样本变量的函数，它本身也是随机变量。

3. 重复抽样与不重复抽样

(1) 重复抽样

重复抽样，又称又放回的抽样，是指从全及总体 N 个单位中随机抽取一个容量为 n 的样本，每次对抽中的单位经登录其有关标志表现后又放回总体中重新参加下一次的抽选。每次从总体中抽取一个单位，可看作一次试验，连续进行 n 次试验就构成了一个样本。因此，重复抽样的样本是经 n 次相互独立的连续试验形成的。每次试验均是在相同的条件下完全按照随机原则进行的。

(2) 不重复抽样

不重复抽样，又称无放回的抽样，是指从全及总体 N 个单位中随机抽取一个容量为 n 的样本，每次对抽中的单位登录其有关标志表现后不再放回总体中参加下一次的抽选。经过连续 n 次不重复抽选单位构成样本，实质上相当于一次性同时从总体中抽中 n 个单位构成样本。上一次的抽选结果会直接影响到下一次抽选，因此，不重复抽样的样本是经 n 次相互的连续试验形成的。

4. 抽样框与样本数

(1) 抽样框

抽样框，又称抽样结构，是指对可以选择作为样本的总体单位列出名册或排序编号，以确定总体的抽样范围和结构。设计出了抽样框后，便可采用抽签的方式或按照随机数表来抽选必要的单位。若没有抽样框，则不能计算样本单位的概率，从而也就无法进行概率选样。

(2) 样本数

样本数，又称样本的可能数目，是指从总体 N 个单位随机抽选 n 个单位构成样本。通常有多种抽选方法，每一种抽选方法实际上是从总体的 N 个单位中抽选 n 个单位的一种组合，一种组合便构成一个可能的样本。n 个总体单位的组合总数，称为样本的可能数。

任务 7.2 抽样误差

7.2.1 抽样误差的概念

当总体指标未知时，往往要安排一次抽样调查，然后用抽样调查所获得的抽样指标的观察值作为总体指标的估计值。这种处理方法是存在一定误差的，我们把抽样指标与所要估计的总体指标之间的差值称为抽样误差。抽样误差的大小能够说明抽样指标估计总体指标是否可行、抽样效果是否理想等调查性问题。常见的抽样误差有:抽样平均数与总体平均数之差($\bar{x}-\bar{X}$)、抽样成数与总体成数之差($p-P$)。

例如,某年级 100 名同学的平均体重 $\bar{X}=55$ kg,现随机抽取 10 名同学,其平均体重 $\bar{x}=52$ kg。若用 52 kg 估计 55 kg,则误差 $52-55=-3$(kg)。如果重新抽 10 名同学,若测得 $x=57$ kg,则其误差为 2 kg。这种只抽取部分样本而产生的误差,都被称为抽样误差。

由上例不难看出,抽样误差既是一种随机性误差,也是一种代表性误差。说其是代表性误差,是因为利用总体的部分资料推算总体时,不论样本选取有多么公正,设计多么完善,总还是一部分单位而不是所有单位,产生误差是无法避免的。说其是随机性误差,是指按随机性原则抽样时,由于抽样的不同,会得到不同的抽样指标值,由此产生的误差值各不相同。抽样误差中的代表性误差是抽样调查本身所固有的、无法避免的误差,但随机性误差则可利用大数定律精确地计算并能够通过抽样设计程序加以控制。

抽样误差不包括下面两类误差:一类是调查误差,即在调查过程中由于观察、测量、登记、计算上的差错而引起的误差;另一类是系统性误差,即由于违反抽样调查的随机原则,有意抽选较好单位或较坏单位进行调查,造成样本的代表性不足所引起的误差。这两类误差都属于思想、做法、技术等问题,所以是可以防止和避免的。

7.2.2 影响抽样误差的因素

1. 抽样单位数的多少

由于总体内各单位之间总存在差异,在其他条件不变的情况下,大量观察总比小量观察易于发现总体规律或特征,因此样本容量越大越能代表总体特征,抽样误差就越小;反之,样本容量越小,抽样误差就可能越大。

2. 总体各单位标志值的差异程度

总体内各单位标志值的差异程度越小,或总体的标准差越小,在其他条件给定下,则抽样误差就越小;反之,抽样误差就越大。

3. 抽样方法

抽样方法不同,抽样误差也不同。一般来说,重复抽样的误差比不重复抽样的误差要大。

4. 抽样的组织形式

选择不同的抽样组织形式,也会有不同的抽样误差。

7.2.3 抽样平均误差

从一个总体中可以抽取很多个样本,因此,样本指标(样本平均数、样本成数等)就有不同的数值,它们与总体指标(总体平均数、总体成数等)的离差(抽样误差)也就不同。抽样平均误差就是反映抽样误差一般水平的指标,通常用样本平均数(或样本成数)的标准差来表示。

1. 样本平均数的平均误差

以 μ_X 表示样本平均数的平均误差,σ 表示总体的标准差。根据定义:

$$\mu_X{}^2 = E(x-\overline{X})^2$$

① 当抽样方式为重复抽样时，样本标志值 $x_1, x_2, \cdots, x_n$ 是相互独立的，样本变量 x 与总体变量 X 同分布。所以得：

$$\mu_X{}^2 = \frac{\sigma^2}{n}$$

它说明在重复抽样的条件下，抽样平均误差与总体标准差成正比，与样本容量的平方根成反比。

例 7-1 有5个工人的日产量（单位：件）分别为：6，8，10，12，14。用重复抽样的方法，从中随机抽取2个工人的日产量，用以代表这5个工人的总体水平，则抽样平均误差为多少？

根据题意可得总体平均数：$\overline{X} = \frac{6+8+10+12+14}{5} = 10$（件）

总体标准差 $\sigma = \frac{\sqrt{\sum(X-\overline{X})^2}}{\sqrt{N}} = \frac{\sqrt{40}}{\sqrt{5}} = \sqrt{8}$（件）

所以抽样平均误差 $\mu_X = \frac{\sigma}{\sqrt{n}} = \frac{\sqrt{8}}{\sqrt{2}} = 2$（件）。

② 当抽样方式为不重复抽样时，样本标志值 $x_1, x_2, \cdots, x_n$ 不是相互独立的，根据数理统计知识可知：

$$\mu_X = \sqrt{\frac{\sigma^2}{n}\left(\frac{N-n}{N-1}\right)}$$

当总体单位数 N 很大时，这个公式可近似表示为：

$$\mu_X = \sqrt{\frac{\sigma^2}{n}\left(1-\frac{n}{N}\right)}$$

与重复抽样相比，不重复抽样平均误差是在重复抽样平均误差的基础上，再乘 $\sqrt{(N-n)/(N-1)}$，而 $\sqrt{(N-n)/(N-1)}$ 总是小于1，所以不重复抽样的平均误差也总是小于重复抽样的平均误差。如例7-1，若改用不重复抽样方法，则抽样平均误差为：

$$\mu_X = \sqrt{\frac{\sigma^2}{n}\left(\frac{N-n}{N-1}\right)} = \sqrt{\frac{8}{2}\left(\frac{5-2}{5-1}\right)} = 1.732\text{（件）}$$

在计算抽样平均误差时，通常得不到总体标准差的数值，一般可以用样本标准差来代替总体标准差。

2. 抽样成数的平均误差

总体成数 P 可以表现为总体是是非标志的平均数，即 $E(X)=P$，它的标准差 $\sigma = \sqrt{p(1-p)}$。根据样本平均误差和总体标准差的关系，可以得到样本成数的平均误差的计算公式。

① 在重复抽样下

$$\mu_p = \frac{\sigma}{\sqrt{n}} = \sqrt{\frac{p(1-p)}{n}}$$

② 在不重复抽样下

$$\mu_p = \sqrt{\frac{\sigma^2}{n}\left(\frac{N-n}{N-1}\right)} = \sqrt{\frac{p(1-p)}{n}\left(\frac{N-n}{N-1}\right)}$$

当总体单位数 N 很大时，可近似地写成；

$$\mu_p=\sqrt{\frac{p(1-p)}{n}\left(1-\frac{n}{N}\right)}$$

当总体成数未知时，可以用样本成数来代替。

例 7-2 估计某地区 10 000 名适龄儿童的入学率，随机从这一地区抽取 400 名儿童，检查有 320 名儿童入学，求抽样入学率的平均误差。

根据题意，$p=\frac{320}{400}=80\%$

在重复抽样条件下，入学率的抽样平均误差为：

$$\mu_p=\sqrt{\frac{p(1-p)}{n}}=\sqrt{\frac{0.16}{400}}=2\%$$

在不重复抽样条件下，入学率的抽样平均误差为：

$$\mu_p=\sqrt{\frac{p(1-p)}{n}\left(1-\frac{n}{N}\right)}=\sqrt{\frac{0.16}{400}\times\left(1-\frac{400}{10\,000}\right)}=1.96\%$$

7.2.4 抽样极限误差

抽样极限误差又称置信区间和抽样允许误差范围，是指在一定的把握程度（P）下保证样本指标与总体指标之间的抽样误差不超过某一给定的最大可能范围，记作 Δ。作为样本的随机变量——抽样指标值（$\bar{x}$ 或 p），是围绕以未知的唯一确定的全及指标真值（$\bar{X}$ 或 P）为中心上下波动的，它与全及指标值可能会产生正或负离差。这些离差均是抽样指标的随机变量，因而难以避免，只能将其控制在预先要求的误差范围（Δ_x 或 Δ_p）内。

$$|\bar{x}-\bar{X}|\leqslant\Delta_x$$
$$|p-P|\leqslant\Delta_p$$

或

$$\bar{X}-\Delta_x\leqslant\bar{x}\leqslant\bar{X}=\Delta_x$$
$$P-\Delta_p\leqslant p\leqslant P+\Delta_p$$

由于 Δ_x 和 Δ_p 是预先给定的抽样方案中所允许的误差范围，因此利用 Δ_x 和 Δ_p 可以反过来估计未知的全及指标的取值可能的范围。解上述两个绝对值不等式便可得：

$$\bar{x}-\Delta_x\leqslant\bar{X}\leqslant\bar{x}+\Delta_x$$
$$p-\Delta_p\leqslant P\leqslant p+\Delta_p$$

例 7-3 要估计某乡粮食亩产和总产水平，从 8 000 亩粮食作物中，用不重复抽样抽取 400 亩，求得平均亩产为 450 千克。

如果确定抽样极限误差为 5 千克，这就要求某乡粮食亩产为（450 ±5）千克，即为 445 ~ 455 千克，而粮食总产量为 8 000 ×（450 ±5）千克，即为 356 万 ~364 万千克。

例 7-4 要估计某农作物秧苗的成活率，从播种这一品种的秧苗地随机抽取秧苗 1 000 棵，其中死苗 80 棵，则：

样本秧苗成活率 $P=1-80/1\,000=92\%$。如果确定抽样极限误差为 2%，就要求该秧苗的

成活率 P 为 92% ±2%，即 90% ~94%。

1. 抽样估计的概率度

抽样极限误差 Δ 是单个样本指标值与总体指标之间的绝对离差，而抽样平均误差 μ 是所有可能样本指标值与总体指标之间的平均离差，用抽样极限误差与抽样平均误差相比，从而使由单一样本指标值得到的抽样极限误差标准化，这样可称为抽样标准极限误差，但通常称其为概率度（t）或相对误差范围。

$$t = \frac{\Delta_x}{\mu_X} = \frac{|\bar{x} - \bar{X}|}{\sigma / \sqrt{n}}$$

$$t = \frac{\Delta_p}{\mu_p} = \frac{|p - P|}{\sqrt{\frac{P(1-P)}{n}}}$$

由此可知，标准正态分布变量 t 服从标准正态概率分布。

2. 抽样估计的精度

为了比较不同现象总体的抽样误差程度，必须消除总体规模大小悬殊的影响，通常还须计算抽样误差系数。抽样误差系数记作 Δ'，反映了抽样误差的相对程度。其计算公式为：

$$\Delta'_x = \frac{\Delta_x}{\bar{x}}$$

$$\Delta'_p = \frac{\Delta_p}{p}$$

则抽样估计精度（A）公式为：

$$A_X = 1 - \Delta'_X$$

$$A_p = 1 - \Delta'_p$$

3. 抽样估计的可靠程度

置信区间的测定总是在一定的概率保证程度下进行的。因为既然抽样误差是一个随机变量，就不能指望抽样指标落在置信区间内成为必然事件，只能视为一个可能事件，这样就必定要用一定的概率来给予保证。抽样误差的可能范围是估计的准确性问题，而保证抽样指标落在抽样误差的可能范围之内则是估计的可靠性问题。因此抽样估计可靠程度又称置信度。具体地说，置信区间是以一定的概率把握程度确定总体指标所在的区间，置信度是总体指标落在某个区间的概率把握程度。

抽样估计的可靠程度（即概率）用 P 表示，P 是 t 的函数。而 $P = F(t)$ 表明概率分布是概率度 t 的函数。确定抽样估计的可靠程度，就是要确定抽样平均数（$\bar{x}$）或抽样成数（p）落在置信区间（$\bar{x} - \Delta_x, \bar{x} + \Delta_x$）或（$p - \Delta_p, p + \Delta_p$）中的概率 P。$F(t)$ 的函数形式为：

$$p(|\bar{x} - \bar{X}| \leqslant t\mu_X) = F(t)$$

$$p(|p - P| \leqslant t\mu_p) = F(t)$$

由此可知，t 增大，Δ 也增大，即 $t\mu$ 增大，这表明所要求的误差范围增大，说明从总体中随机抽取一个样本，其样本值落在这个较大的置信区间内可能性或把握性愈大；反之，t 减小，Δ 也减小，即 $t\mu$ 减小，这表明所要求的误差范围减小，说明从总体中随机抽取一个样本，其样本值落在这个较小的置信区间内的可能性或把握性愈小。

应用标准正态分布概率表,可以得出抽样指标落在置信区间内的置信度。

$$F(1)=P(|\bar{x}-\bar{X}|\leqslant\mu_X)=68.27\%$$

$$F(2)=P(|\bar{x}-\bar{X}|\leqslant2\mu_X)=95.45\%$$

$$F(3)=P(|\bar{x}-\bar{X}|\leqslant3\mu_X)=99.73\%$$

常用的概率保证程度(即概率面积与对应的概率度)如表7-1所示。

表7-1 常用概率面积与对应的概率度

概率面积 $F(t)$	概率度 t	概率面积 $F(t)$	概率度 t
0.682 700	1.00	0.954 500	2.00
0.799 500	1.28	0.990 000	2.58
0.866 400	1.50	0.997 300	3.00
0.900 000	1.64	0.999 940	4.00
0.950 000	1.96	0.999 999	5.00

任务7.3 抽样推断的方法

7.3.1 总体参数的点估计

点估计就是以样本值对总体参数做出的估计。点估计也称定值估计,它是以抽样得到的样本指标作为总体指标的估计量,并以样本指标的实际值直接作为总体未知参数的估计值的一种推断方法。

例如,对一批某种型号的电子元件10 000只进行耐用时间检验,随机抽取100只,测试的平均耐用时间为1 055 h,合格率为91%,我们推断说10 000只电子元件的平均耐用时间为1 055 h,全部电子元件的合格率是91%。

通常有:由样本均值 $\bar{x}$ 估计 μ 或 $E(X)$;由样本方差 s^2 估计总体方差 σ^2;由样本的频率 $\frac{\mu_n}{n}$ 估计总体概率 P,其中 μ_n 为事件 A 在 n 次试验中发生的次数;$\bar{x}=\frac{1}{n}\sum X_i$,$s^2=\frac{1}{n-1}\sum(X_i-\bar{X})^2$。

注:①作为总体样本应写成 $X_1,X_2,\cdots,X_n$;②作为样本值应写成 $x_1,x_2,\cdots,x_n$。

点估计方法简单,但很不实用,因为抽样估计中抽样指标完全等于全及指标的可能性极小。

7.3.2 总体参数区间估计

区间估计就是以一定的概率保证估计包含总体参数的一个值域,即根据样本指标和抽样平均误差推断总体指标的可能范围。它包括两部分内容:一是这一可能范围的大小,二是总体指标落在这个可能范围内的概率。区间估计既能说清估计结果的准确程度,又同时表明这个估计结果的可靠程度,所以它是比较科学的,是本节阐述的重点。

用样本指标来估计总体指标,要达到100%的准确而没有任何误差几乎是不可能的。所以,在估计总体指标时就必须同时考虑估计误差的大小。从人们的主观愿望上看,总是希望花较少的钱取得较好的效果,也就是说希望调查费用越少、调查误差越小越好。但是,在其他条件不变的情况下,缩小抽样误差就意味着增加调查费用,它们是一对矛盾。因此,在进行抽样调查时,应该根据研究目的和任务以及研究对象的标志变异程度,科学确定允许的误差范围。

区间估计必须同时具备 3 个要素,即估计值、抽样极限误差和概率保证程度。抽样误差范围决定抽样估计的准确性,概率保证程度决定抽样估计的可靠性,二者密切联系,但同时又是一对矛盾。因此,对估计的精确度和可靠性的要求应慎重考虑。

在实际抽样调查中,区间估计根据给定的条件不同,有两种方法:①给定极限误差,要求对总体指标做出区间估计;②给定概率保证程度,要求对总体指标做出区间估计。

1. 总体参数均值的区间估计

① 正态总体,σ^2 已知或大样本($n \geqslant 30$ 或 50)用 z 估计。查正态分布表。由于总体服从 $X \sim N(\mu,\sigma^2)$ 分布,因此,统计量 $z=\dfrac{\overline{X}-\mu}{\sigma_{\bar{x}}}=\dfrac{\overline{X}-\mu}{\sigma/\sqrt{n}} \sim N(0,1)$。正态分布如图 7-1 所示。

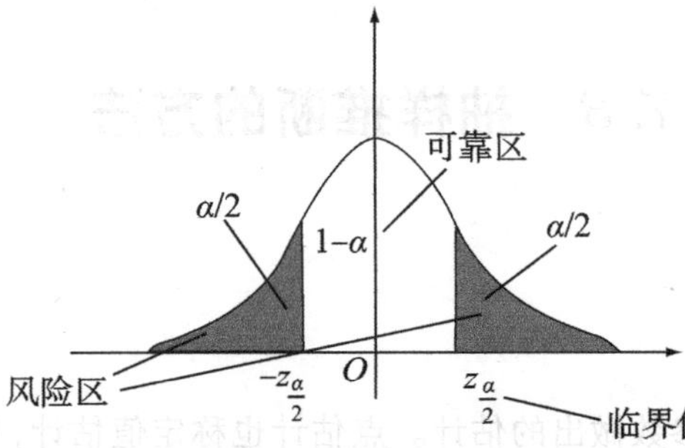

图 7-1 正态分布

设风险概率为 α,则 $p\left(-z_{\frac{\alpha}{2}} \leqslant \dfrac{\bar{x}-\mu}{\sigma/\sqrt{n}} \leqslant z_{\frac{\alpha}{2}}\right)=1-\alpha$。其中,$\bar{x}$ 是样本平均数。

又因为 $-z_{\frac{\alpha}{2}} \leqslant \dfrac{\bar{x}-\mu}{\sigma/\sqrt{n}} \leqslant z_{\frac{\alpha}{2}}$,解之得,估计区间:$\bar{x}-z_{\frac{\alpha}{2}} \cdot \dfrac{\sigma}{\sqrt{n}} \leqslant \mu \leqslant \bar{x}+z_{\frac{\alpha}{2}} \cdot \dfrac{\sigma}{\sqrt{n}}$。

$\bar{x}$ 是样本平均数,σ 是总体标准差,在大样本条件下 σ 可用 S 代替。

例 7-5 某制造厂的产品重量服从正态分布,现随机抽取一个样本,计算结果是 $\bar{x}=65$(千克),标准差 $S=15$(千克)。现以 95% 的置信度,以样本容量 $n=100$,估计总体平均重量的置信区间。

样本容量 $n=100$,属于大样本。临界值 $Z_{\frac{\alpha}{2}}=1.96$。

计算 $\dfrac{S}{\sqrt{n}}=\dfrac{15}{10}=1.5$,即允许误差为:$\pm 1.96 \times 1.5=\pm 2.94$

则有置信区间 $65-2.94 \leqslant \overline{X} \leqslant 65+2.94$,即 95% 的估计区间为[62.06,67.94]。

② 正态总体,σ 未知且小样本($n<30$)用 t 估计。

由抽样分布理论可知,统计量 $T=\dfrac{\bar{x}-\mu}{S/\sqrt{n}} \sim t(n-1)$,其中 $S^2=\dfrac{1}{n-1}\sum(x_i-\bar{x})^2$。

设风险概率为 α,则 $p\left(-t_{\frac{\alpha}{2}} \leqslant \dfrac{\bar{x}-\mu}{S/\sqrt{n}} \leqslant t_{\frac{\alpha}{2}}\right)=1-\alpha$。

2. 总体成数的区间估计

设事件 A 发生的概率为 P,由数理统计可知,$\sigma_p^2=p(1-p)$,所以 $\mu_p=\sqrt{\dfrac{\sigma_p^2}{n}}=\sqrt{\dfrac{p(1-p)}{n}}$。

由平均数资料推知成数资料的估计区间为:$p-z_{\frac{\alpha}{2}}\cdot\mu_p\leqslant P\leqslant p+z_{\frac{\alpha}{2}}\cdot\mu_p$,其中 P 为总体成数。

例 7-6 为了解国内旅游人数情况,在一些地区随机调查 5 000 人,结果发现 800 人有当年国内旅游计划,要求以 95% 的概率保证程度,估计国内旅游人数比率的可能范围。

根据已知资料算得样本国内旅游人数比率 $p=\dfrac{800}{5\,000}=16\%$,

样本方差 $s_p^2=p(1-p)=0.16\times0.84=0.134\,4$,

抽样平均误差 $\mu_p=\sqrt{\dfrac{p(1-p)}{n}}=0.518\%$。

又 $z_{\frac{\alpha}{2}}=1.96$,所以:

上限 $=p+z_{\frac{\alpha}{2}}\cdot\mu_p=16\%+1.96\times0.518\%=17.015\%$;

下限 $=p-z_{\frac{\alpha}{2}}\cdot\mu_p=16\%-1.96\times0.518\%=14.985\%$。

结论:在 95% 的概率保证程度下,估计国内旅游人数的比率为 14.985% ~17.015% 。

7.3.3 样本容量的确定

1. 确定样本容量的必要性

样本容量,就是必要的样本单位数。确定样本容量,是制定调查方案的一个重要内容。原因如下。

① 样本容量的大小直接影响到抽样估计的效果,若容量太小就降低了总体的代表性,从而降低了抽样估计的效果。

② 样本容量的大小又影响到抽样的费用,样本容量太大会增加抽样调查的费用。既要考虑估计的可靠性,又要照顾到调查的成本,所以必须确定恰当的样本容量。

2. 样本容量的计算

由数理统计可知,考虑到诸多因素的影响,我们分别考虑重复抽样和不重复抽样两种情形。

(1) 重复抽样

① 平均数资料的样本容量的计算。

因为极限误差 $\Delta_x=z_{\frac{\alpha}{2}}\cdot\sigma_{\bar{x}}=z_{\frac{\alpha}{2}}\cdot\dfrac{\sigma}{\sqrt{n}}$,所以 $n=\dfrac{z_{\frac{\alpha}{2}}^{\ 2}\cdot\sigma^2}{\Delta_x^{\ 2}}$,其中 $z_{\frac{\alpha}{2}}$ 为临界值,σ 为总体标准差。

② 成数资料的样本容量的计算。

因为 $\sigma^2=p(1-p)$,所以 $n=\dfrac{z_{\frac{\alpha}{2}}^{\ 2}\cdot p(1-p)}{\Delta_p^{\ 2}}$,其中 p 为事件 A 发生的概率。

(2) 不重复抽样

① 平均数资料样本容量的计算。

因为 $\Delta_x = z \cdot \sqrt{\frac{\sigma^2}{n}\left(1-\frac{n}{N}\right)}$，解之得 $n=\frac{Nz^2\sigma^2}{N\Delta_x^2+z^2\sigma^2}$，其中 N 为总体容量。

② 成数资料样本容量的计算。

因为 $\sigma^2 = p(1-p)$，所以 $n=\frac{Nz^2 \cdot p(1-p)}{N\Delta_p^2+z^2p(1-p)}$。

3. 计算样本容量应注意的问题

① 按以上公式计算的样本容量是最低容量。

② 公式中的 σ^2 或 $p(1-p)$ 通常都是未知数，实际中的处理方法是：

- 延用历史同类问题的资料；
- 用试样的办法求出 σ 与 p；
- 成数资料还可用求极值的办法找到 $p(p=0.5)$。

例 7-7 对某厂某型号的电子元件 10 000 只进行耐用性能检查。根据以往抽样测定，求得耐用时数的标准差为 600 小时，概率保证度为 68.27%，元件平均耐用时数的误差范围不超过 150 小时，要抽取多少元件做检查？

由题意可知 $z_{\frac{\blacksquare}{2}}=1$，$s=600$（小时），$\Delta_x=150$（小时），$N=10\,000$（只）。

在重复抽样的条件下：

$$n=\frac{z_{\frac{\blacksquare}{2}}^2\,\blacksquare^2}{\Delta_x^2}=\frac{1^2\times600^2}{150^2}=16（只）$$

在不重复抽样的条件下：

$$n=\frac{Nz^2\,\blacksquare^2}{N\Delta_x^2+z^2\,\blacksquare^2}=15.97\approx16（只）$$

例 7-8 对某厂某型号的电子元件 10 000 只进行耐用性能检查。根据以往抽样知道，耐用时数的标准差为 600 小时，元件合格率为 95%，合格率的标准差为 21.8%。要求在 99.73% 的概率保证度下，允许误差不超过 4%，试确定所需抽取的元件数目。

根据资料，$z_{\frac{\blacksquare}{2}}=3$，$s=600$（小时），$P(1-P)=0.0475$，$\Delta_p=0.04$，$N=10\,000$（只）。

重复抽样条件下样本容量：

$$n=\frac{z_{\frac{\blacksquare}{2}}^2p(1-p)}{\Delta_p^2}=267.19\approx268（只）$$

不重复抽样条件下样本容量：

$$n=\frac{Nz_{\frac{\blacksquare}{2}}^2p(1-p)}{N\Delta_p^2+z_{\frac{\blacksquare}{2}}^2p(1-p)}=260.23\approx261（只）$$

从计算的结果可以看出，重复抽样应该抽 268 只检验，而不重复抽样应该抽 261 只，可见，在相同条件下，重复抽样需要的样本容量更大。

任务 7.4 Excel 在抽样推断中的应用

7.4.1 Excel 在总体平均数区间估计的运用

想要估计总体平均数,必须先根据样本数据计算出样本平均数、样本标准差,然后计算抽样平均误差和抽样极限误差,最后计算出估计区间的下限和上限。

1. 根据未分组的样本数据进行估计

根据未分组的样本数据计算总体平均数区间估计所需的指标,可以使用 Excel 中的有关函数直接输入计算公式,也可以使用描述统计分析工具。利用描述统计分析工具能够直接得到估计总体平均数的区间所需的样本平均数、样本标准差、抽样平均误差和抽样极限误差。

例 7-9 某公司随机抽取了 30 名员工进行一项测试,他们各自完成某一项任务的时间如下(单位:分钟)。

35 45 44 39 32 33 31 38 51 46 41 45 36 39 49

35 43 41 37 50 34 39 47 45 35 37 46 48 32 39

试根据上述样本,利用 Excel 对任务完成时间的总体平均数进行区间估计。

1) 将上述数据输入 Excel 工作表中,如图 7-2 所示(图中只显示部分数据)。

2) 选择"工具"→"数据分析"命令,在打开的"数据分析"对话框中选择"描述统计"选项,如图 7-3 所示。

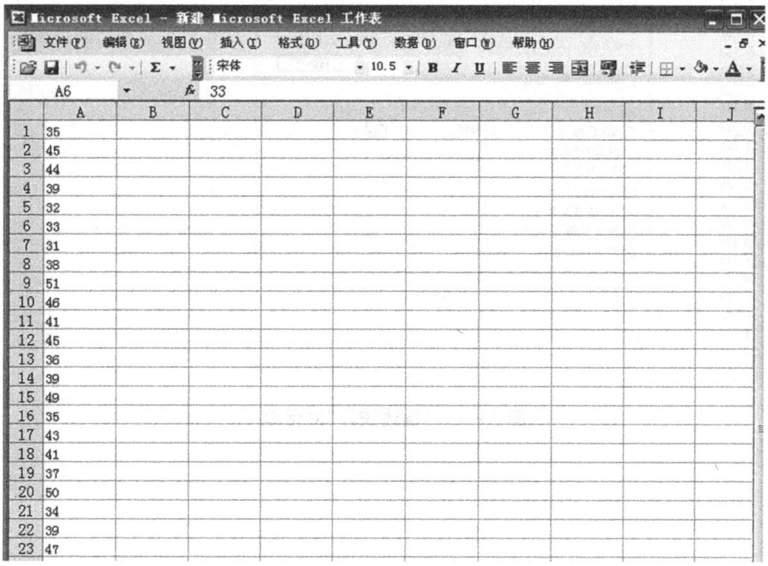

图 7-2 将原始数据输入 Excel 工作表

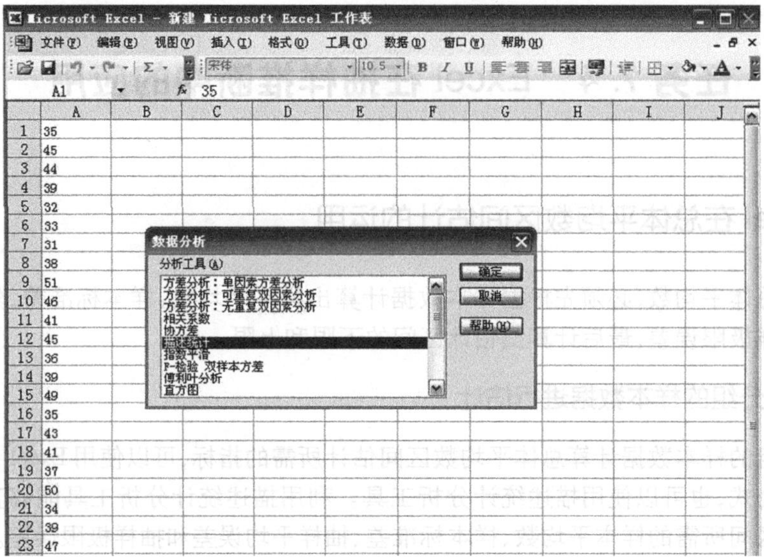

图 7-3 “数据分析”对话框

3）单击“确定”按钮，在打开的“描述统计”对话框中，设置“输入区域”为 A1:A30、“输出区域”为 B2，同时选中“汇总统计”和“平均数置信度”复选框并在其后的文本框中指定置信度（默认值 95%），如图7-4 所示。最后单击“确定”按钮，结果如图 7-5 所示。

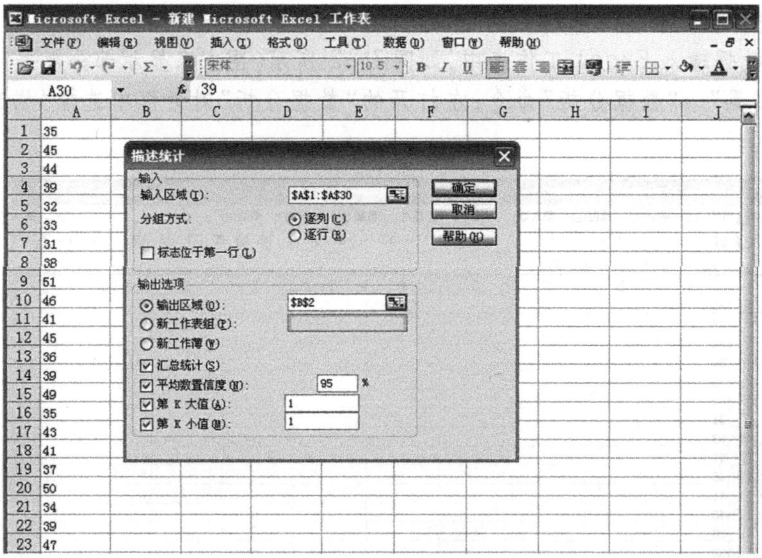

图 7-4 “描述统计”对话框

	A	B	C
1	35		
2	45	列1	
3	44		
4	39	平均	40.4
5	32	标准误差	1.06953637
6	33	中位数	39
7	31	众数	39
8	38	标准差	5.858091957
9	51	方差	34.31724138
10	46	峰度	-1.13906754
11	41	偏度	0.14736162
12	45	区域	20
13	36	最小值	31
14	39	最大值	51
15	49	求和	1212
16	35	观测数	30
17	43	最大(1)	51
18	41	最小(1)	31
19	37	置信度(95.0%)	2.187447453
20	50		
21	34		
22	39		
23	47		

图7-5 最终输出结果

4）在图7-5中，输出表中的“平均”是样本平均数，“标准误差”是抽样平均误差，“标准差”是修正的样本标准差，“观测数”是样本容量 n，最后一栏数值是指给定的置信度所对应的抽样极限误差。在95%的置信度下，利用相关公式很容易得出总体平均数的估计区间为[38.645 96，42.154 04]。

需要注意的是，应用描述统计工具计算抽样极限误差时，是严格按照总体方差未知时的估计方法进行的，即以分母为 $(n-1)$ 修正样本方差作为总体方差的无偏估计量。并且，z 值不是根据标准正态分布确定，而是要根据 t 分布来确定，因此与按Excel函数公式计算的结果会有出入。但当样本为大样本时，则 $(n-1)$ 与 n 的差别很小，而且 t 分布也非常接近标准正态分布，所以上述差别可以忽略不计。

2. 根据已分组样本数据或已计算出的样本指标进行估计

如果掌握的是已分组样本数据，要想估计总体平均数，只能运用Excel的函数及公式来实现。

若给定已分组的样本数据，就要利用加权的方法先计算出样本平均数和样本标准差，其Excel具体操作在前面章节已做介绍，此处不再赘述。

若已经给定或计算出了样本平均数和样本标准差，可通过输入公式来计算抽样平均误差和抽样极限误差。

例7-10 某企业生产的中国新型产品，以简单随机重复抽样方式抽取100件做耐用时间测试，结果发现，平均寿命为6 000小时，标准差为300小时。试在95.45%的置信度下，估计这种新型产品的平均寿命区间。

1）打开一张空白的Excel工作表，输入已知数据及待计算指标名称。

2）计算抽样平均误差。选定单元格B4，输入公式“=300/100^0.5”或“=300/SQRT(100)”，按下Enter键可得到计算结果30。

3）确定置信度对应的 z 值。选定单元格B6，输入公式“=NORMSINV(0.97725)”，按Enter键可得到计算结果2。其中，该函数的参数0.977 25的计算如下：

$F(z)+[1-F(z)]/2=0.9545+(1-0.9545)/2=0.97725$

4) 计算抽样极限误差。选定单元格 B7，输入公式“=2 * 30”或“=B6 * 30”，可得到计算结果60。

5) 计算估计区间的下限和上限。选定单元格 B8 和 B9，分别输入公式“=6 000 -60”和“=6 000 +60”，计算结果分别为 5 940 和 6 060。

相关计算公式和结果如图 7 -6 所示。

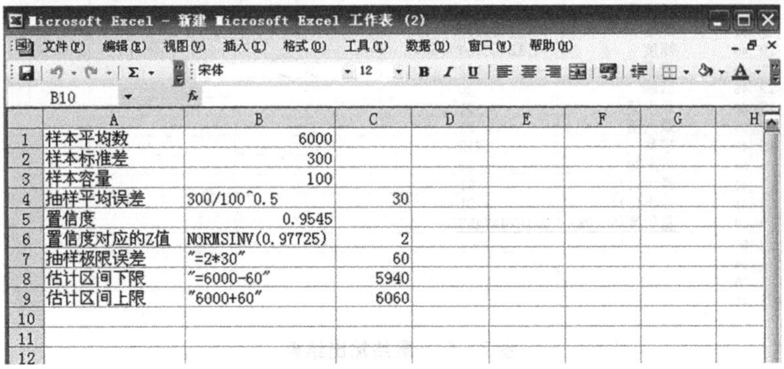

	A	B	C
1	样本平均数	6000	
2	样本标准差	300	
3	样本容量	100	
4	抽样平均误差	300/100^0.5	30
5	置信度	0.9545	
6	置信度对应的Z值	NORMSINV(0.97725)	2
7	抽样极限误差	"=2*30"	60
8	估计区间下限	"=6000-60"	5940
9	估计区间上限	"6000+60"	6060

图 7 -6　相关计算公式及结果

7.4.2　Excel 在总体成数区间估计中的运用

如果样本数据是未分组的调查数据，则可先利用函数 COUNT 或 COUNTIF 来统计出具有某一属性的观测数(其 Excel 操作方法在前面的章节已做介绍，此处不再赘述)，再将具有某一属性的观测数与样本容量 n 对比求出样本成数 p。得到样本成数的值以后，接着计算成数的抽样平均误差和抽样极限误差，最后计算出估计总体成数区间的下限和上限。其计算与总体平均数区间估计类似，读者可以选择一道例题在 Excel 中自行演练。

项目小结

本项目主要介绍了抽样推断的概念和特点、作用及常用的几个概念；抽样的平均误差和抽样的极限误差的计算方法；参数估计的相关知识，重点介绍了区间估计的具体方法；必要样本量的确定；Excel 在统计推断中的应用。

1. 抽样推断的概念：抽样推断是指按照随机性原则，从研究对象中抽取一部分进行观察，并根据所得到的观察数据，对研究对象的数量特征作出具有一定可靠程度的估计和推断，以达到认识总体特征的一种统计方法。

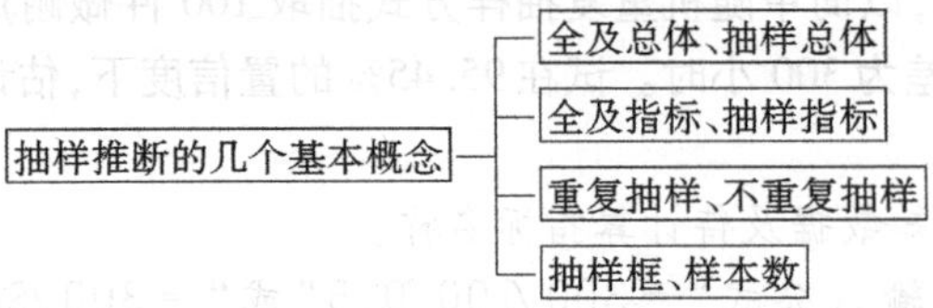

2.

- 抽样误差
  - 样本平均数的平均误差
    - 重复抽样：$\mu_X = \dfrac{\sigma}{\sqrt{n}}$
    - 不重复抽样：$\mu_X = \sqrt{\dfrac{\sigma^2}{n}\left(\dfrac{N-n}{N-1}\right)}$
  - 抽样成数的平均误差
    - 重复抽样：$\mu_p = \dfrac{\sigma}{\sqrt{n}} = \sqrt{\dfrac{p(1-p)}{n}}$
    - 不重复抽样：$\mu_p = \sqrt{\dfrac{\sigma^2}{n}\left(\dfrac{N-n}{N-1}\right)} = \sqrt{\dfrac{p(1-p)}{n}}$

3.

- 抽样推断的方法
  - 点估计
  - 区间估计

点估计就是以样本值对总体参数做出的估计。点估计也称定值估计，它是以抽样得到的样本指标作为总体指标的估计量，并以样本指标的实际值直接作为总体未知参数的估计值的一种推断方法。

区间估计就是以一定的概率保证估计包含总体参数的一个值域，即根据样本指标和抽样平均误差推断总体指标的可能范围。它包括两部分内容：一是这一可能范围的大小，二是总体指标落在这个可能范围内的概率。

总体参数均值的区间估计：$\bar{x} - z_{\frac{\alpha}{2}} \cdot \dfrac{\sigma}{\sqrt{n}} \leqslant \mu \leqslant \bar{x} + z_{\frac{\alpha}{2}} \cdot \dfrac{\sigma}{\sqrt{n}}$

总体成数的区间估计：$p - z_{\frac{\alpha}{2}} \cdot \mu_p \leqslant P \leqslant p + z_{\frac{\alpha}{2}} \cdot \mu_p$

4.

- 样本容量的确定
  - 重复抽样
    - $n = \dfrac{z_{\frac{\alpha}{2}}^{\ 2} \cdot \sigma^2}{\Delta_x^{\ 2}}$
    - $n = \dfrac{z_{\frac{\alpha}{2}}^{\ 2} \cdot p(1-p)}{\Delta_p^{\ 2}}$
  - 不重复抽样
    - $n = \dfrac{Nz^2\sigma^2}{N\Delta_x^2 + z^2\sigma^2}$
    - $n = \dfrac{Nz^2 \cdot p(1-p)}{N\Delta_p^2 + z^2 p(1-p)}$

本项目的重点：抽样推断中涉及的几个概念、抽样误差的概念，以及概率度、精度、可靠程度的概念。

本项目的难点：点估计、区间估计的计算方法，样本容量的计算问题。

项目实战

一、实战题

1. 对某大学在校 12 000 名学生的身高进行调查。请拟订具体的调查方案及操作时的注意事项。

2. 假设这项调查中，对所选中的样本经过调查，测得样本的平均身高为 166 cm，标准差为 8 cm，总体的平均身高未知，请以 95% 的置信度估计一下总体的平均身高。

二、单项选择题

1. 在其他条件不变的情况下,重复抽样的误差(　　)。

A. 一定大于不重复抽样的误差　　B. 一定小于不重复抽样的误差

C. 一定等于不重复抽样的误差　　D. 不确定

2. 在其他条件不变的条件下,若重复抽样的抽样极限误差变为原来的2倍,则样本单位数为(　　)。

A. 原来的2倍　　B. 原来的4倍

C. 原来的1/2　　D. 原来的1/4

3. 抽样推断所必须遵循的基本原则是(　　)。

A. 准确性原则　　B. 随机性原则　　C. 可靠性原则　　D. 灵活性原则

4. 事先将总体各单位按某一标志排列,然后依排列顺序并按相同的间隔来抽取样本单位的形式称为(　　)。

A. 简单随机抽样　　B. 类型抽样　　C. 等距抽样　　D. 整群抽样

5. 连续生产的电子管厂,产品质量检验是这样安排的:在一天中,每隔1h抽取5min的产品进行检验,这是(　　)。

A. 简单随机抽样　　B. 类型抽样　　C. 等距抽样　　D. 整群抽样

三、填空题

1. 抽样调查中,抽取样本的方法有__________和__________。

2. 在纯随机重复抽样的条件下,若其他条件不变,抽样平均误差缩小一半,则样本单位数__________;若抽样平均数增加一倍,则样本单位数__________。

3. 抽样误差是由于抽样的__________而产生的误差,这种误差不可避免,但可以__________。

4. 影响样本单位数的因素主要有__________、__________、__________和__________。

5. 抽样估计的方法有__________和__________两种。

6. 常用的抽样组织形式有__________、__________、__________、__________和__________5种。

四、判断题

1. 重复抽样误差大于不重复抽样误差。(　)

2. 抽样准确度要求高,则可靠性低。(　)

3. 抽样推断是利用总体中的一部分进行推断,则不可避免地会出现误差。(　)

4. 在抽样推断中,作为推断对象的总体和作为观察对象的样本都是确定的、唯一的。(　)

5. 抽样平均误差总是小于抽样极限误差。(　)

6. 样本平均数的标准差或样本成数的标准差是衡量抽样误差一般水平的尺度。(　)

7. 抽样估计的置信度就是表明样本指标和总体指标的误差不超过一定范围的概率保证程度。(　)

五、计算题

1. 某工厂有1 500名工人,用简单随机重复抽样方法抽取50个工人组成样本,调查其工资水平，如下表所示。试计算样本平均数及抽样平均误差。

月工资水平/元	520	530	540	550	560	570	580	590
工人数/人	4	6	9	10	8	6	4	3

2. 对一批成品按不重复抽样方法抽选 200 件，其中废品 8 件，又知抽样数是成品数的 1/20。在概率为 95.45% 的情况下，是否可以认为这批产品的废品率不超过 5%?

3. 采用简单随机重复抽样方法，在 2 000 件产品中抽查 200 件，其中合格品 190 件。以 95.45% 的概率保证度对合格品率和全部产品中合格品数量进行区间估计；如果极限误差为 2.31%，其概率保证程度为多大?

4. 某市进行一项职工家计调查，在全市 10 万户居民家庭中抽取了一个容量为 400 户的简单随机样本。通过样本调查计算，得知其平均每月食品消费 252.4 元。根据历史资料，还知道该市居民家庭每月食品消费的标准差是 36.3 元。以 95% 的概率保证度，估计该市居民家庭月平均食品消费的区间。

5. 某市对在校中学生进行健康状态调查，随机抽取 1 500 名学生，测得平均身高为 1.66 m。过去的类似调查显示，学生身高标准差为 0.04 m。当概率保证度为 99.73% 时，估计该市在校中学生平均身高的可能范围。

6. 从 1 000 名学生中进行随机抽样以推断学生平均考试成绩。根据以往经验，学生成绩的标准差为 3 分。现在以 95.45% 的可靠程度，要求学生平均成绩估计的最大允许抽样误差不超过 1 分。分别确定重复抽样和不重复抽样条件下至少应该抽取调查的学生人数。

7. 现对某专用仪器设备使用的 10 000 只灯泡进行耐用性能的随机抽查。以往的同类抽查显示，这种灯泡耐用时数的标准差为 600 小时。要求抽查的把握程度为 68.27%，耐用时数的误差范围不超过 150 小时。测算采用不重复抽样方式时需抽取的灯泡数。

复习思考

1. 抽样误差受哪些因素的影响？这些因素如何影响抽样误差？
2. 抽样的平均误差、极限误差、概率度、置信度和样本单位数之间的关系是怎样的？
3. 为什么说全及指标是确定的，而抽样指标是随机的？
4. 区间估计为何比点估计运用广泛？怎样认识区间估计中精度和把握程度的联系？

项目 8 相关与回归分析

知识目标

- 掌握相关关系、回归分析、一元线性回归方程的概念。
- 掌握各种社会经济现象之间的依存关系和制约关系，并且将这种关系给予数量化。
- 掌握相关关系的判定方法，建立一元线性回归方程，进行回归预测。

技能目标

能根据有关资料配合多元直线回归方程，能编制相关表、绘制相关图，能运用公式计算相关系数，能根据有关直线回归资料配合回归直线方程，并能应用建立的回归模型对社会经济现象进行分析、推算和预测。

情景引入

社会经济现象是在相互联系和相互制约中存在和发展的。任何社会经济现象的存在和运动都置身于众多的社会经济现象群体中，彼此之间都是有机地相互联系、相互依赖和相互制约的，离开周围的现象和条件而孤立存在的现象是没有的。社会经济现象的相互联系、相互制约、相互依存，构成了错综复杂的客观世界。客观现象相互间的联系和制约关系，通常都能用数量关系适当加以表现。例如，运动距离与速度、时间的关系，圆周长与半径的关系，农作物增产量与施肥量的关系，以及工资与物价的关系，等等。反映和说明社会经济现象之间的这种相互关系的数量关系，就是相关关系。例如，某企业设备的使用年限与每年支出的维修费统计，如表 8 -1 所示。

表 8 - 1　某企业设备的使用年限与每年支出的维修费统计

使用年限/年	2	3	4	5	6	7
年维修费/万元	38	40	57	65	60	83

资料表明：使用年限越长，所需维修费用也越多；使用的年限较短，支出的维修费用也较少。这是考虑全部变量值后得到的总的结论。但并不否认，个别的资料有反常现象，如第 5 对资料，使用年限 6 年的维修费用 60 元，反而比使用了 5 年的维修费用少。虽然存在个别反常现象，但从整体考虑，绝大多数资料体现上述结论关系。这样的一对变量之间的联系便是相关关系。

相关关系只用来表明两个变量相关程度的高低，但不能说明当一个变量发生一定量变时，因变量将发生多大的变化。当两个变量存在显著的相关关系时，如何用一个数学方程式提示它们之间变化的联系呢？例如，已知工人按件计工资，试问：某工人生产 50 件产品，工资应是多少？又如，原材料消耗减少 1 千克，产品单位成本会减少多少？劳动生产率提高 1 元，生产费用会降低多少？回答诸如此类的问题，都要利用数量联系式，根据掌握的统计资料进行回归分析。

任务8.1 相关分析

8.1.1 相关分析的概念

1. 相关关系的含义

辩证法指出,客观事物之间是相互联系和相互制约的。即世界上的某一事物与另一事物之间存在着一种相互依存的关系。例如,圆的面积与半径的关系,身高与体重的关系,智力与学习成绩的关系等。

现象之间的这种依存关系,根据其相互依存制约的程度不同,可以分为函数关系和相关关系两种。

所谓相关关系,反映的是事物之间存在的并不十分严格的依存关系。在这种关系中,对于某一事物变量的每一个变动值,都有另一个事物变量的不确定但与它有联系的变动值与之相对应。例如,每亩施肥量增加1千克,农作物产量可能会增加2.1千克、2.2千克、2.25千克等。这种对应关系难以用数学模型加以表达。

必须指出,虽然相关关系具有不确定性,它只是表明两个变量之间的一种依存关系,但是这种关系是具体存在的。经过人们大量观察,利用数学方法,可以提示它们之间潜在的统计规律性。

2. 函数关系的含义

它反映现象之间存在着严格的制约关系。在这种制约关系中,对某一现象的每一个变动值,都有另一现象变量的确定的变动值与之相对应,并且这种对应关系可以用数学模型加以表达。例如,$y=3x$。

3. 相关关系与函数关系的联系和区别

联系:两种关系的变量之间都具有关联性。即当一个变量的数值变化时,另一个变量的取值也随之改变。

区别:在于因变量的取值确定性不同。对于函数关系来说,一个自变量的值只确定唯一的因变量的数值,简称一对一;对于相关关系而言,一个自变量的值可以对应多个因变量的值,简称一对多。在函数关系中,一旦给定了自变量的值,因变量的取值便唯一地确定下来,而在相关关系中,给定了自变量的值,因变量的取值不具有确定性,而是以某一个数值为中心进行跳跃。究其原因,是这种现象受各种各样众多微小因素的影响,其中有些原因人们暂时还没有认识到,有些原因虽已被人们认识但还无法控制,加之计量上可能出现误差,都会造成现象的变量之间关系的不确定性。

4. 相关分析的概念

经济现象是在相互联系和相互制约中存在与发展的。任何社会经济现象的存在和运动,都置身于众多的社会经济现象群体中,彼此之间都是有机地相互联系、相互依赖和相互制约的,离开周围的现象和条件而孤立存在的现象是没有的。社会经济现象的相互联系、相互依存、相互制约,构成了错综复杂、五彩缤纷的客观世界,形成了大千世界的运动。

在社会生活中,消费量和物价就存在着制约关系,物价的升降会导致居民消费量的减少与增加。在社会产品生产过程中,需要的人力、设备以及花费的费用也相应增多;工业产品的质量问题和生产劳动者的技术水平、劳动熟练程度有直接关系,与技术设备和生产工具的质量及装备程度有紧密联系。

我们把对具有相关关系的现象之间的相互联系进行的分析研究,称为相关分析。

8.1.2 相关分析的作用

① 确定现象变量之间有无关系。这是相关分析的起点。只有两变量之间存在相关关系,才有必要采用相关分析的方法,对它们之间的关系加以研究。

② 确定相关关系的表现形式。两变量之间的相关关系在坐标图上有一定的表现形式,有的表现为逐渐向上的直线形式,有的表现为向下的直线形式,有的表现为向上或向下弯曲的曲线形式。确定了它们的相关表现形式之后,才可以用适当的相关分析方法,对它们的相关关系加以研究。

③ 确定相关关系的方向和相关的密切程度。只有相关关系密切程度较高时,才有必要对它们进行研究,并且更深一步作回归分析。

8.1.3 相关分析的种类和特点

1. 相关关系的种类

(1) 以相关的程度为划分标志,相关关系可以分为完全相关、不完全相关和不相关 3 种

完全相关是指两变量之间,当自变量改变为一个确定的值,因变量的取值完全确定,这时的相关关系就是确定的函数关系。例如,在速度一定时,距离与时间的关系。

不相关是指两变量各自独立,互不影响。例如,阿拉伯的石油产量与某服装厂的利润。

不完全相关是指两变量之间的量变关系介于完全相关与不相关之间。一般的相关关系都属于不完全相关,它是相关分析的主要研究对象。例如,学习勤奋与学习成绩的关系。

(2) 以变量之间相关关系的方向为标志,相关关系可分为正相关和负相关两种

正相关是指在两变量量变关系中,当一变量的值增加另一变量的值也随之相应地增加,一变量的值减少另一变量的值也随之相应地减少的相关关系,即两变量相关的数量变化为同增或同减。例如,产品产量增加,总成本增加。又例如,劳动生产率降低,产品产量减少。

负相关性是指两变量量变关系中,当一变量的值增加另一变量的值随之减少,一变量的值减少另一变量的值随之增加的相关关系,即两变量相关的数量变化为一增一减。例如,劳动生产率提高,单位产品成本减少。又如,产品成本降低,企业利润增多,等等。

(3) 按变量间相互关系的表现形式划分,相关关系可分为直线相关和曲线相关。直线相关又称线性相关,曲线相关又称非线性相关

当相关的自变量 x 值发生变动,因变量 y 值随之发生大致均等的变动,近似地表现为直线形式,这种相关关系称为直线相关。判别直线相关可利用散点图(根据自变量 x 与因变量 y 的原始成对数据绘制在直角坐标系中的点叫散点,由各个散点组成的图示叫散点图)。

在两个变量的量变过程中，当自变量的取值发生变动，因变量的取值也发生不均匀的变动，其散点图的分布呈现各种曲线形式，这种相关关系称曲线相关。本书不研究曲线相关，着重研究只有一个自变量的直线相关。

2. 相关分析的特点

① 两个变量的地位是对等的，不分原因与结果。
② 只能计算出一个相关系数，说明两变量的密切程度和相关方向。
③ 用来计算相关系数的两个变量都是随机的。

8.1.4 相关分析的目的和内容

相关分析的目的和内容：第一，对现象间的相互关系进行定性分析，从内在因素判定它们之间是否存在相关关系；第二，确定相关关系的表现形式，是线性相关还是非线性相关；第三，计算相关的密切程度和方向，其主要方法是计算相关系数；第四，进行回归分析。

任务8.2 相关关系的测定方法

8.2.1 相关关系的定性测定方法

任何事物都有质的规定性。这种质的规定性决定一事物与其他事物的联系，显示了事物自身和其他事物的本质联系。对现象和事物的这种质的规定性的认识和分析，就是定性分析。按照人们认识现象的一般顺序，先有对事物和现象的定性判断，才能依此做出量的分析和界定。若对客观现象和事物的定性分析判明了它们之间没有什么关系，就用不着进行相关分析了。

对现象和事物之间有无相关关系的判断，首先应根据定性分析来决定；然后，据此开展下一步的分析，这是相关分析的重要一步。

8.2.2 相关表

经定性分析的一般判断后，把握了事物之间的相关关系，再根据研究的具体目的，采集一系列相关数据，分别进行分组整理并罗列在一定表格内，依据观察单位和标志编出相关表，便可初步了解相关关系的形式和程度。

将现象之间的相关关系用表格来反映，这种表称为相关表。相关表根据编制资料时资料是否分组，可以分为简单相关表和分组相关表。

1. 简单相关表

在资料未分组时，将总体中各单位的原始资料按从小到大的顺序排列，然后列出对应的因变量数值的相关表。例如，为了研究分析产品产量和劳动消耗量的关系，将某企业的有关资料，以劳动量（工时）为自变量（x），产量（件）为因变量（y），编制成简单相关表，如表8－2所示。

表 8－2　某企业产品产量与其劳动消耗量的关系

劳动量/工时	5	12	15	22	38
产量/件	4	13	14	25	43

从表 8－2 中可看到，随着投入劳动量的增加，产量也相应增加。在这里，劳动量是自变量，它的变化影响着产量的变化，所以，产量是因变量，二者存在着相关关系，并且为正相关。

简单相关表的作用是：可作为进一步计算和分析的根据；根据相关表可绘制相关图，便于明显地看出相关关系的趋势。

2. 分组相关表

当所分析的现象比较复杂时，就需要编制分组相关表。分组相关表是对资料进行分组来编制的相关表。依据分组标志确定的多少有单变量分组相关表和双变量分组相关表两种。

（1）单变量分组相关表

如果将自变量分组并计算次数，而因变量不分组，只计算其平均值，称之为单变量分组相关表，如表 8－3 所示。

表 8－3　某公司产量和成本情况

按产量分组/万个 x	企业数 f	实际成本/（元/个） y
3 ~ 4	5	90
4 ~ 5	7	87
5 ~ 6	8	76
6 ~ 7	5	72
7 ~ 8	2	68

从表 8－3 可以看出，该公司各企业随着产量规模的扩大，产品的单位成本呈下降趋势，表现出规模效益，两者呈负相关关系。

（2）双变量分组相关表

如果自变量与因变量都进行分组，计算出次数，列成相关表的形式，称之为双变量分组相关表，如表 8－4 所示。

表 8－4　某行业劳动生产率与工资情况

按年劳动生产率分组/万元	企业按年平均工资分组/万元						
	6 ~ 8	8 ~ 10	10 ~ 12	12 ~ 14	14 ~ 16	16 ~ 18	合计
60 ~ 70	1		1				2
70 ~ 80	2	1	3	3	4		13
80 ~ 90	2	1	2	4	3	2	14
90 ~ 100		2	6	2	3	1	14
110 ~ 120						1	1
合　计	5	4	12	9	10	4	44

表 8－4 中的资料说明劳动生产率与工资水平的相关关系。双变量分组表似坐标图。如果把 y 值看作 y 轴，x 值看作 x 轴，左下“合计”看作原点，分组变量值从原点起由小到大，这样可以显示相关的形态、方向和程度。从表 8－4 可以看出劳动生产率与工资水平呈负相关的关系。

双变量分组相关表是进一步计算和分析的依据，同时也有独立作用。例如，将人的身高和胸围分组，可以研究上衣的型号。

双变量分组相关表较复杂，计算加权相应繁重，因而其使用范围受到一定限制。

8.2.3 相关图

相关图又称散点图。绘制时利用直角坐标，一般以 x 轴代表自变量，y 轴代表因变量，将相关表的原始资料在坐标中画出自变量和因变量相关的坐标点，此点称为相关点，由相关点组成的图形就称为相关图。从相关点在图上的分布及趋势，可以掌握变量之间的相关关系的状况。

根据变量之间相关关系的表现形式和变化方向及相关程度，在相关图上的表现如下。

1. 高度正相关

当变量 x 的值增大时，变量 y 的值亦随之明显增大；相关点的分布集中表现为直线形状，如图 8－1 所示。

2. 高度负相关

当变量 x 的值增大时，变量 y 的值却显著减少；相关点的分布集中表现为直线形状，如图 8－2 所示。

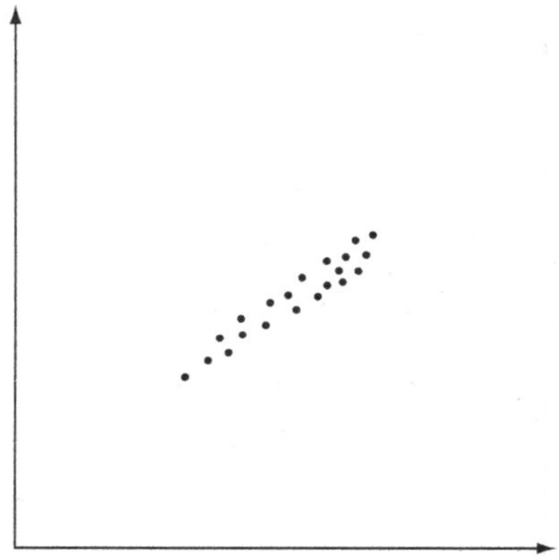

图 8－1　高度正相关

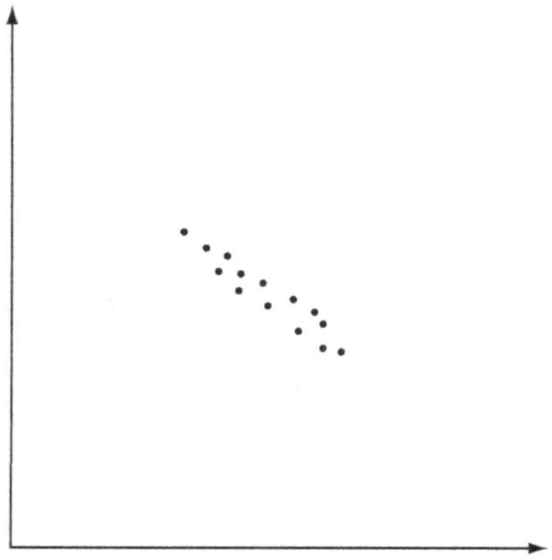

图 8－2　高度负相关

3. 低度正相关

当变量 x 的值增大时，变量 y 的值亦随之增大；相关点的分布虽然呈现直线变化趋势，但显得松散和分散，如图 8－3 所示。

4. 低度负相关

当变量 x 的值增大时，变量 y 的值趋于减少；相关点的分布在图像上虽呈直线，但却相当分散，如图 8－4 所示。

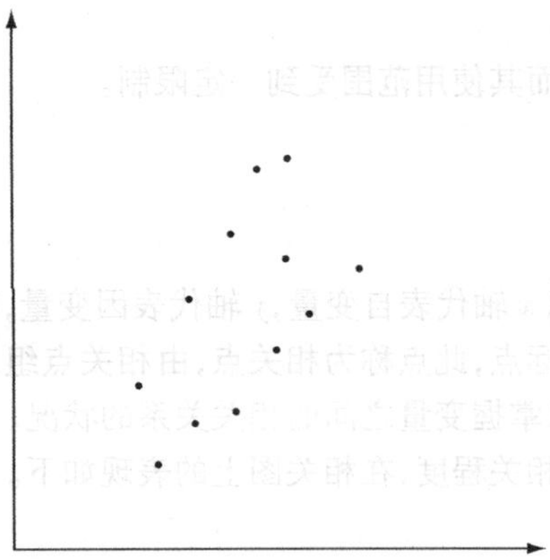

图 8-3 低度正相关

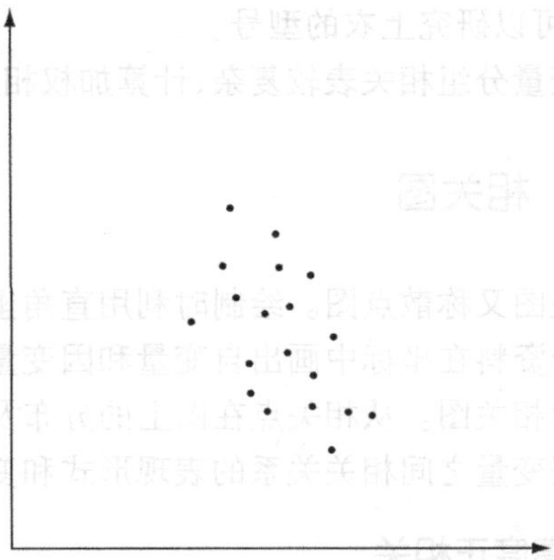

图 8-4 低度负相关

5. 非线性相关

当变量 x 的数值增大时，各相关点的分布呈曲线状，这是非线性相关，如图 8-5 所示。

6. 无相关

各点很分散，没有规律可循，说明变量 x 和变量 y 没有相关关系，如图 8-6 所示。

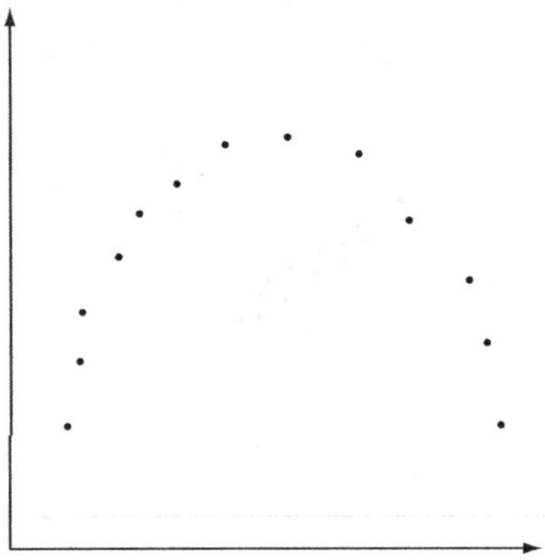

图 8-5 非线性相关

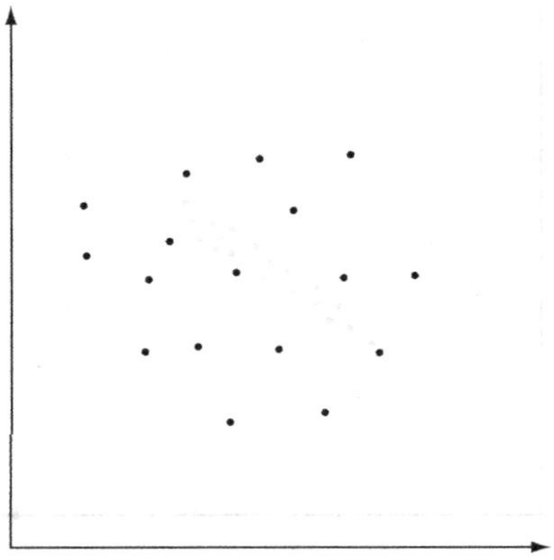

图 8-6 无相关

8.2.4 相关系数

1. 相关系数的概念

相关表和相关图可以大体上说明两个现象是否相关以及相关的类型，但它们的相关关系的密切程度却无法表达出来。因此，须要运用数学解析方法构筑一个恰当的数学模型来显示相关关系及其密切程度。要判断现象之间相关关系的密切程度，需要计算相关系数。

相关系数是直线相关条件下说明两个现象之间相关关系密切程度的统计分析指标，记为 r。其计算公式为：

$$r = \frac{\sigma_{xy}{}^2}{\sigma_x \sigma_y} = \frac{\frac{1}{n}\sum(x-\bar{x})(y-\bar{y})}{\sqrt{\frac{1}{n}\sum(x-\bar{x})^2}\sqrt{\frac{1}{n}\sum(y-\bar{y})^2}} = \frac{\sum(x-\bar{x})(y-\bar{y})}{\sqrt{\sum(x-\bar{x})^2}\sqrt{\sum(y-\bar{y})^2}} \quad \text{式}(8-1)$$

式中，r——相关系数；x——自变量；y——因变量；$\bar{x}$——自变量的算术平均数；$\bar{y}$——因变量的算术平均数；n——x、y 对应值的项数；σ_x——x 数列的标准差；σ_y——y 数列的标准差；σ_{xy}——x、y 两数列的协方差。

这一基本公式，由于是采用两个变量离差乘积的平均值来反映相关程度的，所以又称为“积差法”。

为便于记忆，令

$$L_{xy} = \sum(x-\bar{x})(y-\bar{y})$$

$$L_{xx} = \sum(x-\bar{x})^2$$

$$L_{yy} = \sum(y-\bar{y})^2$$

于是，式(8-1)变为

$$r = \frac{L_{xy}}{\sqrt{L_{xx}L_{yy}}} \quad \text{式}(8-2)$$

例 8-1 已知某企业加工设备的使用年限及每年支出的维修费用统计如表8-5所示，试计算相关系数。

表8-5 机器设备使用年限与年维修费用

使用年限/年	2	2	3	4	5	5
年维修费用/元	40	49	55	64	60	80

通过表8-5计算有关资料，如表8-6所示。

表8-6 计算

序号	使用年限/年 x	维修费用/元 y	$x-\bar{x}$	$y-\bar{y}$	$(x-\bar{x})^2$	$(y-\bar{y})^2$	$(x-\bar{x})(y-\bar{y})$
1	2	40	-1.5	-18	2.25	324	27.0
2	2	49	-1.5	-9	2.25	81	13.5
3	3	55	-0.5	-3	0.25	9	1.5
4	4	64	0.5	6	0.25	36	3.0
5	5	60	1.5	2	2.25	4	3.0
6	5	80	1.5	22	2.25	484	33.0
合计	21	348	0	0	9.50	938	81.0

$$\bar{x} = \frac{\sum x}{n} = \frac{21}{6} = 3.5$$

$$\bar{y} = \frac{\sum y}{n} = \frac{348}{6} = 58$$

由表8-6得知：$L_{xy} = \sum(x-\bar{x})(y-\bar{y}) = 81$

$L_{xx}=\sum(x-\overline{x})^2=9.5$

$L_{yy}=\sum(y-\overline{y})^2=938$

因此 $r=\frac{L_{xy}}{\sqrt{L_{xx}L_{yy}}}=\frac{81}{\sqrt{9.5\times938}}\approx0.858$

2. 判断相关关系密切程度的标准

① 相关系数 r 的取值范围是：[-1, 1]，带正号表示正相关，带负号表示负相关。

② 相关系数 r 越接近 -1，表示负相关程度越密切；越接近 1，表示正相关程度越密切；越接近 0，表示相关关系越微弱。

③ 相关系数 $r=1$，表示完全正相关，所有的散点完全在一条直线上，为函数关系。$r=-1$，表示完全负相关，所有的散点完全在一条直线上，为函数关系。$r=0$，表示所有的散点的分布是杂乱无章的，两变量不相关。

但应注意，相关系数 r 的计算公式只表示 x 与 y 之间直线相关的密切程度。因此，当 $r=0$ 时，只能表示 x 与 y 的散点图不是直线，并不等于没有其他相关关系。

④ 为了明确说明现象之间相关关系的密切程度，可以根据相关系数的大小将相关关系划分为 4 个等级，即：

$0<|r|<0.3$：x 与 y 微弱相关；

$0.3<|r|<0.5$：x 与 y 低度相关；

$0.5<|r|<0.8$：x 与 y 显著相关；

$0.8<|r|<1$：x 与 y 高度相关。

3. 相关系数的简捷计算方法

用式(8 -1)计算相关系数比较繁杂。通过化简

$$L_{xy}=\sum(x-\overline{x})(y-\overline{y})=\sum xy-\frac{1}{n}\sum x\sum y$$

$$L_{xx}=\sum(x-\overline{x})^2=\sum x^2-\frac{1}{n}\left(\sum x\right)^2$$

$$L_{yy}=\sum(y-\overline{y})^2=\sum y^2-\frac{1}{n}\left(\sum x\right)^2$$

可得到相关系数的简捷计算公式：

$$r=\frac{L_{xy}}{\sqrt{L_{xx}L_{yy}}}=\frac{\sum xy-\frac{1}{n}\sum x\sum y}{\sqrt{\sum x^2-\frac{1}{n}\left(\sum x\right)^2}\sqrt{\sum y^2-\frac{1}{n}\left(\sum y\right)^2}} \qquad \text{式}(8-3)$$

例 8 -2 利用表 8 -5 所示的资料，要求根据式(8 -3)列出表 8 -7。

表 8 -7 简捷计算

序 号	年限/年 x	维修费/元 y	x^2	y^2	xy
1	2	40	4	1 600	80
2	2	49	4	2 401	98

（续表）

序 号	年限/年 x	维修费/元 y	x^2	y^2	xy
3	3	55	9	3 025	165
4	4	64	16	4 096	256
5	5	60	25	3 600	300
6	5	80	25	6 400	400
合 计	21	348	83	21 122	1 299

$$L_{xy} = \sum xy - \frac{1}{n}\sum x \sum y = 1\,299 - \frac{1}{6} \times 21 \times 348 = 81$$

$$L_{xx} = \sum (x - \bar{x})^2 = \sum x^2 - \frac{1}{n}(\sum x)^2 = 9.5$$

$$L_{yy} = \sum (y - \bar{y})^2 = \sum y^2 - \frac{1}{n}(\sum x)^2 = 938$$

于是，$r = \frac{L_{xy}}{\sqrt{L_{xx}L_{yy}}} = \frac{81}{\sqrt{9.5 \times 938}} = 0.858$，计算结果与积差法的完全一致，但是计算较为简捷些。

任务8.3 一元线性回归分析

8.3.1 一元线性回归分析的概念和特点

1. 一元线性回归分析的概念

相关分析是研究变量之间的相互关系，表明其变动的规律性。相关关系不同于函数关系，它不一定是主从关系或者因果关系，在多个因素中，谁是因谁是果，哪个是主哪个是从，是区分不清楚的。相关分析只能回答变量之间相关的密切程度和方向。而回归分析是对具有一定相关关系的两个或更多个变量之间数量变化的关系，选择一个合适的数学模型（回归方程），用来近似地表示两个变量之间平均变化关系，从而对因变量进行预测或估计的统计分析方法。

进行回归分析，是将变量之间的相关关系在一定情况下转化为函数关系而展开的。所谓“回归”，指变量值总是在它们的平均值附近变化，不会偏离平均值很大。

回归分析建立的数学表达式称为回归方程（或回归模型）。根据回归方程配合的曲线称为配合曲线，其表现形式有直线和曲线等。本书只介绍直线回归方程。

2. 一元线性回归分析的特点

一元线性回归分析就是简单线性回归分析，其特点如下。

① 两个变量之间的关系，一个是自变量，另一个是因变量分析时，须明确自变量和因变量的各自承担者。

② x 和 y 两个变量，从方程式看，存在两个关系式：一是以 x 为自变量，y 为因变量的关系式；

另一个是以 y 为自变量，x 为因变量的关系式。从图像上观察是两条不同的关系直线。因此，若分析的现象之间不存在明显的因果关系或主从关系，两个变量的地位可以互换，画出的是两条直线；否则，只能是一条直线。

③ 在直线回归方程中的回归系数表明因变量(y)对自变量(x)的回归关系，它有正负之分，与相关系数的正负是一致的。正的系数表现为上升直线，两个变量同方向变化；负的系数表现为下降直线，两个变量反方向变化。

④ 直线回归方程中，要求自变量是非随机的，是给定的值。将自变量引入方程，求出估计的因变量值，这个估计值就是众多因变量实际值的一个平均值，又称理论值或趋势值。因此，可以计算估计值的标准误差。

3. 回归分析与相关分析的区别

(1) 研究的目的不同

相关分析只是考虑变量之间是否存在相关关系，以及这种相关关系的密切程度和变化方向；而回归分析不仅要考虑变量间的密切程度和变化方向，而且更重要的是要建立变量之间因果关系式，以作为推算的经验根据。

(2) 变量的性质不同

相关分析中所有的变量都是随机变量，变量 x 与变量 y 是对等的，无所谓自变量与因变量；而回归分析中要根据统计研究的任务确定变量中谁是自变量 x，谁是因变量 y，其中自变量不是随机变量，因变量是随机变量。

(3) 分析的结果不同

相关分析之后只能得出一个相关系数，从而确定两个变量之间关系的密切程度与方向。而回归分析以 x 为自变量，y 为因变量；或以 y 为自变量，x 为因变量，可以建立两个不同的回归方程。因此在建立回归方程时，一定要事先明确哪个变量是自变量。

4. 回归分析与相关分析的联系

(1) 研究的内容一样

两者都是研究变量之间的相关关系。

(2) 相关分析是回归分析的基础

只有进行相关分析，确认两变量之间有较高的相关程度之后，才好确定两变量之间是否有相应的数学模型相配，是否进行回归分析。

(3) 回归分析是相关分析的继续

由相关分析确认了两变量之间的相关方向和程度，这不是研究的目的。进行相关分析的最终目的是进行回归预测，也就是将两变量相关关系的方向和形态以近似的数学模型描绘出来，然后用此模型进行回归预测。

8.3.2 一元线性回归方程的建立和应用

假定通过相关分析后，两个变量具有一定的密切程度的线性相关关系，现在来进行回归分析，要进行预测。

我们的目的是建立一个变量 x 与变量 y 之间线性关系的方程，反映在散点图上，就是要配合一条直线，用这条直线反映现象之间的一般数学关系，并用这条直线进行预测。这条直线叫回归直线，反映这条直线的方程叫一元线性回归方程。设所求的直线回归方程为：

$$y_c = a + bx$$

式中，y_c——因变量的回归值；a——直线在 y 轴上的截距，又称回归常数；b——回归系数，表示当自变量增加 1 个单位时，因变量相应的改变量。

从几何上观察，就是要配合这样一条直线，使各个散点到该直线距离平方和最小，满足条件的直线就是所求的回归直线，如图 8－7 所示。在这条直线上，据以推算的估计值（用 y_c 代表）与 y 的实际值离差的平方和，比其他任何直线推算的数值都要小。这是按最小二乘法来决定一元线性回归直线的方法。

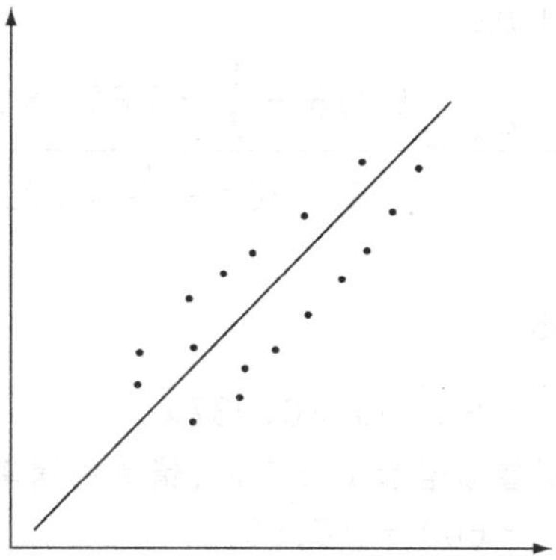

图 8－7　回归直线示意

利用最小二乘法原理：根据所掌握的 n 对资料 $(x_1, y_1), (x_2, y_2), \cdots, (x_n, y_n)$，可以获得关于 a、b 的二元一次方程组：

$$na + b\sum x = \sum y$$

$$a\sum x + b\sum x^2 = \sum xy$$

最后解得

$$b = \frac{\sum xy - \frac{1}{n}\sum x \sum y}{\sum x^2 - \frac{1}{n}(\sum x)^2} = \frac{L_{xy}}{L_{xx}} \qquad \text{式(8－4)}$$

$$a = \frac{\sum y - b\sum x}{n} \qquad \text{式(8－5)}$$

式(8－4)、式(8－5)就是求直线回归方程参数的常用公式。计算参数时，往往先列表求得变量 x、y、x^2、y^2 与 xy 连加和，再代入式(8－4)、式(8－5)中，便可以求出直线回归方程。

例 8－3　根据某企业产品销售额与销售利润率（%）资料计算出如下资料：$n = 7$，$\sum x = 1\,890$，$\sum x^2 = 535\,500$，$\sum y = 31.1$，$\sum y^2 = 174.15$，$\sum xy = 9\,318$。

要求：

(1) 确定产品销售额与销售利润率之间的相关系数。

(2) 确定以销售利润率为因变量的直线回归方程，并解释回归系数的经济含义。

(3) 当销售额为 600 万元时，销售利润率为多少？

$$(1)\ r = \frac{\sum xy - \frac{1}{n}\sum x \sum y}{\sqrt{\sum x^2 - \frac{1}{n}(\sum x)^2}\sqrt{\sum y^2 - \frac{1}{n}(\sum y)^2}}$$

$$= \frac{9\,318 - \frac{1}{7} \times 1\,890 \times 31.1}{\sqrt{535\,500 - \frac{1}{7} \times (1\,890)^2} \times \sqrt{174.15 - \frac{1}{7} \times (31.1)^2}} \approx 0.967$$

说明产品销售利润率与销售额之间存在高度正相关。

(2) 设回归方程为：$y_c = a + bx$

$$b = \frac{\sum xy - \frac{1}{n}\sum x \sum y}{\sum x^2 - \frac{1}{n}(\sum x)^2} = \frac{L_{xy}}{L_{xx}} = \frac{9\,318 - \frac{1}{7} \times 1\,890 \times 31.1}{535\,500 - \frac{1}{7} \times 1\,890^2} \approx 0.037$$

$$a = \frac{\sum y - b\sum x}{n} = -5.55$$

所以一元线性回归方程为：$y_c = -5.55 + 0.037x$

回归系数 b 的含义是：产品销售额增加 1 万元时，销售利润率增加 0.037。

(3) $y_{600} = -5.55 + 0.037 \times 600 = 16.65$

可见，当销售额为 600 万元时，销售利润率为 16.65%。

8.3.3 一元回归估计标准误差

1. 估计标准误差的概念

估计标准误差是衡量 y 的实际值与估计值离差一般水平的分析指标，是实际值 y 与所配直线模型上的理论值 y_c 的标准差。

回归方程的一个重要作用在于：根据自变量的已知值推算因变量的可能值。这个可能值（又称估计值、理论值）和真正的实际值可能一致或有出入。换句话说，估计值与实际值之间是有离差的。一般情况下，这个离差数值越小，即 y_c 值与 y 值越接近，表明推断越准确，估计值的代表性越高；离差数值越大，即 y_c 值与 y 值越远，表明推断越不够准确，估计值的代表性越低。回归方程的代表性如何，一般是通过估计标准误差指标的计算予以检验的。

估计标准误差是用来说明回归方程代表性大小的统计分析指标。估计标准误差越大，回归方程的代表性越小；估计标准误差越小，回归方程的代表性越大。

估计标准误差与标准差的性质相似，但不同的是，估计标准误差是说明平均线的代表性，而标准差是说明平均数的代表程度。

2. 估计标准误差的计算

有以下两种计算法。

(1) 离差法

根据因变量实际值和估计值的离差计算估计标准误差的方法，称为离差计算法。其计算公式为：

$$S_{yx}=\sqrt{\frac{\sum(y-y_c)^2}{n}} \qquad \text{式(8-6)}$$

式中，y——实际水平值；y_c——理论水平值；n——资料项数。

（2）参数法

利用参数 a、b 的已知值，可以计算出估计标准误差，此方法称为参数法。其计算公式为：

$$S_{yx}=\sqrt{\frac{\sum y^2-a\sum y-b\sum xy}{n}} \qquad \text{式(8-7)}$$

例 8-4 要求根据例 8-3 的资料用参数法计算估计标准误差。

$$S_{yx}=\sqrt{\frac{\sum y^2-a\sum y-b\sum xy}{n}}=\sqrt{\frac{174.15-(-5.55)\times 31.1-0.037\times 9\,318}{7}}$$

≈ 0.533

3. 估计标准误差与相关系数的关系

根据式(8-6)，可以得出下列公式：

$$S_{yx}=\sigma_y\sqrt{1-r^2} \qquad \text{式(8-8)}$$

即

$$r=\sqrt{\frac{\sigma_y^2-S_{yx}^2}{\sigma_y^2}}=\sqrt{1-\frac{S_{yx}^2}{\sigma_y^2}} \qquad \text{式(8-9)}$$

若用 S_{yx} 与 σy 求相关系数，与前述积差法直接求相关系数会得到相同结果，所不同的只是这种计算结果难以确定相关的性质，一定要借助回归方程式中 x 的系数的正负号来判断。

从以上关系式中可以看出：

① S_{yx} 值渐小，则 r 值渐大。

② S_{yx} 值越小，说明各相关点离回归直线越近，相应地 r 就越渐近于 1，此时为完全相关。

③ S_{yx} 值越大，则 r 值越小，从图像上看到，相关点离回归直线就越远。

④ 若 $S_{yx}=\sigma_y$，表明回归直线和因变量（y）数列的平均线相重合，变量 x 与变量 y 就不相关了。

例 8-5 利用相关系数与估计标准误差的关系计算表 8-8 中的相关系数。

表 8-8 某企业工人工龄与劳动生产率情况

工龄（x）	劳动生产率/（个/时）（y）	$y-\bar{y}$	$(y-\bar{y})^2$
8	3	-2	4
9	5	0	0
10	4	-1	1
13	6	1	1
15	7	2	4
—	25	—	10

计算出：$\bar{y}=5$ 个，$\sigma_y=1.414$ 个，$S_{yx}=0.548$

因此

$S_{yx}=\sigma_y\sqrt{1-r^2}$

$0.548^2 = 1.414^2 \times (1 - r^2)$

$r^2 = 0.85$

$r = 0.92$

从中可看出 x 与 y 高度相关。但是，是高度正相关还是高度负相关，要计算出回归直线方程才可判断。本例中通过计算得出回归直线方程如下。

$y_c = -0.5 + 0.5x$

所以，x 与 y 高度正相关。

4. 回归系数与相关系数的关系

由公式

$$r = \frac{L_{xy}}{\sqrt{L_{xx}L_{yy}}}$$

$$b = \frac{\sum xy - \frac{1}{n}\sum x \sum y}{\sum x^2 - \frac{1}{n}\left(\sum x\right)^2} = \frac{L_{xy}}{L_{xx}}$$

得

$$\frac{b}{r} = \frac{L_{xy}}{L_{xx}} \Big/ \frac{L_{xy}}{\sqrt{L_{xx}L_{yy}}} = \frac{\sqrt{L_{xx}L_{yy}}}{L_{xx}} = \sqrt{\frac{L_{yy}}{L_{xx}}} = \frac{\sigma_y}{\sigma_x},$$

则

$$b = r \cdot \frac{\sigma_y}{\sigma_x} \qquad \text{式(8-10)}$$

由于$\frac{\sigma_y}{\sigma_x}$永远为正值，故相关系数的正负号与回归系数的正负号同号。

8.3.4 应用相关与回归分析须注意的问题

1. 在定性分析的基础上进行定量分析

在定性分析的基础上进行定量分析，是保证正确运用相关分析和回归分析的必要条件。只有对两变量相关关系产生的原因有深刻的认识，才不至于错将没有相关关系的两变量硬配上数学模型进行回归分析。

2. 要注意现象质的界限及相关关系作用的范围

用少数资料配合的回归模型根据的资料是有限的。其有效性也在这个范围的限度之内，不适宜在范围之外进行回归预测。即只可进行内插预测。例如，增加施肥量和农作物产量的增加是在一定范围之内的，如果超过了这个范围，多增加施肥不但不能增产，反而会减产。

3. 要具体问题具体分析

回归直线所表示的相关关系是一种机械的公式，只在现有资料和现有条件不变的情况下才能使用。如果现有条件发生了变化，在原条件下配合的直线就不能使用。因此，对具体问题还要进行具体分析。

4. 要考虑社会经济现象的复杂性

影响社会经济现象之间关系的因素有自然技术因素，也有政治、经济、道德、心理因素等。例如，物价与销售量的相关关系，一般是物价上涨时销售量减少，但人们有害怕物价再涨的心理因素，大家上市抢购，反而使销售量上升。因此，在解决实际问题时，相关关系及回归直线模型不要机械地搬用。

任务 8.4 Excel 在相关分析与回归分析中的应用

8.4.1 Excel 在相关分析中的应用

1. 利用 Excel 绘制相关图

利用 Excel 的图表向导可绘制两个变量的相关图（散点图）。下面以表 8－1 所示的数据为例，说明利用图表向导绘制相关图的具体步骤如下。

1）输入数据，本例中作为 *X* 的变量是使用年限，其数据位于单元格 A2 至 A7；作为 *Y* 的变量是销售利润，其数据位于单元格 B2 至 B7。

2）选择“插入”→“图表”命令。

3）在打开的“图表向导”对话框中选择“XY 散点图”，单击“下一步”按钮。

4）随即弹出“源数据”对话框，在其“数据区域”文本框中输入 *X* 和 *Y* 的数据所在区域。本例中，输入“ =$A $2: $B $7”，也可以直接用鼠标从 A2 拖至 B7，Excel 会自动确认数据产生在“列”，同时在图形预览中会显示即将输出的图形，如图 8－8 所示。

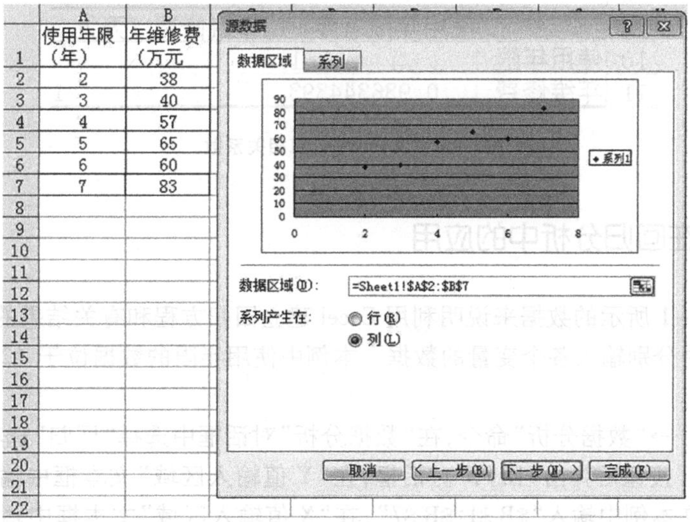

图 8－8 用 Excel 制作相关图

注意：输入数据时，应使 *X* 的数据在前，*Y* 的数据在后，它们位于紧邻的两列（或两行）。否则，可选择“图表源数据”对话框中的“系列”选项卡，单击左边的“添加”按钮，右边即出现 *X* 值和 *Y* 值两栏，分别指定 *X* 和 *Y* 两个变量的数据所在区域即可。

5）单击“下一步”按钮，弹出“图表选项”对话框，其中有“标题”、“坐标轴”、“网络线”、“图例”和“数据标志”等选项卡，根据情况和需要填写内容即可生成相关图（散点图）。

2. 利用 Excel 计算相关系数

下面仍以表 8－1 所示的数据来说明利用 Excel 计算变量间相关系数的具体操作步骤。

1）在工作表中分别输入各个变量的数据，本例中使用年限的数据位于 A2 至 A7，年维修费用的数据位于 B2 至 B7。

2）选择“工具”→“数据分析”命令，在“数据分析”对话框中选择“相关系数”选项，单击“确定”按钮。在弹出的“相关系数”对话框的“输入区域”文本框中输入样本数据所在区域，本例中输入“A1:B7”（也可使用鼠标来选定）。在“分组方式”栏中选中“逐列”单选按钮（如果变量的数据是按行放置的，就选中“逐行”单选按钮）。如果输入区域的第一行（列）为变量名，选中“标志位于第一行（列）”复选框，否则不选中此复选框。在“输出区域”文本框中指定输出结果的起点位置，本例中输入“A10”。

3）最后单击“确定”按钮，即可得到相关系数（见图 8－9 中左下区域）。本例中，使用年限与年维修费之间的相关系数约为 0.936。

	A	B	C
1	使用年限（年）	年维修费（万元	
2	2	38	
3	3	40	
4	4	57	
5	5	65	
6	6	60	
7	7	83	
8			
9		使用年限（年）	年维修费（万元
10	使用年限	1	
11	年维修费	0.936344393	1

图 8－9 用 Excel 计算相关系数

8.4.2 Excel 在回归分析中的应用

下面仍以表 8－1 所示的数据来说明利用 Excel 建立回归方程和有关结果的具体操作步骤。

1）在工作表中分别输入各个变量的数据。本例中使用年限的数据位于 A2:A7，年维修费用的数据位于 B2:B7。

2）选择“工具”→“数据分析”命令，在“数据分析”对话框中选择“回归”选项。

3）单击“确定”按钮后弹出“回归”对话框，在“Y 值输入区域”文本框中输入因变量观测数据的起止单元格，在本例中输入“$B $1: $B $7”；在“X 值输入区域”文本框中输入自变量数据的起止单元格，在本例中输入“$A $1: $A $7”。选中“标志”复选框（因为这里输入区域的第一行是变量名，如果输入区域只有观测值，可不选此项）。在“输出区域”文本框中指定显示输出结果的单元格起点，在本例输入“$A $8”，如图 8－10 所示。

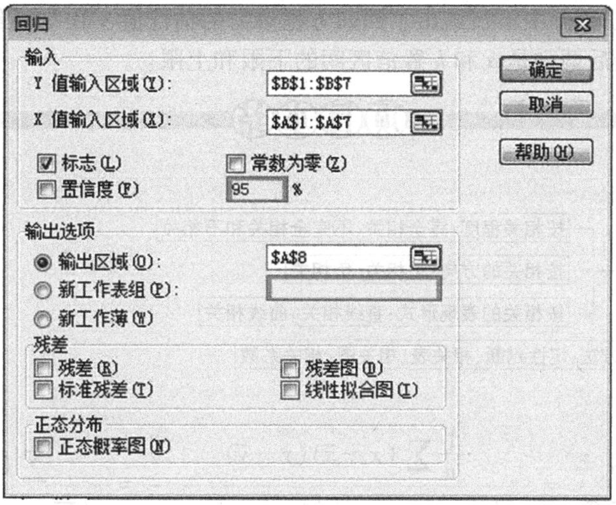

图 8－10　“回归”对话框

4）单击“确定”按钮，即可得到回归统计结果。本例的输出结果如图 8－11 所示。

8	SUMMARY OUTPUT								
9									
10	回归统计								
11	Multiple	0.936344393							
12	R Square	0.876740821							
13	Adjusted	0.845926027							
14	标准误差	6.565421685							
15	观测值	6							
16									
17	方差分析								
18		df	SS	MS	F	Significance F			
19	回归分析	1	1226.414286	1226.414	28.4519	0.005949087			
20	残差	4	172.4190476	43.10476					
21	总计	5	1398.833333						
22									
23		Coefficients	标准误差	t Stat	P-value	Lower 95%	Upper 95%	下限 95.0%	上限 95.0%
24	Intercept	19.4952381	7.55397209	2.580793	0.06128	-1.477950737	40.46843	-1.47795	40.46842693
25	使用年限	8.371428571	1.569435966	5.334036	0.00595	4.013975766	12.72888	4.013976	12.72888138

图 8－11　利用 Excel 进行回归分析的输出结果

输出结果包括“回归统计”、“方差分析”和“回归系数估计”3 个部分。从最后部分的 Coefficients 下可得到截距项 a(Intercept)的估计值为 19.495，回归系数 b(本例中为使用年限的系数，如果在图 8－9 所示的数据输入区域未包括变量名，则输出结果中“使用年限”处显示的是“X Variable 1”)为 8.371 42。由此可得到所求的回归方程为：

$$y = a + bx = 19.495 + 8.371\,42x$$

Excel 的回归工具输出的信息很丰富。在输出结果的第一部分，依次有相关系数(Multiple R——在多元线性回归中指复相关系数，复相关系数不考虑相关方向；在一元线性回归中它就是简单相关系数 r 的绝对值)、判定系数 R^2(R Square)和调整的判定系数(Adjusted R Square)、标准误差(估计标准误差)和观测值(样本容量 n)。如本例中，估计标准误差为 6.565 421 685。

在输出结果的“方差分析”部分给出了对回归方程进行检验的 F 统计量的值及其对应的 P 值(Significance F)。

在输出结果的第三部分中不仅给出了回归方程参数的估计值 a 和 b，还给出了两者的 t 检验值及其对应的 P 值，最后两列是 a 和 b 置信区间的下限和上限。

项目小结

1. 相关关系。

- 相关关系
  - 分类
    - 按相关程度：完全相关、不完全相关和不相关
    - 按相关的方向：正相关、负相关
    - 按相关的表现形式：直线相关、曲线相关
  - 判断方法：定性判断、相关表、相关图、相关系数

2. 相关系数。

计算公式 $$r=\frac{\sigma_{xy}^{\ 2}}{\sigma_x\sigma_y}=\frac{\frac{1}{n}\sum(x-\bar{x})(y-\bar{y})}{\sqrt{\frac{1}{n}\sum(x-\bar{x})^2}\sqrt{\frac{1}{n}\sum(y-\bar{y})^2}}=\frac{\sum(x-\bar{x})(y-\bar{y})}{\sqrt{\sum(x-\bar{x})^2}\sqrt{\sum(y-\bar{y})^2}}$$

判断方法：

① r 的取值范围是 $-1\leqslant r\leqslant 1$，带正号表示正相关，带负号表示负相关。

② r 越接近 -1，负相关程度越密切；越接近 1，正相关程度越密切；越接近 0，相关关系越微弱。

③ $r=1(-1)$，表示完全正(负)相关，所有的散点完全在一条直线上，为函数关系；$r=0$，表示两变量不线性相关。

3. 一元线性回归方程的建立。

当两变量存在一定程度的相关关系时，可用最小二乘法，建立一元线性回归方程如下：

$$y_c=a+bx$$

这里 b 为回归系数，其经济含义为自变量增加一个单位时因变量的平均增加量。

a 为回归方程在纵轴上的截距，称为回归常数。

4. 估计标准误差。

- 计算方法
  - 离差法：$S_{yx}=\sqrt{\dfrac{\sum(y-y_c)^2}{n}}$
  - 参数法：$S_{yx}=\sqrt{\dfrac{\sum y^2-a\sum y-b\sum xy}{n}}$
- 与相关系数的关系
  - S_{yx} 值渐小，则 r 值渐大
  - S_{yx} 值越小，说明各相关点离回归直线越近，相应的 r 就越渐近于 1，此时为完全相关
  - S_{yx} 值越大，则 r 值越小，从图像上看到，相关点离回归直线就远
  - 若 $S_{yx}=\sigma_y$，表明回归直线和因变量(y)数列的平均线相重合，变量 x 与变量 y 就不相关了

与回归系数的关系：$b=r\cdot\dfrac{\sigma_y}{\sigma_x}$

本项目计算量较大，在学习时要理解公式，正确地计算，结合计算结果进行分析。

项目实战

一、实战题

走访一家大型超市，了解其销售商品种类、价格以及商品销售额情况，根据本任务所学，试分析影响销售额的相关因素，并预测下一周期的商品销售额。

二、填空题

1. 用来说明回归方程代表性大小的统计分析指标是__________。
2. 一个同学学习努力程度与学习成绩呈__________相关关系。
3. 相关系数是反映__________的统计指标。
4. 对现象之间量变的研究，统计是从两个方面进行的，一方面是研究变量之间关系的密切程度，这种研究称为__________；另一方面是研究自变量与因变量之间的变动关系，并用数学方程表达，称为__________。
5. 在回归方程中，参数 b 称为__________，a 称为__________。在统计上估计 a、b 最常用的方法是__________。
6. 完全相关就是__________，其相关系数为__________。
7. 已知线性回归方程 $y_c = a + bx$，$b = 4$，$n = 10$，$\sum y = 2\,520$，$x = 6.5$，则可求 $a =$__________。
8. 相关系数绝对值越接近 -1，变量之间的__________相关程度就越__________。
9. 身高与体重之间是__________相关，而工人技术的熟练程度与出错率__________相关。
10. 如果 x 的值增加，y 的值也增加，则这种相关关系为__________。

三、单项选择题

1. 当自变量的数值确定后，因变量的数值也随之完全确定（　　）。

   A. 相关关系　B. 函数关系　C. 回归分析　D. 随机关系

2. 相关密切程度高的现象是（　　）。

   A. 商品销售量与商品销售额之间的相关系数为0.90

   B. 商品销售额与商业利润率之间的相关系数为0.60

   C. 商品销售额与流通费用率之间的相关系数为-0.85

   D. 商业利润率与流通费用率之间的相关系数为-0.95

3. 相关系数可以说明（　　）。

   A. 线性关系还是非线性关系　B. 相关关系的方向和密切程度

   C. 变量之间的因果数量关系　D. 变量之间的函数关系

4. 配合回归直线最合理的方法是（　　）。

   A. 随手画线法　B. 最小二乘法　C. 移动平均法　D. 描点作图法

5. 相关系数的取值范围是（　　）。

   A. $0 \leq r < 1$　B. $-1 \leq r < 0$　C. $-1 < r < 1$　D. $-1 \leq r \leq 1$

6. 回归估计的估计标准误差的计量单位与（　　）。

   A. 自变量相同　B. 因变量相同

   C. 自变量及因变量相同　D. 相关系数相同

7. 当所有的观察值都落在回归直线上时，变量 X 与 Y 之间的相关系数为(　　)。

A. 0　　B. 大于 -1 而小于 0

C. 大于 0 而小于 1　　D. 1 或 -1

8. 工人工资(元)随劳动生产率(千元)变化的回归方程为：$y=50+80x$，这意味着(　　)。

A. 劳动生产率为 1 000 元时，工资为 130 元

B. 劳动生产率每增加 1 000 元时，工人工资提高 80 元

C. 劳动生产率增加 1 000 元时，工人工资提高 130 元

D. 劳动生产率等于 1 000 元时，工人工资为 80 元

E. 月工资为 210 元时，劳动生产率为 2 000 元

9. 确定现象之间是否存在相关关系，首先要对现象进行(　　)。

A. 定性分析　　B. 定量分析　　C. 数值分析　　D. 定性与定量分析

10. 相关关系与函数关系之间的联系体现在(　　)。

A. 相关关系普遍存在，函数关系是相关关系的特例

B. 函数关系普遍存在，相关关系是函数关系的特例

C. 相关关系与函数关系是两种完全独立的现象

D. 相关关系与函数关系没有区别

11. 当相关系数 $r=0$ 时，说明(　　)。

A. 现象之间完全无关　　B. 现象之间相关程度较小

C. 现象之间完全相关　　D. 现象之间无直线相关

12. 在线性相关的条件下，自变量的标准差为 2，因变量的标准差为 5，而相关系数为 0.8，则其回归系数为(　　)。

A. 8　　B. 0.32　　C. 2　　D. 12.5

四、多项选择题

1. 若两个变量之间的线性关系程度是高度相关，则计算出的相关系数应接近于(　　)。

A. -1　　B. 1　　C. 0　　D. 0.3　　E. -0.5

2. 属于正相关关系的有(　　)。

A. 商品销售量与销售额之间的关系

B. 商品价格与需求量之间的关系

C. 工业固定资产的净值与使用年限之间的关系

D. 职工人数与工资总额之间的关系

E. 一大堆产品的废品率与抽查产品的数量之间的关系

F. 工业产品产量与单位成本之间的关系

G. 商品企业的劳动效率与流通费用之间的关系

H. 单位产品成本与原材料消耗之间的关系

I. 工业企业的劳动效率与生产单位产品消耗的时间之间的关系

3. 如果两变量 X 与 Y 的相关系数大于 -1 而小于 -0.8，表明 X 与 Y 之间存在(　　)。

A. 直线相关　　B. 正相关　　C. 负相关　　D. 不相关　　E. 高度相关

4. 相关函数与函数关系各有不同的特点，主要体现在(　　)。

A. 函数关系是一种不严格的相互依存关系

B. 函数关系可以用一个数学表达式精确表达

C. 相关关系中现象之间仍然可以通过大量观察法来寻求其变化规律

D. 相关关系中现象之间具有随机因素影响的依存关系

5. 变量之间的不完全相关可以表现为(　　　　)。

A. 零相关　B. 正相关　C. 负相关　D. 曲线相关　E. 相关系数为1

6. 属于相关关系的现象有(　　　　)。

A. 农作物收获量与施肥量的关系　B. 学生正确率与检查次数的关系

C. 文化程度与健康的关系　D. 身高与体重的关系

E. 产值与利税额的关系

F. 家庭收入增多,其消费支出也有增长的趋势

G. 物价越上涨,商品的需求越少

7. 估计标准误差是反映(　　　　)。

A. 回归方程代表性的指标　B. 自变量离散程度的指标

C. 因变量数列离散程度的指标　D. 因变量估计值可靠程度的指标

8. 直线回归分析的特点表现是(　　　　)。

A. 两个变量之间的地位不是对等关系

B. 自变量是给定的非随机变量,因变量是随机变量

C. 可以求出两个回归方程

D. 直线回归方程中的回归系数有正负号

五、判断题

1. 正相关指的就是因素标志和结果标志的数量变动方向都是下降的。　(　)

2. 相关系数是测定变量间相关密切程度的唯一方法。　(　)

3. 只有当相关系数接近于1时,才能说明两变量之间存在着高度相关关系。　(　)

4. $y_c=3-4x$,则变量 x 和 y 之间存在负相关关系。　(　)

5. 相关系数的绝对值总是小于1。　(　)

6. 回归系数取值介于 -1 和 1 之间。　(　)

7. 直线回归方程 $y_c=30+5x$,表示自变量每增加1个单位,因变量平均增加35个单位。　(　)

8. 在任何相关条件下,都可以用相关系数说明变量之间相关的密切程度。　(　)

9. 负相关是指两个变量之间的变化方向相反,即一个呈下降(上升)而另一个呈上升(下降)趋势。　(　)

10. 回归分析和相关分析一样,所分析的两个变量都一定是随机变量。　(　)

11. 函数关系是一种完全的相关关系。　(　)

12. 在其他条件不变的情况下,相关系数越大,估计标准误差就越大;反之,估计标准误差越小。可见估计标准误差的大小与相关系数的大小是一致的。　(　)

13. 相关系数的数值越大,说明相关程度越高;同理,相关系数的数值越小,说明相关程度越低。　(　)

14. 估计标准误差指的就是因变量的估计值与实际值之间的平均误差程度。　(　)

六、计算题

1. 某工业企业在6年内,每年的平均月劳动生产率和固定资产装备程度的资料如下表所示。

每人占有固定资产/万元 x	92	90	88	91	133	167
平均月劳动生产率/万元 y	5.8	5.8	5.6	5.7	6.1	6.8

要求:计算相关系数。

2. 某地区产量与单位成本资料如下表所示。

产量/万件	2	3	4	3	4	5	6
单位成本/(元/件)	73	72	71	73	70	69	68

要求:

(1) 计算产品产量与单位成本的相关系数;

(2) 确定单位成本对产量的回归直线方程,说明回归系数 b 的含义;

(3) 计算产量上升为6.5万件时的单位成本;

(4) 计算估计标准误差。

复习思考

1. 相关分析与回归分析有何不同?
2. 配合回归方程有何要求?回归方程中参数 a、b 的经济含义是什么?
3. 相关关系的种类有哪些?
4. 什么叫估计标准误差?有何作用?
5. 一元线性回归方程如何确定?
6. 配合回归方程之前,为什么往往要画出散点图?

项目 9 统计预测

知识目标

- 掌握统计预测的程序。
- 掌握德尔菲法、主观概率法等主要几种定性预测的方法。
- 掌握一元线性回归法、移动平均法及指数平滑法等几种定量预测的方法。

技能目标

在日常生活中正确地进行预测与决策,尽可能实现人生效用的最大化。通过本项目学习,了解统计预测的基本概念、种类和意义;掌握统计预测的基本方法,如德尔菲法、主观概率法、一元线性回归法、移动平均法及指数平滑法等;能够运用德尔菲法、线性趋势预测法等方法对日常经济活动进行定性、定量预测,为正确进行统计决策提供依据。

情景引入

2014 年珠三角制造业工资将上涨 9% 用工仍短缺

渣打银行 2014 年 3 月发布最新珠三角制造业企业调研结果,结果显示今年制造业工资增长将达 9.2%,较 2013 年的 8.4% 有所上升,但用工短缺仍在持续。

受访企业预计 2014 年名义工资将增加 9.2%(见图 9-1)。渣打预计今年官方 CPI 通胀将由去年的 2.7% 上涨到 3.3%。官方 CPI 数据可能存在低估,但鉴于当前经济增长放缓,CPI 低估的程度应该不大。因此,预计今年实际工资还将继续增加至少 5%,对消费起到重要支撑作用。

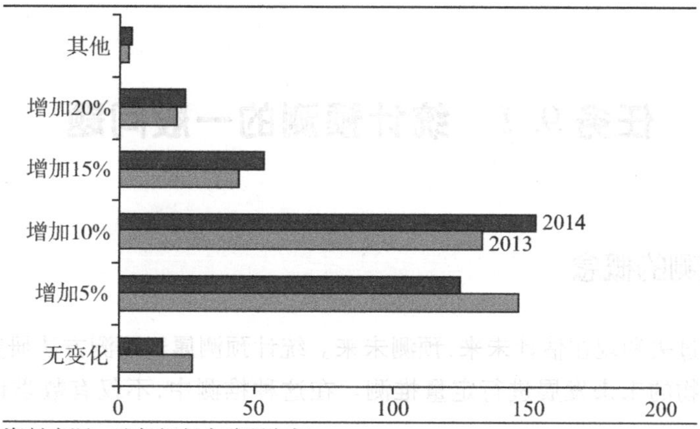

资料来源:渣打银行全球研究部.

图 9-1 2014 年与 2013 年工资增长比较

近 90% 的受访企业称劳动力短缺状况至少同去年一样严重(见图 9-2)。这一发现支撑当前中央对于过度刺激经济所持的谨慎立场。

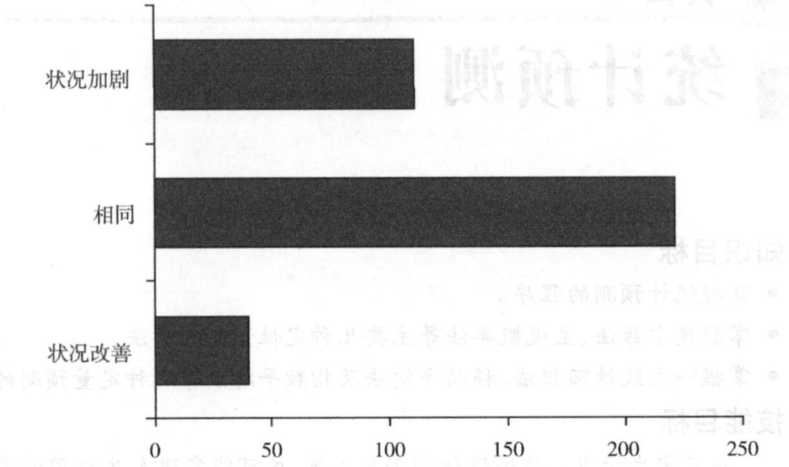

资料来源:渣打银行全球研究部.

图 9-2　2014 年与 2013 年劳动力短缺状况比较

劳动力的结构性短缺造成珠三角地区工资上涨。仅 11% 的受访企业称与去年同期相比今年招工压力相对较小(去年这一比例为 12%),30% 的企业认为近 12 个月以来劳动力短缺状况加剧(对比去年这一比例为 34%),87% 的企业称用工充足率在 80% 或以上,且 64% 的企业表示近 12 个月以来企业工人的平均工作时长有所增加。

据一项近期调查显示,71% 的农民工称找工作容易,但找一份工资较高的好工作较为困难(据招聘网站 http://www.daguu.com 春节前对遍布全国的超过 13 000 名农民工的采访显示)。其中工作在珠三角地区(广州、深圳、东莞、佛山和中山)的 4 173 名受访农民工中,35% 称春节后将不会返回珠三角打工。广州人力资源市场服务中心的一项分项调查显示广州市春节后用工缺口达 123 300 人。

资料来源:网易财经宏观新闻,http://money.163.com/14/0328/07/90DJPNT400252G50.html.

思考:以上的信息是运用统计预测技术取得的成果。如果没有统计预测,我们的决策将失去依据而变得盲目。

任务 9.1　统计预测的一般问题

9.1.1　统计预测的概念

预测就是根据过去和现在估计未来,预测未来。统计预测属于预测方法研究范畴,即利用科学的方法对统计事物的未来发展进行定量推测。在这种推测中,不仅有数学计算,而且有直觉判断。

统计预测方法是一种具有通用性的方法。统计预测的 3 个要素分别是:实际资料是预测的依据;经济理论是预测的基础;数学模型是预测的手段。统计预测可用于人类的各项活动。例如,用于预测人类社会的未来,就是社会预测;用于预测经济的未来,就是经济预测;用于预测未来的财务状况就是财务预测,等等。统计预测与实质性预测既有区别也有联系,它们相辅相成,不可分割。下面以统计预测和经济预测为例,说明统计预测与实质性预测的关系。

1. 两者的主要联系

① 它们都以经济现象的数值作为其研究的对象。

② 它们都直接或间接地为宏观和微观的市场预测、管理决策、制定政策和检查政策等提供信息。

③ 统计预测为经济定量预测提供所需的统计方法。

2. 两者的主要区别

① 从研究的角度看,统计预测和经济预测都以经济现象的数值作为其研究对象,但着眼点不同。前者属于方法论研究,其研究的结果表现为预测方法的完善程度;后者则是对实际经济现象进行预测,是一种实质性预测,其结果表现为对某种经济现象的未来发展做出判断。

② 从研究的领域来看,经济预测是研究经济领域中的问题,而统计预测则被广泛地应用于人类活动的各个领域。

在市场经济条件下,预测的作用是通过各个企业或行业内部的行动计划和决策来实现的。统计预测作用的大小取决于预测结果所产生的效益的多少。为体现统计预测在经济社会生活中的作用,本任务在阐述方法后,使用了大量的经济预测实例。

9.1.2 统计预测方法的分类

统计预测方法可归纳为定性预测方法和定量预测方法两类,其中定量预测法又可大致分为回归预测法和时间序列预测法。

1. 定性预测法

定性预测是指预测者依靠熟悉业务知识、具有丰富经验和综合分析能力的人员与专家,根据已掌握的历史资料和直观材料,运用个人的经验和分析判断能力,对事物的未来发展做出性质和程度上的判断,然后,通过一定形式综合各方面意见,作为预测未来的主要依据。具体的方法有德尔菲法、主观概率法、领先指标法、厂长(经理)评判意见法、推销人员估计法、相互影响分析法和情景预测法。

2. 回归预测法

回归分析预测法是在分析市场现象自变量和因变量之间相关关系的基础上,建立变量之间的回归方程,并将回归方程作为预测模型,根据自变量在预测期的数量变化来预测因变量的值。回归分析预测法有多种类型:依据相关关系中自变量的个数不同分类,可分为一元回归分析预测法和多元回归分析预测法;依据自变量和因变量之间的相关关系不同,可分为线性回归预测法和非线性回归预测法。

3. 时间序列预测法

时间序列预测法是以时间数列所能反映的社会经济现象的发展过程和规律性,进行引申外推，预测其发展趋势的方法，具体有移动平均法、指数平滑法、时间序列分解分析法、趋势外推法等。

按预测时间长短分为近期预测、短期预测、中期预测和长期预测。一般来讲，近期预测是指1个月以内的预测，短期预测是指1～3个月的预测，中期预测是指3个月到2年的预测，2年以上的预测称为长期预测。向未来预测的时间越长，预测的误差越大。

按预测是否重复可分为一次性预测和反复预测。在根据某种预测模型进行外推预测时，有的模型可以一次计算出所需的远近任何时期的预测值，称为一次性预测，如回归预测法和时间序列趋势外推法等；另外一些模型每次只能前测一期，称为反复预测，如指数平滑法等。

选择统计预测方法时，主要考虑合适性、费用和精确性。表9－1概括了各种预测方法的特点，供事前选择使用。

表9－1　各种预测方法的特点

方　法	时间范围	适用情况	计算机硬件最低要求	应做工作
定性预测法	短、中、长期	缺乏历史统计资料或趋势面临转折的事件	计算器	需做大量的调查研究工作
一元线性回归预测法	短、中期	自变量与因变量之间存在线性关系	计算器	为两个变量收集历史数据，此项工作是此预测中最费时的
多元线性回归预测法	短、中期	因变量与两个或两个以上自变量之间存在线性关系	在两个自变量情况下可用计算器，多于两个自变量的情况下用计算机	为所有变量收集历史数据是此预测中最费时的
非线性回归预测法	短、中期	因变量与一个自变量或多个其他自变量之间存在某种非线性关系	在两个变量情况下可用计算器，多于两个变量的情况下用计算机	必须收集历史数据，并用几个非线性模型试验
趋势外推法	中期到长期	当被预测项目的有关变量用时间表示时，用非线性回归	与非线性回归预测法相同	只需要因变量的历史资料，但用趋势图做试探时很费时
移动平均法	短期	不带季节变动的反复预测	计算器	只需要因变量的历史资料，但初次选择权数时很费时
指数平滑法	短期	具有或不具有季节变动的反复预测	在用计算机建立模型后进行预测时，只需计算器就行了	只需要因变量的历史资料，是一切反复预测中最简易的方法，但建立模型所费的时间与自适应过滤法不相上下

9.1.3　统计预测的原则和程序

1. 统计预测的原则

统计预测是根据客观事物的相互联系和发展变化进行的科学预测。但社会经济现象是非常复杂的，预测时难免会发生一定的误差。为使误差降到最低限度，则要遵循以下几个原则。

（1）坚持理论分析和全面研究的原则

社会经济现象间存在着内在的必然联系，其发展也有规律性。进行理论的分析和全面的研究为统计预测模型的选择提供了可靠的理论依据,从而能够有效地减少预测中的误差。

(2) 坚持连贯、类推的原则

事物的现在是由过去发展而来的,而未来又是现在的发展结果,其发展变化有自身的趋势性,连贯、类推的原则可以减少统计预测的误差。

(3) 坚持预测方法符合现象的特点和研究目的的原则

社会经济现象是复杂的,要达到一个预测目的可能有几种预测方法。要选择一个最适合的方法,也就是说结合现象自身的特性和研究的目的进行选择。

2. 统计预测的程序

统计预测的步骤随预测的目的和方法的不同而有所区别。它的一般程序如下。

(1) 确定预测目的

预测的目的不同,所需的资料和采取的预测方法也因之而异。例如,对居民生活水平进行预测,既可从其收入方面来预测,也可从其消费结构方面来预测,还可从物价变动对其生活的影响程度等方面预测。有了明确的目的,才能据以搜集必要的资料和采用合适的统计预测方法。

(2) 收集、审核、整理统计资料

真实可靠的统计资料是统计预测的依据。预测之前,必须掌握大量的、全面的、准确适用的数据和情况。为保证资料的准确性,还必须对资料进行审核、调整和推算。对审核、调整后的资料,要进行初步分析,画出统计图形,以观察资料的性质,作为选择适当预测模型的依据。

(3) 选择预测模型和方法,进行预测

资料审核、调整后,根据资料结构的性质,选择合适的模型和方法来预测。在资料不够完备、精确度要求不高时,可采用调查研究预测法,在掌握的资料比较完备,进行比较精确的预测时,可运用一定的数学模型(包括大量的计量经济模型),采用历史引申(外推)预测法或因果预测法等进行。

(4) 分析预测误差,改进预测模型

预测误差是预测值与实际观察值之间的离差,其大小与预测准确程度的高低成反比。预测误差虽然不可避免,但若超出了允许范围,就要分析产生误差的原因,以决定是否需要对预测模型和预测方法加以修正。

(5) 提出预测报告

把预测的最终结果编制成文件和报告,向有关部门上报或以一定形式对外公布,即提供和发布预测信息,供有关部门、企业决策时参考、应用。

任务9.2 定性预测法

定性预测是指预测者依靠熟悉业务知识、具有丰富经验和综合分析能力的人员与专家,根据已掌握的历史资料和直观材料,运用个人的经验和分析判断能力,对事物的未来发展做出性质和程度上的判断,然后,通过一定形式综合各方面的意见,作为预测未来的主要依据。定性预测的特点:①着重对事物发展的性质进行预测,主要凭借人的经验以及分析能力;②着重对事物发展的趋势、方向和重大转折点进行预测。

定性预测和定量预测并不是相互排斥的,而是可以相互补充的,在实际预测过程中应该把二者正确地结合起来使用。

9.2.1 德尔菲法

德尔菲法是根据有专门知识的人的直接经验,对研究的问题进行判断、预测的一种方法,由美国兰德公司于1964年首先用于预测领域。该方法由预测者通过函询方式,反复征求专家的意见,然后将专家趋于一致的意见作为最后预测的根据。德尔菲是古希腊传说中的神谕之地,城中有座阿波罗神殿可以预卜未来,因而借用其名。德尔菲法一般适用于长期预测。

1. 德尔菲法的一般预测程序

1）选择专家:按照课题所需的知识范围,确定专家,组成专家小组。专家人数的多少,可根据预测课题大小和涉及面的宽窄而定,一般8~20人为宜。

2）提出要求:向所有的专家提出所要预测的问题及有关要求,并附上有关这个问题的所有背景材料,同时请专家提出还需要什么材料。

3）收集第一轮调查材料:各个专家根据他们所收到的材料,独立提出自已的预测意见,并说明自己是怎样利用这些材料并提出预测值的。

4）向专家反馈汇总材料,进行第二轮调查:将各位专家的第一次判断意见汇总,列成图表,进行对比,再分发给各位专家,让专家比较自己同他人的不同意见,修改自己的意见和判断。也可以把各位专家的意见加以整理,或请身份更高的其他专家加以评论,然后把这些意见分送给各位专家,以便他们参考后修改自己的意见。

5）反复征询专家意见至基本趋于一致:将所有专家的修改意见收集起来,汇总,再次分发给各位专家,以便做第二次修改。收集意见和反馈信息一般要经过三四轮。在向专家进行反馈时,只给出各种意见,但并不说明发表各种意见专家的具体名字。这一过程重复进行,直到每一位专家不再改变自已的意见为止。

6）根据趋于一致的专家意见,确定预测值。

2. 德尔菲法的特点

从上述预测程序可见,德尔菲法具有以下3个特点。

(1) 匿名性

专家独自、匿名提出自己的意见,可以免除心理干扰。

(2) 反馈性

表现为有组织的多次作业、反复、综合、整理、归纳和修正。

(3) 统计性

对各位专家的估计或预测数进行统计,然后采用平均数或中位数等统计出量化结果。

3. 德尔菲法的优点

① 可以加快预测速度和节约预测费用。

② 可以获得各种不同但有价值的观点和意见。

③ 适用于长期预测和对新产品的预测,在历史资料不足或不可测因素较多时尤为适用。

4. 德尔菲法的缺点

① 对于分地区的顾客群或产品的预测可能不可靠。

② 责任比较分散。

③ 专家的意见有时可能不完整或不切合实际。

例 9-1 某贸易公司要从外地购进一批新产品，这种产品在本地还没有销售记录。于是，该公司成立调查小组预测该产品在本地的全年销售量。调查小组聘请业务经理和推销员等 11 位专家，将该产品的样品、特点、用途及同类产品价格和销售情况向这 11 位专家作了详细介绍，发给书面意见书，要求他们就该产品在本地的全年销售情况提出个人意见。经过 3 次反馈，得到如表 9-2 所示的结果。

表 9-2 专家意见反馈综合表

台

专家编号	第一次预测			第二次预测			第三次预测		
	最低销售量	最可能销售量	最高销售量	最低销售量	最可能销售量	最高销售量	最低销售量	最可能销售量	最高销售量
1	1 000	1 500	1 800	1 200	1 500	1 800	1 100	1 500	1 800
2	400	900	1 200	600	1 000	1 300	800	1 000	1 300
3	800	1 200	1 600	1 000	1 400	1 600	1 000	1 400	1 600
4	1 500	1 800	3 000	1 200	1 500	3 000	1 000	1 200	2 500
5	200	400	700	400	800	1 000	600	1 000	1 200
6	600	1 000	1 500	600	1 000	1 500	600	1 200	1 500
7	500	600	800	500	800	1 000	800	1 000	1 200
8	500	600	1 000	700	800	1 200	700	800	1 200
9	800	1 000	1 900	1 000	1 100	2 000	600	800	1 200
10	900	1 100	1 800	1 000	1 200	1 900	900	1 200	1 600
11	500	900	1 200	600	1 000	1 300	700	1 000	1 400
平　均	700	1 000	1 500	800	1 100	1 600	800	1 100	1 500

下面分别采用平均值、加权平均、中位数进行预测。

(1) 平均值预测

在预测时，最终一次判断是综合前几次的反馈做出的，因此，在预测时一般以最后一次判断为主。如果按照 11 位专家第 3 次判断的平均值计算，则预测这个新产品的平均销售量为：

$$\frac{800+1\,100+1\,500}{3}\approx 1\,133(\text{台})$$

(2) 加权平均预测

将最低销售量、最可能销售量和最高销售量分别按 0.2、0.6、0.2 的概率加权平均，则预测平均销售量为：

$$800\times 0.20+1\,100\times 0.600+1\,500\times 0.20=1\,120(\text{台})$$

(3) 中位数预测

用中位数计算，可将第 3 次判断按预测值高低排列如下：

最低销售量：600　700　800　900　1 000　1 100

最可能销售量：800　1 000　1 200　1 400　1 500

最高销售量：1 200　1 300　1 400　1 500　1 600　1 800　2 500

中间项的计算公式为$\frac{n+1}{2}$(n为项数)。

最低销售量的中位数为第3、4项的平均数,即850。

最可能销售量的中位数为第3项,即1 200。

最高销售量的中位数为第4项,即1 500。

将最低销售量、最可能销售量和最高销售量分别按0.2、0.6、0.2的概率加权平均,则预测平均销售量为:

$$850\times0.20+1\,200\times0.60+1\,500\times0.20=1\,190(\text{台})$$

选择使用平均数或中位数的原则是:如果数据分布的偏态比较大,一般使用中位数,以免受个别偏大或偏小的判断值的影响;如果数据分布的偏态比较小,一般使用平均数,以便考虑到每个判断值的影响。

9.2.2 主观概率法

主观概率法是市场趋势分析者对市场趋势分析事件发生的概率(可能性大小)做出主观估计,或者对事件变化动态的一种心理评价,然后计算它的平均值,以此作为市场趋势分析事件的结论的一种定性市场趋势分析方法。主观概率法一般和其他经验判断法结合运用。

1. 概率的含义及分类

企业常常感慨市场总是变化不定、琢磨不透,这的确是个让人伤脑筋的问题。在社会和自然界中,某一类事件在相同的条件下可能发生也可能不发生,这类事件称为随机事件。不同的随机事件发生的可能性大小是不同的,在这种情况下,就产生了概率。概率就是用来表示随机事件发生可能性大小的一个量。例如,市场上某种新商品的销售状态就是不确定的随机事件,有畅销、平销或滞销3种可能性,而出现畅销、平销或滞销的可能性,用系数或百分数表示,就是一种概率。概率分为主观概率和客观概率两种。

主观概率是指根据市场趋势分析者的主观判断而确定的事件的可能性的大小,反映个人对某件事的信念程度。因此主观概率是对经验结果所做主观判断的度量,即可能性大小的确定,也是个人信念的度量。主观概率也必须符合概率论的基本定理。

① 所确定的概率必须大于或等于0,而小于或等于1。

② 经验判断所需全部事件中各个事件概率之和必须等于1。

2. 主观概率的特点

主观概率是一种心理评价,判断中具有明显的主观性。对同一事件,不同人对其发生概率的判断是不同的。主观概率的测定因人而异,受人的心理影响较大,谁的判断更接近实际,主要取决于市场趋势分析者的经验、知识水平和对市场趋势分析对象的把握程度。

在实际中,主观概率与客观概率的区别是相对的,因为任何主观概率总带有客观性。市场趋势分析者的经验和其他信息是市场客观情况的具体反映,因此不能把主观概率看成纯主观的东西。另一方面,任何客观概率在测定过程中也难免带有主观因素,因为实际工作中所取得的数据资料很难达到大数定律的要求。因此,在现实中,既无纯客观概率,也无纯主观概率。

主观概率是人们凭经验或预感而估算出来的概率,与客观概率不同。客观概率是根据事件发展的客观性统计出来的一种概率。在很多情况下,人们没有办法计算事情发生的客观概率,因而只能用主观概率来描述事件发生的概率。

3. 主观概率法的一般预测程序

主观概率法是一种适用性很强的统计预测方法,可以用于人类活动的各个领域。其一般预测步骤如下。

1) 准备相关资料。

2) 编制主观概率调查表。

3) 整理汇总主观概率调查表。

4) 根据汇总情况进行判断预测。

例 9-2 某地产公司打算预测某区20××年的房产需求量,因此选取了10位调查人员进行主观概率法预测,要求预测误差不超过±67套。

1) 准备相关资料。

将过去若干年该房产公司在某区的房产销售资料以及当前市场情况等有关资料,汇集整理供专家参考。

2) 编制主观概率调查表。

编制主观概率调查表的目的是获得可以用来预测某区20××年房产需求量及未来销售额增长趋势的主观概率。在调查表中要列出不同需求量可能发生的不同概率。概率要在0与1之间分出多个层次,如0.010,0.125,0.250等。一般用累积概率。由被调查者填写可能实现的需求量,如表9-3所示。

表9-3 主观概率调查

被调查人姓名(　　)编号(　　)

累积概率	0.010	0.125	0.250	0.375	0.500	0.625	0.750	0.875	0.990
	(1)	(2)	(3)	(4)	(5)	(6)	(7)	(8)	(9)
房产需求量									

表9-3中第(1)栏的累积概率为0.010的房产需求量是可能的最小数值,表示小于该数值的可能性只有1%;第(9)栏的累积概率为0.990的房产需求量是可能的最大数值,表示房产需求量大于该数值的可能性只有1%;第(5)栏的累积概率为0.500的房产需求量是最大值与最小值之间的中间值,表示房产需求量大于和小于该数值的机会均是50%。

3) 汇总整理

将事先准备好的汇总表,请各调查人填好后,加以汇总,并计算出各栏平均数。此例共调查了10人,调查汇总数据如表9-4所示。

表9-4 房产需求量的主观概率预测汇总

被调查人编号	累积概率								
	0.010 (1)	0.125 (2)	0.250 (3)	0.375 (4)	0.500 (5)	0.625 (6)	0.750 (7)	0.875 (8)	0.990 (9)
	房产需求量(套)								
1	2 111	2 144	2 156	2 200	2 222	2 244	2 267	2 278	2 311
2	1 978	2 100	2 133	2 156	2 200	2 222	2 267	2 278	2 500

（续表）

被调查人编号	累积概率								
	0.010 (1)	0.125 (2)	0.250 (3)	0.375 (4)	0.500 (5)	0.625 (6)	0.750 (7)	0.875 (8)	0.990 (9)
	房产需求量(套)								
3	2 044	2 100	2 133	2 144	2 244	2 267	2 289	2 311	2 444
4	2 156	2 167	2 178	2 189	2 200	2 211	2 222	2 233	2 244
5	2 200	2 211	2 222	2 244	2 278	2 311	2 333	2 356	2 400
6	1 867	1 989	2 000	2 044	2 111	2 133	2 156	2 178	2 200
7	2 156	2 200	2 222	2 289	2 311	2 356	2 400	2 433	2 489
8	2 000	2 056	2 067	2 100	2 133	2 167	2 200	2 222	2 278
9	2 089	2 100	2 111	2 122	2 133	2 144	2 156	2 167	2 178
10	2 222	2 244	2 244	2 278	2 300	2 322	2 356	2 367	2 444
平均数	2 082	2 131	2 147	2 177	2 213	2 238	2 265	2 282	2 349

4）判断预测

根据主观概率预测汇总表可以得出以下判断。

① 综合考虑每一个调查人的预测，在每个累积概率上取平均值，得到在此累积概率下的预测需求量。由上表可以得出，该房产公司对某区在20××年需求量的预测最低为2 083套，小于这个数值的可能性只有1%。

② 该房产公司对某区在20××年的房产最高需求量预设可达到2 349套，大于这个数值的可能性只有1%。

③ 可以用2 213套作为20××年该房产公司对该区房产需求量的预测值。这是最大值与最小值之间的中间值。其累计概率为50%，是需求量期望值的估计数。

④ 取预测误差为67套，则预测区间为(2 213－67)～(2 213＋67)，即商品销售额的预测为值2 146～2 280。

⑤ 当预测需求量为2 146～2 280，在第(3)栏到第(8)栏的范围之内，其发生概率相当于0.875－0.250＝0.625，也就是说，需求量为2 146～2 280的可能性为62.5%。

尽管主观概率法是凭主观经验估测的结果，但在市场趋势分析中它仍有一定的实用价值。它为市场趋势分析者提出明确的市场趋势分析目标，提供尽量详细的背景材料，使用简明易懂的概念和方法，以帮助市场趋势分析者判断和表达概率。同时，假定市场趋势分析期内市场供需情况比较正常，营销环境不出现重大变化，长期从事市场营销活动的人员和有关专家的经验和直觉往往还是比较可靠的。这种市场趋势分析方法简便易行，但必须防止任意、轻率地由一两个人拍脑袋估测，要加强严肃性、科学性，提倡集体的思维判断。

9.2.3 领先指标法

社会各种经济现象之间的内在联系是十分紧密的，表现在经济指标上，则反映为时间序列上的先后关系。例如，原材料价格的变动先于制成品价格的变动，教育事业的发展先于科学技术的发展，科学技术的发展又先于生产建设的发展，等等。

领先指标法就是利用经济指标之间的时间差异，将各种经济时间序列分为3种类型：领先指标型、同步指标型、滞后指标型。

1. 领先指标

领先指标在变化时间上早于预测对象,即波峰或波谷的出现时间均早于预测对象。

2. 同步指标

同步指标的变化时间与预测对象完全同步,即出现波谷与波峰的时间与预测对象相一致。

3. 滞后指标

滞后指标在变化时间上迟于预测对象。

根据这种分类,可以通过领先指标以预测同步指标或滞后指标。运用领先指标法,不但可以预测经济发展趋势,而且可以预测转折点。领先指标法既可用于微观经济预测,也可用于宏观经济预测。

领先指标法的预测步骤如下。

1）根据预测的目标和要求找出领先指标。

2）画出领先指标、同步指标、滞后指标的时间序列图。

3）进行预测。

9.2.4 厂长(经理)评判意见法

厂长(经理)评判意见法,就是由企业的负责人把与市场有关或者熟悉市场情况的各种负责人员和中层管理部门的负责人召集起来,让他们对未来的市场发展形势或某种大市场问题发表意见,做出判断;然后将各种意见汇总起来,进行分析研究和综合处理;最后得出市场预测结果。

厂长(经理)评判意见法的优点如下。

① 迅速、及时和经济,不需要经过复杂的计算,也不需要多少预测费用,就可以及时得到预测结果。

② 集中了各个方面熟悉市场情况的、有经验的中高级管理人员的意见,可以发挥集体的智慧,预测结果比较可靠。

③ 使用这种方法不需要大量的统计资料,更适合对那些不可控因素较多的产品进行销售预测。

④ 如果市场发生了变化可以自己进行修正。

厂长(经理)评判意见法的缺点如下。

① 预测结果容易受主观因素影响。

② 对市场变化、顾客的愿望等问题了解不细,因此预测结果一般化。

例 9-3 某笔记本电脑公司经理召集主管销售、财务、计划和生产等部门的负责人,对下一年度某种型号笔记本的销售前景做出了估计。几个部门负责人的初步判断如表 9-5 所示,请估计下一年度的销售额。

表 9-5 笔记本销售量预测

部 门	各种销售量估计	销售量/台	概 率	期望值(销售量×概率)
销售部门负责人	最高销售量	18 600	0.1	1 860
	最可能销售量	11 160	0.7	7 812
	最低销售量	9 920	0.2	1 984
	总期望值		1	11 656
计划、财务部门负责人	最高销售量	12 400	0.1	1 240
	最可能销售量	11 160	0.8	8 928
	最低销售量	9 300	0.1	930
	总期望值		1	11 098
生产部门负责人	最高销售量	12 400	0.3	3 720
	最可能销售量	10 540	0.6	6 324
	最低销售量	7 440	0.1	744
	总期望值		1	10 788

绝对平均法：下一年度某种型号笔记本电脑的销售量预测值为：

$$\frac{11\,656+11\,098+10\,788}{3}\approx 11\,181(\text{台})$$

加权平均法：根据各部门负责人对市场情况的熟悉程度以及他们在以往预测判断中的准确程度，分别给予不同部门负责人不同的评定等级，在综合处理时，采用不同的加权系数。如定销售部门负责人的加权系数为2，其他两个部门负责人的加权系数为1，从而下一年度笔记本电脑的销售预测值为：

$$\frac{11\,656\times 2+11\,098+10\,788}{4}\approx 11\,300(\text{台})$$

9.2.5 情景预测法

定性预测法有一个共同的缺点，即主观性强。而定量分析方法容易受模型假设条件的限制，且只能对定量数据进行分析，无法考虑定性因素的影响，尽管有时可通过设虚拟变量将定性因素定量化，但效果不佳。另外，定量预测是根据适用的模型得到对将来某种状况的分析，而面对有多种情况的预测，定量预测是不够的，只凭定性预测又没有一定的数据根据，不利于决策者进行分析。所以，客观上需要寻找一种定性和定量相结合的方法。情景预测法正是解决这一问题的有效方法。

情景预测法是假定某种现象或某种趋势将持续到未来的前提下，对预测对象可能出现的情况或引起的后果做出预测的方法。通常用来对预测对象的未来发展做出种种设想或预计，是一种直观的定性预测方法。它把研究对象分为主题和环境，通过对环境的研究，识别影响主题发展的外部因素，模拟外部因素可能发生的多种交叉情景，以预测主题发展的各种可能前景。

情景预测法的特点如下。

① 使用范围很广，不受任何假设条件的限制，只要是对未来的分析，均可使用。

② 考虑问题较全面，应用起来灵活。它尽可能地考虑将来会出现的各种状况和各种不同的环境因素，并引入各种突发因素，将所有可能尽可能展示出来，有利于决策者进行分析。

③ 定性和定量分析相结合。通过定性与定量分析相结合,为决策者提供主客观相结合的未来前景。通过定性分析寻找出各种因素和各种可能,通过定量分析提供一种尺度,使决策者能更好地进行决策。

④ 能及时发现未来可能出现的难题,以便采取行动消除或减轻影响。

情景预测法的步骤如下。

1) 确定预测主题。

2) 分析未来情景。

3) 寻找影响因素。

4) 具体分析。

5) 预测。

例9-4 情景预测法实例分析。

人口的发展状况是人类社会关心的问题之一,因此人口预测的重要性与必要性是极其明显的。我国目前的人口政策是有计划地增长人口,包括短期的和长期的人口规划。其中,未来某一时期的人口总数是人口规划的重要内容之一。要编制人口规划就要进行人口预测。制定国民经济计划中的社会福利、文教卫生、城市发展与建设规划需要未来各时期的人口资料,了解国家未来的劳动力资源,做好劳动力的分配与平衡工作也需要对未来各时期的人口有个较准确的把握。现用情景预测法对全国人口的发展状况进行分析。

1)确定预测主题。

反映人口发展状况的变量主要有人口总量和人口自然增长率。人口总量是指一定时期一个地区内的人口总数,人口自然增长率则是指某一时期人口出生率减去人口死亡率后的差值。在这里选取人口自然增长率作为变量。

2)分析未来情景。

未来情景随具体情况不同而不同。我国的人口发展状况主要经历了计划生育初步实施和计划生育稳步开展两个阶段。由于我国是人口大国,因此在实施计划生育的初始阶段,我国的人口发展存在着不稳定的波动情况,随着计划生育政策的不断完善,才逐渐出现稳步发展态势。这将在后面的分析中进一步阐述。

3)寻找影响因素。

① 国家政策。一个国家的政策无疑会对人口的发展产生一定的影响。自我国实施计划生育政策以来,人口的增长逐渐得到控制,尤其在"九五"期间,计划生育政策进一步得到落实,人口自然增长率从政策实施初期的12‰下降至9.69‰,我国的人口实现了从高增长到低增长的历史性转变。

② 经济因素。一般认为,人口因素和经济发展之间的关系是双向的,即经济增长的结果会影响人口增长的速度和人口转变过程,同时人口因素也会对经济增长的形态、方式和速度产生影响。因此要预测人口增长率的变化,经济因素是一个很重要的因素。人民生活水平随着GDP的增长而大幅提高,消费水平也相应提高,生育并抚养子女的相关费用呈几何级数上升,因此消费水平与自然增长率是显著相关的。对此将在以下几个部分进一步做具体分析。

③ 医疗技术的进步。随着科学技术的发展,我国的医疗水平有了显著的提高,人们的健康得到了更有效的保障。医疗技术的进步一方面延长了人类的平均寿命,另一方面提高了妇女生育的安全系数,故医疗技术也是影响人口自然增长的一个因素。

④ 观念的影响。随着社会的发展,人们逐渐从"多子多福"等封建观念中走出来,并逐步接

受"优生优育"、"晚婚晚育"的新观念;有些思想前卫的年轻夫妇更是放弃生育的念头,成为了"丁克一族"。这些观念也在无形中影响着我国人口增长率。

⑤ 其他因素。如地震、海啸等巨灾及战争、多胞胎等各因素均会对人口自然增长率造成不同程度的影响。

4)具体分析

由于我国的人口发展状况随着计划生育政策实施的不断深入呈现出一定的阶段性,故在分析时也分阶段进行,其中1978—1990年为第1阶段,1991—2003年为第2阶段。

① 第一阶段:1978—1990年。这一阶段有很强的特殊性,它不但是计划生育政策大力推行的初始阶段,而且处于中国由计划经济向市场经济发展的重要阶段。

在这一阶段,一方面,我国开始逐步推行开放型经济,全国的消费指数开始稳步上升;另一方面,虽然政府大力提倡计划生育,但总体上效果并不明显,人口自然增长率受消费指数的影响也不大。

由图9-3可看出,以1978年的消费指数为基数100来看,1990年的消费指数上升到了221,为1978年的2倍,但人口自然增长率却一直徘徊在14.5‰左右。然而,我们也注意到,在这一时期的最后4年中,我国的人口自然增长率出现了较为平稳的下降趋势。

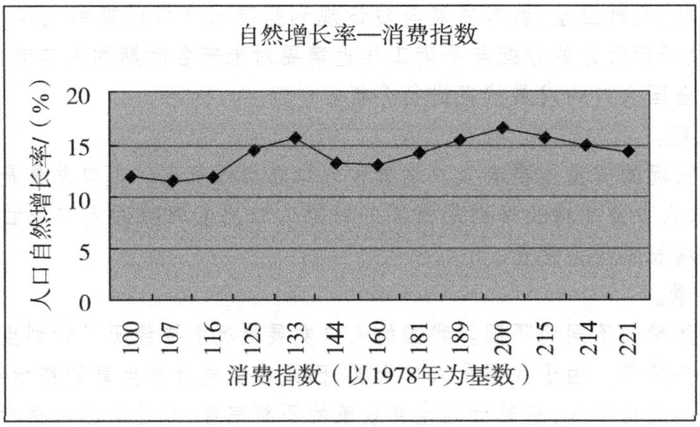

图9-3 第一阶段自然增长率—消费指数关系

对这一阶段的情景预测,可分为无突变情景、乐观情景、悲观情景。

- 无突变情景:10多年间,虽然我国消费指数呈稳步上升态势,但人口自然增长率基本保持稳定。
- 乐观情景:随着改革开放的进一步深入,人们的生活水平会进一步提高,观念进一步更新,人口自然增长率会逐渐下降。
- 悲观情景:随着开放型经济的深入发展,人们的生活水平日益提高,城市人口出现老龄化问题,从而导致人口自然增长率居高不下。

分析这3种情景,在这一阶段,占主体的应为无突变情景和乐观情景。

② 第二阶段:1991—2003年。这一阶段的明显特点是我国经济持续高速发展,我国居民消费水平快速提高,人们的观念逐渐发生了改变,居民素质也不断提高,人民群众支持并自觉参与计划生育,晚婚晚育越来越普遍,人口增长已越来越缓慢。

此外,20世纪90年代,党中央进一步加强对人口和计划生育工作的领导,1991年做出了《关于加强计划生育工作严格控制人口增长的决定》,人口和计划生育工作进入了历史上最好的发展时期，使得人口增长得到有效的控制。

从图9-4中可以看出，从1991年到2003年，居民消费指数从239.4%上升到546.1%，人口自然增长率从12.98‰下降到6.01‰。十几年间人口平均自然增长率为10.7‰，比80年代下降了近4个千分点。

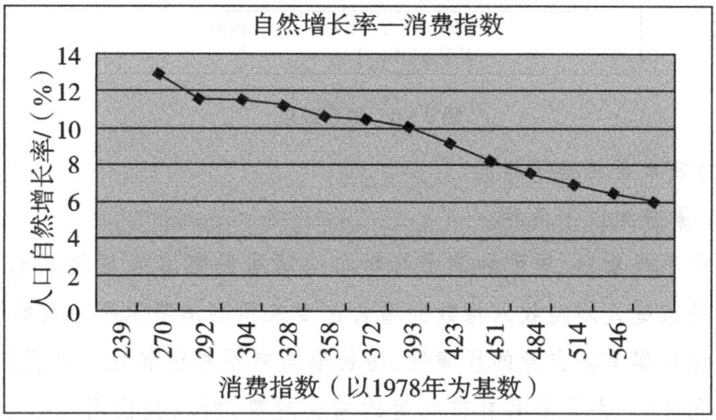

图9-4 第二阶段自然增长率—消费指数关系

对这一阶段的情景预测，同样可分为无突变情景、乐观情景和悲观情景。

- 无突变情景：近十几年来，人口自然增长率随消费水平上升而稳步下降，在未来几年中将继续保持这种趋势。
- 乐观情景：在各种有利因素支持下，消费需求将呈现快速增长局面，生活水平全面提高，居民观念进一步改善，人口出生率大幅度下降。
- 悲观情景：随着GDP稳定增长，国民收入增加，居民抚养子女的能力增强，从而导致生育率增加。

分析这3种情景，在这一阶段，占主体的应为乐观和无突变情景。

5)预测

在对2004年我国的人口自然增长率进行预测时，首先通过散点图等进行线性趋势的预判断，自变量与因变量之间线性趋势明显。然后选取我国居民的消费水平指数作为解释变量，对人口自然增长率作回归分析。

模型的建立。

X:我国居民消费水平指数(以1978年为基期)

Y:我国人口自然增长率(单位:‰)

我国人口自然增长率的预测模型:

$Y=18.151\,73-0.022\,8X$

系数的t检验值:(53.632 51)(−26.518 1)

拟合度:0.992 269

方程F检验值:703.207 7

再来看看拟合情况，如图9-5所示。

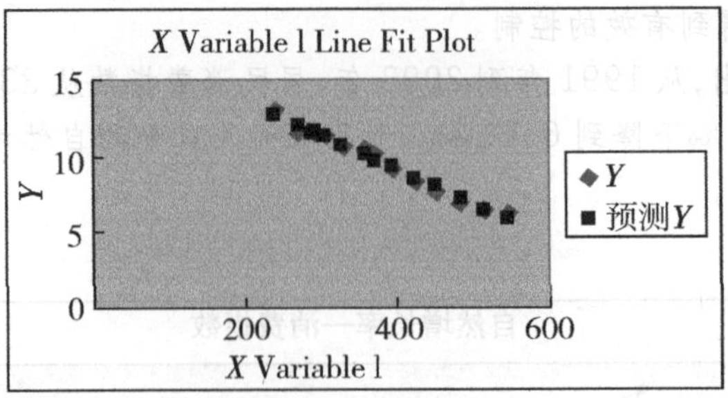

图 9-5 拟合效果

可见模型拟合的效果是相当不错的。

这里将未来的情景分为以下两种。

① 从具体分析中不难看出，居民的消费指数与全国居民家庭人均收入息息相关。因此，此处用全国居民家庭人均纯收入指数的增长速度来预测消费水平指数的增长。

② 人口的自然增长率有其自身的规律性，增长率具有不可逆转性。这里将居民的消费指数作为一个时间序列，由于其具有较稳定的增长趋势，所以我们用指数平滑法对居民消费指数的增长速度进行预测。

2002 年人均收入指数：500.065 4

2003 年人均收入指数：532.65

对此进行运算可得 2003 年相比 2002 年的增长速度为 6.52%。用这个值估计居民消费指数的增长速度可以得到 2004 年居民消费指数的估计值为：

546.1×(1+6.52%)=581.705 72

代入全国人口自然增长率预测模型，可得到 2004 年中国人口自然增长率的预测值为：

Y=18.151 73−0.022 8×581.705 72≈4.888 839 6(‰)

用指数平滑法对居民消费指数的增长速度进行预测，得到我国居民 2004 年消费指数的增长为 6.45%，则 2004 年的消费指数为：

546.1×(1+6.45%)≈581.323 5

同样带入上述模型，可得情景②的预测值为：

Y=18.151 73−0.022 8×581.323 5=4.897 554 2(‰)

根据以上分析，可得到如表 9-6 所示的计算结果。

表 9-6 2004 年中国人口自然增长率情景预测

情景 / 对象	情景一 d=6.52%	情景二 d=6.45%
人口自然增长率	4.888 839 6‰	4.897 554 2‰

注：其中 d 为消费指数年增长速度。

任务9.3 定量预测法

9.3.1 回归预测法

回归预测是利用统计分析的方法,对具有相关关系的变量建立回归模型,并据以进行因果预测的一种数学方法。建立的回归模型,不仅可以描述变量间相关关系的紧密程度和方向,还可以进行推算和预测。在回归分析中有静态回归分析和动态回归分析之别,在统计预测中主要是研究动态回归分析的问题,在分析中对自变量时间数列进行外推预测,将预测值代入回归方程,据以推算因变量数值。

回归预测的一般程序是:第一,对预测对象及其相关因素相互对应的观察值作相关图(散点图),判定其相关类型,从而确定采用何种回归模型;第二,计算相关系数,判定变量间相关关系的密切程度,如果高度相关或显著相关,则回归模型有价值,否则就无价值;第三,如确定相关关系密切,适于回归预测,则可配合回归线,建立回归模型,确定模型中的参数;第四,对回归方程进行效果检验,效果好则可进行预测;第五,利用回归方程进行预测。

1. 线性趋势预测法

一元线性回归预测的模型是:$\hat{y} = a + bx$。配合回归线,建立回归方程,要求解线性模型参数值,其主要方法是最小二乘法。

$$\begin{cases} b = \dfrac{n\sum xy - \sum x \sum y}{n\sum x^2 - \left(\sum x\right)^2} \\ a = \dfrac{\sum y}{n} - b\dfrac{\sum x}{n} \end{cases}$$

例 9-5 以我国农村家庭人均纯收入与国内生产总值(GDP)为例,首先通过散点图进行了线性趋势预判断。经分析,我国农村居民家庭人均纯收入与国内生产总值(GDP)之间存在较为密切的直线相关关系,如表9-7所示。现配以直线回归方程。

表9-7 农村居民家庭人均纯收入与国内生产总值回归系数计算表

<table>
<tr><th>年份</th><th>国内生产总值/亿元(x)</th><th>农村人均纯收入/元(y)</th><th>x^2</th><th>y^2</th><th>xy</th><th></th></tr>
<tr><td>1992</td><td>26 923.5</td><td>784.00</td><td>724 874 852.25</td><td>614 656.00</td><td>21 108 024.00</td><td rowspan="6">相关系数 r:
0.972 8
回归系数 b:
0.014 5</td></tr>
<tr><td>1993</td><td>35 333.9</td><td>921.60</td><td>1 248 484 489.21</td><td>849 346.56</td><td>32 563 722.24</td></tr>
<tr><td>1994</td><td>48 197.9</td><td>1 221.00</td><td>2 323 037 564.41</td><td>1 490 841.00</td><td>58 849 635.90</td></tr>
<tr><td>1995</td><td>60 793.7</td><td>1 577.74</td><td>3 695 873 959.69</td><td>2 489 263.51</td><td>95 916 652.24</td></tr>
<tr><td>1996</td><td>71 176.6</td><td>1 926.10</td><td>5 066 108 387.56</td><td>3 709 861.21</td><td>137 093 249.26</td></tr>
<tr><td>1997</td><td>78 973.0</td><td>2 090.10</td><td>6 236 734 729.00</td><td>4 368 518.01</td><td>165 061 467.30</td></tr>
</table>

（续表）

年份	国内生产总值/亿元（x）	农村人均纯收入/元（y）	x^2	y^2	xy	
1998	84 402.3	2 162.00	7 123 748 245.29	4 674 244.00	182 477 772.60	
1999	89 677.1	2 210.30	8 041 982 264.41	4 885 426.09	198 213 294.13	
2000	99 214.6	2 253.42	9 843 536 853.16	5 077 901.70	223 572 163.93	
2001	109 655.2	2 366.40	12 024 262 887.04	5 599 848.96	259 488 065.28	
2002	120 332.7	2 475.63	14 479 958 689.29	6 128 743.90	297 899 489.66	
2003	135 822.8	2 622.24	18 447 832 999.84	6 876 142.62	356 159 979.07	截距 a：
2004	159 878.3	2 936.40	25 561 070 810.89	8 622 444.96	469 466 640.12	693.497 2
2005	183 867.9	3 254.93	33 807 404 650.41	10 594 569.30	598 477 143.75	
2006	210 871.0	3 587.04	44 466 578 641.00	12 866 855.96	756 402 711.84	
$\sum$	1 515 121.5	32 388.90	1.93E+11	78 848 664.00	3.85E+09	

资料来源：中国统计年鉴，2007.

将表 9-7 所示的资料输入表格，如图 9-6 所示。

图 9-6 农村居民家庭人均纯收入与国内生产总值数据

图 9-6 为插入的 Excel 表，在计算相关系数 r、回归系数 a、回归系数 b 时，单击 Excel 公式栏中的 f_x 按钮，选择“统计”类别，分别选择 CORREL、INTERCEPT 和 LINEST 函数，并按提示选定变量 y 和 x 值列，即可计算出所需结果，如图 9-7 至图 9-10 所示。

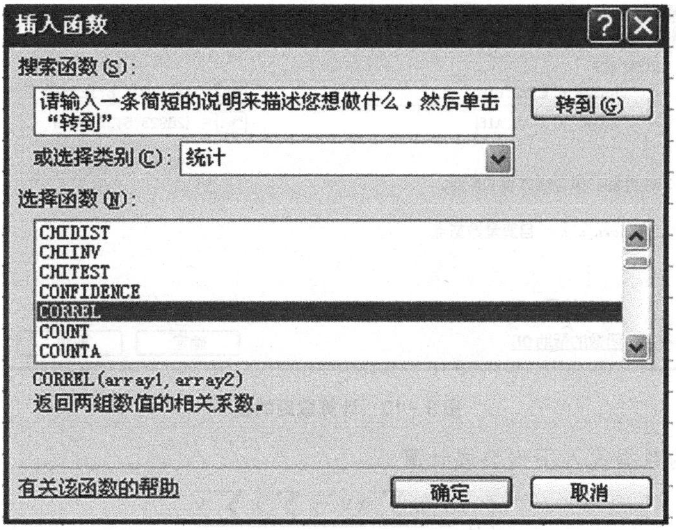

图9－7 选择 CORREL 函数

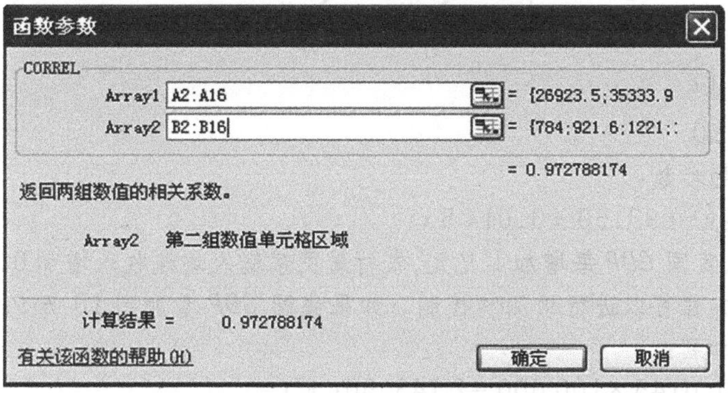

图9－8 计算相关系数的值

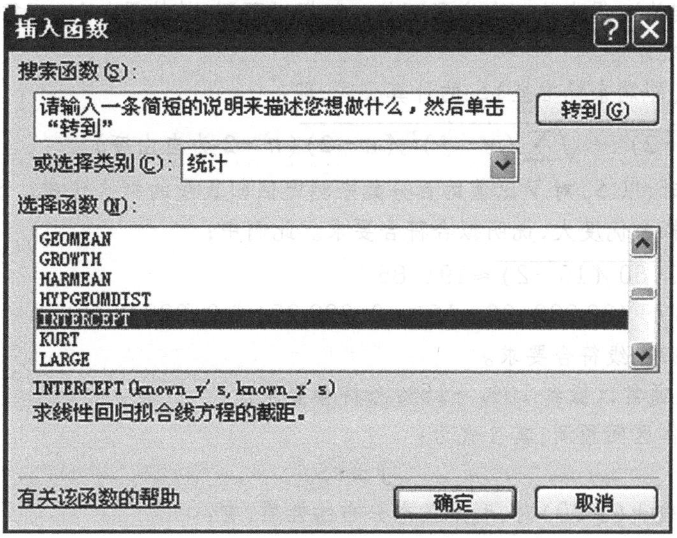

图9－9 选择 INTERCEPT 函数

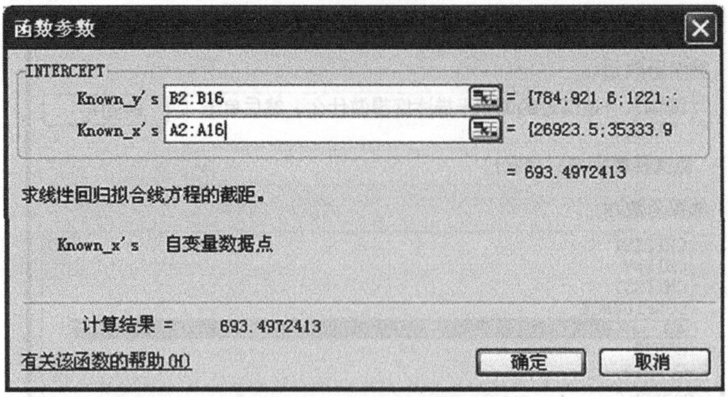

图 9-10 计算截距的值

将表 9-7 中的数据代入下列公式计算

$$\begin{cases} b = \dfrac{n\sum xy - \sum x \sum y}{n\sum x^2 - (\sum x)^2} \\ a = \dfrac{\sum y}{n} - b\dfrac{\sum x}{n} \end{cases}$$

求得：$b = 0.0145$

$a \approx 693.50$

配合回归直线的参数：

则直线方程为：$\hat{y} = 693.50 + 0.0145x$

计算结果表明，我国 GDP 每增加 1 亿元，农村居民家庭人均纯收入增加 0.014 5 元。

利用这一回归方程可以进行预测和控制。如果我国 GDP 增加到 10 万亿元，则农村居民家庭人均纯收入可增加到：

$\hat{y} = 693.50 + 0.0145 \times 100\,000 = 2\,143.50$（元）

在回归预测模型中，对预测结果进行分析和评价十分必要。经计算可知，上例中相关系数 r 为 0.972 8（高度相关），得出的回归方程可信。但据以预测，其结果如何，可靠性怎样，这要通过计算估计标准误差来评价。

估计标准误差（即剩余标准差）S_y 的计算公式，即：

$S_y = \sqrt{Q/(n-2)} = \sqrt{\sum (y-\hat{y})^2/(n-2)}$（$n-2$ 为自由度）

具体应用时，以 S_y 对 $\bar{y}$ 比值的百分数来测定回归直线的拟合优劣。$S_y/\bar{y}(\%)$ 大，则拟合劣度大；反之，则拟合优度大，说明拟合符合要求。此例中：

$S_y = \sqrt{478\,481.60/(15-2)} \approx 191.85$

$S_y/\bar{y} = 191.85 \div (32\,388.90 \div 15) \approx 0.088\,85$（或 0.088 85%）

说明拟合的回归直线符合要求。

S_y 对 $\bar{y}$ 的比值通常以低到 10% ~15% 为符合要求。

回归模型也可作区间预测，其公式为：

$$\hat{y} \pm tS_y$$

当样本容量 n 较大（≥30）时，利用正态分布的性质，有：

$P(\hat{y}_0 - 3S_y < y_0 < \hat{y}_0 + 3S_y) = 0.997\,3$

即当 $a = 0.05$ 时，$t = 2$；当 $a = 0.01$ 时，$t = 3$。

当样本容量较小时($n<30$)，为了保证精度，应查 t 分布表，求出 t 值。本例中，$n=15$，当 ■ $=0.05$ 时，$n-2=13$。查 t 分布表，得 $t=2.160\,4$。当国内生产总值达到 10 万亿元时，预测区间为：

$P(2\,143.50-2.160\,4\times191.85, 2\,143.50+2.160\,4\times191.85)=0.95$

即农村居民家庭人均纯收入在 1 729 元和 2 558 元之间的概率为 95%。

2. 多元线性回归模型

一个现象在数量上的变化，往往是由于多种因素综合作用的结果。例如，农作物收获量除了化肥施用量影响之外，还有土壤条件、气候状况、水利条件、种子等多种因素的影响。在一元线性回归分析中，我们没有将这些因素对自变量的影响考虑在内。许多情况下，为了更准确、完善地分析变量之间的相互关系，应将影响因变量在数量上发生变化的主要因素列入研究的范围。在统计中，分析一个因变量与多个自变量之间相互关系的理论和方法称为多元回归分析。这里仅介绍二元线性回归模型。掌握了二元线性回归，多元线性回归也就不难掌握了。

二元线性回归模型如下：

$$\hat{y}=a+b_1x_1+b_2x_2$$

式中，y——因变量；x_1，x_2——自变量；b_1，b_2——y 对 x_1，x_2 的回归系数。

确定参数 a、b_1、b_2 的数值，仍然用最小平方法来估计，根据最小平方法的原理可以求得如下的标准方程：

$$\begin{cases}\sum y=na+b_1\sum x_1+b_2\sum x_2\\ \sum x_1y=a\sum x_1+b_1\sum x_1^2+b_2\sum x_1x_2\\ \sum x_2y=a\sum x_2+b_1\sum x_1x_2+b_2\sum x_2^2\end{cases}$$

通过对标准方程求解，可得到 a、b_1、b_2 的数值，将其代入回归方程中，即可得到二元回归方程。

9.3.2 非线性回归模型

前面所述的线性回归，是指自变量同因变量之间的变化有等量增加(或减少)的趋势，其变化关系呈回归线性关系。在现实经济生活中，自变量对因变量的影响并非都是线性关系。如商品销售量的变动并不随着相关因素的变化按等差级数增减，许多情况下，还会按等比级数增减。这种趋势变动线就不是直线，而是曲线。这时，就要采用非线性回归预测模型进行预测。在建立曲线回归方程时，首先必须确定变量之间关系的类型。可根据观察资料进行分析比较，特别是通过相关图，观察图像散点分布情况，结合一些已知函数的图形，选择适当的数学表达式作为回归模型。确定非线性回归参数的一般方法是：对其中某个变量作某种变换，使新变量对另一变量有线性关系，即通过某种变换使非线性回归转化为线性回归，然后按拟合成的线性回归方程求出参数，再建立数学模型进行预测。下面介绍几种常见的非线性回归模型及其相应的线性变换公式，以供参考。

1. 抛物线

抛物线的计算公式如下：

$$y=a+b_1x+b_2x^2+\cdots+b_nx^n$$

假设 $x_1=x, x_2=x^2, \cdots, x_n=x^n$，则上式可化为 $x_1, x_2, \cdots, x_n$ 为自变量的多元线性回归模型：

$$y=a+b_1x_1+b_2x_2+\cdots+b_nx_n$$

可用最小平方法求此多元线性回归模型参数的方法，求得参数 $a, b_1, b_2, \cdots, b_n$。

2. 幂函数曲线

幂函数曲线的计算公式如下：

$$y=ax^b$$

两边取对数得：$\ln y=\ln a+b\ln x$

设 $y'=\ln y, x'=\ln x, a'=\ln a$

则有 $y'=a'+bx'$

这是一个直线方程，可用最小平方法求出 a', b，再计算出 a 的值。

3. 指数函数曲线

指数函数曲线的计算公式如下：

$$y=ab^x$$

两边取对数得：$\ln y=\ln a+x\ln b$

设 $y'=\ln y, b'=\ln b, a'=\ln a$

则有 $y'=a'+b'x$

这是一个直线方程，可用最小平方法求出 a', b'，再计算出 a 和 b 的值。

4. S 形曲线

S 形曲线的计算公式如下：

$$y=\frac{1}{a+be^{-x}}$$

设 $y'=\frac{1}{y}, x'=e^{-x}$

则有 $y'=a+bx'$

这是一个直线方程，可用最小平方法求出 a, b。

9.3.3 时间序列预测法

时间序列预测法，是一种历史资料的延伸预测。根据时间序列所反映出来的发展过程、方向和趋势，进行类推或延伸，借以预测未来时期可能达到的水平。用时间序列法作定量预测是有条件的，这就是：假定某社会经济现象过去的发展变化规律和该现象今后的发展变化规律是一样或大体一样的。然而客观实际并非合乎这一假定条件。为此，必须十分注重定性分析，要与其他预测法如调研预测法结合起来运用。

时间序列预测的方法较多，常用的有下面几种。

1. 移动平均预测法

这种预测法是以移动平均数作为预测值的方法，它是一种最简单的自适应模型。移动平均数是根据预测事件各时期的实际值，确定移动周期，分期平均、滚动前进所计算的平均数，这些移动平均数构成一个新的时间序列，这个新时间序列将原时间序列的不规则变动加以修匀，使变动趋于平滑，趋势更加明显。

移动平均预测法分为简单移动平均和加权移动平均两种。在加权移动平均中可规定适当的权数，最简单的是用1,2,3等自然数加权。加权的作用是加重近期观察值在平均数中的影响作用，即距预测期愈近，权数值愈大，反之则愈小。在时间序列没有明显的趋势增减变动和季节变动时，能较准确地反映实际，但所需的历史数据比较多。其缺点是更易受近期偶然变动的影响。

简单移动平均预测公式是：(第 t 期的移动平均值作为第 $t+1$ 期的预测值)

$$\hat{a}_{t+1} = \bar{a}_t = \frac{a_t + a_{t-1} + \cdots + a_{t-n+1}}{n} = \bar{a}_{t-1} + \frac{a_t - a_{t-1}}{n}$$

式中，n 为移动平均数所取的项数，即移动周期。一般 n 越大，修匀能力越强，预测的精确度就越高。

加权移动平均预测公式是：

$$\hat{a}_{t+1} = \frac{a_t w_t + a_{t-1} w_{t-1} + \cdots + a_{t-n+1} w_{t-n+1}}{w_t + w_{t-1} + \cdots + w_{t-n+1}} \text{（w 为权数）}$$

移动平均是局部平均，将反映的短期平均水平作为预测值使用。上式适用于一个长期稳定，但短期有波动的资料。

例 9-6 分别用上述两种方法预测我国谷物产量（w 取1,2,3）。

表9-8 1997—2006年中国谷物产量及计算数据

万吨

年份	产量 a	3年简单移动平均	相对误差/(%)	3年加权移动平均	相对误差/(%)
1997	44 349.3	—	—	—	—
1998	45 624.7	—	—	—	—
1999	45 304.1	—	—	—	—
2000	40 522.4	45 092.70	-11.28	45 251.83	-11.67
2001	39 648.2	43 817.07	-10.51	42 966.68	-8.37
2002	39 798.7	41 824.90	-5.09	40 882.25	-2.72
2003	37 428.7	39 989.77	-6.84	39 869.15	-6.52
2004	41 157.2	38 958.53	5.34	38 588.62	6.24
2005	42 776.0	39 461.53	7.75	39 687.95	7.22
2006	44 237.3	40 453.97	8.55	41 345.18	6.54
2007预测值	—	42 723.50	—	43 236.85	—

资料来源：中国统计年鉴(2007).

3年简单移动平均法预测值的计算如下所示。

$$\hat{a}_{2000} = \frac{44\,349.3 + 45\,624.7 + 45\,304.1}{3} = 45\,092.70$$

以此类推……

3年加权移动平均法预测值的计算：

$$\hat{a}_{2000} = \frac{44\,349.3 \times 1 + 45\,624.7 \times 2 + 45\,304.1 \times 3}{6} \approx 45\,251.83$$

以此类推……

若所得的预测值偏低,可以修正。具体做法是:先计算相对误差,并列于表内,再计算 t 期(总的)平均相对误差。公式是:

$$\left(1-\frac{\sum \hat{a}_{t-1}}{\sum a_t}\right)\times 100\%$$

上例中,简单移动平均(总的)相对误差:

$$\left(1-\frac{\sum \hat{a}_{t-1}}{\sum a_t}\right)\times 100\% = \left(1-\frac{289\ 598.5}{285\ 568.5}\right)\times 100\% \approx -1.41\%$$

即总的预测值比实际值高1.41%,则将2007年预测值修正为:42 723.50×(1-1.41%)≈42121.099(万吨)。

同理可计算3年加权移动平均(总的)相对误差为-1.06%,即总的预测值比实际值高1.06%(1-288 591.66÷285 568.50),则将2007年预测值修正为:43 236.85×(1-1.06%)≈42 778.539(万吨)。

2. 指数平滑法

指数平滑法,是从移动平均法基础上发展形成的一种指数加权移动平均预测法,是一种特殊的指数加权法。它利用本期预测值和实际数值资料,以平滑常数 α 为加权因子来计算指数平滑平均数,以此平滑平均数为下期的预测值。其计算公式为:

$$\hat{y}_{t+1}=\alpha y_t+(1-\alpha)\hat{y}_t \quad (0\leqslant\alpha\leqslant1)$$

式中,α——平滑常数(或修匀常数);$\hat{y}_{t+1}$——下期预测值;$\hat{y}_t$——本期预测值;y_t——本期实际值。

α 值是一个经验数据,它的大小体现了不同时期数值在预测中所起的不同作用:α 取值越大,表明近期数值的倾向性变动影响越大,适应新水平越敏感;α 取值越小,表明近期数值的倾向性变动影响越小,越趋于平滑,越能反映趋势。一般的取值规律为:若重视近期数值的作用,可取大值,如0.9,0.8,0.7等;重视平滑趋势可取小值,如0.1,0.2,0.3等,有时也可取0.5。

例9-7 现以某商场月销售额为例,用指数平滑法预测如表9-9所示。

表9-9 某商场月销售额预测

月 份	销售额/万元	一次指数平滑平均数	
		α=0.2	α=0.8
1	154.25	150.80	150.80
2	148.36	151.49	153.56
3	142.58	150.86	149.40
4	151.16	149.21	143.94
5	145.24	149.60	149.72
6	154.35	148.73	146.14
7	157.47	149.85	152.71
8	151.39	151.37	156.52
9	—	151.38	152.42

设已知1月份预测值为150.8万元。α 取0.2和0.8,其预测计算如表9-9所示。在计算中

没有初始预测值时，可用实际值来代替。

当 $\alpha=0.2$ 时，2 月份的预测值为：$154.25\times0.2+150.80\times(1-0.2)=151.49$；3 月份的预测值为：$148.36\times0.2+151.49\times(1-0.2)\approx150.86\cdots$

当 $\alpha=0.8$ 时，2 月份的预测值为：$154.25\times0.8+150.80\times(1-0.8)=153.56$；3 月份的预测值为：$148.36\times0.8+153.56\times(1-0.8)=149.40\cdots$

在预测中可选几个 α 值进行计算，然后进行筛选，取其最适宜的指数平滑平均数为预测值。

指数平滑有一次、二次与三次之别。在没有明显的长期趋势资料时，使用一次平滑即可；存在着直线趋势时，则使用二次平滑，即对一次指数平滑再进行一次指数平滑。这是因为，无论时间序列呈上升还是下降趋势，一次指数平滑平均数总滞后于实际值。当实际趋势下降时，预测值高于实际数；当实际趋势上升时，预测值低于实际数。为了降低滞后误差，可用二次指数平滑法加以修正。其计算公式如下。

$$\begin{cases} y_t^{(1)}=\alpha y_1+(1-\alpha)y_{t-1}^{(1)} \\ y_t^{(2)}=\alpha y_t^{(1)}+(1-\alpha)y_{t-1}^{(2)} \end{cases}$$

$y_t^{(1)}$ 和 $y_t^{(2)}$ 分别为 t 期一次、二次指数平滑值。

在建立预测公式时，还要分析时间序列的发展趋势是直线型还是非直线型。如果为直线型，就采用下面的直线模型加以预测。

$$y_{t+T}=a_t+b_t\cdot T$$

a_t、b_t 为平滑系数，y_{t+T} 为第 $t+T$ 期的预测数，T 是要提前的预测期数。

a_t、b_t 的计算公式如下：

$$\begin{cases} a_t=2y_t^{(1)}-y_t^{(2)} \\ b_t=\dfrac{\alpha}{1-\alpha}(y_t^{(1)}-y_t^{(2)}) \end{cases}$$

可见，二次指数平滑值一般都不直接用于预测，而是用于求平滑系数，建立线性时间模型来预测，以便修正指数平滑值的滞后现象。

当存在曲线趋势时，则要使用三次指数平滑法。即将二次指数平滑值再作一次指数平滑，求得三次指数平滑值。三次指数平滑值也不直接用于预测，而是用于求平滑系数，以便建立二次曲线模型。

三次指数平滑法的基本公式是：

$$\begin{cases} y_t^{(3)}=\alpha y_t^{(2)}+(1-\alpha)y_{t-1}^{(3)} \\ y_{t+T}=a_t+b_t\cdot T+c_t\cdot T^2 \end{cases}$$

$$\begin{cases} a_t=3y_t^{(1)}-3y_t^{(2)}+y_t^{(3)} \\ b_t=\dfrac{1}{2(1-\alpha)^2}[(6-5\alpha)y_t^{(1)}-2(5-4\alpha)y_t^{(2)}-(4-3\alpha)y_t^{(3)}] \\ c_t=\dfrac{\alpha^2}{2(1-\alpha)^2}[y_t^{(1)}-2y_t^{(2)}+y_t^{(3)}] \end{cases}$$

任务 9.4 Excel 在统计预测中的应用

随着版本的不断提高，Excel 软件强大的数据处理功能和操作的简易性逐渐进入了一个新的境界，整个系统的智能化程度也不断提高，它甚至可以在某些方面判断用户的下一步操作，使用户操作大为简化。Excel 具有强有力的数据库管理功能、丰富的宏命令和函数、强有力的决策支持工具、图表绘制功能、宏语言功能、样式功能、对象连接和嵌入功能、连接和合并功能,并且操作简捷。这些特性已使 Excel 成为统计预测的重要工具。Excel 提供了一组数据分析工具,称为分析工具库,在进行复杂统计或工程分析时可节省步骤。只要为每一个分析工具提供必要的数据和参数,该工具就会使用适当的统计或工程宏函数,在输出表格中显示相应的结果。其中有些工具在生成输出表格时还能同时生成图表。要在 Excel 中使用统计分析工具,需要进行加载,步骤如下所示。

1)选择“工具”→“加载宏”命令,弹出“加载宏”对话框。

2)在“可用加载宏”列表框中,选中“分析工具库”复选框,然后单击“确定”按钮。如果“分析工具库”列表框中未列出,则单击“浏览”按钮查找。

3)如果出现一条消息,指出用户的计算机上当前没有安装分析工具库,则单击“是”按钮安装。

9.4.1 Excel 在线性回归预测中的应用

线性回归预测通过对一组观察值使用最小二乘法直线拟合,用来分析单个因变量是如何受一个或几个自变量影响的。

1. 用 Excel 进行相关分析

1)输入数据,将数据输入 A1:C9 单元格。

2)绘制散点图,如图 9-11 所示。

	A	B	C	D	E	F	G	H
1	年份	产品产量 x	单位成本 y					
2	1993	2.00	73					
3	1994	3.00	72					
4	1995	4.00	71					
5	1996	3.00	73					
6	1997	4.00	69					
7	1998	5.00	68					
8	1999	6.00	66					
9	2000	7.00	65					
10								
11								
12								
13		产品产量	单位成本					
14	产品产量	1			t=	-9.59		
15	单位成本	-0.9689177	1		P=	0.0001		

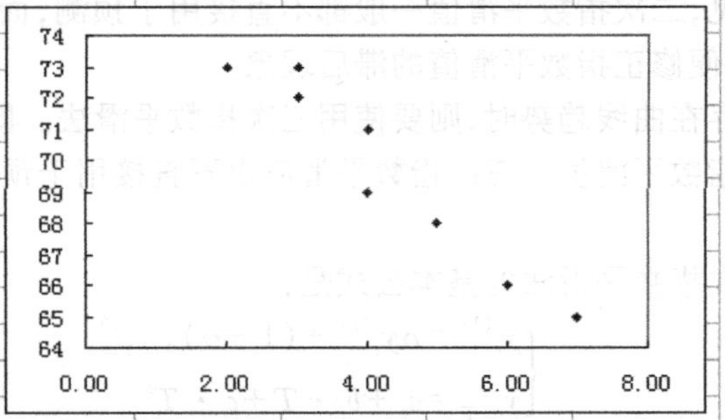

图 9-11 简单相关系数及散点图

2. 回归分析

1)选择“工具”→“数据分析”命令,在“数据分析”对话框中的“分析工具”列表框中选择“回归”选项,单击“确定”按钮,弹出“回归”对话框,如图 9-12 所示。

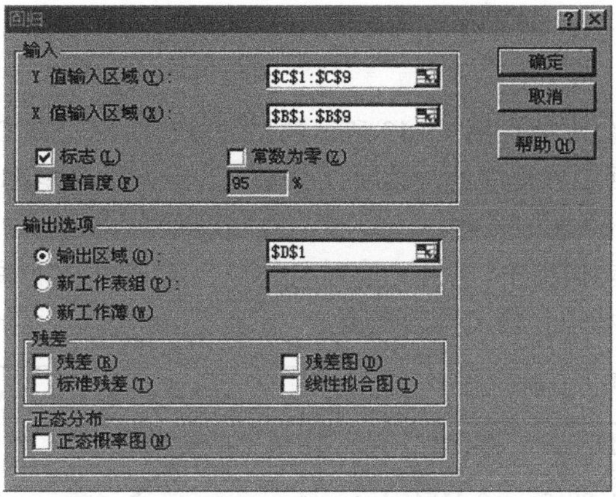

图 9－12 “回归”对话框

①“输入”选项组

Y 值输入区域:C1:C9

X 值输入区域:B1:B9

标志:选中此复选框。

常数为零:只有当用户想强制使回归线通过原点(0,0)时才选中此复选框。

置信度:Excel 自动包括了回归系数的95% 置信区间。要使用其他置信区间,选中该复选框并在其后的文本框中输入置信水平。

②“输出选项”选项组

输出区域:D1

③“残差”选项组

残差:选中此复选框可得到预测值和残差(Residual)。

残差图:选中此复选框可得到残差和每一 x 值的图表。

标准残差:选中此复选框可得到标准化的残差,每一残差被估计标准误差除。这一输出可使曲线较容易分层。

线性拟合图:选中此复选框可得到一个含有 y 输入数据和拟合的 y 值的散点图。

④“正态分布”选项组

正态概率图:选中此复选框绘制因变量的正态概率图。

2) 单击“确定”按钮,Excel 将计算结果显示在输出区域中,如图 9－13 所示。

	A	B	C	D	E	F	G	H	I	J
1	年份	产品产量 x	单位成本 y	SUMMARY OUTPUT						
2	1993	2.00	73							
3	1994	3.00	72	回归统计						
4	1995	4.00	71	Multiple	0.968918					
5	1996	3.00	73	R Square	0.938802					
6	1997	4.00	69	Adjusted	0.928602					
7	1998	5.00	68	标准误差	0.83205					
8	1999	6.00	66	观测值	8					
9	2000	7.00	65							
10				方差分析						
11					df	SS	MS	F	nificance F	
12				回归分析	1	63.72115	63.72115	92.04167	7.33E-05	
13				残差	6	4.153846	0.692308			
14				总计	7	67.875				
15										
16					Coefficien	标准误差	t Stat	P-value	Lower 95%	Upper 95%
17				Intercep	77.30769	0.853118	90.6178	1.22E-10	75.22019	79.3952
18				产品产量	-1.80769	0.188422	-9.59383	7.33E-05	-2.26875	-1.34664

图 9－13 回归分析结果

3. 回归解释

拟合回归线的截距和斜率放在图9-13所示的总结输出中标记有Coefficients的左下部。截距系数77.307 69是线性回归方程中的常数项，x 系数 -1.807 69是斜率。回归方程是：

$y = 77.307\,69 - 1.807\,69x$

在图9-14所示的残差输出中，预测 y，有时又称拟合值，是用这个回归方程计算的单位成本的估计值。残差是实际值和拟合值之间的差值。

RESIDUAL OUTPUT

观测值	测 单位成本	残差
1	73.6923	-0.6923
2	71.8846	0.1154
3	70.0769	0.9231
4	71.8846	1.1154
5	70.0769	-1.0769
6	68.2692	-0.2692
7	66.4615	-0.4615
8	64.6538	0.3462
9	9.5997	-0.1297
10	11.5322	-0.0522

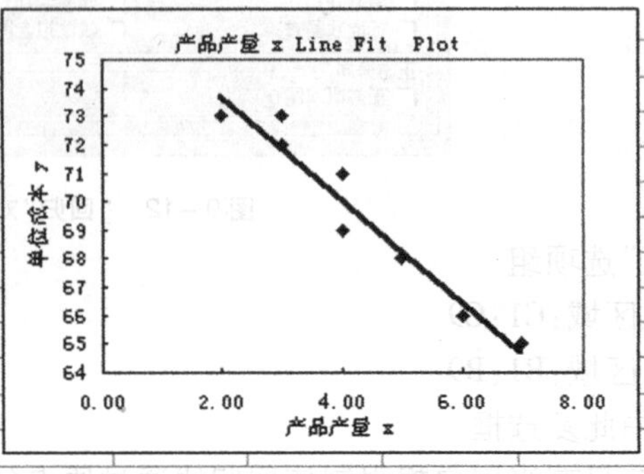

图9-14 残差及拟合线

回答"拟合关系怎么样"问题的最通用的4个方法是标准误差、R^2、t 统计值和方差分析。标准误差0.832 05显示在图9-13所示的单元格 $E7$ 中。作为残数的标准偏差，它衡量单位成本在回归线周围的分散情况。标准误差通常称为估计标准误差。R^2（R Square），如图9-13的单元格E5所示，衡量用回归线解释的因变量变化的比例。这一比例必须是0和1之间的一个数据，经常以百分数表示。这里，约有94%的单位成本的变化是在线性方程中用产品产量作为预测因子来解释的。单元格E6显示的Adjusted R Square在用附加解释变量把此模型和其他模型比较时很有用。

9.4.2 Excel在移动平均、指数平滑预测法中的应用

1. 移动平均数预测法

求5日移动平均数。按下列步骤使用移动平均分析工具。

1）选择"工具"→"数据分析"命令，在"数据分析"对话框中的"分析工具"列表框中选择"移动平均"选项，单击"确定"按钮，弹出"移动平均"对话框，如图9-15所示。

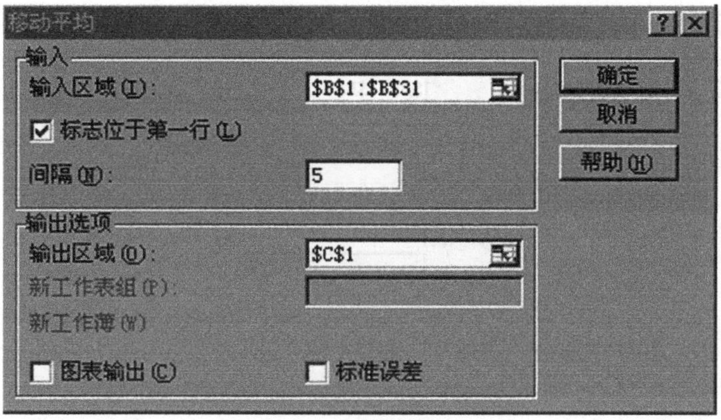

图 9－15 “移动平均”对话框

①“输入”选项组

输入区域:B1:B31

标志位于第一行:选中此复选框。

间隔:5

②“输出选项”选项组

输出区域:C1

2）单击“确定”按钮,Excel 将计算结果显示在输出区域中,如图 9－16 所示。

	A	B	C
1	日期	产量	5日移动平均
2	1	301	
3	2	302	
4	3	304	
5	4	291	299.2
6	5	298	301
7	6	310	301.6
8	7	305	303.2
9	8	312	308
10	9	315	310.4
11	10	310	310
12	11	308	312.8
13	12	319	314.4
14	13	320	316
15	14	323	313.2
16	15	296	309.6
17	16	290	311.4
18	17	328	313.4
19	18	330	315.6
20	19	334	323
21	20	333	332.2
22	21	336	333.4
23	22	334	335
24	23	338	335.8
25	24	338	337
26	25	339	338.8
27	26	345	340.4
28	27	342	344
29	28	356	346.4
30	29	350	348.8
31	30	351	

图 9－16 移动平均输出结果

2. 指数平滑预测法

求一次指数平滑数。按下列步骤使用指数平滑分析工具。

1)选择“工具”→“数据分析”命令,在“数据分析”对话框中的“分析工具”列表框中选择“指数平滑”选项,单击“确定”按钮,弹出“指数平滑”对话框,如图 9－17 所示。

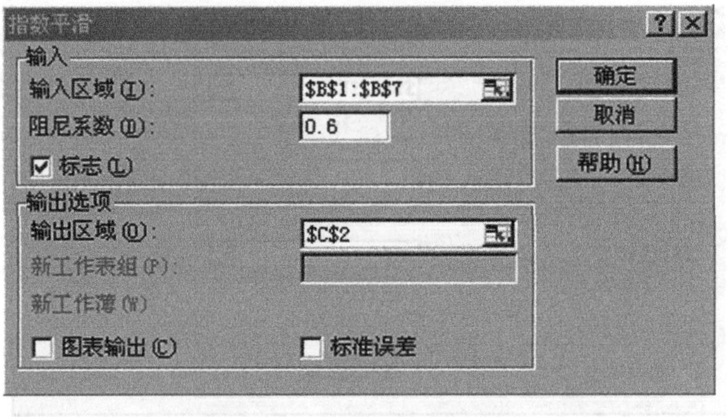

图 9-17 "指数平滑"对话框

①"输入"选项组

输入区域:B1:B7

阻尼系数:0.6

标志:选中此复选框。

注意平滑常数+阻尼系数=1

②"输出选项"选项组

输出区域:C2

图表输出:选中此复选框。

2)单击"确定"按钮,Excel 将计算结果显示在输出区域中,如图 9-18 所示。

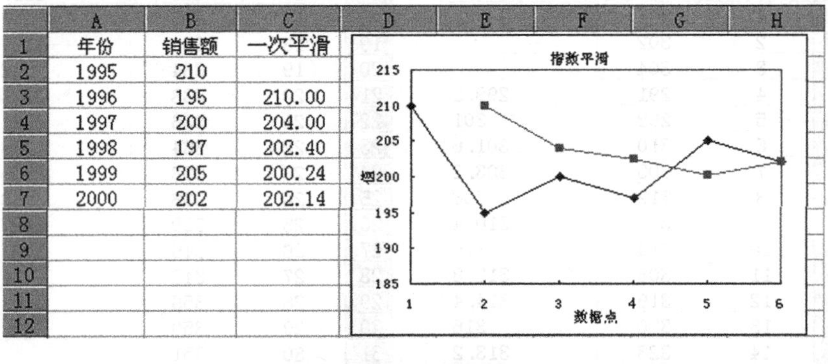

图 9-18 指数平滑输出结果

项目小结

预测就是根据过去和现在估计未来、预测未来。统计预测属于预测方法研究的范畴。

1. 统计预测方法是一种具有通用性的方法。统计预测的 3 个要素分别是:实际资料是预测的依据;经济理论是预测的基础;数学模型是预测的手段。

统计预测方法可归纳分为定性预测方法和定量预测方法两类,其中定量预测法又可大致分为回归预测法和时间序列预测法。

统计预测的步骤随预测的目的和方法的不同而有所区别。它的一般程序是:确定预测目的;收集、审核、整理统计资料;选择预测模型和方法,进行预测;分析预测误差,改进预测模型;提出预测报告。

2. 定性预测是指预测者依靠熟悉业务知识、具有丰富经验和综合分析能力的人员与专家，根据已掌握的历史资料和直观材料，运用个人的经验和分析判断能力，对事物的未来发展做出性质和程度上的判断，然后，通过一定形式综合各方面的意见，作为预测未来的主要依据。定性预测的特点是：着重对事物发展的性质进行预测，主要凭借人的经验以及分析能力；着重对事物发展的趋势、方向和重大转折点进行预测。定性预测法主要有德尔菲法、主观概率法、领先指标法、厂长(经理)评判意见法、推销人员估计法及情景预测法。

3. 回归预测是利用统计分析的方法，对具有相关关系的变量建立回归模型，并据以进行因果预测的一种数学方法。建立的回归模型不仅可以描述变量间相关关系的紧密程度和方向，还可以进行推算和预测。在回归分析中有静态回归分析和动态回归分析之别。在统计预测中主要研究的是动态回归分析的问题，在分析中对自变量时间数列进行外推预测，将预测值代入回归方程，据以推算因变量数值。

线性回归是指自变量同因变量之间的变化有等量增加(或减少)的趋势，其变化关系呈回归线性关系。在现实经济生活中，自变量对因变量的影响并非都是线性关系。如商品销售量的变动并不随着相关因素的变化按等差级数增减，许多情况下，还会按等比级数增减。这种趋势变动线就不是直线，而是曲线。这时，就要采用非线性回归预测模型进行预测。在建立曲线回归方程时，首先必须确定变量之间关系的类型。可根据观察资料进行分析比较，特别是通过相关图，观察图像散点分布情况，结合一些已知函数的图形，选择适当的数学表达式作为回归模型。确定非线性回归参数的一般方法是：对其中某个变量作某种变换，使新变量对另一变量有线性关系。即通过某种变换使非线性回归转化为线性回归，然后按拟合成的线性回归方程求出参数，再建立数学模型进行预测。

4. 时间序列预测法是一种历史资料的延伸预测。根据时间序列所反映出来的发展过程、方向和趋势，进行类推或延伸，借以预测未来时期可能达到的水平。用时间序列法做定量预测是有条件的，这就是：假定某社会经济现象过去的发展变化规律和该现象今后的发展变化规律是一样或大体一样的。然而客观实际并非总是合乎这一假定条件。为此，必须十分注重定性分析。要与其他预测法，如调研预测法结合起来运用。

移动平均预测法是以移动平均数作为预测值的方法。它是一种最简单的自适应模型。移动平均数是根据预测事件各时期的实际值，确定移动周期，分期平均、滚动前进所计算的平均数，这些移动平均数构成一个新的时间序列，这个新时间序列将原时间序列的不规则变动加以修匀，使变动趋于平滑，趋势更加明显。

移动平均预测法分为简单移动平均和加权移动平均两种。在加权移动平均中可规定适当的权数，最简单的是用1,2,3等自然整数加权。加权的作用是加重近期观察值在平均数中的影响作用，即距预测期愈近，权数值愈大，反之则愈小。在时间序列没有明显的趋势增减变动和季节变动时，能较准确地反映实际，但所需的历史数据比较多。其缺点是更易受近期偶然变动的影响。

5. 定性预测和定量预测并不是相互排斥的，而是可以相互补充的，在实际预测过程中应该把两者正确地结合起来使用。统计预测误差的测定和预测方法的选择是统计预测不可缺少的重要环节。

项目实战

一、单项选择题

1. 一般而言,回归预测法只适于作(　　)预测。

A. 长期　　B. 中、短期　　C. 固定期　　D. 周期

2. 不属于定性预测的方法是(　　)。

A. 趋势外推法　　B. 主观概率法　　C. 领先指标法　　D. 德尔菲法

3. 根据经验,在时间序列波动不大的情况下,平滑系数 α 的取值应为(　　)。

A. 0.1 ~ 0.3　　B. 0.5 ~ 0.7　　C. 0.7 ~ 0.9　　D. 0.4 ~ 0.6

4. 相关系数可以说明回归方程的(　　)。

A. 有效度　　B. 显著性水平　　C. 拟合优度　　D. 相关性

5. 简单移动平均法所用的具体方法是(　　)。

A. 简单算术平均法　　B. 加权算术平均法　　C. 调和平均法　　D. 几何平均法

6. 移动平均的项数越大,其结果(　　)。

A. 对原序列数据的修匀作用越小　　B. 对原序列数据的修匀作用越大

C. 使序列数据的波动更大　　D. 对原序列数据没有影响

7. 直线趋势方程 $y = a + bt$ 中,b 表示(　　)。

A. 平均增长速度

B. 时间 t 每增加一个单位,现象 y 平均增加 b 个单位

C. 平均发展速度

D. 现象 y 随着时间增长,每期以 b 的速度发展

8. 如果 Y 和 X 的相关系数为正,则说明(　　)。

A. Y 一般大于 X　　B. X 一般大于 Y

C. 随着 X 的增加,Y 会减少　　D. 随着 X 的增加,Y 会增加

二、多项选择题

1. 景气指标的分类包括(　　)。

A. 领先指标　　B. 基准指标　　C. 同步指标　　D. 滞后指标

2. 按预测方法的性质,大致可分为(　　)3 类预测方法。

A. 定性预测　　B. 情景预测　　C. 时间序列预测　　D. 回归预测

三、计算题

1. 某公司设计生产了一种新产品,公司经理召集主管销售、财务、计划和生产等部门的负责人,对下一年度的销售前景做出了估计。几个部门负责人的初步判断如下表所示,请估计下一年度的销售量。

部门	各种销售量估计	销售量/万件	概率	期望值(销售量×概率)
销售部门负责人	最高销售量	80	0.3	
	最可能销售量	70	0.5	
	最低销售量	60	0.2	
	总期望值		1	
计划、财务部门负责人	最高销售量	75	0.2	
	最可能销售量	64	0.6	
	最低销售量	55	0.2	
	总期望值		1	
生产部门负责人	最高销售量	85	0.1	
	最可能销售量	70	0.7	
	最低销售量	60	0.2	
	总期望值		1	

试分别用绝对平均法、加权平均法(假设销售部门的权重为2),估计其销售量。

2. 设某公司的每周广告费支出和每周销售额数据如下表所示。

每周广告费支出/元	4 100	5 400	6 300	5 400	4 800	4 600	6 200	6 100	6 400	7 100
每周销售额/万元	12.50	13.80	14.25	14.25	14.50	13.00	14.00	15.00	15.75	16.50

要求:

(1) 判断广告费支出和每周销售额是否存在显著的相关关系。

(2) 计算回归模型参数。

(3) 如下周的广告费支出为6 700元,试预测下周的销售额。

3. 某公司几年的销售收入资料如下表所示。

万元

年份	2003	2004	2005	2006	2007	2008	2009	2010	2011	2012	2013
销售额	330	420	500	580	690	800	910	1 020	1 120	1 210	1 330

根据以上资料,分别用三年简单移动平均法、三年加权移动平均法(权数分别为1,2,3)、一次指数平滑法(令 $\alpha=0.9$),预测该公司2014年的商品销售额。

复习思考

1. 什么是统计预测?试分析统计预测与经济预测的区别与联系。
2. 统计预测的步骤一般有哪些?
3. 定性预测的主要方法有哪些?分别有什么特点?
4. 什么是回归预测?什么是时间序列预测法?二者主要区别是什么?
5. 什么是预测误差?测定预测误差的指标有哪些?

参考文献

[1] 张举刚．统计基础与方法[M]．北京:中国财政经济出版社,2000.
[2] 陈嗣成,冯虹．新编统计学原理[M]．北京:首都经济贸易出版社,2003.
[3] 财政部统计评价司．企业效绩评价问答[M]．北京:经济科学出版社,1999.
[4] 张海平,孟泽云．统计学原理[M]．北京:机械工业出版社,2007.
[5] 阮红伟．统计学基础[M]．北京:电子工业出版社,2008.
[6] 杨金秀．统计学原理[M]．长沙:中南大学出版社,2010.
[7] 姜燕．统计学基础课改教程[M]．南京:南京大学出版社,2011.
[8] 徐国祥．统计预测和决策(第4版)[M]．上海:上海财经大学出版社,2012.
[9] 魏艳华,王丙参,郝淑双．统计预测与决策[M]．成都:西南交通大学出版社,2013.
[10] 张文彤．SPSS 11.0 应用分析教程[M]．北京:北京希望电子出版社,2002.

反侵权盗版声明

举报电话：(010)88254396；(010)88258888
传　　真：(010)88254397
E－mail　：dbqq@phei.com.cn
通信地址：北京市万寿路 173 信箱
　　　　　电子工业出版社总编办公室
邮　　编：100036

尊敬的老师：

您好。

请您认真、完全地填写以下表格的内容(务必填写每一项)，索取相关图书的教学资源。

教学资源索取表

<table>
<tr><td>书　名</td><td colspan="3"></td><td>作 者 名</td><td></td></tr>
<tr><td>姓　名</td><td></td><td>所在学校</td><td colspan="3"></td></tr>
<tr><td>职　称</td><td></td><td>职　　务</td><td></td><td>讲授课程</td><td></td></tr>
<tr><td>联系方式</td><td colspan="5">电话：　　　　　　　　E-mail：</td></tr>
<tr><td>地址(含邮编)</td><td colspan="5"></td></tr>
<tr><td>贵校已购本教材的数量(本)</td><td colspan="5"></td></tr>
<tr><td>所需教学资源</td><td colspan="5"></td></tr>
<tr><td>系／院主任姓名</td><td colspan="5"></td></tr>
</table>

系／院主任：____________________(签字)

(系／院办公室公章)

20_____年____月____日

注意：

① 本配套教学资源仅向购买了相关教材的学校老师免费提供。

② 请任课老师认真填写以上信息，并**请系／院加盖公章**，然后传真到(010)80115555转718438上索取配套教学资源。也可将加盖公章的文件扫描后，发送到fservice@126.com上索取教学资源。

電子工業出版社
PHEI PUBLISHING HOUSE OF ELECTRONICS INDUSTRY